L'éternel dans le fini

Rencontre de Maître Eckhart et de Simone Weil

Ouverture philosophique

Collection dirigée par Aline Caillet, Dominique Chateau, Jean-Marc Lachaud et Bruno Péquignot

Une collection d'ouvrages qui se propose d'accueillir des travaux originaux sans exclusive d'écoles ou de thématiques.

Il s'agit de favoriser la confrontation de recherches et des réflexions qu'elles soient le fait de philosophes "professionnels" ou non. On n'y confondra donc pas la philosophie avec une discipline académique ; elle est réputée être le fait de tous ceux qu'habite la passion de penser, qu'ils soient professeurs de philosophie, spécialistes des sciences humaines, sociales ou naturelles, ou… polisseurs de verres de lunettes astronomiques.

Dernières parutions

Norbert HILLAIRE, *La fin de la modernité sans fin*, 2013.
Jean-Pierre GRES, *La démocratie et le vivant. Un système à l'épreuve des hommes*, 2012.
François HEIDSIECK, *L'Ontologie de Merleau-Ponty* (réédition), 2012.
María PUIG de la BELLACASA, *Politiques féministes et construction des savoirs*, 2012.
Pascal KOLESNORE, *Histoire et liberté : éclairages kantiens*, 2012.
Mahamadé SAVADOGO, *Penser l'engagement*, 2012
Françoise KLELTZ-DRAPEAU, *Une dette à l'égard de la culture grecque. La juste mesure d'Aristote*, 2012.
Julien GARGANI, *Poincaré, le Hasard et l'étude des Systèmes Complexes*, 2012.
Jean-Pascal COLLEGIA, *Spinoza, la matrice*, 2012.
Miklos VETÖ, *Explorations métaphysiques*, 2012.
Marcel NGUIMBI, *Penser l'épistémologie de Karl Popper*, 2012.
Joachim Daniel DUPUIS, *Gilles Châtelet, Gilles Deleuze et Félix Guattari. De l'expérience diagrammatique*, 2012.
Oudoua PIUS, *Humanisme et dialectique. Quelle philosophie de l'histoire, de Kant à Fukuyama ?*, 2012.
Paul DAU VAN HONG, *Paul Ricœur, le monde et autrui*, 2012.

Philippe Riviale

L'éternel dans le fini

Rencontre de Maître Eckhart et de Simone Weil

5-7, rue de l'École-Polytechnique ; 75005 Paris
http://www.librairieharmattan.com
diffusion.harmattan@wanadoo.fr
harmattan1@wanadoo.fr
ISBN : 978-2-343-00172-2
EAN : 9782343001722

En attendant, ô nous peuples des diverses nations, travaillons de toutes nos forces à ne recevoir plus rien des prédications de vive voix ou par écrit de la philosophie prétendue de ces ennemis visibles de Dieu notre créateur, qui sont les véritables marchands, les grands et les chefs de l'impudique cité de Babylone[1].

Quelle idée nous faisons-nous du sens de l'existence ? Force est de dire que nous en avons une idée très confuse, voire pas d'idée du tout. Avons-nous conscience que ce sens tourmenta nos ancêtres ? Qu'ils se livrèrent à d'infinies spéculations pour savoir ce qui passait leur entendement ; que des paroles inspirées et d'autres autorisées, furent livrées à l'inquiétude, à l'interrogation de croyants et d'incroyants ; qu'il fut débattu de la mission de l'homme, du devoir de convertir plus encore que de civiliser ; que les philosophes, enfin, débattirent passionnément de Dieu, de la foi, de la connaissance qu'il nous est donné d'avoir de Dieu, du bien et du mal, de leurs règnes conjoints, de la morale nécessaire, de l'éradication du mal par le progrès, pris aussi bien comme progrès social que progrès scientifique.

Les sciences sociales positivistes, inspirées de la social science anglo-saxonne ont occupé la place, grandement aidées par les philosophies dites de l'existence et, de façon remarquable, par Martin Heidegger, qui a donné un grand coup de faux dans l'extravagance métaphysique. Il avait certes été précédé par Husserl, et par Nietzsche d'abord ; mais après qu'il est passé, l'homme métaphysique est devenu une créature périmée. Les religions n'en

1. *Ce que nous avons été, ce que nous sommes et ce que nous deviendrons*, Pierre Fournié, Londres, 1801, p. 139.

ont guère été touchées, parce que la misère est demeurée la même, mais le divin a été transféré au-delà de l'existence des hommes, du moins pour les penseurs patentés. Nul d'entre eux ne craint d'être foudroyé pour ses blasphèmes.

Or nous simples humains avons en nous l'Éternel, la vocation de l'infini ; nous sommes en puissance créateurs de sens et porteurs d'amour réciproque, d'humanité enfin. De quel péché devons-nous nous retirer pour le voir ? Si l'on nous arrache cette vocation, nous entrons dans un labyrinthe d'hétéroclite ; si on nous contraint à y voir Dieu paternel terrible, rien ne peut retenir du fanatisme, terrible ou abject. Les hommes sont mortels ; sont-ils pour autant des êtres pour la mort ? Ils sont situés dans un infini et une éternité dont ils n'ont pas le sens, mais ils rayonnent comme les mortelles étoiles. À la différence des astres insensibles, ils se font du mal par leurs conflits, qui sont d'abord des conflits en chacun, reportés sur les autres pour rejeter la souffrance et acquérir de la place dans l'espace et le temps, à défaut d'être présents au monde. Je montre ici comment nos corps souffrants appellent un au-delà du donné du monde – ce terme sera expliqué – qui n'est ni ailleurs ni plus tard : si le divin est en nous, il n'est ni Être suprême ni illusion devenue superstition. Ce que nous nommons divin n'est pas une idée, ne saurait s'énoncer en théologie ; il ne s'agit ni de dire l'homme son propre dieu, ni de dire un dieu créateur omnipotent omniscient : Dieu n'est pas une idée « forgée à partir des requêtes de notre esprit à titre de "concept-limite[1]" indispensable dans les discussions épistémologiques, un index indispensable pour construire certains concepts-limites, concepts dont l'athée philosophant lui-même ne saurait se passer[2] ». Il est en chacun un recoin de l'âme, dont a si bien parlé Eckhart, qu'il nous suffit de l'écouter pour l'entendre, si seulement nous en sommes capables. Car l'exigence métaphysique qui nous tient, de vouloir, d'agir, de choisir, nous confronte à l'irraisonnable, substantiellement nôtre, que nous avons de si loin cherché à rendre intelligible, à faire notre projet, notre lutte de titans. Nous voilà quittes à invoquer, par défaut de la réconciliation avec nous-mêmes, l'idée de divin érigée en juge providentiel, ou à la réfuter, au nom du progrès accompli dans l'histoire des hommes, sous l'appellation de mort de Dieu. L'Église invisible désigna à Tübingen, dans les années 1790, « l'alliance secrète des esprits éclairés », Hegel, Schelling,

1. Dieu n'est pas une construction intellectuelle par laquelle nous définirions un rapport de l'infini au fini, à l'image d'un rapport mathématique, qui *tend vers l'infini à sa limite*.

2. Jean-Luc Marion, *Dieu sans l'être*, Paris, PUF, Quadrige, 1991 p. 51, note. Il se réfère à Husserl, *Ideen zu einer reinen Phänomenologie und phänomenologischen Philosophie*, I, § 43 & 79.

Hölderlin. Le terme que j'emploie ne doit rien à cette alliance spirituelle : il n'est question ici ni « d'esprits éclairés », ni « d'alliance, ni de « secret » ; cet écrit d'un esprit égaré s'adresse aux esprits égarés, à ceux qui souffrent de la solitude spirituelle et qui, pour reprendre les mots de Gracchus Babeuf, « n'ont pas de secret ». C'étaient ceux déjà qu'évoquait Maître Eckhart : « J'ai parlé d'une puissance de l'âme. Cette puissance, dans sa première manifestation, ne saisit pas Dieu là où il est bon; elle ne le saisit pas non plus là où il est vérité; elle cherche plus loin et va jusqu'au fond et saisit Dieu dans son unité et dans sa solitude, elle saisit Dieu dans son désert et dans son propre fond[1]. » Maître Eckhart encore, se réfère à Augustin pour rappeler que ce qui se passera plus tard, Dieu l'a fait; qu'il ne peut rien si quelqu'un ne comprend pas cela; que celui-là s'aime trop ouvertement qui veut aveugler autrui pour que son propre aveuglement reste caché.

Aux écrits de Heidegger et de Nietzsche, de Heidegger faisant parler Nietzsche, j'opposerai *L'exercice en christianisme et autres œuvres* de Kierkegaard, *La positivité de la religion chrétienne*, les *Leçons sur la religion et autres écrits datés*, de G. W. F. Hegel, *Introduction à la lecture de Hegel* d'Alexandre Kojève – auteur à part entière, *Les problèmes fondamentaux de la phénoménologie* et *La crise de la science contemporaine* de Husserl, *L'athéisme dans le christianisme*, *Thomas Münzer & Droit naturel et dignité humaine* d'Ernst Bloch, et, à titre principal Maître Eckhart des *Sermons*, et Simone Weil bien sûr, spécialement ses *Cahiers*, ses *Écrits de Londres et de Marseille*, ses *Cahiers d'Amérique*. D'autres auteurs non moindres seront appelés : Augustin d'Hippone et Irénée de Lyon fondateurs, Félicité de Lamennais, apôtre de la révolte, Heine, poète, Emmanuel Levinas. On n'évoquera ici les pères prêcheurs de toutes sortes, catholiques, protestants et surtout cuistres modernes, qu'en vue de les réfuter, car l'Église, posée comme incarnation de la religion, plus encore comme magistère en son nom, est étrangère à mon propos. Tant Potestas qu'Auctoritas me semblent avoir été assez réfutés par Spinoza dans son *Traité des autorités théologico-politiques*. Reste à savoir ce que l'on entend par religion, tant l'espérance est mêlée à la crainte dans le sentiment religieux ou religiosité. La religion est en ce sens une réponse apportée, une signification consolante voire triomphante, ainsi des religions de l'élection : Dieu nous a choisis. On ne s'occupera guère ici du « retour des religions » ni du « désenchantement du monde », objets de nombreuses études, les unes savantes, les autres non et certaines, piteux

1. Maître Eckhart, *Traités et sermons*, préface de M. de Gandillac, Éditions d'Aujourd'hui, 1978, *Sermon* 10 : « In diebus suis placuit deo. Et inventus est justus », p. 167. La seconde référence est tirée du *Livre de la Consolation divine*, III, p. 99.

témoignages de l'incapacité de penser propre aux modernes institutionnels, mais bien plutôt de Dieu qui vient à l'idée[1]. Je réponds sans attendre à l'objection : « Modernes institutionnels ? » Irénée fut évêque de Lyon, Rousseau valet[2], ce sont là des « situations », mais qui n'impliquent pas la production d'études académiques. On verra au fil des pages que la « situation » est loin d'être indifférente à la capacité de penser – du penser, *das Denken* dirait Heidegger – et après tout le rêve des situationnistes ne fut-il pas de produire de furtives et inexistantes situations, au gré des dérives ? La difficulté non conceptuelle, mais seulement logique de ce projet, tient à l'illusion de flotter dans un monde fait – au sens où un camembert est fait, mais aussi au sens cité par raillerie par Voltaire : « Mon siège est fait[3] ». Le double esthétique, calqué sur un monde non réel mais existant, c'est-à-dire dénué d'essence (*Wesen*) réjouit l'âme de l'artiste, et c'est tant mieux. On peut émettre des doutes sur l'efficace de cet opium des artistes. Le vis-à-vis est décidément, outre une faute usuelle de français, un grave défaut des intellectuels, spéculaires-nés qui s'imaginent le face-à-face comme un dialogue avec l'autre et le déchiffrement des visages, comme le dirait Emmanuel Levinas.

Dans un précédent ouvrage[4], j'ai examiné autant que faire se peut les instruments, les opportunités et les fruits d'une usurpation : gnose, gnoséologie, gnosticisme poussés jusqu'à leurs extrêmes conséquences, triomphe de la civilisation marchande, affleurement de l'abomination totalitaire. Il s'agit à présent de connaître, s'il est possible, le projet d'humanité, appelé par tant d'étants vulgaires, tel que je suis, qui voudraient accéder à la dignité humaine. À ce propos deux remarques, l'une que « les patriotes n'ont pas de secret » fut le mot d'ordre de Gracchus Babeuf[5], l'autre que le terme « idiosyncrasie » ne signifie jamais que l'autorité qui découle de la totalité, comme la lave découle du volcan, ce qui veut dire dévaste.

1. Titre de l'ouvrage d'Emmanuel Lévinas, qui sera ici étudié.

2. Les esprits bon ton du modèle universitaire standard se refilent des coups d'œil semblables à l'huître avariée pour ironiser sur Jean-Jacques, son ego, ses plaintes, sa paranoïa, sa relation crapuleuse avec Mme de Warens. Ainsi procède l'esprit en marche.

3. Je rappelle que Voltaire met cette expression dans la bouche d'un historien qui, apprenant qu'on avait de nouvelles connaissances sur l'objet de son étude, un certain assiègement d'une certaine ville, que ces connaissances nouvelles contredisaient sa thèse, aurait dit que son travail étant fini-achevé, il n'était pas question de le remettre en chantier. Ce qui ne rendit pas Voltaire meilleur historien, ni ses successeurs meilleurs critiques de leur propre « pensée ».

4. *L'homme vivant et le matérialiste imaginaire*, Paris, 2008.

5. Que l'on ne se trompe pas sur « patriotes », qui veut dire pour Babeuf ceux qui n'ont en partage que la patrie. Voir mon *Impatience du bonheur, apologie de Gracchus Babeuf*, Paris, Payot, « Critique de la politique », 2001.

DE LA CONNAISSANCE

Thomas d'Aquin distingue la sagesse, qui résulte de la lecture attentive des Écritures, et le salut qui dépend de la foi. Si la raison, dit-il, peut parvenir à connaître certains attributs de Dieu – on peut dire de l'Être – il est des mystères impénétrables : ainsi la création dans le temps. Aussi selon lui, la philosophie nécessite le secours de la connaissance surnaturelle[1], qui n'est pas un savoir de la raison, mais une révélation. Les prémisses de la théologie sont de foi. De même qu'Aristote oppose sciences architectoniques et subalternées, ainsi l'arithmétique commande le musicien qui la reçoit, souvent sans la savoir, Thomas voit dans la théologie une science fondée sur une architectonique qui lui est donnée : Trinité, Incarnation, Création. Aussi la métaphysique est-elle selon lui une théologie naturelle, dénuée de la révélation. C'est à quoi s'oppose Duns Scot : le discernement humain – l'entendement au sens de Spinoza, n'a pas pour seul objet la quidditas – on dit « quiddité » pour exprimer ce qu'est une chose – mais la chose même. Si les hommes ne perçoivent que le contingent, c'est du fait du péché originel, la déchéance qui constitue leur statut. Si Aristote n'a pu, faute de la révélation, aller au-delà de la raison naturelle, il lui était impossible de savoir la fin véritable de l'homme et moins encore la vérité de l'Être[2].

C'est pourquoi Duns Scot prend appui sur le « statut présent » de l'homme, à qui nulle connaissance n'apprend « de façon distincte » l'existence d'une destinée suprasensible. De sorte que les philosophes ne peuvent se faire idée d'un don rédempteur du Créateur, pas plus qu'ils ne sauraient appréhender son libre vouloir. Le Docteur subtil – Duns Scot – suit Avicenne en ce que celui-ci considère la métaphysique comme « science de l'étant », au-delà du monde créé qui n'est que contingence. Notre théologie cependant est bornée par notre « statut », car si nous pouvons concevoir que les bienheureux « voient Dieu », nous-mêmes ne pouvons voir. La pensée de Duns Scot vise la chose elle-même : « C'est pourquoi l'existence ne s'ajoute pas du dehors à l'essence comme un attribut supplémentaire, mais la saisie de l'étant ne serait d'emblée saisie de l'existant que si tout ce qui est était *a priori* nécessaire[3] ». La métaphysique est ainsi science de « l'existible », elle doit prendre

1. Je rappelle que les titres d'ouvrages de Simone Weil, tel *La connaissance surnaturelle*, sont une imposture, de même que le rangement des écrits qui y figurent.

2. On aura reconnu peut-être le commentaire de Maurice de Gandillac dont je m'inspire ici.

3. Maurice de Gandillac, article Duns Scot, *Encyclopaedia universalis*, Paris, 2002, Corpus, VII, p. 657.

en compte le contingent, à la fois en soi et possiblement étant[1]. Kant après Anselme[2], partant des corps mus, suppose un moteur ultime doté des attributs de l'être, ce qui constituerait la preuve ontologique. Duns Scot voit dans le muable de l'existant « existible » une « aptitude effective » : l'étant n'est pas ce qui pourrait être, il est et par là diffère de la créature logiquement concevable mais qui pourrait ne pas être, l'Être premier le contient virtuellement et lui confère vérité et finalité. On observera que jusque-là, à défaut d'une théologie révélée, Dieu n'est qu'un nom donné à l'Être, et non pas Celui par qui advient le salut. Je remarque encore que, si les bienheureux voient Dieu, c'est en l'humain qu'est un tel chemin. Qu'il ne soit pas ouvert à tous est une autre affaire; le chemin de l'amour l'est-il ?

Liberté équivaut à amour, l'intellect « saisit de droit et dès l'abord la communauté ontologique entre tous les étants[3] », il embrasse la diversité qui permet de saisir l'étant autant que les relations formelles par lesquelles il se manifeste, surmontant ainsi « l'indifférence foncière de l'être univoque à ses modalités ». Autrement dit, l'entendement humain peut saisir en une opération inductive la pluralité et la succession, et n'est pas borné à la seule contemplation du créateur, même si les structures *a priori* de la création sont inaccessibles à ses capacités déductives. Reste à statuer sur la « volonté libre » qui échappe à toute nécessité, aussi bien pour le créateur que pour les créatures : dans quelle mesure pouvons-nous accéder à cette volonté libre, qui signifie, pour user des termes de Simone Weil, la « vérité de l'amour » ? Pour les chrétiens, l'*agapè* est l'acte volontaire de la créature, capable de refuser le don gracieux qui lui est proposé. « Rien d'autre que la volonté n'est cause totale de la volonté dans la volonté [4]». Si la vérité s'impose à l'intellect, l'acte entier ne produit son effet final qu'à travers « l'objet connu » ou représentation de l'objet par l'intellect. L'intellect ne peut connaître Dieu infini, il revient aux hommes de vouloir aller à l'infini. « Le Dieu cartésien sera infini de la sorte : volonté qui n'est même pas commandée par le Bien ou le Mal, le Vrai ou le Faux, car elle les institue. La volonté libre de l'homme pourra dans ce

1. Je prends la responsabilité de ces expressions. Il existe un « substrat univoque » de tous les transcendants, comme l'écrit Gandillac. La difficulté, me semble-t-il, est dans la tentation d'identifier le possiblement étant à la réalité. La réalité n'est pas un attribut de l'être, mais une construction ou plutôt reconstitution mentale, un mode de l'être tel que perçu par des intelligences bornées par le « statut » humain.

2. Anselme de Cantorbéry ne démontre pas; il s'adresse à Dieu : si je pouvait penser meilleur que Toi, la créature apprécierait le Créateur selon sa propre valeur; ce qui est situé dans la création en jugerait l'auteur, blasphème déjà contre l'esprit.

3. Gandillac, *Op. cit.*, p. 657.

4. Duns Scot, *Opus oxoniense*, II, dist. 25, n. 20.

sens, chez Descartes, se dire aussi infinie. L'équivalence de la volonté libre et de l'infini sans transcendance inspirera la pensée de l'infini chez Fichte, Schelling et Hegel[1]. » Je mets à part Fichte pour *La Doctrine de la Science*[2] qui appelle chacun à réfléchir à ce qu'il fait en disant « moi ». Mais à celui qui ne croit pas à l'identité Moi sujet = Moi objet, la Doctrine de la science n'a rien à dire. Un tel homme peut-il exister, qui nie l'identité de lui se posant et de lui qu'il pose ? Oui, il suffit qu'il refuse en disant « moi » d'aller vers ce qui le limite et le fonde à la fois, l'extérieur à quoi il s'affronte et se lie en lui et pour lui-même. Celui-là voit en soi un être accompli déjà, emprisonné dans la prison de son corps, qui se connaît sans faire l'expérience, l'épreuve de l'altérité et de la morsure du réel – comme l'écrit Simone Weil. A fortiori cet homme ne peut retourner en lui et y trouver autre que son Moi idéal, idole qui s'adore elle-même, ignorante de la finitude comme de l'altérité, non-finie et close à l'infini qu'elle n'a pas laissé entrer en elle. « Mon entretien avec toi, Esprit redoutable, m'a terrassé. Mais tu me renvoies à moi-même. Et que serais-je aussi, s'il existait hors de moi quelque chose qui puisse m'accabler sans retour ? [...] Mes représentations doivent représenter quelque chose et si, à l'ensemble de mon savoir, il n'y a rien qui corresponde hors de mon savoir, alors je me trouve dépossédé de toute ma vie[3]. » Dieu est l'ordre moral, vivant et effectif; « nous n'avons besoin d'aucun autre Dieu, et nous ne pouvons en concevoir d'autre[4]. » Le contresens usuel à propos du « Dieu moral » de Kant et de Fichte nous persuade que notre volonté de puissance est libérée

1. Emmanuel Lévinas, « Infini », *Encyclopaedia universalis*, Paris, 2002.
2. Fichte, 1794-95, *Grundlage der gesamte Wissenschaftslehre* (Fondement des principes de la Doctrine de la science). On traduit par « Doctrine de la Science » le mot *Wissenschaftslehre*. On pourrait aussi bien dire : leçon sur le savoir, en référence à la distinction qu'opère Kant entre opinion, foi et science. En 1797 parurent deux *Introduction à la Doctrine de la science*. Dès 1801, Fichte annonçait une nouvelle édition. On a celle de 1804; une autre était prévue. Fichte dut se défendre, en particulier défendre la *Doctrine de la Science*, ainsi dans *Le Fondement du droit naturel selon les principes de la Doctrine de la science* de 1796. Il écrit en note de l'introduction : « Je ne dirai même pas : un être agissant, pour ne pas susciter la représentation d'un substrat dans lequel la force se trouverait enveloppée. On a, entre autres, argumenté contre la *Wissenschaftslehre* comme si elle posait au fondement de la philosophie un Moi conçu comme substrat existant sans que le Moi y soit pour rien (un Moi conçu comme chose en soi). Pourtant comment cela fût-il possible, alors que la déduction de tout substrat à partir du mode d'action nécessaire du Moi est quelque chose qui la caractérise en propre [je précise : la Doctrine] et qui lui tient particulièrement à cœur ? » Ces critiques ont apporté leur substrat, qu'ils tirent de la vieille chose en soi, hors du Moi », Paris, Vrin, 1984, p. 17, note. Fichte précise encore qu'il n'est jamais question d'un « agir libre » qui serait une « monstrueuse exaltation de l'esprit » : l'agir du Moi sur lui-même est nécessaire.
3. Fichte, *La destination de l'homme*, Livre III, « Croyance », p. 151.
4. Fichte, *Über den Grund unsers Glaubens an eine göttliche Weltregierung.*

de cette tutelle dogmatique; Nietzsche y est pour quelque chose[1]. L'homme vivant opère en actes cette confrontation avec le Non-Moi qui nourrit son Moi, l'ouvre au monde et répercute – j'emploie à dessein un mot de Charles Fourier, ses appels à l'infini, auxquels les objets, humains, fleurs et murailles renvoient le sens, qui n'advient que par ces obstacles désormais siens.

Si, pour dire comme Jean-Luc Marion, « l'homme reste le lieu originel de son concept idolâtrique du divin, parce que le concept marque l'avancée extrême, puis le retour réfléchi, d'une pensée qui renonce à se risquer au-delà d'elle-même, dans la visée de l'invisible[2] », c'est que le concept de Dieu vise le dieu moral, la perfection morale, la « loi personnifiée de la moralité », ainsi que l'affirme Feuerbach. Dieu en tant qu'idole signifie la vénération due à la perfection humaine visée comme connaissable. Aussi le crépuscule des idoles ne signifie-il que le délaissement de cette idolâtrie-là, au bénéfice de « l'athéisme conceptuel » : dans la mesure où la métaphysique, c'est le constat de Heidegger, pense l'étant comme tel en un Tout (*Insofern die Metaphysik das Seiende als solche im Ganz denkt*), elle ne pense l'être que comme impensé de l'étant : l'Étant suprême n'est que la condition de possibilité de l'étant; il fonde en raison toutes choses[3]. La métaphysique, selon Heidegger, oublie la différence entre être et étant; Hegel est ainsi le premier accusé : la Pensée qui se pense elle-même, l'Idée absolue est la Plénitude de l'Être[4]. La pensée est, dans l'étant, ce mouvement vers la plénitude qui révèle l'être comme fonds, raison (*Grund*) de l'étant. Aussi, selon Heidegger, la théologie est une ontologie, la recherche de la Chose première (*Ursache*), le dernier compte à rendre : Dieu cause de soi. Comme il l'écrit, Dieu est ainsi ramené au rang de valeur suprême, le blasphème par excellence. Car ce Dieu, érigé en Être, qui comble la logique, fait taire le manque, fait oublier l'absence, réduit à rien la passion des hommes.

Si Feuerbach voyait dans la religion l'homme victime de son illusion, qui se dédouble en un individu limité et un autre, divinisé, qui n'est que lui-même aliéné, lui faisant face, sous les traits de dieu, un théologien comme Karl Barth va jusqu'à dire que « le divin lance à la face du monde un constant

---

1. Jean-Luc Marion, *Dieu sans l'être…, op. cit.*, p. 8, évoque ce « Dieu moral » comme une idole, dont Nietzsche a annoncé la mort. Voir p. 87 : « En fait, le "Dieu moral" fonctionne comme une idole, reflétant indiscutablement le regard que l'homme du ressentiment [je précise : la morale des vaincus] porte sur le divin, précisément parce qu'il n'atteint en rien le pôle absolu. »

2. *Ibid.*, p. 46.

3. Heidegger, *Questions I*, « Identité et différence », Paris, Gallimard, 1968, p. 305.

4. *Ibid.*, p. 287. Page 291, Heidegger oppose *die Gedanke* à *das Denken* : la Pensée et le penser.

refus », et que « la réalité de la religion est l'horreur que l'homme éprouve devant soi-même ». Aussi voit-il, comme le dit Ernst Bloch, « le tabou de la transcendance de Dieu et de la souveraineté de sa Révélation face à tous les biens spirituels que l'homme peut posséder par sa vie et par sa pensée – culture, philosophie et aussi religion », de sorte que l'intemporalité de Dieu serait garante de son absence définitive de l'histoire de la création, et par là, de l'évanouissement de toute eschatologie[1].

LA DIMENSION DES MIRACLES

Lamennais dans sa philosophie séparait bien les hommes en deux sortes, non pas les possédants et les dépossédés, mais les croyants et les « intelligences en délire », les « êtres monstrueux qui n'appartiennent plus à l'espèce humaine[2] », c'est-à-dire ceux que nous nommerions individualistes athées; l'individualisme est nécessairement athée, puisqu'il s'affirme comme autosuffisance de soi à soi, déiste à l'occasion, idolâtre de soi-même. Lamennais suppose l'infaillibilité du genre humain – ce qui implique qu'il soit constitué, et c'est cette intention criminelle qui le condamne, car la séparation est l'arme de l'oppression – mais cette infaillibilité est prodigieuse, par le fait d'être un éclaircissement, une quête de la lumière divine, puisqu'elle atteste d'une absence; tandis que l'Église se contente des Signes, enfermés et assombris dans l'évidence du culte rendu. Le regard *a priori* qui pose Dieu témoigne de l'idolâtrie; c'est celle de Schelling. L'appel à l'infini du moi, qui ne s'est pas identifié ni délimité encore, et découvre en lui l'éternel est la destination de l'homme, au sens de Fichte. Le genre humain a-t-il guéri des lépreux, rendu la vue à des aveugles, ressuscité des morts ? S'il eût été à même d'exister, le genre humain aurait guéri, non un malade, ressuscité, non un mort : il les aurait fait vivre tous. Qui a autorité ? Rousseau relève dans les Évangiles, de la bouche de Jésus – nous le nommerons ainsi pour éviter la confusion des idées – qu'il ne donne pas pour preuve de son autorité les miracles, mais sa parole. L'existence sociale demande un enracinement; la foi exige le désert. Celui qui prétend connaître Dieu, écrit Simone Weil, mieux vaudrait encore qu'il le renie[3]. Les actes, y compris les actes des apôtres, sont des actes de

1. Karl Barth, *L'Épître aux Romains*, auquel se réfère Ernst Bloch, *L'athéisme dans le christianisme*, Paris, Gallimard, 1978, p. 64-67.

2. Lamennais s'exprime ainsi dans sa *Défense de l'Essai sur l'indifférence*, chap. 14.

3. Il est remarquable que les hautes autorités universitaires reprennent ces paroles comme hypothèses « intéressantes » : ainsi J.-L. Marion dans *Dieu sans l'être... op. cit.*,

foi, non envers un Dieu extérieur connu par l'intelligence, encore moins par la tradition et la glose, mais par la rupture de l'auteur d'avec ce qu'il croit saisir de l'être : abolition du connu et surgissement de l'inconnu, *Aufhebung*.

« Rendez un arbre bon et son fruit sera bon ; rendez-le mauvais et son fruit sera mauvais. Car c'est au fruit qu'on reconnaît l'arbre. Engeance de vipères, comment pourriez-vous tenir un bon langage, alors que vous êtes mauvais ? Car c'est du trop-plein du cœur que la bouche parle. L'homme bon, de son trésor, extrait de bonnes choses ; et l'homme mauvais, de son mauvais trésor, en extrait de mauvaises. » Loin de l'esprit d'exégèse, nous devons ici préciser que Jésus s'adresse aux Pharisiens, qui l'accusent d'avoir guéri un aveugle muet « par Beelzéboul », tandis qu'à l'instant il rappelait l'oracle d'Isaïe : « Il annoncera la vraie foi aux Gentils [...] en son nom les Gentils mettront leur espérance ». S'il jette l'opprobre contre les Pharisiens « Génération mauvaise et adultère », qui lui demandent un signe, n'est-ce pas que ceux-ci, préfigurant le scandale de l'Église de Rome, font commerce de la croyance populaire des Juifs dans l'attente du Messie ? Or Jésus n'est pas celui-là, et s'il vaut davantage que Jonas[1], ce ne sont que les Ninivites qui firent pénitence à sa prédiction de la prochaine destruction de Ninive : « L'on se couvrira de cilices, l'on criera vers Dieu avec force, et chacun se détournera de sa mauvaise conduite et de l'iniquité que commettent ses mains. » Aussi Jésus annonce-t-il que les Assyriens – les païens – jugeront cette génération incrédule. Aussi bien les plus proches ne sont pas les meilleurs ; à l'annonce de l'arrivée de gens de sa famille, Jésus répond : « Qui est ma mère et qui sont mes frères ? » Et, montrant ses disciples « Voici ma mère et mes frères[2] ». Est-il odieux de dire qu'on n'accède pas à l'élévation de la pensée ? Que dire aux misérables, qui font commerce de leur vulgarité : par la vulgarité de l'esprit, on touche ceux qui souhaitent de demeurer cachés à eux-mêmes dans la vulgarité ; on gagne sa vie à propager l'obscurité médiocre, si propice aux échanges marchands. Vous gagnez à me consacrer esprit supérieur, car ainsi vous êtes dispensés de la quête, et qui, sinon les pauvres, sont en quête ?

Le miracle s'inverse aussi, et une explication s'impose, qui n'est ni herméneute ni hérétique, je veux parler du commentaire de Jésus à la parabole

---

p. 69 : « Et même ne pourrait-on pas inversement soupçonner que le temple de l'Être, par définition et axiome de la pensée de l'Être comme tel, ne saurait en aucun sens ni secourir ni appeler, ni admettre, ni promettre quoi que ce soit qui concerne ce qu'il ne faudrait pas même nommer – Dieu ? »

1. *Matthieu*, XII, 18, 21 ; XII, 33-35 ; XII, 41. Jonas reproche à Yahvé de n'avoir pas détruit Ninive : Jonas, 3.

2. *Ibid.*, XII, 48, 49. Laissons les divagations sur la fratrie de Jésus à ceux qui en vivent.

du semeur : « Car à celui qui a l'on donnera et il aura du surplus, mais à celui qui n'a pas on enlèvera même ce qu'il a[1]. » Qu'est-ce à dire ? J'entends bien la différence entre celui qui reçoit la semence dans les épines, celui qui la reçoit dans les pierres et celui qui la reçoit dans la bonne terre : celui-ci seulement a des racines. Mais au-delà, ce qui n'est dit qu'aux disciples ne signifie-t-il pas que celui qui n'a que de fausses certitudes, elles lui seront enlevées, que son existence même, dont la vaine poursuite ne repose que sur ces illusions, il en perdra le sens. N'avons-nous pas perdu ce sens ? À celui qui a, on donnera : celui-ci n'a qu'en trop-plein du cœur et, de cette surabondance, il tirera au-delà de ce qu'il pouvait vouloir, enfermé dans le séculier (*Weltlichkeit*) qui le dévore.

Nul miracle ne prévaut sur l'incrédulité, et l'attente du Messie peut aussi bien valoir évidence de foi qu'endurcissement dans l'ignorance de soi. Jésus dit à Pierre, quand on vient l'arrêter : « Crois-tu donc que je ne puisse prier mon père, qui m'enverrait aussitôt douze légions d'anges et plus[2] ? » Le lecteur est ici confronté à sa propre lecture, qui l'oblige à choisir entre : il est de la volonté de Dieu que son Fils soit crucifié ; s'il eût voulu envoyer le Messie, il l'eût fait triompher ; ou bien Jésus, mortel prophète, invoque l'impuissance de la force à faire taire la voix de l'amour, ce qui constitue précisément sa prophétie, et que le disciple effrayé de cette mortelle reddition, traduit en puissance divine, par impuissance de saisir l'évidence du discours du juste : ces mêmes hommes qui viennent pour me faire mourir pourraient venir à mon secours, car j'ai besoin d'eux pour répandre ma parole. La peur de mourir pousse au reniement aussi bien qu'à l'acte inconsidéré – ce que Jésus révèle à Pierre, ce que Pierre ne peut croire. Ce point est capital ; ou bien Jésus affirme qu'il est Fils de Dieu, ou bien il repousse l'aide de la force contre la force. On comprend la vacuité de toute herméneutique : quel herméneute tranchera, si Jésus est ou non Fils de Dieu ? Faut-il lire l'Évangile ici comme une métaphore, comme un malentendu – au sens où l'on parle de « malentendant » ? Les disciples ont-ils conçu un Dieu incarné qui se montre ? C'est une tout autre question que la pensée puisse ou non atteindre Dieu, ainsi Emmanuel Lévinas[3] voit-il « l'intellection du Dieu biblique » en

1. *Ibid.*, XIII, 12. La lecture canonique : celui qui a reçu l'Ancienne Alliance recevra la Nouvelle.

2. *Ibid.*, XXVI, 53.

3. Emmanuel Lévinas, *De Dieu qui vient à l'idée*, Paris, Vrin, 1982, p. 95. Je n'ai rien à dire de l'autre terme de l'alternative : le Dieu de la Bible n'a pas de sens, « n'est pas pensable ». c'est que je ne comprends pas l'alternative : que veut dire « Dieu de la Bible » ? Dieu n'est pas dans la Bible, quoi qu'on puisse en toute bonne foi penser que Dieu a inspiré les prophètes. Pour le reste, que Dieu ait donné une loi positive, qu'il punisse et

deçà de la pensée philosophique parce que cette théologie du connaissable, si je puis dire, épuise la signification du Dieu de la Bible en lui faisant place dans « la course de l'être », ce qui peut être pensé conformément à la découverte ontologique : Dieu existe éminemment. Par cette modalité de l'être disparaîtrait la transcendance de l'être qui ne se montre pas. D'évidence, la théologie ne traite pas de Dieu, mais de l'homme devant Dieu. À rebours, on peut demander ce qui ne se montre pas : lorsque Lévinas écrit que le sens en philosophie est déjà une restriction du sens, « une dérivée du sens », plutôt qu'un sens équivalent à l'esse de l'être, il entend poser la question de l'au-delà de l'intelligible de l'être, d'une « signifiance » préalable à l'être. Pour Lévinas, poser cette question revient à douter de l'alternative entre le « Dieu d'Abraham, d'Isaac et de Jacob » et le dieu des philosophes d'autre part. Je respecte cette interrogation, qui porte sur l'intelligibilité, « l'exhibition de l'être », mais si je la prends à rebours, c'est pour demander si, plutôt que de rechercher la vérité de l'être dans l'expérience de l'humanité passée, si riche soit-elle, si emplie d'appel au divin et « d'exhibition des réponses », il ne faut pas tenter d'inventer le non-advenu. La dimension des miracles est temporelle ; de l'ouverture de la Mer Rouge pour permettre le passage des Hébreux à Lazare ressuscité, qui se manifeste, sinon un devenir ?

Ce que je dénomme projet d'humanité est plus souvent enseveli sous l'institué, l'accaparement des puissants ; par miracle il surgit, signal plutôt que signe. On objectera la récurrence de pensées analogues fondées sur le progrès, pensée informe, rapidement dévoyée en projet d'émancipation des forces vives, elles-mêmes accablées par le mouvement sous l'accumulation obscure : ainsi le machinisme et le pouvoir-argent. On trouve encore le chiliasme révolutionnaire, qualifié de soubresaut des vaincus de l'histoire, le millénarisme chrétien, puisé dans l'Apocalypse mais déjà présent dans le schème de la première résurrection du judaïsme, illustré par Joachim de Flore au XIIIe siècle, qui prévoit la chute de l'Église de Rome remplacée par l'Église spirituelle de Jérusalem. Le royaume de la nouvelle Jérusalem

---

récompense dans l'au-delà sont des articles de foi, dont je ne vois pas comment on peut discuter. Une expérience humaine hors du commun, fondatrice certainement, est relatée dans des écrits. On observera que Dieu n'y est pas : les prophètes l'invoquent, souvent en vain, les erreurs et les crimes des puissants, les lâchetés, les blasphèmes et les aveuglements d'orgueil ou de crainte envers les « complots de Yahvé » (*Isaïe*, 8, 11-15) y figurent à côté des déplorations : « n'y a-t-il pas obscurité là où il y a détresse ? » (*Isaïe*, 8, 23), des rappels aux devoirs liés à l'élection : « Malheur aux législateurs de législations impies, aux scribes de rescrits oppresseurs, qui refusent de rendre justice aux malheureux et frustrent de leurs droits les pauvres de mon peuple [...] Que ferez-vous au jour du châtiment, quand, de loin, viendra la ruine ? Vers qui fuirez-vous pour être secourus ? Où cacherez-vous vos richesses ? » (*Isaïe*, 10, 1, 3).

apparut, pour peu de mois, à Münster, en 1535[1], et l'on imagine la fureur des princes, attisée par Luther affolé de son propre égarement, à l'exhibition de cette révélation.

Jésus, écrit Rousseau, exigeait la foi avant les miracles, ce qui est confirmé par Matthieu, 13, 58, par Marc, 6, 5-6 : « Et Jésus leur disait : Un prophète n'est méprisé que dans sa patrie, parmi sa parenté et dans sa maison. Et il ne put faire là aucun miracle, si ce n'est de guérir quelques malades en leur imposant les mains, et il s'étonnait de leur manque de foi. » Guérir des malades est très différent de changer de l'eau en vin. Aussi bien, que vaut un miracle qui réalise l'impossible ? S'il n'y eût eu que Cana, l'imposture eût été flagrante, tandis qu'imposer les mains pour guérir un malade, un médecin le peut. Il peut aussi s'étonner du manque de foi des malades. Non pas de foi en lui médecin, ni en la médecine, car la foi en la médecine n'existe que dans Knock, ainsi que le remarque Simone Weil. La foi vraie est la découverte de ce que la mémoire contenait, et qui ne paraissait pas à la conscience. Ce n'est pas moi mais Augustin d'Hippone qui le dit. Cela veut-il dire que la foi est là dès la création du monde ? Précédemment, peut-être ? Sûrement pas. Cela indique chez les hommes une résistance à la foi, c'est-à-dire leur incrédulité à l'égard de leur propre humanité. Thomas l'incrédule en est un modèle. Bien sûr c'est de lui qu'il doute : de qui d'autre ?

Comme l'écrit encore Rousseau, les miracles marquaient la compassion bien plus que la volonté d'étonner[2]. « L'appui qu'on veut donner à la croyance en est le plus grand obstacle : ôtez les miracles de l'Évangile, et toute la terre est aux pieds de Jésus-Christ. » Paul, à qui les Juifs demandaient des miracles, leur prêchait Jésus crucifié. Ce que je comprends, non par « Christ ressuscité », mais par : il est mort pour vous. Autre chose est de dire pourquoi les Juifs, pris comme communauté, refusèrent ce sacrifice en y voyant le châtiment de l'imposture : le Messie eût refondé la splendeur d'Israël et non pas été objet de scandale. Des miracles, il y en eut assez dans l'histoire des Hébreux, et ils appartiennent à l'expérience vécue de ce peuple.

---

1. Les anabaptistes eurent pour chef Thomas Münzer, qui rédigea en 1525 la Charte des paysans en révolte. J'étudie cet épisode plus loin, avec l'aide d'Ernst Bloch.

2. Rousseau, *Lettres*, Partie I, Lettre III, *Op. cit.*, p. 73.

DEVENIR COMME DIEU

Martin Buber emploie, pour expliquer le sens du judaïsme, une expression frappante : « Aucun homme ne connaît mieux que le Juif l'abîme de la dualité intérieure, mais aucun ne connaît mieux que lui le prodige de l'unification, lequel ne peut être objet de foi, mais seulement d'expérience. À cause de cela, le Juif ne peut se satisfaire du "réalisé", mais seulement de l'acte qui commence avec chaque être humain, l'acte de la "réalisation" elle-même[1]. » Chacun s'efforce, c'est le sens du retour, vers la liberté divine et l'inconditionné. On mesure aussitôt le péril de ce rêve vécu comme autorisation, dès lors que le rêve est collectif c'est-à-dire enseigné, car mille hommes ne font pas le même rêve. Ainsi André Neher écrit-il : « À la lutte pour dominer les hommes s'ajoute l'ambition de s'installer à la place des dieux. La conquête entraîne, dès lors, un double risque : celui du pouvoir illimité sur terre, et celui de la substitution de l'homme aux dieux, dans le ciel[2]. » Aussi le Dieu de la Bible descend-il pour arrêter l'édification par les hommes de la tour qui devait atteindre le ciel. « Il est la Violence, qui se met en route pour quérir l'homme et l'arrêter sur son propre chemin[3]. » C'est que l'humanité indivise n'est pas, et l'on peut donner au moins deux interprétations à ce mythe[4]. Prométhée fut poursuivi et puni par les dieux, lui qui voulut donner aux hommes la force, mais André Neher étrangement écrit que, dans le mythe grec, « l'homme est enchaîné par les dieux dans la torture de son impuissance ». Or Prométhée est un Titan, non un homme, et les hommes ont pu tirer profit de ce qu'il leur a porté, de sorte que le « pessimisme tragique » grec est ici fondé sur une lecture erronée. Les hommes selon les Grecs – c'est-à-dire les Grecs eux-mêmes[5] sont bornés sur terre et n'ont que le bénéfice de ce don sacrificiel, les dieux ne leur sont ni favorables ni méchants, leur monde est autre et l'histoire se déroule dans les deux univers, ce qui la rend imprévisible aux seuls humains grecs.

Le judaïsme – André Neher l'écrit – voit dans l'histoire un « perpétuel affrontement de Dieu » qui se révèle une alliance universelle, mais privilégiée

---

1. Martin Buber, *Judaïsme,* Paris, Verdier, 1982, p. 68.
2. André Neher, première publication : *L'Essence du prophétisme*, PUF, 1955. *Prophètes et prophéties,* Paris, Payot, 1995, p. 132-133.
3. *Ibid.*, p. 133.
4. Faut-il le redire : mythe n'est pas légende, voir mon *Mythe et violence, autour de Georges Sorel.*
5. Les Grecs se reconnaissaient comme hommes, les autres peuples étaient les barbares. Les Cheyennes partageaient cette vue : leur nom signifiait « hommes ».

à l'égard d'Israël. C'est que le peuple hébreu, du moins ses prophètes – héros de Dieu selon Neher, saints suivant Péguy – connaissent l'impuissance des hommes et la nécessité que Dieu descende à leur rencontre, d'où l'exode qui ne saurait prendre fin sans la révélation divine : Dieu seul est roi et il a promis de régner sur son peuple[1]. C'est que Dieu recherche les hommes autant que les hommes recherchent Dieu. Il y a là, ou bien source d'un dialogue avec l'infiniment autre, ou bien, et c'est l'idée qui me vient à l'esprit, recherche de soi dans le regard des autres, non au sens grotesque du self love[2] mais au sens de quête d'humanité. La pensée qui m'est absolument étrangère : celle des hasidim, « Ceux que Dieu aime, sur lesquels il compte, par lesquels il fait œuvrer l'histoire. Sans eux, Dieu est seul. Par eux, le monde entier est avec lui[3]. » Car le thème de l'élection, sur lequel André Neher fait reposer la signification du prophétisme, refuse ce que Martin Buber nomme « métaphysique naturelle et éternelle de l'âme[4]. » Le mythe, comme l'avait compris Georges Sorel, n'a rien d'une légende ni d'une croyance, c'est un langage de l'humanité à la recherche d'elle-même.

L'étude d'Emmanuel Lévinas[5] sur Edmond Fleg donne un tout autre sens : Lévinas montre l'attrait et la distance qui lient Jésus et « le juif occidental ». Il revient à la lecture d'Edmond Fleg : « le Juif errant fait confiance à

1. Martin Buber écrit : « On ne peut plus parler de mythe lorsque l'événement que l'on veut rapporter se présente sur le plan de la transcendance pure, ou comme une expérience de l'âme » (*Judaïsme*, *op. cit.*, p. 79) Peut-être mon ignorance s'exprime-t-elle ici, mais j'ai du mal à comprendre André Neher lorsqu'il refuse absolument que les Hébreux aient connu des mythes. Ainsi écrit-il que « les rites agraires reposent sur certains mythes [...] (Les Hébreux) ont refusé le mythe qui systématisait la succession pluie-sécheresse; ils en ont plutôt retenu le caractère irrégulier, non naturel, d'où toute une théorie des catastrophes » (p. 141). J'y vois d'une part que les rites reposaient effectivement sur les crues du Nil, puisque c'est d'Égypte que venaient les Hébreux, que celles-ci sont annuelles et non mythiques, que les rites appelaient seulement la faveur des dieux pour que le cycle s'accomplisse. Quant à la « théorie des catastrophes », pourquoi ne pas la qualifier de mythe ? Parce que dans le désert les pluies sont irrégulières ? J'entends bien qu'André Neher inscrit son ouvrage dans un « refus de la méthode critique », ainsi qu'il l'écrit dans la préface de 1983. Il n'est pas ici question de cela, mais de dire si les mystères sont dévoilés aux seuls initiés ou bien toujours impénétrables à l'humanité séparée de son être.

2. Je me suis suffisamment expliqué là-dessus. Puis-je demander au lecteur de se reporter à mon *Principe de misère*, Paris, éditions du Félin, 2007.

3. André Neher, *Op. cit.*, p. 249.

4. Martin Buber, *Judaïsme, op. cit.*, p. 80. Buber écrit : « Il pouvait sembler à plus d'un exégète de bonne foi que le mythe est une chose étrangère à la Bible. » Même page. Buber explique avec une parfaite clarté le refus du mythe, « source nourricière de toute religiosité », par la classe sacerdotale, qui y voyait l'ennemi de la religion telle qu'elle devait être. Je recommande la lecture de ce passage, p. 80-83.

5. Emmanuel Lévinas, *Difficile liberté, Essais sur le judaïsme*, Paris, Albin Michel, 1976, « Jésus raconté par le Juif errant, d'Edmond Fleg », p. 161.

l'image idéale de Jésus. L'homme qui la dessine est désireux sincèrement de la comprendre et de l'aimer [...] (mais) la pitié pour les deux larrons mourant sans gloire et sans certitude l'emporte sur la pitié pour le dieu crucifié. » Que pourrait être la pitié pour un dieu crucifié ? Il y a là, me semble-t-il, l'équivoque de Jésus : ou Dieu ou crucifié, ou marche au supplice ou résurrection annoncée, et que comprenons-nous de cette résurrection ? Que se produisit-il, et qui se produisit ce troisième jour, sinon la foi ? Les deux larrons appellent la pitié, je dirais plutôt la compassion, comme tous ceux qui souffrent « sans gloire ». Jésus prophète condamné à mort ne demande rien de tel, mais bien l'amour de ceux qui « ont soif de justice et de vérité », au même sens où Gracchus Babeuf fait le don douloureux de sa vie. Aussi la « passion ambiguë » dont fait mention Lévinas me paraît résulter d'une surestimation de Jésus, qui, faisant de lui Dieu, le désavoue de son sacrifice « enfermant l'homme dans sa méchanceté, et livrant à cet homme méchant mais sauvé une humanité désarmée[1] ». Ce que Lévinas nomme le non juif à Jésus est ainsi parfaitement justifié. Jésus-Christ crucifié signifierait en effet le salut accordé aux hommes méchants, c'est-à-dire l'autorité à eux remise par lui pour dominer et opprimer l'humanité non advenue et par là empêchée de voir le jour. Aussi bien est-ce une impossibilité, car quel sens pourrait avoir un Dieu à la fois intervenant dans le salut des hommes et brouillant par cette intervention toute signification ? De quel salut serait « sauvés » ces « hommes méchants » ? On voit là relevée, vu du judaïsme ou du moins de ceux qui peuvent s'exprimer en son nom, la contradiction du Dieu incarné des chrétiens, sauveur d'une humanité indigne du salut. Un tout autre sens est déchiffrable dans ce qui est un enseignement : Jésus apprend aux hommes que le mal est en eux et non dans l'extériorité du monde, les aliments par exemple. Aussi n'est-il pas nécessaire de se laver les mains avant de manger, on ne peut être souillé que par ce qui vient de son propre cœur. De même les hommes ne doivent pas se donner d'idoles, signifie que leur vie vaut plus que les objets du monde : « À la surestimation du monde et de ses objets devenus ses idéaux ou ses idoles correspond l'occultation par l'homme de sa propre condition et de ce qu'elle comporte d'éminent. D'où l'étrange et catégorique déclaration du Christ : Ne valez-vous pas beaucoup plus qu'eux[2] ? » On mesure l'incompréhension aussi d'une religion de l'élection et du dialogue craintif mais querelleur avec son dieu, duquel on sait seulement, outre les attributs négatifs que discerne Maimonide, qu'il est miséricordieux et qu'il

1. *Ibid.*, p. 161.
2. Michel Henry, *Paroles du Christ*, Paris, Seuil, 2002, p. 22. La réflexion de M. Henry est à connaître absolument.

commande, à l'égard d'une religion de la soumission envers un dieu[1] qui a fait le don du salut, sans qu'il soit mérité. Car ce salut des chrétiens signifie seulement, comme le relève Simone Weil, que les hommes ont désormais le choix de la foi et non, comme le pense Bergson, que Jésus a rendu les hommes meilleurs. Il me paraît nécessaire d'évoquer le texte d'Emmanuel Lévinas[2] sur deux points : « L'unique mérite d'Israël consiste, peut-être, à avoir choisi ce livre de colère et d'accusation pour son message. À en avoir fait son livre. Israël n'est pas un peuple modèle mais un peuple libre » ; d'autre part « Simone Weil voit en elles (les croyances composites) des préfigurations et la preuve de l'universalité éternelle du christianisme[3] ». De quelle liberté, de quelle universalité et de quelle contradiction s'agit-il ? Les Juifs sont libres en tant que « l'intelligence du Talmud » leur permet d'accéder « à la foi dans la Bible », écrit Lévinas. Simone Weil ne croit pas à cette intelligence humaine collective : l'homme seul pense, le « penser collectif » est un moyen de l'oppression. On se souvient que Simone Weil ne fut jamais catholique – elle refusa le baptême pour une raison inverse de celle de Bergson : il ne voulut pas renier son identité alors que les Juifs étaient menacés; elle ne voulut pas, dépossédée d'identité comme elle se voyait, mettre sa personne dans une communauté, quand elle n'était en relation qu'avec Jésus. Qu'elle ait méconnu, défiguré le judaïsme est vrai, indiscutable. Eût-elle été catholique, elle aurait dénoncé l'hypocrisie de l'Église instituée, qui usurpa le divin en chacun pour faire don à la place de la perpétuelle menace du péché non absous. La question fondamentale est l'universalité de Dieu, qui ne prend sens que par les actes des hommes, selon les termes mêmes de Lévinas. Or que font les Prophètes, sinon exhorter leurs frères à vouloir le bien et à renoncer au mal ? Le christianisme de Simone Weil est tout intériorité, ce que l'on peut lire page après page dans ses *Cahiers*, tout comme on y découvre un questionnement à l'infini. Ce questionnement de l'infini, adressé à l'infini, témoigne d'un refus de l'intelligence des hommes se saisissant du sacré. Le christianisme, de toute éternité ne peut avoir de sens, pour Simone Weil, que comme intériorité qui est le propre de chaque homme. La vision du Christ est à admirer par nous, et non à comprendre, car nous n'avons pas l'audace de sortir de notre finitude. Plusieurs des Prophètes de « l'Ancien Testament » avaient eu cette audace.

---

1. Emmanuel Lévinas écrit : « Les figures de l'Évangile nous laisse stupides et froids; nous nous sentons mentir quand nous les reprenons », *Difficile liberté*... *op. cit.*, p. 162.
2. Ceci ne préjuge pas du remarquable essai de Guy Petitdemange sur ce sujet : « Simone Weil contre la Bible », in *Difficile liberté*, Paris, Albin Michel, 1976.
3. Lévinas, *Op. cit.*, p. 208.

« L'esprit est libre dans la lettre et il est enchaîné dans la racine[1] » : selon Simone Weil, les racines dont ont besoin les hommes ne sauraient leur venir de Dieu, elles sont nécessaires à leur survie ici bas; la liberté n'est pas dans la lettre mais dans l'acte[2]. La rupture du catholicisme avec « la paix des forêts » fut plutôt la dotation d'habits neufs à un très ancien paganisme. Il me semble que Lévinas et Simone sont d'accord sur ce point. Celui qui prétend connaître Dieu, écrit-elle, mieux vaudrait encore qu'il le renie. Les actes, y compris les actes des apôtres, sont des actes de foi, non envers un Dieu extérieur connu par l'intelligence, encore moins par la tradition et la glose, mais par la rupture de l'auteur d'avec ce qu'il croit saisir de l'être. Hegel et sa descendance ont été des oppresseurs de la pensée personnelle – nous verrons ce qu'il faut penser de cet amalgame[3]. Toute personne comme personne c'est-à-dire consciente de sa liberté est élue, écrit encore Lévinas. Précisément, l'élection donnée par la lecture d'une parole divine pose la question de ce que dit cette parole, et de ce que les élus par appartenance en comprennent, par le truchement des « intelligences ». L'Évangile apocryphe de Thomas, du milieu du IIe siècle, simple itération des paroles de Jésus, prouve l'antique désir de conserver ces paroles. Mais Jésus comme Isaïe s'adresse à « ceux qui ont des oreilles et n'entendent pas ». Isaïe écrit ainsi : « Je me suis laissé approcher par ceux qui ne me questionnaient pas et je me suis laissé trouver par ceux qui ne me cherchaient pas. Je disais : Me voici, à une nation qui n'invoquait pas mon nom. » Yahvé, par la bouche prophétique d'Isaïe, reproche à un peuple rebelle de suivre une voie qui n'est pas bonne; il renonce pourtant « à tout détruire » en considération de ses serviteurs et fera sortir « une race de Jacob et de Juda un héritier de mes montagnes. Mes élus en hériteront, mes serviteurs les habiteront[4]. » Quant à ceux qui ont abandonné Yahvé, ils seront rejetés.

1. *Ibid.*, p. 211. Ici je dois citer Guy Petitdemange : « Dieu universel n'est pas qu'une vérité logique – ce qui n'est aucunement une dévaluation; c'est une vérité qui ne va pas sans demander de s'accomplir, de devenir effective, sans que tous en arrivent à cette connaissance qui devrait modifier les relations de chacun avec tous. Or cette dimension pratique absolument intrinsèque à la connaissance de Dieu comme telle n'en dérive pas comme une évidente conclusion logique; elle est liée à un ordre, un commandement, un commencement, une parole, un envoi, un lancement, une sortie de l'intériorité, une injonction, toutes choses précisément abritées dans la lettre. » Le commandement comme commencement, comme cause de la modification des relations de chacun avec tous, là est la « difficile liberté » d'aimer la Lettre : comment se commande « être l'élite » ?

2. Je me réfère ici à *De l'acte, la dialectique de l'éternel présent* de Louis Lavelle, quoi qu'il en ait été fait un usage usurpateur et mensonger : son préfacier Bruno Pinchard le déclare « illisible ». Paris, Aubier, 1992.

3. Voir infra la discussion de l'analyse que Kojève fait de Hegel. On se référera à Guy Planty-Bonjour, *Le projet hégélien,* Paris, Vrin, 1993.

4. *Isaïe*, 65, 1,2,9.

Il est évident que ce passage ne préfigure en rien l'antisémitisme providentiel, destiné à accomplir la parole de Dieu, il s'agit d'une pénitence que le serment, accompli au nom du Dieu de vérité, suffira à arrêter. Un acte libre donc, à accomplir par le peuple de Dieu. Non un savoir que seules détiennent les « intelligences ». Saisir ces paroles requiert de quitter ses comportements de perdition. « Comprenne qui peut » dit-il encore. Certes les Évangélistes nous répètent ce que leur maître n'a dit qu'à eux, parce que les autres ne comprendraient pas le sens des paraboles : pourquoi alors s'exprimer ainsi ? Ici est le malentendu sur « l'enracinement » : pour Lévinas « toute parole est déracinement. Toute institution raisonnable est déracinement[1] », et par là est constituée une élite. Le désert est parole et institution. Lévinas a beau dire que ce n'est pas par orgueil qu'Israël se serait senti l'objet d'une élection, on doit comprendre que Jésus parlant en paraboles s'adresse à qui ne peut l'entendre, dans le désert de cette génération perdue qui voudra sa mort. Le futur s'emparera non de lui mais de ses paroles d'énigme, lorsque les temps seront venus, et le futur n'est pas une nation mais un autre déracinement, non institué à ce jour. Les paroles si elles sont entendues seront un déracinement, précisément parce qu'aucune institution raisonnable n'a encore vu le jour, et que les comprendre ne se peut qu'en actes. Ces actes des humains seront, non un enracinement dans la terre, le propre du paganisme ainsi que le relève Lévinas, mais dans cette connaissance hors du « naturel » autant que du « surnaturel », qui n'est pas connaissance de l'être mais du moi, lequel comme l'a compris Fichte est partage et participation au non-moi, les complémentaires sans la composition desquels – au sens de composition des discords selon Fourier – l'Harmonie ne saurait advenir.

Jaspers à propos de Kierkegaard et de Nietzsche parle de secret : le secret est l'unique forme de communication de la vérité authentique[2]. À « la pensée est l'être », Kierkegaard oppose, nous dit Jaspers, « la croyance est l'être ». Mesure-t-on l'extrême danger de cette proposition ? Lorsque Nietzsche le « philosophe du dangereux peut-être[3] » dit : le comprendre est une distinction que l'on doit mériter, il semble s'opposer à Babeuf : les patriotes n'ont pas de secret. Je passe sur l'objection que Babeuf n'est pas philosophe, Jésus ne l'est pas davantage. On remarque le négatif de la formule de Babeuf tout comme celui de Jésus, qui veut comprendre, qui veut vivre selon ses passions au sens de Fourier, doit lutter avec l'ange qui n'est pas Dieu, mais ce Moi de

1. Lévinas, *Op. cit.*, p. 211.
2. Jaspers, *Nietzsche et le christianisme*, Paris, Bayard, 2003, « Origine de la situation philosophique actuelle », p. 129.
3. Nietzsche, *Tagebücher*, I, 92, 2 vol. Innsbruck, 1923.

l'évidence, qui croit être. Les patriotes n'ont pas de secret parce qu'ils ont renoncé à l'évidence de l'élection; ils n'ont rien à cacher parce qu'ils n'occupent aucune position dans ce monde donné, ils n'ont pas de superstition parce qu'ils ont fui – ou ont été chassés de la réalité établie.

Reste le problème du mal. « La possibilité du pardon infini invite au mal infini[1] », écrit Lévinas : l'obligation du châtiment, si développée par Simone dans L'Enracinement, est évoquée par Lévinas comme « respect de la personne même du coupable », pour aussitôt faire place à l'effroi : au-delà de la compassion pour le malheur de la créature se tient l'amour du mal. Je crois cette lecture erronée; qu'on me pardonne cette prétention, je la justifie en rappelant les paroles de Simone à propos du martyre des Juifs, « Il est même préférable dans une période de misère et de violence diffuse, qu'une catégorie bien déterminée et limitée d'êtres humains attire sur elle les formes aiguës du malheur. Je ne parlerais certes pas ainsi si je ne faisais pas partie de cette catégorie. Comme j'en fais partie, j'en ai le droit[2]. » À nous de choisir : ou bien cette lettre provoque notre effroi, par l'amour du mal dont elle rend compte, ou bien elle porte témoignage de la colère du Dieu des hommes, celui que les hommes se sont appropriés en lui conférant l'être, et des innocents sacrifiés à ce Dieu de colère. Le « j'en fais partie », on le notera, ne se réfère pas à un « peuple » mais à une « catégorie ». Si ce n'est pas là le refus de la pitié portée sur soi, la détestation du mal qui frappe les innocents et l'aveu de l'indifférence des étants-du-monde-préoccupé, devant le malheur, alors je déclare n'avoir pas compris Simone Weil. Par bonheur ses actes témoignent pour elle, on reconnaît l'arbre à ses fruits. Voir sa lettre à Bernanos, qui avait dénoncé le haut clergé catholique dans le réquisitoire *Les grands cimetières sous la lune*.

LES SAUVETEURS

On demandera ce que vaut cet examen, auquel se livre un auteur qui voit la transcendance en nous humains seulement. C'est que Jésus n'est ni chrétien ni juif, ni Dieu incarné ni faux Messie, mais homme. Surtout pas surhomme nietzschéen, moins encore la grotesque figure imaginée par les gnostiques[3]. Un homme lointain, en quelque sorte, que l'on a déifié et par là

1. *Ibid.*, p. 214.
2. Simone Weil, Lettre à une ancienne élève qui, en septembre 1940, proposait de l'abriter dans sa famille. Je cite cette lettre dans *La Pensée libre*, Paris, 2004, p. 17.
3. Je prie le lecteur de se reporter à mon étude *L'homme vivant et le matérialiste imaginaire*, 2007, en particulier le chap. VI consacré à Irénée de Lyon. Selon la doctrine

rendu inaccessible, pour qui on n'éprouve pas d'amitié, si on le voit ainsi que le fait Lévinas. Cette amitié, Kierkegaard l'éprouve, lui qui écrit : « Oh, chose étrange ! chose étrange que celui qui doit apporter le secours, que celui-là soit celui qui dit : Venez ! Quel amour ! C'est déjà avec amour que l'on peut aider, aider alors celui qui implore de l'aide ; mais proposer de soi-même le secours ! Et le proposer à tous ! Oui, et précisément à tous ceux qui ne peuvent secourir à leur tour ! Le proposer, non, le crier, comme si le sauveteur était lui-même celui qui avait besoin de secours, si pourtant il était aussi, lui qui veut et qui peut aider tous les hommes, en un sens celui-là même qui est dans le besoin, au point qu'il en ressente le besoin, et ainsi qu'il ait besoin de secourir, qu'il ait besoin de ceux qui souffrent pour les secourir[1]. »

Celui qui peut aider, poursuit Kierkegaard, on doit le trouver, aller vers lui, le prier longtemps et, s'il ne veut pas se faire payer, c'est pour se rendre infiniment précieux. Celui qui s'est donné va appelant, lui seul peut guérir de « la seule maladie en vérité qui soit mortelle ». Il est semblable au simple sage qui, dans l'Antiquité, ne se rendait pas précieux même s'il « laissait voir par là l'hétérogénéité de la valeur », car la valeur de la vie est inappréciable. D'ailleurs ce sage « n'était pas absolument sûr de ce que son secours pouvait signifier ». Celui qui se nomme le Sauveur cependant dit : Venez tous ! Il n'y a dans son secours nulle prédilection. Ce sauvetage commande l'aveuglement à l'égard de tous ceux que l'on veut sauver, aussi bien que l'oubli complet de soi. La question, on le comprend, est de savoir si cet héroïsme est d'essence divine ou accessible aux humains. Kierkegaard observe que l'on ne peut aller au-devant des pauvres et des humbles « qui peinent et ploient sous le fardeau » lorsqu'on vit dans l'opulence, à tout le moins « le plaisir et la joie ». Il faut encore rendre leur condition égale à celle du « singulier » qui vient à leur rencontre[2]. D'où la « formidable multiplicité » de ceux qui peinent

---

de Ptolémée, le « Sauveur » « a été revêtu du Christ psychique par le Démiurge », démiurge créateur des hommes mais nullement souveraine puissance, il est fils de la « Mère ». Le Sauveur a encore reçu « l'élément pneumatique » de la Mère elle-même, car le psychique n'est qu'intermédiaire entre le corruptible et le pur (pneumatique) : aux hommes qui ont reçu l'enseignement psychique, il faut une foi qui compense l'ignorance de la gnose ; aux hommes pneumatiques ou « parfaits » le salut est assuré. Cf. Irénée, *Contre les hérésies*, Paris, Éditions du Cerf, 2001, p. 48. Je précise que le gnosticisme ressurgit selon une causalité très complexe, mais reste parmi nous, serait-ce « dans le souterrain ». Voir Gobineau, *Les Pléiades,* voir surtout Rosenberg *Le mythe du XXe siècle*, et ce qui s'ensuivit.

1. Kierkegaard, *Exercice en christianisme,* trad. Vincent Delecroix, Paris, Éditions du Félin, 2006, p. 41. Je poursuis la lecture de cet écrit dans le présent paragraphe.

2. Il faut ici adresser une louange à V. Delecroix, traducteur de Kierkegaard, qui oppose à la traduction de *En Enkelt* par « individu » celle de « singulier ». Il précise que « singulier » signifie un homme particulier, mais surtout « ce qu'est tout homme dans l'unicité de sa personne, mais (il) est surtout ce qui se conquiert et se constitue dans le

et ploient sous le joug, celui qui peut aider les invite tous sans discerner entre eux, sans dire même le sens de ce joug. C'est que l'invitation circule, et l'envoyé seul connaît le chemin, car il n'y a qu'une trace, une seule voie commune de misère par où fuient les malheureux. L'envoyé n'est ni messie ni christique, en vérité nul ne l'a envoyé et nul ne lui demandera compte : il sera mis à mort, comme le fut Gracchus Babeuf qui avait renié Dieu, ou Jésus de Nazareth qu'on crut roi d'Israël. Les patriotes, écrivait Babeuf, n'ont pas de secret. À nous de traverser l'apparence du langage, car il voulait dire : ceux qui n'ont rien n'ont pas à conspirer selon leur malheur propre, tout le malheur mis au jour et révélé sur la place publique donne la vue aux aveugles, l'ouïe aux sourds. Babeuf ne voulut pas de secte, pas de l'intelligence des habiles. « Le terme des temporisations est passé. Nous ne sommes plus dans les momens où l'on puisse attendre. [...] Malheur à qui est froid et prêche la patience, à la vue de ce désastreux spectacle. [...] Tu as des relations avec le pour et le contre; tu t'insinues chez tous les partis; tu ne t'es pas prononcé dans les momens de péril; tu as surnagé à toutes les proscriptions, et l'on n'a paru que faire semblant de te poursuivre : on ne sait que penser de toi[1]. »

L'empreinte du cheminement de l'envoyé – celui que notre indignité, notre résignation et nos malfaisances envoient vers nous pour nous dire ce que nous voudrions entendre, cette empreinte demeure. Elle est déracinement, bien entendu, elle a conduit l'envoyé à la mort, ou pour le moins à la haine des puissants, des intelligents institués instituants c'est-à-dire des habiles, qui ont des relations avec le pour et le contre. Ce déracinement conduit à l'infini, là où nous ne saurions nous rendre parce que l'enracinement nous tient. Dans notre malheur nous tenons à quelque chose, et ce quelque chose tient au passé, quand nous devrions nous en défaire. Nous ne le pouvons, selon Heidegger : « L'être du *Dasein* lui-même doit être rendu visible en tant que souci[2]. » Souci n'est ni tourment ni souci du nécessaire vital, qui ne sont que des occurrences ontiques. L'être-au-monde appartient essentiellement au *Dasein*; son être à l'égard du monde est essentiellement préoccupation,

---

devenir chrétien et dans le rapport à la vérité qu'est le Christ ». On rejoint là Emmanuel Mounier et Simone Weil plus encore.

1. On lira sa lettre à Fouché, citée dans mon *Impatience du bonheur, apologie de Gracchus Babeuf*, Paris, Payot, « Critique de la politique », 2002, p. 52-56 et sur le secret des « intelligents et la révolte contre l'institué : « p. 59-65.

2. *Ibid.*, p. 91. De même la citation qui suit. *Sorge*, souci; *Besorgen* est traduit par préoccupation, mais signifie aussi appréhension. Le *Dasein* est aux prises avec l'économique en tant qu'il traduit son inquiétude par besoin. Certes, Heidegger prend soin de dire le sens « scientifique » du mot : il ne s'agit pas de l'inquiétude ontique, mais du sens ontologique : le *Dasein* est préoccupé par le monde qu'il habite, en tant qu'il y a à faire.

appréhension. « Jamais le *Dasein*, écrit Heidegger, n'est tout d'abord un étant pour ainsi dire libre d'être-au à qui il arrive parfois, si le cœur lui en dit, de renouer une relation au monde. » Mais que peut signifier « devrions », si nous implorons Dieu de pardonner notre lâcheté ? Si nous disons que nous vénérons ses envoyés, ses prophètes, ses gens de bien que la Lettre écarlate a marqués, comme victimes désignées ? Alors oui certainement, les Juifs, tous ceux qui portaient les stigmates d'une incompréhensible différence, d'un témoignage accablant, tels les homosexuels, ceux-là furent des sauveteurs qui ne désignaient qu'eux-mêmes aux bourreaux, bien avant que leurs « droits » fussent reconnus ; et ce n'est pas l'amour du mal qui commande mes propos. Simone Weil mourut de compassion, j'entends qu'elle le voulut, lorsqu'elle sut qu'elle ne pourrait agir au côté des persécutés : est-ce là l'amour du mal ? Kierkegaard écrit que la compassion est « une misérable invention, qui est cruelle où elle aurait le plus besoin d'être compatissante[1] ». Cela est juste si l'on comprend comme lui la légèreté de la parole qui vous dit ce dont vous souffrez, car, de la sorte, vous restez « à côté de la tombe », sans repos. Vous pouvez ainsi lire votre propre œuvre et son inscription, votre souffrance demeure. La tombe est alors votre maison, dans laquelle vous « frissonnez devant la difficulté du retour », cette maison est une antichambre, la partie ouverte du mastaba, le seuil que vous ne franchissez pas.

À lire Lévinas, il y aurait un Dieu d'impatience ; à lire Kierkegaard un Dieu de patience. Cela fait déjà deux attributs, ce qui est beaucoup pour l'Absolu. Et ce Dieu accepterait la « silencieuse désolation[2] » de celui qui a renoncé à s'affliger ? La désolation est plus sinistre que le simple anéantissement, écrit Heidegger commentant Nietzsche. Que veut-il dire ? L'assertion ne vaut que pour les survivants, or qui sont les survivants d'un anéantissement ? Ou faut-il prendre le sens d'anéantissement de quelque chose ? L'esprit religieux par exemple. Celui qui survit est dans la désolation. La ruine du Temple de Jérusalem est un anéantissement aussi : les survivants vivent l'exil, qui est une désolation.

Quel est donc le projet de ce Dieu, qui nous voit plongés dans la silencieuse désolation, après que nos aïeux ont succombé à ce goût du meurtre, si familier depuis Caïn ? Il est remarquable en matière d'Église invisible, que nous soyons si fortement dupes de ces chimères de jadis et naguère : l'État totalitaire, nazi et communiste. Le nazisme fut avant tout le surgissement d'une Église gnostique, tout entière fondée sur une mythologie de l'élection, des fils

1. Kierkegaard, *Op. cit.*, p. 49.
2. *Ibid.*, p. 54.

de roi entourés de leurs fidèles jusqu'à la mort[1]. Quelque chose comme un roi de Thulé fidèle à une morte, jetant à la morte tous ses fidèles après avoir dévasté la modernité et anéanti les témoins errants du prémoderne, Juifs des Getthos, Tziganes, sans omettre les anciens serfs russes, ukrainiens ou polonais. Quant à l'État communiste, c'est encore plus simple : il n'a jamais eu lieu ! L'invention de l'URSS, imposture très pénible, qui rejeta dans le morne oubli les révoltés, leurs Conseils (Soviets) et leur désir de vivre libres, fut saluée au nom de Marx puis de Lénine comme l'avènement de l'État ouvrier. Simone Weil, bien avant que Trotski ne fut assassiné par le despote Staline, avait dénoncé ce sinistre monstre. Et nos modernes, de retour, ont cru sur parole Staline annonçant l'avènement du communisme[2] !

L'envoyé restitue la parole. « Chaque souffrance qui ne commence pas par rendre muet celui qui souffre ne signifie pas grand-chose[3]. » Tel fut le « Venez à moi » de Babeuf qui en 1796 écrivait[4] aux patriotes découragés, « J'ose dire que vous êtes un peu pusillanimes ! ». C'était après la répression du soulèvement de Prairial an 3. Il poursuivait : « Hommes libres ! Je ne suis point imprudent ! Je ne suis point prématuré. Vous ne savez pas encore comment et où je veux aller. [...] Patriotes ! je vais achever de trahir ce que vous appelez votre secret, et je prétends, par là, concourir à vous sauver. » L'après Prairial fut l'agonie de la Révolution, celle que nos beaux Messieurs trouvent horrible et exagérée ; la civilisation de l'accaparement et de la dépossession se mettait en place, ressaisissant les vestiges, ressortant des tiroirs les Lettres patentes, les contrats de vente, les expropriations, la loi des habiles. Qu'y a-t-il là de métaphysique ? Je dirai que là est la métaphysique, le pourquoi de la désolation, ce que Babeuf énonce :

« Que notre société de fripons entraîne, à la suite de ses atroces conventions primordiales, toutes les espèces de vices, de crimes et de malheurs contre lesquels quelques hommes de bien se liguent en vain pour leur faire la guerre,

1. Les membres du NSDAP (*Nationalsozialistiche Deutsche Arbeiter Partei*), étaient eux-mêmes issus d'une sélection à caractère de reconnaissance des élus. La formation des SS (*Schutz Staffeln* ou Groupes de protection) était la véritable armée du Führer, sa devise était : *Unsere Ehre heisst Treue* : Notre honneur s'appelle fidélité. Conçoit-on plus horrible ?

2. Dans l'immense littérature sur la question, M. Marcel Gauchet, Mme Évelyne Pisier-Kouchner se signalent par leur zèle anti-totalitaire, leur dénonciation des hérétiques Franz Neumann, auteur de *Behemoth*, Hannah Arendt, *Les origines du totalitarisme*, au nom de la démocratie dite libérale, du droit des vainqueurs et des survivants. M. Soljenitsyne, pape de l'humanité libérée sous caution, voulut bien donner l'onction à cette page d'histoire.

3. Kierkegaard, *Op. cit.*, p. 54.

4. Babeuf, *Le Tribun du peuple* n° 35, cité dans mon *Impatience du bonheur*, *op. cit.*, p. 61. « Patriotes » est mis pour : ceux qui n'ont que la patrie, c'est-à-dire rien en privé.

qu'ils ne peuvent rendre triomphante parce qu'ils n'attaquent point le mal dans sa racine, et qu'ils n'appliquent que des palliatifs puisés dans le réservoir des idées fausses de notre dépravation organique[1]. » Vous n'aurez rien fait, tant que vous n'aurez pas détruit les germes de l'ambition et de la cupidité. La forme de gouvernement n'est rien, et ici se situe la parole qui anéantit les lettres : « Que ce gouvernement fera disparoître les bornes, les haies, les murs, les serrures aux portes, les disputes, les procès, les vols, les assassinats, tous les crimes; les tribunaux, les prisons, les gibets, les peines, le désespoir que causent toutes ces calamités; l'envie, la jalousie, l'insatiabilité, l'orgueil, la tromperie, la duplicité, enfin tous les vices; plus (et ce point est sans doute l'essentiel) le ver rongeur de l'inquiétude générale, particulière, perpétuelle, de chacun de nous, sur notre sort du lendemain, du mois, de l'année suivante, de notre vieillesse, de nos enfans et de leurs enfans. »

Est-ce là de la compassion ? Sont-ce des promesses vaines ? Ôter les vices ! tuer le crime ! Ne s'est-on pas assez moqué de ces paroles, sauf que personne ou presque, de nos beaux esprits, ne les ont lues et moins encore comprises. Babeuf ne projette pas de réforme, il veut définir. C'est le mot par lequel commence le sermon du bonheur commun : nous définirons la propriété. Il faut être bien audacieux pour concevoir cette idée; il faut être bien fou, ou forcené d'insatiabilité pour ne pas la concevoir. Ce n'est pas autre chose qu'écrit Kierkegaard à propos de l'envoyé : « Car il suppose que ceux qui peinent et ploient sous le fardeau sont si fatigués et si accablés, si proches de l'évanouissement que c'est comme si, dans leur abrutissement, ils en étaient venus jusqu'à oublier qu'il y a une consolation; hélas ! Ou bien il sait qu'il est absolument vrai qu'il n'y a aucune consolation, aucun secours, lorsqu'on ne les cherche pas auprès de lui, c'est pourquoi il les appelle : Venez[2] ! » Ce n'est pas pour dire : croyez en moi ! que parle Babeuf, pas plus que le discours sur la montagne n'est un credo. À la désolation pas de consolation, sinon le souvenir de ce qui n'est pas, de ce qui n'a jamais été. Car le passé est empli de fureurs, d'injustices et des injonctions du mal. Toute parole vraie est la pensée du non-advenu, le refus de la pesanteur. Les peines et les crimes sont d'abord intérieurs, en concevoir la fatalité est ignorer ce que nous sommes, c'est se soumettre, rester soumis plutôt, à la force de la volonté d'être, dans le plus grand dénuement de connaissance de ce qu'est d'être. Que l'on croie à l'impératif catégorique, que l'on puise son énergie dans la lutte pour la survie dans l'implacable sélection de la nature ou autre mode d'acceptation de la

1. *Ibid.*, je le cite p. 63.
2. Kierkegaard, *Op. cit.*, p. 55.

séparation, Dieu nous juge chacun selon ses mérites, la misère est la même. Si vous ne le croyez pas, demandez-vous pourquoi vous riez à la vue de ceux qui adressent, à dieu sait qui, une plainte.

Qui est cet « invitateur[1] » ou annonciateur ? Kierkegaard qui parle en disciple du Christ, apporte une lumière essentielle, je veux dire qu'elle révèle l'essence de l'annonce : « Ainsi il s'agit de Jésus-Christ dans son abaissement, dans la condition de son abaissement, qui a prononcé ces mots. » C'est dans cette condition seulement que Jésus, sous l'apparence du serviteur a lancé le message, qui n'est pas le sien mais celui que nul ne savait prononcer, quoique d'autres eussent su qu'une prédication allait advenir : Jean le Baptiste par exemple, et peu importe s'il a existé historiquement. Les croyants ne sont venus à lui que tournés vers son visage de serviteur, le seul sous lequel il a existé. Quant à son visage de gloire, il n'existe pas. Cela signifie pour un chrétien que ce visage est à venir dans l'après-monde ; pour celui qui ne croit pas au ciel, cela veut dire que cette gloire est l'imaginaire même de l'humanité. L'annonciateur sous le visage du serviteur lance son message à l'infini – Babeuf écrivit : je ne suis pas prématuré – tout comme les Prophètes bibliques dont les paroles sont toujours présentes.

Pas prématuré ? Alors comment comprendre l'arrêt ? « Arrête-toi maintenant ! Mais à quoi s'arrêter ? À ce qui au même instant transforme tout infiniment – de sorte que toi, en réalité, au lieu de ce que l'on est en droit d'attendre : de voir qu'une foule interminable de ceux qui peinent et qui ploient sous le fardeau qui répond à l'invitation, tu as vu finalement exactement le contraire, une foule interminable d'hommes qui s'enfuit et qui frissonne jusqu'à se ruer et piétiner[2] ». Kierkegaard oppose, à l'homme admirable méconnu en son temps, Christ qui vint pour être méconnu. Je dois laisser ici la beauté même de son discours, car je ne peux l'y suivre : que savoir la vie du Christ est nier le Christ. Restons à l'opposition suivante : « Pensons à l'un de ces hommes admirables. Il vit au milieu de ses contemporains mais il n'est pas compris, pas connu pour ce qu'il est ; il subit l'incompréhension, on l'insulte, on le persécute, finalement on le tue comme un bandit. Mais ce qui suit de sa vie rend manifeste qui il était ; l'histoire qui conserve les conséquences lui rend justice, il est appelé maintenant, de siècle en siècle, grand et noble

1. Le traducteur de Kierkegaard, Vincent Delecroix, a préféré éviter ce mot, en dépit de ses déclinaisons possibles : invité, invitation, inviter. Je respecte ce choix, si j'utilise le néologisme, c'est pour sa force expressive. On peut envisager « annonciateur », que je vais désormais employer, en priant le lecteur de n'y voir aucune référence à la révélation mystique. La citation qui suit est p. 60.

2. Kierkegaard, *Op. cit.*, p. 59.

et ce qu'il en est de son abaissement est comme oublié. » Et de l'autre côté : « Christ a voulu lui-même être celui qui est abaissé, précisément c'était ce qu'il voulait faire valoir. Vois, ainsi l'histoire ne se met aucunement en peine de lui rendre justice, et nous, dans cette bêtise impie, audacieusement, nous avons l'illusion que nous connaissons sans plus qui il était[1]. » Nous avons pris l'enseignement, rejeté le scandale, fondé le christianisme sur la Gloire du Ressuscité. En d'autres termes, cette Église-là fut fondée sur un savoir, tandis que les appels furent prononcés dans le bruit et le soupçon.

L'incommensurable écart entre l'un et l'autre est d'évidence. Pourtant regardons mieux : qu'avait à offrir Jésus ? Était-ce plus assuré que ce qu'offrit Babeuf ? Réciproquement, cette suppression des portes et des serrures aux portes, des calamités de la propriété, des crimes qu'entraîne la misère et des châtiments infligés aux misérables, de l'inquiétude perpétuelle du lendemain, qui n'en n'a pas fait matière à progrès et programme de gouvernement, et qui, oui, qui a rendu justice à Gracchus Babeuf ? Ou alors n'était-il pas du tout un homme admirable, seulement un pauvre égaré qui se prit pour Robespierre ? C'est ce que disent les gens de savoir ou de demi-savoir plutôt. En tout cas, il fut insulté, traité de brigand, tué comme un brigand. Les livres d'histoire le montrent exagéré, exalté, pauvre d'esprit et calculateur parfois. Et Jésus, voulut-il être abaissé, qui disait être « le fils de l'homme » ? N'entra-t-il pas à Jérusalem acclamé comme un roi ? Ils eurent, l'un douze agents insurrecteurs et l'autre douze disciples ; l'un Philippe Buonarroti qui raconta sa grandeur, et pourtant lors de son procès faillit le trahir, l'autre quatre Évangélistes et un disciple à qui il légua son Église et qui le renia à son procès. Mais l'un, Gracchus Babeuf, reste plus de deux cents ans après sa mort un paria de l'histoire, l'autre, Jésus de Nazareth, celui qui changea le cours de l'histoire. Aussi lorsque Kierkegaard écrit à propos du Christ « celui qui le croit, il lui faut devenir son contemporain dans son abaissement[2] », nous pourrions bien le dire à propos de Babeuf. Que veulent ces historiens patentés qui nous expliquent ce qu'ils ne peuvent croire, qui sont disposés à changer l'argumentaire en lisant dans les gazettes savantes que Babeuf fut terriblement féodal dans sa jeunesse ? Le plus fort est qu'il le fut[3]. Croire en

1. *Ibid.*, p. 70 et 71.
2. *Ibid.*, p. 71.
3. Voir les *Œuvres de Babeuf, I, Babeuf avant la Révolution*, Paris, Bibliothèque nationale, dir. Daline, Saïtta, Soboul. Babeuf fut commissaire à terrier, ou feudiste si l'on préfère. Une lettre de Babeuf à Dubois de Fosseux « après le 1er juin 1786 » « remet en question le caractère du communisme de Babeuf », écrit Albert Soboul. Révérence gardée à cet honnête historien, cette lettre ne remet en question que les convictions de M. Soboul, ce qui n'a effet que sur ses lecteurs et sur la vulgate retraduite par les gazettes à vaste

Babeuf est aussi stupide que croire au « libéralisme[1] ». S'imaginer Babeuf chacun selon son idée n'est pas stupide mais imbécile. Lorsqu'il écrivit : « Nous définirons la propriété », croyez-vous que cela ne signifie pas que nul ne l'a définie ? Si vous savez qui, je m'incline, sauf évidemment si vous citez Adam Smith, J.-B. Say, Frédéric Bastiat, Stuart Mill, Friedrich Hayek ou tout autre économiste de ce calibre. Si d'aventure vous songez à John Locke[2], nous ne parlons pas la même langue. Et Jésus et Babeuf parlèrent de maintenant : abandonnez ce que vous tenez entre vos mains, perdez tout cela, n'accumulez pas ; d'abord il vous faut vous reconnaître. Lorsque les écrits de Babeuf furent diffusés on vit, relatent les rapports de police, des ouvriers et des blanchisseuses marcher ensemble, disant : « Nous sommes souverains ! » Il est remarquable que Kierkegaard nomme Jésus « exagéré[3] », c'est-à-dire jugé tel par les gens sages, qui savent la versatilité de la foule : « exagéré » fut le terme qu'on employa, au temps de Babeuf, pour enseigner aux simples et aux soumis que suivre cet homme eût conduit à la catastrophe, à la ruine de l'humanité, entrevue seulement pendant la Terreur. Peut-on dire de chacun qu'il a « visé une mesure bien trop grande, non seulement pour lui, mais en outre pour le fait d'être homme[4] » ? Nous, hégéliens sans le savoir, ne désirons pas l'excellence en nous, et attendons de la Raison objectivée en l'État qu'elle réalise ce que nous appelons progrès, autrement dit recul infini dans la réalisation de ce que nous pourrions être. L'heure de Jésus, de Thomas Münzer et de Babeuf ne vint que pour leur supplice. Alors seulement on put dire : ils ont remué la fange et montré ce qui est au fond de nous ; car ils ont inquiété les puissants, les possédants et les ambitieux. « Se faire absolument à la lettre un avec le plus misérable (et ceci, ceci seulement est la compassion divine), c'est pour les hommes le “trop”, sur lequel, touché, on pleure par une heure calme du dimanche et sur lequel on éclate de rire sans distinction

lectorat. Dans cette lettre, Babeuf envisage des communautés fraternelles au sein de fermes collectives. Sovkhozes ? Non, séries passionnées de Fourier ? Oui, sans doute.

1. J'ai appris par la revue *Le Point* que les « textes essentiels du libéralisme » étaient dans Adam Smith, Tocqueville et F. Hayek. Si comme je le crains, c'est sérieux, pauvres de nous. Voir mes travaux *Tocqueville ou l'intranquillité* et *Les infortunes de la valeur*.

2. John Locke pose la propriété comme un droit présocial, que nulle autorité humaine ne saurait remettre en cause. La propriété est un attribut de l'homme, ce qui est plaisant. MM. les économistes, plus prudents, se contentent de dire qu'elle est le fruit légitime du travail, ce qui est drôle mais plus risible que drôle. Les impropriétaires sont une anomalie : c'est à eux que s'adresse Babeuf. Voir *Les infortunes de la valeur, op. cit.*

3. Kierkegaard, *Op. cit.*, p. 81. Pour Babeuf, je prie le lecteur de se reporter à mon *La Conjuration*, Paris 1995.

4. *Ibid.*, p. 85.

lorsqu'on le voit dans la réalité[1]. » Simone Weil parle aussi de compassion divine : respectons cette distance entre nous subjugués et une passion dont nous n'entrevoyons que le nom.

DIALECTIQUE DE LA LIBERTÉ

> *L'Être est l'Immédiat. Voulant atteindre le vrai, ce que l'Être est en-soi et pour-soi, la connaissance ne s'arrête pas à l'immédiat et à ses déterminations, mais se fraie un chemin à travers celui-ci, avec la supposition qu'au-delà de cet Être, il y a encore quelque chose, une sorte d'arrière-fond qui serait la vérité de l'Être*[2].

La question est celle-ci : l'au-delà de l'immédiat est-il L'Au-delà, le monde de Dieu, univers des essences – ce qui n'existe que comme réflexion abstrayante : l'Être-en-soi-absolu[3], libéré de tout être-autre, de tout rapport avec ce qui n'est pas lui, ou bien devons-nous comprendre qu'à chaque être il faut « se frayer un chemin » vers lui-même ? C'est, nous dit Hegel, un chemin médiat qui conduit à l'Être pur, qui est négation de toute finitude. Or l'Essence (*Wesen*) ensemble de toutes les réalités, est une chose faite, une chose du passé (*Gewesen*). L'Essence n'existe qu'à la faveur de ce qui n'est pas elle, la réflexion abstrayante. C'est d'abord une négation de toute détermination ou, si l'on préfère, une chose moins son existence, mais aussi une libération de tout être-autre. l'Essence est « le retour complet de l'Être à lui-même », mais sans devenir, hors du temps, elle est donnée par une séparation « miraculeuse » opérée par l'Entendement, qui lui confère une existence autonome dans le discours[4]. Le devenir est l'épreuve. Et cette épreuve, est-on réduit à l'affronter seul, avec l'aide de Dieu ou sous les regards des autres ? Comment l'Essence se manifeste-t-elle ? Il faut dès à présent soulever un problème de lecture : Alexandre Kojève a apporté une lecture critique, que Guy Planty-Bonjour examine attentivement. « La cassure que Kojève introduit entre l'être naturel qui relève de la catégorie de l'identité, et l'être humain qui est seul dialectique méconnaît profondément

---

1. *Ibid.*, p. 101. Les italiques sont dans le texte.
2. Hegel, *Science de la logique,* II, « Logique de l'essence », Paris Aubier 1969. La traduction de S. Jankélévitch est imprécise. Livre II, « Théorie de l'essence ».
3. Hegel, *Science de la logique*, Paris, Aubier, 1969, Livre III, « Logique de l'essence », p. 6. Les locutions avec traits d'union rendent des mots composés allemands, sans équivalents en français.
4. Ceci résulte de la lecture de la Préface à la *Phénoménologie de l'esprit.*

l'intuition de la philosophie hégélienne qui postule l'élimination de tout dualisme[1]. » Telle est la question : doit-on séparer une nature ontologique et l'humain dialectique ? Si la nature était dialectique, écrit Kojève, le Logos serait incommunicable dans le temps. Ainsi les pierres du temps de Périclès, si elles différaient de celles que nous connaissons, anéantiraient pour nous le sens d'un traité grec d'architecture antique. Kojève voit dans le monisme de Hegel un « vitalisme schellingien », une anthropomorphisation de la nature. Aussi l'hypothèse dualiste permet-elle de séparer l'ontologie de l'Être qui se réalise en tant que Nature et l'Action, qui nie l'Être et se réalise dans la Nature en tant qu'histoire[2]. Coupure entre « monisme antique » et influence judéo-chrétienne : liberté, individualité, mort, écrit Planty-Bonjour, et son objection est que Kojève ne voit dans la dialectique de la nature que l'œuvre de l'homme présent à la nature, ce qui suppose certes une philosophie hégélienne de la liberté, mais fondée sur un donné de la nature. Or, si l'homme apporte l'être de la nature par son discours (logos), c'est qu'il l'élabore par sa négativité, son action négatrice de l'être naturel. Kojève suppose une réalité : « Un dualisme ontologique est toujours réaliste[3]. » Je remarque que Husserl, dans sa leçon de 1910-1911, à propos de « l'attitude naturelle », déclare que toute science de la nature, dans la mesure où elle présuppose la thèse de la vue naturelle du monde et, dans ce cadre et en ce sens, explore l'être, est liée *a priori* à l'ontologie réelle. Et en note : « Ceci est à comprendre correctement : la thèse continuelle de l'expérience, avec son sens continuel, se poursuit dans le cadre de la concordance, qui se maintient, de l'expérience, et l'évidence de la thèse est constamment une évidence d'expérience qui est et demeure nécessairement en réserve. Que l'idée de nature puisse trouver à s'appliquer à la nature donnée, présuppose précisément une nature donnée ; mais si une nature est là effectivement, existe dans l'effectivité, c'est quelque chose de constamment tenu en réserve[4]. » Nous n'avons de savoir à propos de la nature que d'expérience, et l'expérience est inséparable du sens des thèses empiriques qui la dirigent. Aussi une critique de l'expérience est-elle nécessaire pour éliminer le surplus (*Überschuss*) de sens que les hommes ont « amené avec eux » au monde, comme effet de leur adaptation empirique.

---

1. Comme on le verra, la lecture de Kojève est contestée par Guy Planty-Bonjour, *Le projet hégélien*, Paris, Vrin, 1993. Un ouvrage remarquable de clarté et de densité et, si je me permets de porter des critiques, c'est avec le plus grand respect pour l'auteur. La citation est p. 14.
2. Kojève, *Introduction à la lecture de Hegel*, Paris, Gallimard, 1947, p. 488, note 1.
3. *Ibid.*, cité par Planty-Bonjour, p. 12.
4. Husserl, *Problèmes fondamentaux de la phénoménologie*, Paris, PUF, 1991, « L'attitude naturelle », p. 121.

Il en résulte que les hommes, au cours de leur adaptation à leur milieu, n'ont pas élaboré un autre concept du monde en tant que justifié, comme si ce concept de monde était quelque chose de contingent. « Dans le monde, il ne peut pas y avoir quelque chose qui supprime (*aufhebt*) le sens qu'il y a à parler du monde, puisque cela le présuppose précisément en tant que sens (en tant qu'essence) (*als Wesen*[1]). »

Il peut exister un autre monde – y compris un monde non-euclidien que, dans ce monde-ci, un homme pourrait découvrir avec un droit conforme à la raison comme effectif, mais ce ne saurait résulter d'une connaissance *a priori* ni ne pourrait entraîner l'abandon du concept naturel de monde. La science résulte d'activités intentionnelles qui prennent sens dans une fondation transcendantale, l'œuvre des hommes réduits à un principe de causalité invariant et comprenant leurs actions selon ce principe. Que des hommes prétendent instituer un fondement transcendant est une imposture puisque eux-mêmes étant au monde selon des conditions préalables à leur existence, ils ne sauraient effacer ce qui leur apparaît d'après le sens de leur présence au monde. Ce sens élaboré transcendantalement ne peut échapper à l'intentionnalité qui a produit la science ni être comparé à un autre dénué d'effectivité.

Hegel a-t-il fondé un système débarrassé de transcendance théologique ? On doit savoir que la *Phénoménologie de l'Esprit* marque un épisode – l'époque d'Iéna – de la recherche de Hegel et ne contient pas son « système ». L'action humaine agissant, non sur le « réel », mais sur le donné du monde tel qu'il est produit par l'esprit humain, sans « dieu fondateur », on aurait là une philosophie de la liberté. On en conviendra, si Hegel écarte l'idée d'une « réalité naturelle existant par elle-même », il supprime par là toute transcendance ontologique. Ce qu'il confirme dans la préface de la *Phénoménologie* lorsqu'il écrit : « D'après mon avis, qui ne doit se justifier que par l'exposé du Système lui-même, tout dépend de ce qu'on exprime et comprenne le Vrai non pas [seulement] comme substance, mais tout autant par sujet[2]. » Ce qui se traduit ainsi : l'Être est la substance dans l'acte de-se-poser-soi-même. En tant que sujet, la Substance est Négativité indivise pure; La réflexion en soi-même dans l'être-autre (*Anderssein*) est le Vrai, c'est-à-dire le devenir de soi-même, et non l'unité-unifiante primordiale de Parménide. Je remarque seulement pour l'instant que « philosophie de la liberté » s'oppose à déterminisme ou finalisme, mais ne suffit pas à désigner le sujet de cette liberté, qui

1. *Ibid.*, p. 125. Nous retrouvons *Aufhebung*, abolition et surgissement, ici en négatif : l'altération du concept de nature est dépourvu de sens, selon Husserl, tant que nous conservons le concept naturel de monde.

2. Hegel, Préface à *Phänomenologie des Geistes*, cité par Kojève, *Op. cit.*, p. 529.

est l'homme, non pas seulement homme actuel mais homme dans toutes ses possibilités. En ce sens il est certain que Hegel s'oppose à Schelling d'abord, à Spinoza surtout.

Le monde malheureux est défini et fini comme magnifique quadrilatère. Il pourrait l'être comme cercle carré ou comme l'ensemble des racines négatives. On comprend par là que les notions de « structures », « systèmes » en progrès ou développement désignent des formes et leurs dynamiques, définies dans ce monde réel, lui-même représenté comme un magnifique quadrilatère : c'est « ce » qui vient à l'esprit. Au sein de ce quadrilatère, l'homme et le monde sont « solidaires dans leur opposition au rien[1] ». La misère du monde réel résulte de la forme que Kojève nomme tonus, de la tranquille intimité familière, par opposition à l'inconnu angoissant. La dimension du miracle de l'accumulation de misère – que d'autres qualifieraient d'effet émergent – résulte de la persistance d'une direction ou tonus : le monde réel est constitué par la matérialité des accomplissements (*Achievments*), eux-mêmes résultant de l'imaginaire tendu vers la matérialité des relations entre hommes et entre eux et le monde se faisant. La différence tient dans cette tranquille distinction d'avec le néant. Le nom de cette différence est conscience, d'où il résulte que le plaidoyer de la partie civile contre la « fausse conscience » tombe avec les restes diurnes dans le trou de mémoire. Définir le monde réel est chose pénible, il n'est pas le meilleur des mondes, c'est un monde fait de marges : ils sont pauvres donc nous sommes riches, ils perturbent les manifestations sportives donc nous défendons les valeurs du sport, ils ignorent la démocratie donc nous enseignons la liberté. Les marges dévorent le cœur comme la moisissure rehausse le reste de l'illustration qui, entière, ne signifiait rien du tout.

La fausse conscience ne modifie pas le donné à l'homme de son identité à soi-même, elle est seulement mensonge sur le mode de l'être de cet homme. En particulier elle défigure le donné de Dieu à l'homme, qui sombre d'un côté ou de l'autre, théisme qualifié ou athéisme matérialiste. Car, ainsi que l'écrit Kojève : « Tant que je suis homme dans le monde, je ne peux parler de Dieu que comme homme. » De sorte que, si j'accepte cette limitation de la finitude, je peux en mon âme et conscience connaître que l'inconnaissable est. Qu'il ne m'est rien est un jugement qui ne coûte pas beaucoup plus, tant que cette finitude est le tonus de l'être au monde, la condition de l'homme imaginaire réduit à ses propres acquêts. Car le théiste pur parle de Dieu sans qualité, ce qui ne lui enlève pas le « donné de Dieu ». Sans qualité, sans attributs Dieu est l'extérieur radical et les qualités ou attributs ne sont une spécification ni nécessaire ni suffisante de Dieu. Aussi le théiste pur prend à son compte la

1. Kojève, *Ibid.*, p. 109.

totalité des qualités ou attributs concevables à l'intérieur de sa conscience ou « différence » au Rien.

Schopenhauer moqué par Nietzsche écrit : « La connaissance pure, sans mélange de volonté, se produit donc lorsque la conscience des autres choses s'élève à une telle puissance, que la conscience du moi propre disparaît. [...] Toute souffrance procède de la volonté, fondement du moi propre ; par l'effacement de ce côté de la conscience, toute possibilité de souffrance se trouve donc supprimée, et l'état d'objectivité pure de l'intuition devient en même temps un état de félicité absolue[1]. » La douleur est bien calomniée car elle soigne la souffrance d'exister et nous, gens du XXIe siècle, avons accepté de nous parquer dans ce magnifique quadrilatère sans connaissances, où le souvenir est aboli, la morale ridicule et le plaisir de donner de la fausse monnaie contre récépissé biodégradable. Nous entendons les voix lénifiantes qui nous disent que c'est le prix du spectacle, que demain sera bien aussi, et nous ne sommes plus tentés par le saut au-delà, « on a confiance en Dieu, puisque le sentiment de la plénitude et de la force vous procure du repos[2] ». Les sociologues sont en prime.

À cela que pouvons-nous opposer ? Nous pouvons déjà rappeler ce qu'en dit Kojève[3]. L'athée n'est pas celui qui nie Dieu, car cette réponse suppose la question de Dieu posée, tandis qu'à l'athée, rien n'est donné « dans l'au-delà du monde », ce que Kojève énonce comme « tonus d'intimité familière et d'assurance tranquille[4] ». Dieu absent du magnifique quadrilatère laisse entière la question de l'existence : « Mais que reste-t-il en revanche de la conscience de mon existence si je m'abstrais de la forme particulière dans laquelle elle m'a été donnée ? [...] L'on peut et doit donc qualifier d'athée celui qui nie non seulement que lui-même (ou un autre que lui dépourvu de la nature divine) est quelque chose, mais que Dieu lui-même est quelque chose de différent du néant[5]. » En d'autres termes, l'athée nie tous les prédicats liés à Dieu en rejetant l'existence de Dieu. Il nie la substance dont les prédicats sont les attributs sans jeter Dieu dans le non-être, ce qui serait encore une forme du théisme. Nous voici au bord de l'imaginaire du matérialiste athée :

1. Arthur Schopenhauer, *Le monde comme volonté et comme représentation*, Paris, Alcan 1896, t. 3, Supplément au Troisième livre, chap. XXIX : « De la connaissance des idées », p. 180. La citation qui suit, p. 197.

2. Nietzsche, *Le crépuscule des idoles*, Paris, Folio, 2002, p. 110.

3. Alexandre Kojève, *L'athéisme,* Paris, Gallimard, 1998, p. 70.

4. *Ibid.*, p. 139. On notera une difficulté : chez le théiste selon Kojève, la terreur de la mort est remplacée par l'angoisse de la mort puisqu'il « est certain de trouver quelque chose après la mort » (p. 140). Pas vraiment, car le donné de l'au-delà du monde signifie seulement le différent, soit l'infini et non le néant.

5. *Ibid.*, p. 71.

là où il devrait s'en tenir à l'affirmation qu'il ne connaît pas cet être, tout en reconnaissant cette existence non-divine donnée au théiste – pourquoi le nier, il nie le possible d'un être inconnaissable. C'est ce qui le sépare du « théiste pur ».

Ce n'est pas beaucoup s'avancer dira-t-on, c'est pourtant se rejeter soi-même dans le néant, et d'autant plus si le même homme imaginaire poussé à bout, admet que l'on puisse éprouver envers Dieu un sentiment lui-même inconnaissable – ce que je préfère à « non cognitif » – sentiment banalement nommé amour. Car si nous admettons l'amour mystique qui est un sentiment sans rapport, pris au sens absolu : vérité de l'amour, nous reconnaissons en nous quelque chose qui n'est pas du néant. Une religion athée conséquente est une étrange création de l'esprit, puisqu'elle veut dire – littéralement : je suis seul. La preuve en est du néant de Dieu et par suite de la singularité de ma présence sans condition d'être. Je suis seul à exister, quoi que je constate la présence d'autres, également seuls à exister et qui à bon droit ne pensent pas à moi comme semblable, si ce n'est de façon contingente : ils occupent une étendue et parfois nous sommes en compétition pour l'occuper. Les esprits simples nomment cette contingence « lutte pour l'existence », dont on voit mal comment elle pourrait être entachée du Mal, car la nature indifférente procède des résultats de cette lutte. Kojève nommera « énergologie » la science de la réalité objective.

L'homme religieux, qui croit ou non en un Dieu, invente l'interaction par le moyen des prières, des sacrifices, des interdits, des guerres salvatrices. Le théiste pur pense que Dieu est un autre du seul fait qu'il n'est pas quelque chose de ce monde, aussi ce quelque chose menace de faire du monde un Rien. Cet homme-là connaît la tentation d'ignorer l'angoisse qui l'effraie, ainsi Pascal. Ce pourquoi Simone Weil accable Pascal : comment cet homme peut-il aimer Dieu sans la certitude ? L'homme imaginaire prétend l'angoisse inexistante, faute d'un être inconnaissable. Cet homme-là invente le marché, l'argent et la marchandise. Il est dans le monde et donné à lui-même comme « homme dans le monde » d'évidence. Il diffère du monde et des autres hommes dans le monde par la forme du donné, mais ces formes supposent le donné et cela suffit pour qu'il participe de ce donné. L'homme imaginaire agit sur le monde, il se croit le sujet des variations, même lorsqu'elles s'imposent à lui. Comme l'écrit Kojève, « Le contenu qualitatif de l'homme dans le monde a une structure indépendante de la forme du donné et vaut pour n'importe quel mode de l'être ; en lui, un certain “ce” se détache du reste et s'oppose à tout “non ce” – le fond[1] ». Théiste et athée ne sont pas des idéaux mais des

1. Kojève, *Op. cit.*, p. 107.

hommes concrets, pourtant à l'un comme à l'autre est refusé le « donné du moi[1] » d'autrui. Ce non-donné immédiat suffit à fonder la dimension métaphysique de l'existence et ruine l'évidence du donné.

Alexandre Kojève[2] a laissé de précieuses indications sur ce qu'il nomme athée et déiste pur. Par opposition au déiste qualifié qui peut énumérer les attributs de Dieu, quoique absolu, le déiste pur connaît l'être extérieur au monde dépourvu d'attributs. Le déiste qualifié peut être fétichiste : telle pierre n'est pas une pierre. L'un et l'autre peuvent énoncer « Le divin diffère du non-divin », ce que ne peut l'athée, parce qu'il ignore le sens de ce « n'est pas » : Dieu n'est pas non-Dieu. Mais qu'en est-il de l'angoisse de l'homme face à un autre homme ? L'un voit en l'autre la preuve que le monde ne lui est pas étranger, parce que cet autre éprouve la même peur et exprime par son regard la même attente. Ou bien d'un homme à l'autre il n'y a pas de relation, alors l'angoisse s'accroît de part et d'autre du manque de contenu du monde. Autrement dit le monde m'est-il donné comme me menaçant, ce que je dois fuir ou comme quelque chose qui influe sur moi et sur quoi j'influe parce qu'il est mien, y compris l'autre homme ? Si ce monde m'intéresse – y compris les centaures, les cercles carrés et les racines négatives, c'est que je pense le connaître y compris ce qui n'y existe pas, tandis que Dieu nous effraie parce qu'entre lui et nous il n'y a pas d'interaction : d'où le besoin d'inventer cette interaction par la prière, les sacrifices, les croyances en des commandements et des interdits.

L'homme imaginaire ou matérialiste athée déclare que l'angoisse ne peut être, faut qu'un être inconnaissable puisse exister. Il refuse ce que Simone Weil dénomme attention et croit en une connaissance objective. On note la tentation pascalienne : et s'il n'y avait pas Dieu ? Car le théiste pur peut redouter que Dieu, s'il est un « autre » seulement en ce qu'il n'est pas quelque chose faisant partie de « l'homme dans le monde », est une menace, celle de se changer en « Rien ». Aussi l'homme imaginaire se caractérise-t-il par un « mode de l'être » ou *Seinsart* qui définit le contenu qualitatif du « vecteur d'action » moi = > non-moi[3]. La forme du « donné de l'homme dans le monde à lui-même » varie en fonction de la direction du vecteur, ce que nous pouvons rendre par : donner ou attendre de. Même à ce point il n'est pas certain que nous ayons avancé, car donner aussi bien qu'attendre de – peuvent aussi bien signifier vraiment, ou sembler signifier. Nous retrouvons la question de la

1. *Ibid.*, note 156, p. 248.
2. Alexandre Kojève, *L'athéisme* (Paris, Gallimard, 1998), texte qui selon Kojève en 1931 « ne peut être publié » parce qu'inabouti.
3. Kojève, *Op. cit.*, p. 107.

fausse monnaie : je vous donne mon temps et mon énergie pour de l'argent, j'attends de l'argent fétiche des valeurs-marchandises.

Le contenu qualitatif de la relation homme/monde est délimité par « ce », que Kojève nomme étendue structurée, ce que j'entretiens comme relation au monde, ou encore ce que je considère comme « monde réel » ou réalité du monde. J'en exclus ce qui ne permet pas l'adéquation de l'identique au différent. Ainsi le monde réel de l'homme imaginaire contient – est contenu par – la libre transaction fondée sur le libre exercice de la volonté : contrat, vote. De ce monde réel est exclu le non-libre de la volonté. C'est l'impensable du monde réel de cet homme, le « non-ce ». L'homogénéité de ce « monde réel » exige que l'homme et le monde soient au même mode de l'être. Ainsi le révoltisme est une pensée inconforme, c'est-à-dire hétérogène au mode de l'être de la pensée du « monde réel ». Les penseurs accablent à bon droit le révoltisme au nom de leur propre concordance au mode d'être de leur monde réel.

THÉODICÉE D'UN PHILOSOPHE

L'objet de la religion elle-même est le Suprême, l'Absolu (ce qui est tout simplement vrai, la vérité même) : la région en laquelle toutes les énigmes du monde, toutes les contradictions de la pensée, toutes les souffrances de l'affectivité sont résolues[1].

Les spécialistes de Hegel sont des gens généralement très érudits, qui savent les filiations, les entremêlements, le métalangage à l'œuvre. Ils savent encore dire tout ce qui a été écrit sur l'objet de leur propre étude, qui toutefois apporte un regard nouveau par un biais, une lecture à travers une lentille, ou un paradigme, ou une interrogation surprenante : Hegel fut-il chrétien ? N'affirme-t-il pas que l'Absolu est « près de nous » et nous illumine ? Que l'Absolu cherche la conscience et non l'inverse ? Est-ce à dire un Dieu bienveillant ? Que peut signifier « volonté de l'Absolu » si ce n'est l'Absolu en nous présent mais non actuel ? Je ne suis qu'un lecteur qui s'efforce d'être attentif. Si je me réfère à l'ouvrage de Jean-Louis Vieillard-Baron[2], je relève

1. Hegel, *Vorlesung über die Philosophie der Religion*, Teil I, *Einleitung. Der Begriff der Religion*, (Conférence sur la philosophie de la religion, 1re partie, Introduction, le concept de religion) Ed. Jaeschke, t. II, p. 3.

2. Jean-Louis Vieillard-Baron, *Hegel, système et structures théologiques,* Paris, Éditions du Cerf, 2006. Ouvrage que je me permettrai d'abréger en V.B. sans aucune intention malveillante, que l'auteur en soit assuré.

que le système hégélien est structuré théologiquement de l'intérieur. Cette assertion vaut élaboration d'un objet de pensée, autrement dit, voici un concept avancé comme moyen d'intelligibilité de la pensée hégélienne. On comprend le sens : Hegel ne vise pas à affirmer le christianisme; sa pensée est mise en forme selon un schème proprement théologique, c'est-à-dire si je comprends bien, qu'il nous faut découvrir à la lecture de Hegel le système théologiquement fondé, qui informe chacune des propositions selon un principe cybernétique. La signification de chaque partie doit être rapportée au tout du système, l'étage supérieur constituant ce qui donne sens, ce qui organise, ce qui stabilise l'ensemble des éléments pris en considération comme éléments du système. Comme le recommande V.B., on évitera de gloser sur le formalisme abstrait, qui réduirait la pensée de Hegel à la prétendue « analyse systémique ». On notera cependant que Hegel a effectivement salué en Kant le fondateur de la philosophe « moderne », moins pour le criticisme que pour la systématisation[1], tandis qu'il reproche à Leibniz « *kein ausgearbeitetes systematisches Ganze* », aucune totalisation élaborée de façon systémique. Ce système est celui de la « dialectique de la conscience malheureuse », autrement dit, le « retournement de la visée de la conscience[2] » : la conscience à la recherche de la vérité pour soi échappe à la transcendance, en découvrant en elle-même le lieu de la vérité, alors que précédemment, elle percevait le monde – monde extérieur – comme le négatif de son essence. Je relève que, au contraire de Kant, Hegel trouve dans la conscience le souci de s'examiner elle-même, ce qui ouvre une brèche dans le criticisme – critique des facultés de connaître : le travail de la conscience lui donne à voir l'essence de l'apparaître et conduit à la « mise en présence » de l'Absolu, qui est mort de la conscience, en tant qu'instance séparée. Cette phénoménologie de l'esprit peut être perçue comme asymptotique, un chemin vers l'infini, car la conscience vivante reste limitée au savoir relatif; mais un chemin qui part d'une rupture d'avec la conscience naturelle.

Ce qui se donne à voir dans l'Apparaître se présente effectivement à l'esprit, selon Hegel, c'est-à-dire que nous pouvons en faire l'expérience[3].

1. Ce que relève Alexis Philonenko, *Le transcendantal et la pensée moderne*, Paris, PUF, 1990, p. 177.

2. *Ibid.*, p. 178.

3. La question de la limite au sens mathématique ne doit pas faire obstacle : une chose est que la conscience se libère d'elle-même, autre chose qu'elle parvienne à sa fin. La philosophie est la visée de l'Absolu au sens de Fichte. Michel Henry dans *L'Essence de la manifestation,* Paris, PUF, 1963 (p. 193-200) conteste l'équivalence entre conscience de soi et conscience de l'objet. L'étant est l'objet du savoir de la conscience, mais la vérité de l'étant n'est pas la conscience, mais la représentation déterminée d'une conscience

L'acte de penser l'emporte sur le résultat de la pensée : l'expérience du monde transforme l'homme. C'est d'autant plus vrai que le résultat est plus problématique, on en jugera. Éviter de lire Hegel comme un système constitué permet au moins d'en faire une lecture critique qui ne soit pas déconstruction ou autre jeu d'esprit, supposant l'homogénéité d'un univers considéré en totalité, parfaitement contenu dans une structuration englobante. V.B. parle très justement de « dynamisme spéculatif », qu'on reliera à la méthode dialectique. À ce point, la question est : cette dialectique aboutit-elle à une ouverture à l'infini, ou bien converge-t-elle vers une fin, au double sens d'objectif et surtout de terminaison ?

Trois concepts, comme le rappelle V.B., caractérisent le mouvement de l'être-déterminé – on note que déterminé paraît exclure en mouvement, il n'en est rien. *Bestimmung*, que V.B. traduit par « détermination comme limite tourné vers soi », signifie littéralement détermination, ce qui désigne et délimite selon son espèce : un lieu déterminé. *Qualität* est la « qualité unifiant la signification de la détermination et de la constitution », ce qu'on acceptera sans discussion. *Beschaffenheit* que V.B. rend par « constitution comme être-là extérieur de quelque chose » est plus problématique. Ce mot est usuellement traduit par « disposition » et V.B. rejette cette traduction, qu'il remplace par « constitution ». Le mot allemand contient l'idée d'une « disponibilité à constituer », soit une aptitude et non un état, ce qui confirme le mouvement vers quelque chose de l'être-déterminé. La question reste de l'autonomie, ou à l'opposé de la conduite vers un inconnaissable, de cet être-déterminé.

Analysant la démarche propre de Hegel, non pas son aboutissement mais la phénoménologie de son questionnement, V.B. n'y trouve aucune intuition qui ressemblerait à ce qu'écrit Simone Weil des « intuitions préchrétiennes du platonisme ». Je ne suis pas sûr que cette opposition soit fondée, d'abord parce que l'argument de V.B. selon lequel « Hegel refuse explicitement le terme d'intuition » est surprenant. L'autre objection est que Simone Weil désigne quelque chose, un objet, une présence objective – tout comme Augustin cherche dans le platonisme une préfigure de l'âme au sens chrétien, tandis que dénier toute intuition à l'édification hégélienne est un pur jeu d'esprit, une hypothèse avancée par V.B. pour être rejetée. Pourquoi ? Hegel n'écrit-il pas dans la *Science de la Logique* que le premier objet de la pensée « n'est que cela : pur intuitionner, intuitionner vide. » Le premier objet de la pensée est cette pensée vide elle-même. V.B. entend sans doute dire que la

---

déterminée. La conscience ne fait que l'expérience que de sa propre représentation dans le savoir vrai.

logique hégélienne est suffisante, elle n'est ni une ontologie ni une théologie : Dieu n'est pas « l'Étant suprême ». Il faut comprendre je crois, que ce n'est pas la recherche de l'être mais la recherche du sens de l'existant, qui occupe la pensée hégélienne. Ici intervient Heidegger qui affirme que Hegel pose précisément « l'Étant suprême », rejetant par là religiosité et sens du divin : il n'y a rien au-delà, sauf illusion. La métaphysique, selon Heidegger, ne pose la question de l'être « qu'en la déterminant, en la spécialisant, comme une question qui porte sur le suprêmement étant, l'étant exemplaire, le plus haut ou le plus étant[1]. » Ce n'est pas, me semble-t-il, sur cette contestation que l'on peut fonder une approche du « système théologique » hégélien. La preuve ontologique par le « *notwendig seyendes Wesen* », que Schelling conteste, ne vaut en effet que pour dire : il faut qu'il y ait un être ; de là ne découle nullement l'existence de dieu. « Que vaudrait pour notre esprit comme pour notre cœur un Dieu métaphysiquement visé sur les hauteurs[2] ? » demande Schelling.

En termes ordinaires – aussi justes qu'il est possible –, on dira que Heidegger voit dans le « système hégélien » un principe hiérarchique. Un tel système est clos, puisqu'il est constitué (état) en système d'ordre. Le sommet de la hiérarchie informe les systèmes inférieurs qui, en retour, font mouvement vers les emplacements qui conviennent à la pérennité du système. Celui-ci constitue sa propre fin, son mouvement est mouvement vers sa propre perfection, dont les acteurs n'ont pas idée. Tout autre est la *Beschaffenheit*, disponibilité à constituer, c'est-à-dire ouverture qui est de l'essence de ce que, plutôt que système, on nommera univers. Dans l'univers, nous, les hommes, disposons de la capacité de constituer, sans avoir la maîtrise de cette capacité. Même si la logique examine la théologie sans passer par les « sujets de la représentation » de la métaphysique non critique : âme, monde, Dieu, elle prétend pouvoir juger le contenu des « déterminants de la pensée ». Notre regard naturel sur l'univers est faussé par l'intentionnalité du porteur de ce regard. Nous ne voyons que ce qui est déjà doté d'un sens pour nous, un sens préétabli par la routine, dirait Socrate : l'immense travail de Husserl a visé à restituer l'intentionnalité. La religiosité serait une disposition (*Beschaffenheit*) à trans-porter le désir de signification de l'insaisissable vers l'être extérieur totalisant : Dieu. Ce que Kant nomme ontothéologie, la connaissance imaginaire de Dieu par des concepts. Selon le Hegel de la *Science de la*

1. J'emprunte la formule à J.-F. Courtine, « La critique schellingienne », in *La question de Dieu selon Aristote et Hegel*, dir. Thomas de Konninck et Guy Planty-Bonjour, Paris, PUF, 1991, p. 219.

2. Schelling, *Œuvres métaphysiques*, Paris, Gallimard, 1980, p. 210. Cité par J.-F. Courtine.

Logique, pourtant, l'être, traité dans le premier livre comme objet, devient au troisième livre conscience de soi. La « logique de l'essence » est une relation qui reste extérieure à l'être[1].

Poursuivant la lecture de V.B., nous voici confrontés à Hegel qui « philosophe comme un dieu », mais « comme un dieu souffrant[2] ». Pourquoi ? Parce que l'acte philosophique est « plus un calvaire qu'une conciliation facile et ambitieuse ». Nous voici menés à la pensée (qui vient de la sorte à l'esprit) d'un dieu qui philosophe et qui en souffre. Cela fait un dieu tellement paradoxal que l'on est conduit à penser à un dieu occupé, dans la souffrance de la création, à produire jour après jour son propre système ! Il me semble que philosopher est chercher le vrai. Je pensais que l'Étant suprême pouvait à la rigueur, en tant que centre cybernétique du système, être en permanence occupé à perfectionner son système. De Dieu, être de la totalité, c'est beaucoup plus surprenant. Quant à la souffrance de dieu, un sérieux malentendu relie ici les deux termes : le Dieu des chrétiens s'est fait homme pour souffrir et racheter les péchés. Il ne les a pas effacés, moins encore les a-t-il abolis pour le temps futur, ce qui serait proprement insensé, puisque toute liberté serait ainsi retirée aux hommes. Se faisant homme pour parler aux hommes, Jésus, afin de faire accomplir la Loi grâce à la foi, n'eut pas à philosopher, sinon comme l'aurait fait un homme très juste, très audacieux et très intuitif. Ce signalement convient tout à fait aux « invitateurs », au sens de Kierkegaard ; il n'a aucun sens pour un dieu.

Ce que V.B. entend établir est que Heidegger a mal compris – de comprendre, mettre ensemble – la philosophie de Hegel, en l'extrapolant de sa Logique. Or écrit V.B., on trouve chez Hegel « une véritable métaphysique de l'esprit de l'esprit vivant, théologiquement structuré ». Cette métaphysique est fondée en principe sur le négatif : le travail du penser des hommes est principiellement une négativité, en ce que ce travail souffre de la limitation du savoir humain, donc du connaissable, ce en dépit de la *Beschaffenheit*, le travail coextensif à sa constitution. On peut dire que les hommes sont contraints à produire un travail, à se produire par un travail, et que, précisément du fait de la Qualität de ce qu'ils sont comme étants, ils ne peuvent aboutir qu'au négatif. L'illusion leur fait voir la négation du négatif : ils ne croient plus aux idoles auxquelles ils ont cru, ils détruisent par là leur propre élaboration d'eux-mêmes et trouvent qu'il est un vrai Dieu inconnaissable, qu'ils ne peuvent faire venir à leur esprit que comme négativité : ce qui les

1. Voir Pierre Aubenque, « La question de l'ontothéologie », in *La question de Dieu, op. cit.*, p. 270.
2. Vieillard-Baron, *Op. cit.*, p. 11.

dépasse[1]. Donc, les idoles qu'ils connaissent sont là pour les tromper sur le travail de leur penser. Les formes verbales passent mieux en allemand. Même si Heidegger en abuse, le penser (das Denken) indique bien l'imprévu de ce qui vient à la pensée, au lieu que « la pensée » paraît dire : l'homme sait, maîtrise ce qu'il pense ; il pense ce qu'il veut penser, et il saisit la portée de ce qu'il a pensé.

La philosophie de Hegel n'est pas une ontologie[2], elle nie l'être, et V.B. nous renvoie à Louis Lavelle, où l'on parle d'une « grande ontologie dialectique », dans laquelle l'être se définit par l'acte. Entendons qu'il se définit lui-même, aussi la question, me semble-t-il, est dans le sens, signifiant ou non, du devenir de l'être. Reprocher à Hegel son nihilisme revient ainsi à dénier le sens signifiant de sa dialectique sans être, mais non dénuée de sujet : le Logos se meut, d'une vie immanente qui est la vie d'une conscience « s'efforçant de s'atteindre elle-même à travers la richesse de son contenu ». Hegel conclut ses *Principes de la philosophie du droit*[3] publiés en 1821, par « l'opposition la plus absolue » entre « l'empire du farouche libre-arbitre existant pour soi », et l'empire, « irréel et mental », qui contient la vérité de son esprit, mais reste entachée de la barbarie des représentations, qui fait de lui une puissance effrayante et non pas libre. Or, écrit-il en conclusion, ces deux empires prennent racine dans une unité : l'élément spirituel « a dégradé l'existence de son ciel au niveau d'une présence terrestre et d'une laïcité commune dans la réalité et dans la représentation ». En sens opposé, l'élément temporel a « élevé son existence pour soi abstraite, à la pensée et au principe de l'être rationnel ». Aussi la contradiction est-elle non pas dépassée mais effacée en une réconciliation, par laquelle la conscience de soi résulte – finalement – de l'abolition de l'au-delà. Ce qui revient à dire que la religion, par laquelle est d'abord aperçue la vérité, est dépassée par la connaissance libre. Cet écrit conclut un ouvrage lui-même conclusif, comme si Hegel, achevant son travail de philosophe, trouvait enfin la voie de son essence idéale, par-delà les souffrances de sa recherche. Hegel serait ainsi, à lui-même, son propre modèle de l'advenue de la conscience de soi.

Comment alors comprendre ces deux thèses du jeune Hegel de Tübingen : l'une que « la religion est une des affaires les plus importantes de notre vie » et l'autre que l'on doit rechercher la vérité de la religion hors de la positivité ;

1. J'assume la pleine responsabilité de cet exemple. La théologie négative illustre ce passage hors de l'idolâtrie.

2. V.B., p. 12.

3. Hegel, *Principes de la philosophie du droit*, Paris, Gallimard, 1940, préface de Jean Hippolyte. Le dernier §, auquel je me réfère, est le 360. La notice de Jean Hippolyte est d'une grande richesse, même contestée. La citation qui suit est tirée de cette notice.

que l'on a raison de critiquer la positivité de la religion chrétienne[1] ? C'est que l'Église instituée est à l'opposé de « l'Église invisible » de Tübingen certes, mais plus profondément, que l'Église instituée fait obstacle à l'existence comme désir, comme condition de l'avènement de la conscience à soi. Contre l'institué, la conscience s'approprie le monde, qui, dans sa persistance, devient « vérité et présence siennes[2] ». En ce monde réapproprié seulement, la conscience peut faire l'expérience de soi, car le monde est son attribut, et il lui faut le découvrir. La pensée n'est autre que le mouvement de son contenu (*Sebstbewegung*), la « pensée se pensant » équivaut à Dieu.

Comme l'écrit Philonenko, une transcendance est rétablie par Hegel à l'intérieur de la raison, là d'où Kant l'en avait chassée. La raison est connaissance, la connaissance est métaphysique ; l'accès à la connaissance passe par une « théologie de la raison ». On comprend que, là où Kant pose une morale, un impératif moral, certes personnellement adressé, mais bien un commandement – ce que lui reproche Schopenhauer, notons-le – Hegel bâtit un système éthique : il n'a pas de place pour une extériorité, la raison ne dispose que de sa *Beschaffenheit* pour se découvrir, il lui faut surmonter la « mauvaise subjectivité » de la contingence. Oui, mais voici la *poiesis* à l'œuvre : si la raison ne peut être connue « en son essence », si le subjectivisme aboutit à un sujet res cogitans, c'est par l'œuvre accomplie, le travail des hommes asservis à leurs maîtres que se transforme le monde à l'identique de la pensée. Kojève écrit : « L'Entendement, la pensée abstraite, la science, la technique, les arts – tout ceci a donc son origine dans le travail forcé de l'Esclave. C'est donc l'Esclave et non le maître qui réalise tout ce qui a trait à ces choses[3]. » Oui certes, et ce sont les fidèles, non les prêtres, qui, pratiquant la religion dans le péché et le sentiment d'indignité, se libèrent de la religion. C'est dans la dialectique des expériences de la raison que s'affirme idéalement la conscience de soi. Idéalement ici veut seulement dire : en partant de la fin, en supposant franchis les obstacles de la démarche dialectique, surmontées les barrières de l'en-soi. Parlons clair : la domination, l'oppression sont ces barrières, ce par quoi les hommes sont empêchés d'aller au-devant d'eux-mêmes. Kierkegaard penseur, Thomas Münzer martyr témoignent de la dureté de ces obstacles.

---

1. V.B., p. 17.
2. Hegel, *Phénoménologie de l'esprit*, cité par Philonenko, *Le transcendental et la pensée moderne*, Paris, PUF, 1990, p. 181.
3. Alexandre Kojève, *Introduction à la lecture de Hegel... op.cit.*, p. 36. Philonenko objecte qu'il ne faut pas traduire *Knecht* par « esclave » mais par « serviteur ». J'ai le plus grand respect pour lui, mais j'observe que *Knecht* signifie d'abord valet, puis esclave, et au sens biblique seulement, serviteur. C'est celui qui travaille pour un maître, et c'est la reprise de l'opposition nietzschéenne.

Hegel traite de « l'esprit selon son concept » : « Le subsister de l'objet, son espace est être dans l'esprit; c'est le pur abstrait du subsister. Moi et la chose (*Ding* par opposition à *Sache* : ce qu'il en est de cette chose) sont dans l'espace, le pur concept est posé essentiellement divers de son contenu; il n'est pas l'essence de son accomplissement même, il n'est que formellement universel, séparé de son particulier, mais le subsister de l'esprit est véritablement universel; il contient le particulier lui-même; la chose est; elle n'est pas dans l'être, mais elle est elle-même[1]. » L'essence de l'intuition est le savoir d'un étant : je me vois étant. L'esprit est ce qui médiatise avec soi : il supprime ce qu'il est immédiatement et, dans ce mouvement, l'étant devient universel pour l'esprit ou, ce qui équivaut, l'esprit le rend universel, le pose comme il est, car l'esprit est libre de son immédiateté. « Être est forme de l'immédiateté, mais il doit être posé dans sa vérité ». Hegel arrive à « l'état de l'universalité » en termes d'opposition à l'esprit individuel. La disposition d'esprit du marchand, « cette dureté de l'esprit en laquelle l'[individu] particulier, entièrement extériorisé, ne vaut plus [car ne vaut maintenant que le] droit strict ». Par opposition, l'état public (*öffentlicher Stand*, état d'ouverture) de l'esprit est « immédiatement cet acte d'intervenir de l'universel dans tout singulier ». C'est, poursuit Hegel, comme les vaisseaux sanguins et les nerfs, qui s'infiltrent à travers tout et vivifient le singulier dans l'universel : le corps dans le monde.

L'esprit selon Hegel devient liberté accomplie – par le vouloir du gouvernement ou morale objective – ce qui me paraît le point aveugle de la volonté, celle de Hegel n'est ici que témoin de la volonté de l'idéalisme transcendantal. « L'esprit absolument libre qui a repris en soi ses déterminations produit maintenant un autre monde[2]. » L'esprit, poursuit Hegel, parvient alors à l'intuition de lui-même en tant que lui-même : « En tant qu'intelligence, l'étant à la figure d'un autre; en tant que volonté, celle de lui-même. » La loi est-elle l'universel qui s'intuitionne en tant que médiation ? La constitution est-elle production du contenu à partir de soi-même ? Là est selon moi le

---

1. Hegel, *Philosophie de l'esprit,* 1805, Paris, PUF, 1982, traduit par Guy Planty-Bonjour, p. 11. Je fais suivre cette citation d'un passage de « Les états ou la nature de l'esprit qui s'auto-organise en soi », p. 102-103. J'ai respecté le texte de Guy Planty-Bonjour, qui met entre crochets les antécédents, qui, en allemand, figurent sous forme de pronoms.

2. Hegel, *Philosophie de l'esprit,* p. 109. Je suis contraint à une lecture falsifiée-falsifiante, car Hegel pense que la guerre apporte l'intuition « que les états disparaissent dans la puissance de l'universel ». C'est cette puissance, qui, loin de réaliser la « morale objective », par son imperfection même, ruine la liberté. On en jugera avec Robespierre, jugé tyran parce qu'il exprime la volonté de liberté.

granite de la religion instituée. « La religion absolue est ce savoir que Dieu est la profondeur de l'esprit certain de lui-même[1]. » L'esprit est le soi de tous, l'essence, la pure pensée, la profondeur est le moi, la pure puissance absolue. Le gouvernement est placé au-dessus de tous, « esprit qui se sait en tant qu'essence universelle et effectivité universelle – le soi absolu ». Chacun y est « l'égal du prince », car dans la religion absolue, chacun s'élève à l'intuition de lui-même en tant que soi universel.

Ce triomphe de l'universel s'extériorise devant Dieu, mais l'esprit n'est réconcilié qu'hors de la présence de soi, dans l'au-delà. Il a besoin du miroir du ciel, car c'est tourné vers l'au-delà seulement que l'esprit « a confiance que les événements de ce monde et la nature sont réconciliés » avec lui. La présence de soi, si l'esprit s'en satisfaisait, l'empêcherait de s'élever au-delà de son être-là. L'esprit a besoin de « l'ébranlement de la détresse » et ainsi est justifiée l'impossible concordance de la pure conscience et de la conscience effective, en tant que le soi est « quelque chose d'autre[2] ». Aussi la religion serait l'unique lien par lequel le soi effectif peut se représenter comme pensée : je n'en crois rien et je reste sur la rive avec celui qui doute de la religion mais entend l'appel, Kierkegaard, et celui qui rejette la volonté d'être, Schopenhauer. Je ne suivrai pas Heidegger dans ses chemins escarpés, non parce qu'ils sont difficiles mais parce qu'ils mènent à la mort. Je ne crois pas à cette réconciliation de soi effectif à soi comme essence, ni à cet être en soi, Mal et nature, l'immédiat représenté : si les hommes sont doubles, ce n'est pas la contemplation de chacun dans sa « mauvaise nature » à travers Dieu et le sacrifice de « l'homme divin », qui rend l'effectivité universelle. Ce n'est pas le renoncement de la « communauté-religieuse » à son être-pour-soi (sa nature immédiate) rejeté comme le Mal, qui permet à « ce qu'elle regarde comme le Mal » de se supprimer par cette saisie. Ce n'est pas le culte, réitération du sacrifice même débarrassé du rituel, qui est ferveur. Luther en pratique a rendu la religion immanente, propriété privée.

La dualité humaine ne s'incarne pas dans les deux contraires, Église et État, esprit élevé dans la pensée et esprit présent, elle s'exprime dans l'acte, qui est conflit, transgression et violence. Ce qui nous fait vivre n'est pas fondé dans une réconciliation aboutie – même si elle demande jour après jour un rappel de notre altérité en pensée, c'est à l'opposé ce manque essentiel qui nous est toujours en mémoire, souvent hors de portée de la pensée, et qui requiert bien plus qu'un exercice en religion, un combat contre l'ange. Pendant ce temps les maîtres, volontaires pour la mort, persistent dans leur caractère et, comme

1. *Ibid.*, p. 113. Dieu rassemble les esprits certains d'eux-mêmes en lui.
2. *Ibid.*, p. 114-115.

personne ou presque ne croit que là où le Seigneur nous conduit, rien ne nous manquera, ni que vers Dieu, notre berger, nous sommes indignes d'aller, mais que s'Il dit seulement une parole, il sera en nous, ils se sont immergés dans la marchandise et s'en font un tombeau.

LA CAUSE DU MONDE : Y A-T-IL UNE CAUSE AU MONDE ?

Le commencement de la science, selon Hegel, doit exclure toute présupposition. Est-ce à dire que le premier objet de la pensée soit extérieur à la pensée ? Si la pensée vise d'abord un « être » extérieur, c'est par ignorance qu'elle est elle-même ce dieu qu'elle recherche.

Kant a fait, de l'idée d'un souverain moral de l'univers, un devoir de la raison pratique ; il s'agit moins de savoir ce que Dieu est en lui-même, que de savoir ce qu'il est pour nous en tant qu'êtres moraux[1]. Il a invalidé, dans la *Critique de la raison pure*, les trois preuves de l'existence de Dieu : cosmologique, ontologique, physico-théologique. Les deux premières sont purement spéculatives, la troisième se fonde sur l'étonnement face au monde : la variété, l'ordre, la finalité, la beauté nous inspirent l'idée transcendantale d'un « être premier nécessaire absolument suffisant[2] ». Puisqu'on trouve partout des « signes évidents d'un ordre exécuté sur un dessein déterminé », puisque cet ordre n'est pas inhérent aux « choses du monde », alors « il existe donc une (ou plusieurs) cause sublime et sage qui doit être la cause du monde, non pas simplement comme une nature toute-puissante agissant par sa fécondité, mais comme une intelligence agissant par sa liberté[3] ». Remarquons le passage de la fécondité c'est-à-dire de l'efficace, à la liberté qui suppose une intention. Selon Thomas d'Aquin[4], la preuve par le gouvernement des choses est la voie la plus efficace. Dans son *Commentaire à l'Évangile de Jean* Thomas d'Aquin écrit : « Certains parvinrent à la connaissance de Dieu par la voie de l'autorité divine ; et cette voie est la plus efficace. Nous voyons, en effet, les choses naturelles agir en vue d'une fin et parvenir à des fins utiles et déterminées ; et comme elles sont dépourvues d'intelligence, elles ne peuvent se diriger elles-mêmes à moins d'être dirigées et mues par une réalité capable d'une direction

1. Cf. *La religion dans les limites de la simple raison.*
2. Kant, *Critique de la raison pure*, Paris, PUF, 1986, « Dialectique transcendantale », Livre II, chap. III, 6e section, p. 441.
3. *Ibid.*, p. 443.
4. Thomas d'Aquin, *Somme théologique*, Question II, a.3, cité dans « Téléologie, nature et esprit », Henri-Paul Cunnigham, in *La question de Dieu*, *op. cit.*, p. 10.

intelligente. Et de là vient que le mouvement même des choses naturelles vers une fin déterminée révèle l'existence d'une réalité supérieure par laquelle les choses naturelles sont dirigées et conduites à une fin. » Je remarque que le terme latin rendu par « réalité » (capable d'une direction intelligente) est *naturales res* : une chose intelligente.

Dans la *Somme théologique*, nous lisons ceci : « Nous voyons que des êtres privés de connaissance, comme les corps naturels, agissent en vue d'une fin, ce qui nous est manifesté par le fait que, toujours ou le plus souvent, ils agissent de la même manière, de façon à réaliser le meilleur; il est donc clair que ce n'est pas par hasard, mais en vertu d'une intention qu'ils parviennent à leur fin. Or, ce qui est privé de connaissance ne peut tendre à une fin que dirigé par un être connaissant et intelligent, comme la flèche par l'archer. Il y a donc un être intelligent par lequel toutes choses naturelles sont ordonnées à leur fin, et cet être, c'est lui que nous appelons Dieu[1]. » Ainsi la « réalité » est devenue un être intelligent et connaissant. Il ordonne les choses naturelles selon leur fin. Nous apprenons par là qu'il est une « fin » selon laquelle s'ordonnent les choses naturelles. Ce que Hegel traduit ce me semble par « Ce qui est réel est rationnel ». En dépit de l'indiscutable beauté de la formule nous demandons des comptes : cet « être intelligent et connaissant » attribue une fin aux choses naturelles – dont font partie les « êtres naturels ». Il n'est pas nécessaire qu'il ait défini la fin dès le commencement. Cet être intelligent et connaissant peut bien agir constamment sur sa création, ce qui appelle deux brèves remarques : que signifie d'abord « la plupart du temps » ? Il est une tradition selon laquelle Dieu s'absente parfois. Je ne comprends pas le sens de cet énoncé, ni quand ni pourquoi Dieu s'absenterait tout en restant Dieu. La seconde est que « ce que nous appelons Dieu » peut n'être pas créateur – démiurge, mais seulement commandement des êtres pneumatiques qu'il contient en lui. Ici nous entrons dans la gnose, dont les fins sont explicitement enténèbrantes. On lira Irénée de Lyon[2].

Ceci posé, reste l'intentionnalité de « l'être connaissant ». On conviendra du caractère problématique de celle-ci, il n'est pas besoin de l'ironie facile de Voltaire, qui chasse Dieu pour le remettre en place contre le « peuple ignorant » ; il n'y a pas à revenir sur les interrogations relatives au mal : elles sont fondées absolument – j'entends qu'elles ne sont pas liées à des contingences, mais expriment une souffrance radicale. La question selon moi est de concevoir « l'intentionnalité de l'Être ». On trouve l'expression de ce doute dans

1. *Ibid.*, Question II, a. 3, c.

2. Irénée de Lyon, *Contre les hérésies, dénonciation et réfutation de la gnose au nom menteur,* Paris, Éditions du Cerf, 2001.

la parole de Jésus « Mon Dieu, pourquoi m'as-tu abandonné ? » Peu importe la « vérité historique » de cette plainte ; elle résume et contient la plainte de tous ceux qui sont abandonnés. Et si l'on me dit qu'ils ne le sont pas, si l'on produit le Livre de Job, je réponds que Job fut puni de son audace et de son incroyance, suivant les Écritures en tout cas ; que les malheureux abandonnés ne sont en rien exemplaires, qu'ils se sont consumés dans le désespoir et l'horreur. Les Indiens livrés à la férocité des Conquistadores, les hérétiques livrés au bras séculier, les paysans crevant comme des chiens sous le Roi Soleil, les déportés des camps nazis, Juifs et peuples inférieurs, Slaves, Polonais, les gens dont on détruit la maison, que l'on chasse et qui s'entassent dans des dépôts de morbidité où ils s'entretuent.

Dans sa *Summa contra Gentiles*, Thomas écrit : « (Selon Jean Damascène et Averroès) il est impossible que des réalités contraires et discordantes s'accordent dans un ordre unique, en tous temps ou la plupart du temps, à moins qu'on ne les gouverne de telle manière qu'elles tendent toutes et chacune vers une fin déterminée. Or nous constatons dans le monde que des réalités de nature différente s'accordent en un ordre unique, non pas rarement ou comme par hasard, mais en tous temps ou la plupart du temps. Il est donc nécessaire qu'il existe un être dont la providence gouverne le monde. Cet être, nous l'appelons Dieu.[1] » Encore ce « la plupart du temps » ! C'est d'autant plus embarrassant que nous devons choisir : ou bien nous ne saisissons que la plupart du temps le dessein de Dieu, « l'ordre unique », du fait de notre essentielle imperfection de créatures tenues à distance ; ou bien Dieu ne règle en finalité que la plupart des « réalités de nature différente », ce qui réduit à rien le principe de gouvernement du monde, sauf à le réduire au gouvernement par les hommes « inspirés » : les princes et les gens d'Église.

Cela revient à dire, et nous le verrons avec Husserl, que notre propre intentionnalité aboutit à nous figurer Dieu – littéralement, le faire à notre figure en tant que nous serions parfaits par lui – quitte à dénoncer l'inaction de la providence lorsque le scandale du discord des « réalités de nature différente » échappe à ce que notre raison peut contenir, selon les concepts qui lui sont propres. L'entendement alors se heurte à la dureté du mal et se révolte. La position d'Averroès est que le principe de l'action pour une fin de la nature est « un fondement des plus importants pour la science de la nature et pour la science divine : en effet, dès que le naturaliste nie cette proposition, il nie que la matière est pré ordonnée à la forme, il détruit du même coup la nature comme cause efficiente et rend vaine toute activité naturelle.

1. Thomas d'Aquin, *Contra Gentiles*, I, 13, Livre 1er. Cité dans *La question de Dieu*..., p. 10-11.

De façon similaire, dès que le théologien refuse d'admettre la vérité de cette orientation intrinsèque de chaque être naturel à un bien déterminé, il se place dans l'impossibilité de prouver que Dieu se soucie de ce qui se passe dans ce monde-ci[1] ».

Voici : nous sommes placés dans cette impossibilité, sans même nier que la matière soit pré ordonnée à la forme. La forme, ce que décrit l'ontologie qualitative d'inspiration aristotélicienne, est d'abord une donnée phénoménale, changeante. Le passage du continu au discontinu est un principe dynamique, morphogénétique. La matière est dotée d'une « intériorité substantielle[2] » mais la dynamique concerne les formes et non la matière comme telle. Comme l'écrit Leibniz : « Il faut admettre des formes au moyen desquelles la différence des apparences surgisse dans la matière, formes qu'on ne peut intelligiblement chercher, me semble-t-il, qu'à partir des entéléchies[3]. » Les entéléchies supposent des « formes substantielles », ce que contredit l'idée d'agrégats, unités mentales étrangères à la matière. On comprend quel saut est opéré d'Aristote à Kant notamment : pour le premier, il est une réalité ontologique des « formes substantielles », principes d'individuation qui « informent la matière ». Pour le second, substance et forme substantielle appartiennent à la métaphysique. Le discontinu morphologique est propre au monde des phénomènes, de l'observable. Cependant Kant s'interroge sur l'organisation morphologique – « finalité interne objective[4] » : le concept de forme organisée, sans contenu explicatif, est nécessaire à la compréhension. Les hommes sont pourvus d'un « sentiment esthétique », les formes inexplicables par la mécanique deviennent signifiantes selon un jugement de valeur. Le « beau » selon Kant est l'*Erscheinung*, le réel perçu, ni apparence ni phénomène mais « produit d'une liberté créatrice de formes[5] ».

Voici éliminé « l'être intelligent et connaissant » et à la fin par lui prévue. Voici les hommes chargés d'ordonnancer, sans connaissance ni intelligence. Est-ce arriver au pur matérialisme ? Évidemment non puisque ce matérialisme contient le principe de détermination par la matière, détermination

1. *Aristoteles opera cum Averrois commmentariis*, IV, Frankfurt am Main, Minerva GmbH, 1962, cap. 75, cité par H.-P. Cunnigham, *Op. cit.*, p. 11.

2. Voir Kant, *Premiers principes métaphysiques de la science de la nature*. Kant refuse l'idée d'une dynamique de l'intériorité substantielle de la matière.

3. Leibniz, Lettre au Père des Brosses, 2 février 1706. Par *Entéléchie*, on entend l'accomplissement de l'acte qui aboutit à la perfection, selon Aristote, mais aussi les facultés actives qui font effort, ainsi les monades créées, qui ont en elles une perfection propre, selon Leibniz, *Théodicée*, I, § 87.

4. Voir la *Critique de la faculté de juger*, trad. Philonenko, Paris, Vrin, 1979.

5. Olivier Chédin, *Sur l'esthétique de Kant et la théorie critique de la représentation*, Paris, Vrin, 1982.

parfaitement dénuée de sens. Peut-être fabriquons nous un monde sans rien y comprendre, à partir de ce qui nous est donné à saisir de matière. La difficulté n'est que dans l'idée d'une forme se formant elle-même, un marteau sans maître. Or une chose est que les hommes apprennent, autre chose est ce qu'ils apprennent. Conquérir la matière n'est pas apprendre sur soi, ce n'est pas un « progrès ». Refuser la transcendance est d'abord affirmer l'indépendance du Moi à l'égard du monde, le « négatif de son essence ». Travailler à transformer le monde correspond à l'idée du monde comme néant : la conscience humaine s'éveille « dans ce surgissement de l'existence », c'est ce qu'établit Hegel dans la *Phénoménologie de l'esprit*[1]. La « prise de conscience » que Hegel identifie à l'idéalisme kantien, aboutit à la prise de possession du monde par la raison : le monde dans sa persistance « lui devient une vérité et une présence siennes[2] ». Ce que Hegel nomme subjectivité n'est pas, chez Kant, réduction du réel à la pensée, mais identité idéale des lois de la pensée et des lois du réel. Cette identité chez Hegel correspond à un passage : la subjectivité est un moment empirique de l'esprit. Philonenko explique la lecture – erronée – de Kant par Hegel, par l'usage que ce dernier fait de la raison, *Vernunft*, personnifiée et dont le monde est l'attribut. « La raison est la certitude de la conscience d'être toute réalité[3]. »

Le reproche fondamental adressé à Kant par Hegel serait ainsi l'indignité de la raison se méconnaissant : confrontée aux phénomènes, incapable de saisir la chose en soi, elle ne sait pas qu'elle contient en devenir le Logos qui conciliera l'opposition entre le monde et elle en rendant identiques les deux termes. Peut-on dire que la raison est individuelle ? En ce cas comment les sujets pourraient-ils mettre ensemble leurs expériences ? Schopenhauer se moque ici de la folie de Hegel, et il est malaisé de comprendre : « La raison en appelle à la conscience de soi de chaque conscience singulière : Moi = Moi ; mon objet et mon essence est Moi, et aucune de ces consciences ne démentira cette vérité auprès de la raison[4]. » Hegel veut-il vraiment dire : la raison fait appel à une conscience autre ? Ce qui montrerait qu'elle n'est pas « toute la

1. Je m'appuie ici sur Alexis Philonenko, *Le transcendantal et la pensée moderne*, *op. cit.*, 1990, « L'émergence de l'idéalisme transcendantal dans la Phénoménologie de l'esprit de Hegel et sa critique », p. 175 *sq*. Philonenko rend compte de la lecture que fait Hegel de Kant, qu'il pense avoir « dépassé ».

2. Hegel, *Phénoménologie de l'esprit*, cité par Philonenko p. 181. Je ne donne pas la pagination, qui se rapporte à l'édition allemande Hoffmeister.

3. *Ibid.*, cité par Philonenko p. 184.

4. *Ibid.*, p. 177, cité par Philonenko p. 193. Je remarque qu'il traduit *beruft sich* par « en appelle », ce qui ne rend pas compte du verbe pronominal : la conscience s'en rapporte à. D'où il tire cette « démonstration » que la raison s'interdit d'être toute réalité.

réalité », et contraindrait le moi à se retirer « de l'autre en général », comme l'écrit Philonenko. Sans que je sois aussi hégélien que lui et moins encore que d'autres, il me paraît que « *Das unmittelbare Auftreten ist die Abstraction ihres Vorhandenseins, dessen Wesen und Ansichsein absoluter Begriff, das heisst die Bewegung seines Gewordenseins ist* » (L'apparition – manifestation – immédiate fait abstraction de l'existence présente, dont l'essence et l'être en-soi sont le concept absolu, c'est-à-dire le mouvement – la mise en mouvement – de son être abouti[1]) signifie le nécessaire effacement de l'individu, qui n'est sûrement pas un « être naturel », mais un « construit social », qui provoque l'avènement de l'humain. Je conviens que cette lecture est hérétique, non-hégélienne ; je prétends qu'elle permet de saisir le passage du moi au nous. Tolstoï écrit dans son journal : « Mourir – c'est être débarrassé de l'aberration par laquelle on voit tout individuellement. Naître – c'est passer de la vie universelle à l'aberration. C'est seulement à mi-chemin, dans la pleine vigueur de la vie, qu'on peut à la fois voir son aberration d'individualité et prendre conscience de la vérité de la vie universelle. » Et Schopenhauer : « Désirer l'immortalité de l'individualité, c'est à vrai dire vouloir perpétuer une erreur à l'infini, car au fond chaque individualité n'est qu'une erreur particulière, un faux pas, une chose qui ferait mieux de ne pas être[2]. »Pourquoi ne pas rendre *Vorhandensein* par « une chose qui ferait mieux de ne pas être » ?

MORALE, THÉOLOGIE MORALE, THÉOLOGIE POSITIVE

Raison et liberté restent notre devise, et l'Église invisible reste notre point de ralliement[3].

Trois auteurs s'adressent à nous en matière de morale et de religion : Kant, Hegel, Schopenhauer. On ne peut dire qu'ils se répondent puisque Kant précède les deux autres, que Hegel se fait critique de Kant, Schopenhauer

1. Je donne à mes risques et périls cette traduction. Celle de Philonenko est : « La manifestation immédiate de la vérité est l'abstraction de son être-présent, dont l'essence et l'être en-soi sont le concept absolu, c'est-à-dire le mouvement de son être devenu. » *Phénoménologie*, p. 178. Philonenko s'interroge sur le choix du mot *Vorhandensein*.

2. Ces deux citations proviennent de « Nouvelles remarques sur la théorie de la mort chez Schopenhauer », dans Philonenko, *Le transcendantal…*, *op. cit.*, p. 249-250.

3. Hegel, Lettre à Schelling, janvier 1795, *Correspondance*, Paris, Gallimard, 1962, t. I,. 23.

critique de Kant et ennemi de Hegel. Plusieurs ouvrages seront lus ici, encore une fois sans prétention à l'exhaustivité, là n'est pas le projet.

Le premier cours donné par Kant sur la religion nous est rapporté dans *Leçons sur la théorie philosophique de la religion*[1]. La deuxième partie, consacrée à la « théologie morale », est celle qui nous intéresse le plus directement, particulièrement la 3e section, où Kant examine Dieu cause du monde, Dieu auteur du monde, Dieu souverain du monde. Ces trois attributs sont-ils nécessaires à l'existence de Dieu ? Au commencement de son cours, Kant distingue déiste et théiste, le premier suppose une théologie purement transcendantale : il existe une cause du monde, on ne peut dire si cette cause est ou non, un agent libre. Le second croit en un Dieu vivant qui, « grâce à la connaissance et au libre arbitre, a créé le monde ». le premier suit la raison pure, le second s'appuie sur une expérience : à partir du modèle de l'intelligence humaine, de la faculté humaine d'entendement, il déduit un entendement supérieur. La théologie transcendantale est pure d'expérience disions-nous, Dieu est un être sans limitation et infiniment éloigné de nous. Kant qualifie d'inepte ce concept, sauf lorsqu'il sert à apprendre à penser Dieu radicalement différent. Le déisme a donc une utilité négative.

Kant qualifie de *Theismus Moralis* la théologie où Dieu est pensé comme le Bien suprême. Dieu y est fondateur des lois morales, c'est la théologie qui sert de fondement à la religion. Dieu n'y est pas maître du monde « principe suprême de la nature », mais « principe suprême du royaume des fins ». D'où il conclut que la théologie morale est autre que la morale théologique « c'est-à-dire de la moralité où le concept de l'obligation présuppose le concept de Dieu ». Cette morale est sans principe, si ce n'est la révélation de la volonté divine. J'en tire que cette morale contient nécessairement de l'arbitraire, car comment Dieu nous est-il révélé ? Et que veut dire une « volonté » divine ? Ce ne peut que résulter de l'attribution à Dieu de la menace de châtiment et du Jugement dans l'au-delà. C'est un moyen de faire suivre les lois morales et ce moyen est indigne. La « moralité naturelle » trouve en nous par sa dignité et son excellence, de fidèles serviteurs. Il me semble qu'ainsi posée la question est fort claire : une théologie du commandement ou une morale de la dignité. La première conduit à l'obéissance et dispense – non du « libre examen », d'évidence une sottise, car comment nous connaîtrions-nous seuls ? – de cette recherche à l'infini de ce que notre aveuglement dans l'immédiateté nous cache. La seconde seulement autorise mais ne permet pas sans conditions la découverte de cette morale purement humaine. Dieu y souscrit d'avance,

1. Kant, *Leçons sur la théorie philosophique de la religion* (1784), Paris, Le Livre de poche, 1993.

étant infiniment bon. Kant ensuite recherche Dieu selon sa causalité : trois conceptions sont possibles. Selon la première Dieu est cause du monde. Soit Dieu est le monde lui-même selon le panthéisme des Anciens « et le Spinozisme de l'ère récente[1] ». Rendons grâce à Kant de faire la distinction, ce qui permet de répéter que l'appellation de panthéisme pour désigner le monde selon Spinoza est un abus de langage[2]. Que Dieu soit présent en toutes choses ne signifie pas que toute chose est divine. Soit Dieu est extérieur au monde, et crée la substance selon les nécessités de sa nature : Kant réfute cette thèse de « l'émanation », car comment un être absolument nécessaire accomplirait-il des actes échappant à la nécessité même de son être ? C'est autre que de penser l'émergence de choses internes au monde, homogènes à la causalité du monde.

Dieu est-il auteur du monde ? Ou bien il est créateur des formes, architecte du monde, ou bien il est créateur de la matière : les formes changent, les substances sont pérennes. Mais il n'en est rien, écrit Kant, les substances changent du fait de leur commerce réciproque. Les Anciens avaient fondé l'économie du monde sur la dualité Dieu-nature : le mal ainsi, résultait de la corruption de la matière née de la nature, non de Dieu, architecte impeccable. La confusion des idées qui en résulta imposa la pensée d'une création

1. *Ibid.*, « De Dieu selon sa causalité », p. 168. Kant fait appel au phlogistique (p. 170), on voit par là comme le plus grand philosophe moderne peut s'appuyer sur des connaissances erronées, à un an près.

2. « Le panthéisme est la religion cachée de l'Allemagne et, que ceci vienne de là, ces écrivains allemands l'ont pressenti, qui depuis cinquante ans déjà ferraillent contre Spinoza. Le plus furieux de ces adversaires de Spinoza fut Fr. Heinr. Jacobi, à qui l'on attribue parfois l'honneur de le compter parmi les philosophes allemands. Il ne fut rien d'autre qu'un pantin acariâtre qui s'affuble du manteau de la philosophie et se faufila parmi les philosophes, en les importunant d'abord de ses protestations d'amour et de tendres sentiments, puis il diffama la raison. Son refrain fut toujours que la philosophie, la connaissance par la raison étaient vaines illusions, que la raison ne se connaissait pas, que là où elle conduisait, elle menait les hommes à un sombre labyrinthe d'erreurs et de contradictions, et que seule la foi pouvoir conduire au salut. Quelle taupe ! il ne voyait pas que la raison montre le soleil éternel, qui, pendant qu'il chemine sûrement là-haut, s'illumine lui-même son chemin avec sa propre lumière. Rien n'est pareil à la haine, mauvaise et du fond du cœur, du petit Jacobi envers le grand Spinoza.

Il est merveilleux que les partis les plus opposés aient combattu Spinoza. Ils forment une armée, dont la composition donne le spectacle de la plus dérisoire insolence. À côté d'un essaim de capuchons noirs et blancs avec croix et encensoirs à exhalaison marche la phalange des Encyclopédistes, qui ferraillent également contre ce penseur téméraire (en français). À côté des rabbins de la Synagogue d'Amsterdam, qui souffle à la charge avec la corne de bouc du croyant, chemine Arouet de Voltaire, qui musicaille au piccolo du persiflage le meilleur des déismes. Entre eux pleurniche la vieille femme Jacobi, la vivandière de l'armée des croyants. » Heine, *Zur Geschichte der Religion und Philosophie in Deutschland,* Frankfurt am Mein, 1966 p. 126. Je traduis.

ex nihilo, d'où résultait l'impensable de la beauté naturelle : Dieu seul par sa volonté, avait conçu le beau. La position de Kant relative à cette création est que nul n'a vu une substance apparaître, que les substances, de nécessité, sont toutes apparues ensemble en ce qu'aucune n'a pu en produire d'autres ; qu'il ne faut pas confondre temps – qui est temps du monde par définition – et commencement, qui suppose une création, non pas « hors du temps », mais antérieure au temps et à son origine. Dieu agit sur tout et ne subit rien du monde : du moins a-t-il créé les substances en un acte unique. Le monde se meut d'après les substances qui y ont été mises, il n'est pas équivalent à Dieu, aussi Leibniz est-il fondé à dire que le mal est dans le monde et non en Dieu, ce qui résulte de ce que le monde créé n'épuise pas le dessein de Dieu[1].

Quant à savoir pourquoi Dieu a créé le monde, Kant indique deux voies : une fin objective, la perfection du monde comme objet de la volonté divine, ou bien une fin subjective. Examinons la première : « La raison est toujours nécessaire à ce qui est intentionnel. Mais quelle utilisation correcte de la volonté doit vraiment être celle de la créature rationnelle[2] ? » Si les fins absolues ne peuvent être atteintes que dans une utilisation correcte de la raison et de la liberté, on comprend que lesdites fins sont au-delà de l'entendement humain ; tout au plus peut-il y aller par tâtonnements toujours s'interrogeant sur le droit chemin. Or cela n'est possible que si la morale est déjà fondée, et non la morale théologique. La morale seule ou moralité, comme l'écrit Kant, c'est-à-dire un « système de toutes les fins », donne à la créature rationnelle une valeur en soi et pour soi. La fondation d'un « principe communautaire » au sein duquel les hommes conviendraient des fins conformes aux lois éternelles de la raison, ne peut se faire en vue du seul bonheur des hommes. Ceci appelle deux remarques impératives : l'une, que les communautés fondées sur l'autorité sont d'avance condamnées, l'autre que le « bonheur commun » épuise la bonne volonté des hommes. Ainsi Simone Weil dans *L'Enracinement* détrompe-t-elle ses semblables qui voudraient croire à une société parfaite. Le bonheur commun n'a rien en commun avec le « maximum de bonheur », notion d'essence solipsiste. Aucun homme seul n'est Dieu.

1. Il faut reconnaître à l'argumentation de Kant sur le mal un finalisme assez proche de Bernardin de Saint-Pierre : si les mouches n'existaient pas, les hommes ne seraient pas rappelés à la nécessité d'assécher les marais ! Oui, bien sûr. Charles Fourier – encore lui – est plus avisé, il ne pense pas que les mouches aient été mises là comme signal, il trouve dans l'infinie diversité du monde la preuve que les hommes se méconnaissent et ignorent les vraies richesses, par exemple la rivalité dans la culture des pivoines, qui rend les pivoines plus belles et surtout les hommes plus désireux de beauté, en eux et sous leurs yeux. Une blessure, par la douleur, nous incite à la soigner, écrit Kant : une blessure est-elle de l'ordre du mal ? Mourir, est-ce de l'ordre du mal ? Voir souffrir, cela est le mal.

2. Kant, *Op. cit.*, p. 177.

Reste que les fins objectives ne constituent pas par elles-mêmes une incitation au « bien faire ». Ici nous approchons dangereusement la zone des récifs, des eaux bouillonnantes nommées intérêts. Qui s'y aventure entraîne à la perdition tous les autres s'il en a la force, et cette force n'est pas en lui mais s'impose à lui. La cause objective de perfection du monde est suffisante pour Dieu, pas pour les hommes. Or les hommes s'entraînent les uns les autres, sans Dieu ou plutôt en son nom, du nom qu'ils lui donnent selon leurs desseins. Les hommes ne sont pas bons, ils sont pourtant emplis de désirs sans pouvoir le plus souvent les exprimer. Dieu selon Kant n'a pu créer le monde seulement pour le bonheur des hommes, mais il l'a fait pour qu'ils soient dignes. Dignes de lui ? L'oppression n'est pas d'essence divine, elle est instituée, et pourquoi faut-il que les hommes veuillent l'oppression, sinon par crainte d'ignorer le dessein de Dieu ? Je rappellerai la position extrême de Dostoïevski : il faut qu'il y ait Dieu, je n'en veux pas[1]. Il faut se garder des idées générales, fussent-elles d'impeccables mnémotechniques. Ainsi ne suffit-il pas de dire « le christianisme ». Nous en trouvons le pourquoi dans le dialogue de *Démophèle & Philalèthe* : la religion comme puissance est une « vérité vêtue du mensonge[2] » dit Philalèthe, après qu'ils ont remarqué comme le christianisme prend sens par l'histoire : ainsi pour enrayer les « grandes invasions » à la fin de l'Empire romain. Démophèle relève la parole de Malebranche : « La liberté est un mystère », rejoignant ainsi le Grand Inquisiteur des *Frères Karamazov* : les hommes n'ont pas besoin de liberté et les « actes de foi » suppléent aux actions morales. C'est pourquoi les rationalistes sont absurdes qui demandent une religion vraie *proprio sensu*[3].

« Honorer Dieu » n'a de sens que servir Dieu, appliquer les lois de la moralité en tant que « membre d'un système universel des fins ». Qu'il soit une « volonté suprêmement sainte » ou pas n'y change rien, la peur du châtiment n'est que fausse religion, comme il est une fausse grandeur, d'ailleurs liée à l'autre. Les créatures ne sont pas des « moyens adaptés aux fins » mais attachées les unes aux autres, en corrélation avec le monde, aptes à rechercher sinon à obtenir ce que Fourier dénomme Harmonie, nullement préétablie. Par là faisons nous l'économie de la Providence ou omniprésence de Dieu, qui n'a pas à intervenir constamment pour conserver les créatures en mouvement, même si Kant nous recommande de ne rien éliminer du possible à Dieu[4].

1. Voir le personnage de Kirillov dans *Les possédés*, voir aussi Ivan dans *Les Frères Karamazov.*

2. Schopenhauer, *Sur la religion, Paralipomena*, § 174-182, Paris, Flammarion, 1996, p. 64. J'arrive à Schopenhauer.

3. *Ibid.*, p. 65.

4. Kant, *Op. cit.*, p. 189.

On appréciera à sa valeur la remarque subséquente : « Les faits tirés de l'expérience ne forment jamais qu'un agrégat ». Voilà : Justice, liberté, morale des Modernes d'aujourd'hui sont des agrégats.

Reste la troisième question : Dieu est-il souverain du monde ? Une phrase de Kant suffit à répondre : « Si Dieu gouverne tout, nous sommes alors autorisés à présumer une cohésion téléologique dans la nature[1] ». En effet nous pouvons le présumer, comme nous pouvons présumer de nos forces. Puisque une telle cohésion est indéchiffrable, amusons-nous à en chercher des signes ou bien assumons notre liberté.

Il est temps d'examiner ce que Hegel – le jeune Hegel ici encore, voit dans la religion chrétienne[2]. Premièrement un fantôme et il faut, écrit-il, se contenter d'être pris en pitié si l'on y voit quelque chose « créé de toutes pièces ou depuis longtemps disparu[3] ». Ce quelque chose est un « système », objet de respect et de croyance pour beaucoup d'hommes. Quant à la religion vraie, son but unique est la moralité des hommes. Retenons l'idée du système, objet de respect et celle de but de la religion. On comprend que croire n'est pas équivalent à vouloir être moral, les exemples abondent.

Jésus « libre de la maladie contagieuse de son époque », le respect d'une règle immuable et tatillonne pour chaque acte de la vie, entreprit d'élever religion et vertu à la moralité. Si nous portons notre attention sur ce point, nous en voyons la portée : si la règle hébraïque était tatillonne, c'est que les actes ordinaires étaient tout autant sacrés, la vie un sacerdoce. Si Jésus prêche un jour de sabbat, il désacralise ces actes en commençant par le plus sacré. Les actes deviennent ainsi libres c'est-à-dire de la responsabilité entière des hommes, car Jésus appelle sans rien garantir : beaucoup d'appelés et peu d'élus. Ce que les gnostiques ont métamorphosé en principe pneumatique limité aux « élus », ceux qui savent ; ce qu'ensuite de bons apôtres ont confondu avec leur propre élection, leur retrait du nombre des « êtres naturels » sans droits, voués au trépas. Je parle ici des bonnes consciences, des heureux du monde, de ceux qui ont accompli une œuvre qui leur vaut un mausolée. Ceux-là, plus que les Hébreux du temps des Prophètes et du temps de Jésus, ont inventé des « échappatoires » pour éluder la Loi. La différence est que les bonnes consciences modernes ont pris exemple sur les Pharisiens,

1. *Ibid.*, p. 194.

2. Nous abordons l'étude de *La positivité de la religion chrétienne*, édition publiée sous la direction de Guy Planty-Bonjour, Paris, PUF, 1983. Qu'il me soit permis de redire qu'en aucune façon je ne prétends être meilleur hégélien que lui, en particulier. On lira utilement dans *Difficile liberté* d'Emmanuel Lévinas, « Hegel et les Juifs », Paris, Albin Michel, 1976, p. 352-357.

3. *Ibid.*, p. 29.

le pharisaïsme par-dessus le marché, ce qui est beaucoup plus cruel à l'égard des va-nu-pieds, des misérables et des humiliés.

Jésus selon Hegel n'a rien voulu fonder de son autorité, il n'a qu'utilisé des représentations de son peuple d'alors, pour le conduire à la morale. Ainsi l'attente du messie, l'idée d'immortalité par la résurrection, la croyance à la possession démoniaque cause de maladies incurables ne sont en rien constitutifs d'une religion. La positivité contenue dans la croyance en Jésus, les prescriptions positives en vue de gagner la bienveillance divine, cela aurait été institué par Jésus lui-même. Hegel cite la parole de Sittah à propos des chrétiens : « Ce qu'ils ont reçu de leur fondateur/Et qui rehausse la foi d'un grain d'humanité,/ils l'aiment non parce que c'est humain :/mais parce que le Christ l'enseigne, parce que le Christ l'a fait[1]. » Afin de mieux comprendre ce « grain d'humanité » qui rehausse la foi, il faut rappeler ce qu'écrit Martin Buber : « La conception fondamentale de la religiosité juive et du monothéisme juif, si diversement compris, si cruellement rationalisés, est une conception où le monde objectif est l'expression de Dieu, et l'événement manifestation de l'absolu[2]. » Ainsi la réalité sensible émane-t-elle de la volonté divine. Un fait ne vaut d'être rapporté que sous forme mythique, c'est-à-dire revêtu de sa signification divine. De là vient que les hommes influent sur la destinée de Dieu : la réalité sensible est divine, mais en latence; seul celui qui l'aborde avec un respect sacré l'éveille et accomplit le destin de Dieu. Hénoch l'inconditionné est changé d'homme en être de flamme, parce qu'il a accompli son monde intérieur. On comprend l'impossible « grain d'humanité » apporté par un maître, la foi produite par lui sans que les hommes aient d'abord fait le chemin jusqu'à lui.

Je reviens à cette mise à distance chez Emmanuel Lévinas. Les larrons mourant sur la croix appellent mieux la pitié – c'est-à-dire à notre liberté, que Jésus dont la douleur se mue en rite et sacrement. « Comme si son sens humain n'était pas suffisamment plein, comme si une nuit mystérieuse enveloppait la nuit de la souffrance humaine, comme si un salut céleste quelconque pouvait triompher sans l'abolir de la misère visible[3]. » À un Dieu trop

1. G. E. Lessing, *Nathan le Sage*, II, I, V. 896 *sq*. Note des traducteurs du « Groupe de Recherche et de Documentation sur Hegel et Marx », Université de Poitiers. In Hegel, *Op. cit.*, p. 126. La citation par Hegel est p. 34. Je précise que cette pièce de Lessing met en scène un marchand philosophe, qui, au temps des croisades, veut établir une coexistence entre religions.

2. Martin Buber, *Judaïsme,* Paris, Verdier, 1982, p. 87.

3. Emmanuel Lévinas, *Difficile liberté*, « Jésus raconté par le Juif errant », Paris, Albin Michel, 1976, p. 161.

bon, « indulgent », que peut répondre une humanité capable de bien, libre de choisir et dès lors « enfermée dans sa méchanceté » ? Et Lévinas demande : « Mais est-ce vraiment l'Église qui nous empêche de rejoindre le Christ ? » C'est pour exonérer l'Église et refuser le Christ triomphant. Il m'apparaît que l'enfermement dans le mal de « l'humanité désarmée » dont parle Lévinas n'est qu'un excès de l'enfermement dans un passé mythique, propre à toute religion, avec ou sans Église.

Le point de vue de Hegel est proche, qui considère cette religion – chrétienne établie – le mieux à même de résoudre la question insoluble pour la raison pratique : comment le meilleur homme pourrait-il s'exempter du péché ? Ce que la « rémission des péchés « résout. De sorte que ce n'est pas l'amour de la vérité qui a seul mené à l'élaboration des dogmes. On voit que l'historicité est une dimension essentielle de toute religion, ce qui ne veut pas dire que Dieu se manifeste selon ce que les hommes peuvent alors comprendre – Dieu n'a pas de temporalité. Faudrait-il qu'il se rende intelligible selon un langage humain ? Les hommes ont élaboré des religions et s'ils ont fondé des Églises, c'est pour permettre une désacralisation de la vie quotidienne. On peut y voir une éclosion de la raison débarrassée des superstitions ou à l'opposé la déraison qui consiste à poser un au-delà disjoint, inconnaissable, livré à la Toute Puissance, et un monde sublunaire positif. En ce sens Calvin serait le plus fou des fous. Par contraste, une secte philosophique serait fondée sur la réprobation et l'indignité attachées au manquement envers la morale, et non « aux erreurs concernant la manière de la déduire[1] ». Je retrouve là une idée très forte de Simone Weil – je ne demande aucune excuse pour cela – à propos de l'imagination, qui n'est qu'aberration (*ab errare* : s'éloigner), éloignement de la « morsure du réel », agitation d'un esprit oisif.

« Mais dans la religion chrétienne, il n'y a plus de secret » et aussi « *Hier ist dann auf diese Weise Gott sich offenbar, oder überhaupt, er ist offenbar geworden; dann ist nichts Verborgenes in ihm; seine Erscheinung ist sein Wesen gleich* », écrit Hegel[2]. Comment en arrive-t-il à ce point ? Dès *La positivité de la religion chrétienne*, il note que : « L'enseignement de Jésus n'est absolument pas positif, qu'il n'a rien voulu fonder sur son autorité[3]. » Le positif est ce qui s'oppose à la raison : miracles, mystères, prophéties. La religion positive repose sur une croyance, une hétéronomie contraignante,

1. Hegel, *La positivité...*, *op. cit.*, p. 36.
2. Hegel, *Vorlesungen...*, III, p. 234. Je traduis : « C'est donc ainsi que Dieu est manifeste, ou en somme s'est fait manifeste ; par suite il n'y a rien de secret en lui ; sa manifestation est son essence même. »
3. Hegel, *La positivité...*, *op. cit.*, p. 33. La citation qui suit est p. 116.

la « religion naturelle » appuyée sur la raison est une religion de l'autonomie. Dans le texte révisé en 1800, Hegel renonce à la « religion naturelle » inspirée de Locke et Hume. C'est déjà bien. Mais mieux encore, il se demande comment une religion devient positive : « La question de savoir si une religion est positive concerne bien moins le contenu de sa doctrine et de ses commandements que la forme sous laquelle elle authentifie la vérité de sa doctrine et exige l'exécution de ses commandements. » Il s'interroge sur les causes historiques de cette installation de la positivité et rejette l'idée de violence et de ruse, car dit-il, cela procéderait d'un profond mépris de l'homme. Aussi la question selon lui est : « Rechercher dans les origines mêmes de la foi chrétienne, dans la manière dont elle sortait de la bouche et de la vie de Jésus, s'il s'y rencontre des circonstances qui pouvaient être une cause immédiate de positivité et faire que des éléments contingents aient été pris, comme tels, pour quelque chose d'éternel, et que la religion chrétienne en général ait été fondée sur une contingence de ce genre, prétention que la raison rejetterait et que la liberté repousserait. »

C'est pourquoi Jésus, à suivre Hegel, aurait beaucoup parlé de lui – qui le croit, croit à Dieu, pour établir ses sermons sur l'autorité et non sur la raison. C'est que, dit-il, le sentiment moral s'était alors entièrement amalgamé avec la « foi ecclésiastique », d'où disparition de la « valeur intrinsèque de la vertu[1] ». C'est par sa personne que Jésus s'opposait au positif – à l'institué. Quoi d'étonnant ? La seule difficulté vient de l'affirmation que Jésus est Dieu, que Dieu s'est fait homme. Ce que l'on entend par « mystère de la foi » n'est pas un principe de raison, aussi est-il inutile d'en débattre, et même si nous supposons que Jésus se soit dit lui-même Dieu fait homme – ce que je ne vois pas établi, n'est-ce pas allégorique ? Babeuf qui avait rejeté Dieu ne se déclara-t-il pas Tribun du peuple en un temps où le « peuple » était l'unique sujet, et lui son conducteur, le porteur de la parole sacrée ? « Nous définirons la propriété; nous démontrerons que le sort de tous les hommes n'a pas dû empirer au passage de l'état naturel à l'état social[2]. » De là à prétendre que le « prophète » oppose du positif au positif, cela fait beaucoup. Je relève que l'insécurité, la crainte pour sa personne se retrouvent à l'identique chez Babeuf : tous deux furent mis à mort. Jésus, écrit Hegel, « plaçait après sa mort le temps de l'apparition de sa grandeur », Babeuf aussi parlait au futur, je veux dire s'adressait au futur : qu'y a-t-il là d'étonnant ?

1. *Ibid.*, p. 38.

2. L'une des propositions solennelles de Babeuf, dans *Le Tribun du peuple*, n° 35, que je cite dans *l'Impatience du bonheur, Apologie de Gracchus Babeuf*, Paris, Payot, « Critique de la politique », 2001, p. 61.

Autrement pertinente est l'observation selon laquelle les miracles ont fait beaucoup pour fonder une religion positive – à partir de ce que Hegel nomme « religion de Jésus ». La prédication ouvre l'esprit, la croyance le referme. Mais Jésus selon les Évangélistes dit bien : crois et tu seras guéri. Un double malentendu s'ensuit. L'un que cela veut dire : crois en moi, et l'autre que la guérison est le miracle. Du premier furent peut-être victimes les contemporains de Jésus, ce qui relève du contingent et que nul ne pourra jamais prouver; du second résulta l'édifice de croyance baptisée Église du Christ. Car de même que Jean le Baptiste annonçait celui qui baptiserait dans le sang, de même l'Église positive baptisa-t-elle dans le sang les incroyants, voire les hommes trop fervents pour croire au positif, hérétiques de la pauvreté volontaire. On comprend que le fond du problème est de dire si le révélé n'est pas une projection des aspirations de l'homme, « Est-ce qu'il ne s'agirait pas, en définitive, d'un contenu produit par l'humaine raison ? » demande Guy Planty-Bonjour. La réponse est, paraît-il, que « Si l'objet révélé dépasse essentiellement ce que la raison est capable de connaître, comment cette même raison peut-elle être adaptée à un tel objet[1] ? » Ainsi Thomas d'Aquin expliquait-il que, pour que Dieu ait décidé de révéler à l'esprit de l'homme les mystères de sa propre nature divine, il fallait qu'il y ait aussi dans l'homme une aptitude à recevoir cette lumière surnaturelle. On remarquera que la décision divine est éternelle : Dieu ne décide pas dans le temps ni ne modifie sa décision. Hegel a beau commenter en posant que pour la connaissance sensible c'est un secret, pour la raison quelque chose de révélé, j'avoue mon incapacité à comprendre. « La religion révélée est la religion manifeste puisqu'en elle Dieu est devenu entièrement manifeste. Ici tout est conforme au concept. Il n'y a plus de secret en Dieu[2]. » D'abord Dieu n'a pas révélé ses mystères : qui peut comprendre la Trinité ? Ensuite ce n'est pas la raison humaine qui est source de « projection des aspirations », mais bien plutôt les passions, si nous parlons comme au temps où ce mot signifiait emportements, et que je traduis par corps souffrants. Enfin qu'est-ce que cette raison, qui ne peut concevoir ce qu'elle reçoit comme manifeste ? Je pense l'infini, c'est en moi que se pense l'infini, personne ne me l'explique. J'en conclus à mes propres risques l'impensable de la médiation qui, paraît-il, soulève la question du rapport entre temporalité et éternité. Avec la meilleure volonté du monde, je ne parviens pas à prendre au sérieux cette affaire, en dépit de Hegel : « C'est ainsi que l'on droit croire aux miracles et c'est par eux que doit être fondée la plus haute croyance, donc celle au Christ. Ce peut être

1. Guy Planty-Bonjour, *Le projet hégélien*, *op. cit.*, p. 141 et 142.
2. Hegel, *Vorlesungen…*, *op. cit.*, III, p. 92.

un moyen, mais cette croyance est cependant toujours exigée en tant que croyance en un tel contenu. Mais c'est une croyance qui est exigée en un tel contenu qui est contingent[1]. » Les preuves de Dieu ne sont pas le fondement objectif de Dieu mais fondement pour l'esprit humain en voie de s'élever vers Dieu, « fondement pour la connaissance » écrit-il dans la *Science de la logique*.

Il ne me paraît pas utile ici de faire part du sort fait à l'État par Hegel dans un écrit si précoce. Mieux vaut examiner ce qu'il nomme justice et vertu. La justice est une vertu dès lors que j'en fais ma maxime parce qu'elle est le devoir, au nom de la loi morale[2]; contribution à la caisse des pauvres et ouverture d'hôpitaux (au sens de l'époque) sont des devoirs qui incombent à l'ensemble des citoyens. Au-delà des droits qu'on a sur chacun, Hegel examine le droit de chacun à se donner des devoirs, qu'il assume volontairement par son « bon vouloir ». Ces devoirs, on peut y mettre fin puisqu'ils ne sont pas fondés sur les droits d'autrui. L'État ne pourrait prescrire de lois morales qui seraient « contradictoires et risibles ». Voilà qui laisse rêveur, on croirait lire Robert Nozick et son libertarisme. Chez le jeune Hegel, cela mène à : « c'est ce que tenta également Jésus parmi un peuple d'autant plus rebelle à la moralité et d'autant plus imprégné de l'illusion que la légalité était déjà morale et que pour lui tous les commandements moraux étaient en même temps des commandements religieux et n'étaient en vérité des commandements et des obligations que parce qu'ils étaient des commandements de Dieu[3]. » Voilà un Hegel historiste selon qui la raison, dégagée des lois positives qu'il suffisait d'observer eût pu suivre ses propres lois mais trop jeune, trop inexpérimentée, y échoua.

Le prosélyte entrant dans la société chrétienne « lui a transmis le droit de décider pour lui ce qui est vrai, et il s'est obligé à soumettre son bon vouloir à la majorité des voix et à la volonté générale. On a le cœur serré à s'imaginer dans une telle situation[4] ». Hegel met ici en évidence l'élaboration du dogme des chrétiens, que l'on dira « démocratique » si l'on entend par là qu'il fallut aux premières communautés tirer des Évangiles les règles de leur Église, selon les opinions exprimées. « Quelle misérable forme de culture le genre humain a adoptée quand chacun a renoncé, dans sa personne et celle de ses descendants, à tout droit de juger par soi-même ce qui est vrai. » Aussi l'idéal

1. *Ibid.*, p. 239. Hegel a varié sur la question depuis son échappée de l'*Aufklärung*.
2. Hegel, *La positivité…*, *op. cit.*, p. 57.
3. *Ibid.*, p. 59.
4. *Ibid.*, p. 61. De même pour la citation qui suit. Sur cette restriction à la liberté, voir la note 233.

de perfection que prôna la secte chrétienne différa dans le temps mais resta « extrêmement confus et défectueux ». Dès que la dimension de la communauté s'accroît, je dois confier la honte de mes fautes à des hommes « dont je ne puis encore apprécier la vertu : c'est une exigence injuste », écrit-il ; c'est une tout autre vision, chez saint Augustin. C'est tout bonnement nier la foi, ou refuser la croyance sincère, car Hegel n'eut pas à se confier en confession, et comment en jugerait-il en observateur ? Balbutiements d'un philosophe, dira-t-on : peut-être, n'oublions pas que l'auteur retoucha son texte en 1800, cinq ans après la première rédaction. Qu'est-ce qu'un philosophe capable de mettre au-delà de toute critique la raison individuelle ? Et qui fait reposer sur le contrat librement passé « dans le respect mutuel », tout engagement libre ?

Celui qui quitte la secte est soumis à la haine et à la persécution : c'est entrer dans l'enfer. Lorsque l'Église devient État, chaque communauté perd sa liberté au profit de « l'État ecclésiastique », qui désormais « assure la surveillance de la moralité chrétienne ». Je crois qu'il faut distinguer – les historiens disent : nuancer, ce qui a l'avantage de n'avoir aucun sens – entre la « haine » envers ceux qui trahissent et la surveillance des désobéissants. Cette haine est la contrepartie d'un amour déçu ; bien sûr, on dira que les sectes en tout genre produisent ce genre de délire meurtrier, Dostoïevski l'analyse excellemment, mais c'est confondre forme et fin. Il plaît à Hegel de nommer secte la communauté des premiers chrétiens, et il est vrai qu'elle préfigure les sectes persécutées, cachées, secrètes et tenues par une foi qu'il est interdit de perdre. Aussi n'est il pas question de défendre ni justifier, pourtant il ne faut pas abandonner le terrain ainsi : voici la secte des Icariens, secte issue du cerveau malade d'Eugène Cabet. C'est la communauté de travail, elle est tout, ses membres s'évanouissent en elle ; des règles strictes de moralité y sont édictées, des interdits, une monotonie absolue imposée. L'essence de cette communauté est le travail, le produit est réparti – un seul modèle de chapeau et de la verroterie comme bijou pour les femmes ! On y est d'abord moral, c'est-à-dire soumis pour la perfection de la communauté : voilà, c'est au sens vrai un système totalitaire[1].

La secte des premiers chrétiens est un terme trompeur : mieux vaudrait dire les premiers chrétiens groupés en secte ; c'est très différent parce que la forme fut contingente. Ce qu'ils pouvaient devenir ? Je songe avec effroi à ce que seraient devenus les premiers babouvistes réunis en secte, car une chose est le passeur, autre chose sont les hommes riches d'espoir, pauvres

1. Sur l'Icarie de Cabet, voir mon *Fourier et la civilisation marchande*. On lira avec profit *Voyage en Icarie* de Cabet. Cette communauté fut installée aux États-Unis et fut un désastre complet.

de vertu, leur « libre imitation tournée en servilité à l'égard du Maître[1] ». D'ailleurs Babeuf fut ressuscité en 1828 par Philippe Buonarroti qui crut le temps figé depuis 1796 et patronna les sectes révolutionnaires, les carbonaristes, les blanquistes. Cabet lui-même se réclama de Babeuf auquel il n'avait rien compris. Les premiers chrétiens auraient pu finir comme les Cathares, les Pauvres de Lyon ou comme les paysans révoltés qui suivirent Thomas Münzer. Au lieu de quoi fut édifiée l'Église catholique et, lorsque les Réformés fondèrent leurs Églises ce fut, à cause « des subtilités qui s'y trouvent [...] l'œuvre de théologiens pointilleux[2] ». Qu'est-ce donc qu'une foi universellement partagée, et par ses seuls fidèles ? Et ne parlons pas du libre examen institué, comme le fut le service militaire.

Toute institution établie pour contenir et faire régner sur les hommes de demain, un dogme nécessairement contingent, qui plus est taillé à la convenance des puissants qui entendent durer, impose à ces hommes de limiter l'intervalle que leur esprit pourrait concevoir, à une posture de soumission. C'est pourquoi il est vain de raisonner de théologie comme d'une recherche du divin, puisque l'institution ecclésiale consiste dans l'écrasement de l'espace infini, qui sépare le monde comme il est de l'à venir. Je veux donner un exemple, parce qu'il n'est rien de plus ridicule que ces ânes, comme dit Schopenhauer, qui mastiquent du concept, bien heureux que personne ne songe à leur en demander la composition. En 1840 fut publié le Catéchisme du Concile de Trente[3], et il y avait alors grande urgence à faire entendre la voix de l'Église. Voici quelques extraits du chapitre XI, je les soumets au jugement du lecteur :

> « Une autre considération encore très-propre à nous en faire comprendre l'étendue [du bienfait de Jésus-Christ], c'est la manière même dont notre père a voulu, dans sa clémence infinie, effacer les péchés du monde : car si son fils unique a versé son sang, c'étoit pour nous purifier de nos crimes ; il a subi lui-même, de sa pleine volonté, la peine que nous méritions ; le juste a été condamné pour les pécheurs ; l'innocent a souffert une peine cruelle pour les coupables. [...] Voici encore une pensée et une réflexion très-salutaire pour tous, sur le même objet. Celui qui offense Dieu par un péché mortel perd aussitôt tout ce qu'il avoit acquis de mérites par la mort et la croix de Jésus-Christ ; et l'entrée du ciel, fermée d'abord, mais ouverte ensuite à

1. Hegel, *La positivité...*, *op. cit.*, p. 123.
2. Idem, p. 82.
3. *Catéchisme du Concile de Trente*, Traduction nouvelle et notes par l'abbé Doney, Dijon, chez Lagier, 1840. Le chapitre XI porte sur la rémission des péchés, § 3 et 4, p. 229 *sq*.

> tous par la passion du Sauveur, lui est dès lors interdite. Pouvons-nous nous défendre d'une vive frayeur à la vue de la misère humaine, lorsque nous portons notre esprit sur cette vérité ? Mais si nous le reportons ensuite vers cet admirable pouvoir que Dieu a donné à l'Église ; si nous croyons fermement, d'après cet article du symbole, que la faculté a été accordée à tous de rentrer dans leur premier état d'innocence, avec le secours de la grâce, il est impossible que nous ne soyons pas aussitôt remplis des sentiments de la joie a plus vive, et que nos cœurs ne rendent pas à Dieu d'immortelles actions de grâce. »

On note le « fils unique » : que veut dire cela ? Que Dieu ne peut avoir qu'un fils ou bien que, n'ayant qu'un fils, il choisit de le sacrifier pour ses créatures ? Et la « misère humaine » est absolue puisque seule l'Église de Dieu peut sauver le pécheur. Le § suivant indique comment les fidèles doivent faire usage du pouvoir de la rémission des péchés : « Celui qui ne fait pas usage d'une chose utile et nécessaire même pour son bien, donnera lieu de croire qu'il la méprise. D'ailleurs Dieu n'a donné à son Église la puissance de remettre les péchés, que pour mettre à la disposition de tous ce remède salutaire. Comme il est impossible de se purifier sans le baptême ; ainsi il est absolument nécessaire de recourir au sacrement de Pénitence, qui est un second moyen d'expiation, si l'on veut recouvrer la grâce, quand on l'a perdue par le péché mortel commis après le baptême. » Entendons bien l'expiation : le baptême ne délivre que de la faute qui frappe chacun, la Pénitence remet le péché mortel. Il est bien recommandé de ne pas trop pécher pourtant, ce serait un « mépris injurieux » pour le pouvoir « que Dieu a donné à son Église ». Aussi craignons d'être surpris par la mort et poursuivons.

> « La raison pour laquelle le royaume de Dieu est appelé justice, c'est parce qu'il a été fondé par la justice de Jésus-Christ, lequel dit dans saint Luc : Le royaume de Dieu est au-dedans de vous. Quoique en effet Notre-Seigneur règne par la foi dans tous ceux qui appartiennent à la Sainte Église notre mère, cependant il gouverne d'une manière toute particulière ceux qui, remplis des dons de la foi, de l'espérance et de la charité, sont devenus par-là comme des membres vivants et saints de Dieu même. C'est dans ceux-là qu'on dit qu'il existe le règne de la grâce de Dieu. [...] Dès le commencement, Dieu a donné à chaque créature le désir du bien qui lui est propre ; et par une inclination naturelle, elles désirent et cherchent leur fin, sans qu'elles puissent s'en éloigner, à moins qu'un obstacle étranger ne les en détourne. [Mais les hommes se sont détournés du bien] Personne ne sauroit faire le bien par lui-même ; nous ne sommes portés qu'au mal ; et nous sommes sujets à une infinité de passions déréglées, qui nous précipitent

> tantôt dans la colère, tantôt dans la haine, dans l'orgueil et dans l'ambition, et enfin dans toutes sortes de vices. Toutes ces misères nous sont habituelles. Mais ce qui y met le comble, c'est que plusieurs de ces misères ne nous paroissent point être de véritables maux. Y a-t-il quelque chose qui fasse mieux sentir notre malheureuse condition ? Aveuglés par les passions et par nos mauvais penchants, nous ne voyons pas que ce qui nous paraît bon est trop souvent détestable ; bien plus, nous courons avec empressement après ces biens funestes, comme si c'étoient des biens véritables et excellents ; et nous n'éprouvons que de l'éloignement et de l'aversion pour le bien et la vertu, comme si c'étoient des choses contraires à notre bonheur[1]. »

En quelques pages, nous passons d'un royaume de justice où Dieu règne par la foi en tous ceux qui appartiennent à l'Église, à un monde de passions déréglées qui nous interdisent de voir le bien. Il n'est d'autre remède à ces misères que de nous en remettre à la volonté de Dieu et de faire taire la volonté en nous, qui n'est que désobéissance. La volonté de Dieu est « tout ce qui nous est proposé comme un moyen d'obtenir la béatitude céleste ». Sur terre il n'en est pas question puisque les saints eux-mêmes doivent « lutter contre leurs propres passions et le penchant naturel à tous, qui les porte au mal.[2] » Encore devons-nous prier Dieu « de ne point nous donner ce que nous lui demandons quelquefois, parce qu'il nous paroît bon, mais qui nous est suggéré et qui ne nous paroît tel que par une mauvaise inspiration du démon transformé en ange de lumière. » C'est à Dieu d'accomplir en nous nos résolutions. Citant la définition de la foi d'après ce concile, Simone Weil écrit : mauvais[3] !

Pour échapper à cette « volonté » qui juge nos péchés, essayons de comprendre ce que signifie révélation. Elle n'est pas une illumination, écrit R. Bultmann, mais un événement qui s'accomplit en nous-mêmes[4]. « Nous constatons, écrit Simone Weil, que nous autres humains nous sommes à la limite au-delà de laquelle il n'est plus possible de concevoir ni d'aimer Dieu. [...] Nous sommes aussi médiocres, aussi loin de Dieu qu'une créature raisonnable peut l'être. [...] Plus je suis médiocre, plus éclate l'immensité de l'amour qui me maintient dans l'existence. » Tenir notre regard vers Dieu ; ne

1. *Ibid.*, tome II, extraits du chap. XLI, p. 350 et du chap. XLII, p. 359.
2. *Ibid.*, chap. XLII, § 2, p. 364 et 365. La citation qui suit est p. 369.
3. Simone Weil, *La connaissance surnaturelle* (*Cahiers d'Amérique*), Paris, Gallimard, 1950, p. 164.
4. Rudolph Bultmann, *Glauben und verstehen* (Croire et comprendre), « Der Begriff der Offenbarung im Neuen Testament » (la notion de révélation dans le Nouveau Testament), Tübingen, 1960, Bd. 3, s. 21.

pas laisser la partie basse de l'âme chercher l'oubli : « Mais la partie médiocre de nous-mêmes, qui est presque tout nous-mêmes, qui est nous-mêmes, qui est ce que nous nommons notre moi, se sent condamnée à mort par cette application du regard de Dieu. Et elle ne veut pas mourir[1]. » Sommes-nous contraints à cette ascèse ? Nous ne sommes pas héroïques, et sûrement pas au même degré que Simone Weil le fut. « Il ne dépend pas de nous de croire en Dieu. » C'est ainsi que commence le texte *Pensées sans ordre sur l'amour de Dieu*, écrit en avril 1942. Que pouvons-nous alors comprendre par révélation ? Fichte, à ses débuts, crut pouvoir disserter sur la révélation : « Par conséquent, toute révélation doit nous annoncer Dieu comme législateur moral, et seule celle dont c'est le but déclaré peut être tenue, pour des raisons morales, comme étant de Dieu [...] Toute révélation qui veut, par exemple, nous inciter à l'obéissance par d'autres motifs (par exemple, par la menace d'un châtiment ou la promesse d'une récompense), ne peut être de Dieu[2]. » Mais voilà que surgit l'obéissance ; quel sens faut-il donner à une obéissance sans crainte ? Nous l'allons voir. L'amour-propre nous rend difficile, écrit Simone Weil, de porter notre souillure au contact de la pureté ; l'indifférence à l'égard de cette souillure transforme le péché en simple souffrance : est-ce là le chemin de la révélation ? C'est en tout cas le moyen de prendre en soi la souffrance, de la faire sienne, au lieu que le péché est rejeté avec horreur. Endurer la souffrance, celle qui ne nous atteint pas personnellement, c'est faire l'expérience de l'amour. Il n'y a dans l'Évangile, écrit encore Simone Weil, aucune différence entre l'amour du prochain et la justice[3]. Ceux qui raillent l'amour du prochain déclarent que leur amour est réservé aux leurs ; c'est, il faut le croire, une marchandise bien précieuse, qu'on ne distribue pas au tout-venant. Aimer est tout autre, c'est donner sans compter à ceux qui ont faim et soif de justice. Car la révélation n'a pas eu lieu ; elle s'accomplit en chacun, pour autant qu'il l'accepte, c'est-à-dire s'il parvient à changer son péché en souffrance et, pour ce faire, il n'est pas besoin d'être homme de bien. Aucune autorité ne fonde la révélation ; au plus pouvons-nous, médiocres humains, prendre exemple et faire nôtre les souffrances dont nous avons connaissance.

---

1. Simone Weil, « Réflexions sans ordre sur l'amour de Dieu », in *Écrits de Marseille*, O.C. IV, Gallimard, 2008, p. 273 et 275.
2. J.G. Fichte, *Essai d'une critique de toute révélation* (1792), Paris, Vrin, trad. Goddard, 1988, p. 141.
3. Simone Weil, « Formes de l'amour implicite de Dieu », mai 1942, in O.C. IV, *op. cit.*, p. 287.

ANTIGONE, AUTORITÉ OU LA CULPABILITÉ DE L'INNOCENCE

Remarquons comment Spinoza oppose le Christ à Moïse[1] : le second a fondé un rapport à Dieu sur la prescription et l'obéissance, le premier « a perçu les choses directement et non par des mots et des images ». Aussi le Christ, en qui Spinoza ne voit pas Dieu même, « a perçu en vérité les choses révélées », et par «Fils éternel de Dieu », Spinoza désigne, non la divinité du Christ, mais l'esprit qui a reçu les vérités éternelles.

L'autorité est, à l'opposé de la révélation, le signe du malheur : je veux dire que les hommes appellent l'autorité dans le malheur, qui est crainte et sentiment de l'infortune; ils veulent faire advenir ce que nul ne doit saisir. Ce qui nous occupe ici est le déversement dans une totalité imaginaire des peurs devant l'absence de l'être en chacun, dont résulte la nécessité de l'apparition de l'être au nom de tous. L'autorité est ce qui échappe au principe de raison, elle est révélation de ce qui n'est pas présent[2].

George Steiner dans *Les Antigones* étudie, armé d'une docte ignorance, les visages d'Antigone. La présente étude a pour objet de soulever des objections concernant la lecture par Kierkegaard de la tragédie de Sophocle, et l'interprétation qu'en donne Steiner. Par là, j'entends établir le lien entre sentiment de la faute et individualité dans l'indivision des humains et des dieux. Il faut d'abord résumer le propos de Steiner : Kierkegaard avait lu Hegel, la *Phénoménologie* et l'*Esthétique* en particulier. Je note que Hegel traite d'Antigone dans la *Philosophie du droit*, § 166 : « Dans l'une de ses plus sublimes représentations, dans l'*Antigone* de Sophocle, la piété est exprimée avant tout comme la loi de la femme, comme la loi de la substantialité subjective et sentimentale, de l'intériorité qui ne parvient pas encore à sa parfaite réalisation, comme la loi des anciens dieux, du monde souterrain, comme la loi éternelle dont nul ne sait quand elle apparut, et elle est présentée en opposition à la loi intelligible, à la loi de l'État. » Voici la femme porteuse de substantialité – d'éternel féminin ? – une intériorité jamais exprimable, et voici, face à cette immanence souterraine, la loi « intelligible », celle de l'État. Autant dire que selon Hegel, le sublime féminin tient à sa part dans l'entretien d'un foyer très ancien, indicible, opposé à la raison en marche. Quelle est l'essence du tragique ? La responsabilité, l'acceptation de la culpabilité. Dans

1. Je me réfère ici à la remarquable étude de Robert Misrahi, *L'être et la joie, perspectives synthétiques sur le spinozisme*, Encre marine, 1997, p. 178. Il s'agit du chap. IV du *TTP* de Spinoza.

2. Je fais référence au *Principe de raison*, Paris, Gallimard, 1962, dans lequel Heidegger recherche ce qui est sans pourquoi.

la tragédie antique, le héros subit le *fatum* et son action est de l'ordre épique : dans la tragédie moderne, celle d'une époque mélancolique et désespérée, la séparation où vivent les individus grégaires devrait engendrer la comédie. Pourtant l'individu moderne accepte sa culpabilité dans ses actes : « le mal véritable, la culpabilité vraie, ne sont pas des catégories « esthétiques » mais « éthiques[1] ». Selon George Steiner, Kierkegaard se donne pour projet de « montrer comment le caractère propre de la tragédie antique est repris dans la tragédie moderne et s'y incarne ». Si la seule tragédie moderne parvient, par la réflexivité éthique du héros, à subordonner l'esthétique propre à l'antique, la dureté de l'éthique est tempérée par la « douceur du religieux ». Kierkegaard verrait la mélancolie, la tristesse qui console, « que renferment l'art, la poésie et même la joie des Grecs de l'Antiquité. » Tel serait le paradoxe de la « grâce tragique ». À présent, il faut s'attacher au spectateur : compassion du spectateur antique et moderne, mise en scène de la culpabilité tragique à laquelle il réagit. Le spectateur antique ressent une peine véritable, le moderne une souffrance vraie. Ce qui les sépare est le concept et la présentation de la culpabilité. La peine des Grecs serait « douce et profonde » qui se déverse sur la souffrance du héros auquel les dieux ont donné ce destin tragique. Pour les modernes, la culpabilité nous est transparente : nous nous jugeons et nous souffrons.

La culpabilité tragique est héritée du péché originel. Accepter cette culpabilité est un acte de piété, où se mêlent innocence et culpabilité, transparence et opacité. La compréhension réflexive et la souffrance ne sont pas grecques mais hébraïques, écrit Steiner. Jéhovah punit les enfants jusqu'à la troisième génération, et voici le « paradoxe de la culpabilité innocente ». Je passe pour l'instant sur l'appropriation d'Antigone par Kierkegaard. Disons qu'elle seule connaît le secret infâme de son père incestueux, qu'elle en est saisie d'angoisse mais, soutient Kierkegaard, le drame d'Antigone distinct du crime de son père, résulte de l'interdit jeté par Créon, sa désobéissance, faits contingents qui réalisent le fatum. Pour Kierkegaard Antigone est une morte vivante, « vierge et mère » du secret : elle ne sait pas si Œdipe a su qu'il était parricide et incestueux. Elle connaît bien peu l'histoire de son père, dans ce cas. Antigone se sent « doublement étrangère dans la maison de l'être ». Cette flèche qui la traverse, et que son bien-aimé Hémon voudrait ôter, la tue : si elle révèle son secret, l'héritage de la culpabilité sera poursuivi. Ici, une très belle comparaison avec la légende d'Épaminondas blessé à mort, qui mourra si on ôte la flèche de sa blessure et qui interdit qu'on le soigne, jusqu'à l'annonce de la victoire des Thébains; alors il peut mourir. Voilà

1. George Steiner, *Les Antigones*, traduction, Paris, Gallimard, 1986, chap. I, p. 62.

le « remodelage imaginaire » opéré par Kierkegaard selon George Steiner. Antigone porte en elle un secret mortel, le lui arracher est la faire mourir.

La lecture de Sophocle est édifiante : la tragédie commence par un dialogue entre Antigone et sa sœur Ismène, car toutes deux partagent le secret. Leurs deux frères, Étéocle et Polynice sont morts, l'un pour défendre de l'autre la Cité. Antigone relate l'édit de Créon, à Étéocle les honneurs, Polynice privé de sépulture. Tout contrevenant à l'édit serait lapidé sur l'Acropole, châtiment particulièrement exemplaire, puisque cette mise à mort souillerait la ville. Steiner répète qu'elle est enterrée vive. C'est une erreur, elle est emmurée vive, ce qui n'a pas le même sens, j'y reviendrai. Antigone pense à braver l'édit, et que lui répond Ismène ? « Ah, réfléchis, ma sœur, et songe à notre père. Il a fini odieux, infâme : dénonçant le premier ses crimes, il s'est lui-même, et de sa propre main, arraché les deux yeux. Songe à celle qui fut et sa mère et sa femme, qui mérita ce double nom et détruisit sa vie dans le nœud d'un lacet. Songe enfin à nos deux frères, à ces infortunés qu'on vit en un seul jour se massacrer tous deux et s'infliger, sous des coups mutuels, une mort fratricide. [...] Les gestes vains sont des sottises[1]. »

De sorte que, non seulement Antigone n'est pas seule détentrice du secret, mais elle ne peut douter que son père ait su la vérité, comme le démontrent les propos de sa sœur et les tragédies Œdipe roi et Œdipe à Colone. Cela détruit d'évidence l'hypothèse ci-dessus évoquée. N'oublions pas d'autre part que ceci n'est pas la Tragédie d'Ismène. Elle est pourtant porteuse de la même culpabilité que sa sœur. Elle promet à Antigone de l'aider à cacher son projet, qui ne l'en détesterait que davantage, et en vain Ismène proteste de son amour pour elle. Le coryphée déclare ensuite que les deux morts issus du même père et de la même mère ont « obtenu part égale du trépas qui les a frappés ensemble ». Puis paraît Créon, il s'adresse aux Thébains qui ont eu Laïos puis Œdipe pour roi et ont « tout comme ensuite après sa mort, encore conservé pour leurs fils des sentiments loyaux ». On note que c'est Créon qui a succédé à Œdipe et non les fils de celui-ci, plus étonnant encore est ce « leurs fils ». Car ou bien les mots n'ont pas de sens ou bien ils désignent Étéocle et Polynice comme les fils d'Œdipe et de Jocaste, ce qui signifie que tous savent qu'Œdipe a tué son père et épousé sa mère. Voilà un secret très répandu. Créon poursuit en évoquant le « fratricide sacrilège ». Égal crime donc des deux frères que pourtant Créon oppose dans la mort : l'un enseveli et l'autre non, rentré d'exil pour combattre sa Cité. Et de quel argument use Créon pour asseoir cette décision, car c'est un acte du prince

1. Sophocle, *Antigone*, Paris, Gallimard, 1954, traduction Paul Mazon, préface de Pierre Vidal-Naquet, 1973, p. 87.

dont il s'agit, non d'un décret des dieux. Créon proclame qu'il mérite d'être roi et pour preuve en donne cette décision atroce : s'il peut la prendre c'est qu'il est digne de régner.

Voici qu'un garde lui apprend que son édit a été violé la nuit même – avant que l'édit ait été formulé, et que voyant le corps de Polynice couvert de poussière les gardes se sont mutuellement accusés du crime. Le Coryphée demande alors : « L'événement, prince, ne serait-il pas voulu par les dieux ? À la réflexion, depuis un moment, je me le demande. » Étrange intervention, et pour deux raisons : le Coryphée suggère que les dieux n'ont pas voulu de cet édit et lui, Coryphée y songe depuis un moment ! C'est-à-dire si les mots ont un sens, au moment où Créon a prononcé cet édit, puisque le garde vient d'apprendre la découverte de la transgression. Avant même l'acte d'Antigone, le Coryphée se demandait si les dieux étaient en accord avec l'ordre donné par Créon pour asseoir son autorité. Ce doute soulève la colère de Créon : les dieux se soucieraient-ils de ce mort qui était venu pour détruire leurs temples et toutes les lois ? Non « c'est que depuis un moment il y a dans cette ville des hommes qui s'impatientent et qui murmurent contre moi ».

Nous voici renforcés dans la certitude que l'édit de Créon est un acte politique, ni voulu par le *fatum* ni découlant de la loi de la cité. Les deux frères ne sont-ils pas coupables de fratricide ? Créon aurait des ennemis ? Comment mieux s'imposer au pouvoir qu'en les suscitant ? D'ailleurs il accuse aussitôt cet ennemi dans l'ombre d'avoir soudoyé les gardes. La cité à peine sauvée de l'ennemi extérieur n'est-elle pas en grand péril si ses propres gardes la trahissent ? Car c'est du salut de la cité qu'il s'agit, de ses temples et de ses lois, du respect de l'autorité. Et voici l'autorité mise en doute : quelle autorité ? Nous voici à l'un des pôles de cette tragédie, l'autorité. Steiner dresse un parallèle entre l'Antigone de Sophocle et l'Iphigénie de Goethe. C'est là que nous trouvons ces vers, dans la bouche d'Iphigénie :

Götter sollten nicht
Mit Menschen wiemit ihresgleichen wandeln :
Das sterbliche Geschlecht ist viel zu schwach,
In ungewöhnter Höhe nicht zu schwindeln[1].

« Les dieux ne devraient pas cheminer avec les hommes comme parmi leurs semblables : le genre humain trop faible est pris de vertige à cette hauteur inaccoutumée[2]. » Rappelons l'histoire : le corps expéditionnaire grec ne peut embarquer pour Troie parce que les vents sont contraires. Les

1. Ce passage est cité par George Steiner, *Op. cit.*, p. 51.
2. J'ai modifié la traduction de Steiner.

prêtres consultés révèlent que la condition mise par Artémis pour les vents favorables est le sacrifice d'Iphigénie. Elle est la fille d'Agamemnon, chef de l'expédition. Il est de la lignée des Atrides, elle-même marquée par le *fatum*[1]. Il doit sacrifier sa fille et favoriser le succès de l'expédition grecque ou renoncer, il choisit de souscrire à l'exigence des dieux. Où est l'autorité ? Elle ne provient des dieux, eux-mêmes en litige, que selon le fatum auquel veillent les Parques. L'interférence des dieux et des mortels est la source de l'autorité[2]. Ainsi, Agamemnon est chef ; il n'en tire nulle autorité mais seulement un pouvoir de commandement, qui bien souvent consiste à faire valoir son bon plaisir, comme lors du partage du butin, quand il reprend Briséis à Achille. Certes celui-ci obéit, mais se retire. C'est tout différent lorsqu'il s'agit de décider le sacrifice d'Iphigénie, car Agamemnon, souscrivant au décret des dieux, participe de l'autorité, prend sur lui cette action monstrueuse grâce à laquelle les Grecs pourront faire voile vers Ilion. Tous verront en lui l'intermédiaire, celui qui a obéi aux dieux. L'autorité résulte de cette prise de part aux ordres qui n'émanent pas des hommes, qu'ils ne peuvent seuls supporter ni accomplir. L'autorité a un prix, celui qui y participe n'est plus un simple mortel, il est voué à être écrasé par les dieux et durant la période où il participe de l'autorité, sa vie est suspendue à un fil, ainsi que Denys le fit voir à Damoclès. Car celui qui incarne l'autorité – et n'est pas l'autorité – a maîtrisé en unissant la Cité, ou le Peuple, ou la Nation, l'ennemi intérieur autant qu'extérieur, qu'il a suscité par son œuvre. C'est que la Cité ne peut

1. Agamemnon, Clytemnestre son épouse, Iphigénie, Électre et Oreste leurs enfants. Dans la trilogie l'Orestie d'Eschyle, Clytemnestre avec son amant Égisthe tuent Agamemnon à son retour. Oreste avec Pylade son ami tue les coupables, aidé par Électre. Il intervient dans l'Iphigénie de Goethe.

2. Nous référant à Alexandre Kojève, *La notion de l'autorité*, Paris, Gallimard, 2004, nous voyons bien que l'autorité « se manifeste » dans une modification de « l'entité Temps », du temps naturel où prévaut le présent dans le domaine physique, le passé dans le domaine biologique on passe au primat de l'Avenir : il n'y a pas d'autorité atemporelle, c'est-à-dire dans l'Éternel. Avec la temporalité, le temps devient lui-même l'autorité : le Passé est sacré, l'Avenir recèle une autorité éminente : quel destin attend les hommes ? L'autorité du présent est tyrannique. L'autorité de l'Éternité s'oppose à ces autorités-là, mais elle est comme une fonction du temps, sa négation. L'autorité éternelle n'existe que par ses actions : l'action juste est de toute éternité, l'autorité éternelle, dit Kojève, peut être vue comme totalité ou intégration – on pourrait dire l'intégrale au sens mathématique – des trois autres. Au plan ontologique, Kojève conteste les théories de l'autorité qui la font reposer dans l'Être considéré comme « l'Être intégral », de sorte que ces théories supposent un Tout préalable. Il est regrettable que, dans cet essai, Kojève ne fasse qu'ébaucher cette ontologie, pour passer au politique. Nous pouvons pourtant déduire que l'autorité « se manifeste » lorsque le temps des hommes s'écarte du « temps naturel », c'est-à-dire lorsque les hommes ont besoin de justifier cet écart, qui doit être soumis à cette hypostase du Temps.

accéder à l'être, un être propre, qu'unie par des lois, un ordre, une connivence, toutes choses qui excluent et contraignent. Le détenteur de l'autorité contient en lui cet ennemi, au double sens où il l'a suscité et fait entrer dans sa personne garante qu'il n'en sortira pas, et aussi parce qu'il est le rempart de la Cité. Sans lui le désordre naturel reprendrait la place d'où il a été chassé et régnerait selon l'ordre du monde, qui supporte mal celui que des hommes s'obstinent à établir ici ou là, contre l'harmonie voulue par les dieux. C'est pourquoi les gens de la Cité doivent désirer l'autorité et son représentant, ses successeurs aussi bien, qui se transmettent cette charge jusqu'au jour où les dieux le reprendront, tel Jupiter foudroyant Romulus.

Revenons à Antigone. Ce n'est pas au pouvoir qu'elle s'oppose. Dans une pièce ou un roman d'Albert Camus, ce serait l'enjeu, simplement il s'agirait d'un drame existentiel. Ici, l'autorité a été saisie par Créon, il est déjà usurpateur, pour le bien de Thèbes. Ce qu'il a saisi, il essaie de le changer en pouvoir ou potestas, puissance. Ce n'est pas chose aisée : le garde qui lui a rapporté l'affront subi, et que Créon menace d'une mort cruelle, lui dit : « Le coupable te blesse l'âme ; moi, l'oreille seulement. » Pour celui qui s'est institué porte-parole de l'autorité, quoi de plus terrible que de ne pas savoir qui est coupable ? Le chœur va chantant : « L'homme a l'esprit ingénieux. [...] Bien armé contre tout, il ne se voit désarmé contre rien de ce que lui peut offrir l'avenir. Contre la mort seule, il n'aura jamais de charme permettant de lui échapper [...] Mais, ainsi maître d'un savoir dont les ingénieuses ressources dépassent toute espérance, il peut prendre ensuite la route du mal tout comme du bien. » L'autorité n'a pas à chercher le coupable, elle doit le connaître déjà : veut-on un exemple ? Philippe le Bel faisait de la fausse monnaie, le peuple des marchands s'émut, les Juifs et les lépreux étaient coupables. Il faut être furieusement moderne pour penser que le coupable est responsable de quelque chose. La culpabilité n'est pas transitive ni relative, elle est absolue. Or, la première chose que répond Antigone à Créon lorsqu'elle paraît devant lui, qui l'accuse d'avoir osé passer outre sa loi est : « Ce n'est pas Zeus qui l'avait proclamée. »

Antigone ne pensait pas, dit-elle, qu'un mortel puisse passer outre la justice. Quant à mourir avant l'heure, c'est pour elle « tout profit » car si elle avait laissé son frère sans sépulture, c'est elle qui n'aurait pas eu le repos éternel. Mais Ismène ? Créon la condamne à mort avant même de l'écouter, bien sûr. Pourquoi bien sûr ? Ismène n'est-elle pas du sang d'Antigone, de Polynice, et surtout d'Œdipe et Jocaste, usurpateurs s'il en fût, puisque le fils tua son père et épousa sa propre mère. Étéocle, on le notera, est mort en défendant la Cité, voilà qui n'est que payer sa dette. Sacrifier les deux filles restantes, c'est faire disparaître de la surface de la terre les seules mortes vivantes, celles qui portent la mémoire du crime. C'est, dira-t-on, ce qu'écrit George Steiner. Oui certes, mais là n'est pas l'essentiel : Créon est l'authentique héros tragique, jusqu'à présent. Ne tient-il pas son autorité d'Œdipe ? N'est-il pas son successeur ? Pourquoi Antigone lui conteste-t-elle le droit de faire des lois ? Parce qu'il n'est qu'un mortel ? Non pas, mais parce qu'il ne détient pas l'autorité, à preuve, s'il l'avait détenue, qu'il n'aurait jamais prononcé une sentence si barbare.

Créon est proche de Macbeth, la prédiction en moins, et cela fait la différence. Macbeth est le jouet du destin, il doit tuer pour régner en usurpateur, il a cru à l'Avenir, il a cru qu'il en était maître, il est changé en bourreau. Créon ne croit rien de tel, il occupe par heureuse fortune un trône auquel il n'était pas destiné. Par infortune, cette opportunité lui vient d'un double sacrilège. Créon est un homme accablé par le destin, sans qu'il ait osé braver le destin. Il est un héros moderne si l'on veut, au sens où il ne se croit pas lui-même détenteur du sacré, et où il est obligé de dissimuler l'origine monstrueuse de son pouvoir. D'ailleurs, Polynice n'est-il pas venu ressaisir son droit ? Polynice tué n'était-il pas le dernier successeur d'Œdipe ? Qu'il soit venu avec les ennemis de la Cité n'est rien, s'il s'agissait d'y rétablir l'autorité et Œdipe, que les Thébains avaient choisi comme roi, n'avait-il pas appris de Tirésias le meurtre duquel il avait tiré ce trône ? Ne s'était-il pas condamné lui-même, afin de sauvegarder la Cité ? Polynice vengeur était après tout le fils de la reine Jocaste, et celle-ci avait expié, tout comme Œdipe disparu. Créon régnant sur Thèbes, tenant son pouvoir d'Oedipe, c'était risquer le retour de la peste, cette épidémie qui avait dénoncé la pourriture dans Thèbes, puisque, lui régnant, la perpétuation du crime augural d'Œdipe continuait de marquer la Cité.

À présent, nous apprenons d'Ismène, décidément annonciatrice des désastres à venir, que le fils de Créon, Hémon, est fiancé à Antigone, qu'ils s'aiment et veulent s'épouser, de sorte qu'Hémon est le « maître » d'Antigone. Et le Chœur enchaîne – c'est le mot juste me semble-t-il – par ces paroles : « Ils remontent loin, les maux que je vois, sous le toit des Labdacides[1], toujours, après les morts, s'abattre sur les vivants, sans qu'aucune génération jamais libère la suivante : pour les abattre, un dieu est là qui ne leur laisse aucun répit. L'espoir attaché à la seule souche demeurée vivace illuminait tout le palais d'Œdipe, et voici cet espoir fauché à son tour ! Il a suffi d'un peu de poussière sanglante offerte aux dieux d'en bas, provoquant des mots insensés et un délire furieux ! » Que voici un Chœur étourdi, qui parle de « la seule souche » : le Chœur tient-il Ismène pour condamnée, ou ne la prend-il pas

1. Laïos et sa descendance.

en compte ? Beaucoup plus profonde est la « poussière sanglante », car de quoi sommes-nous faits, sinon de poussière sanglante ? J'entends bien qu'il s'agit de la poussière jetée par Antigone sur le corps sanglant de Polynice, mais si l'on veut voir comme le fait Kierkegaard, Antigone victime de deux meurtriers, Œdipe dont elle garde le secret (Nous avons vu ce qu'il en était) et Hémon qui la conjure de révéler ce secret mortel, que penser ? « Doublement étrangère dans la maison de l'être, Antigone est deux fois envoyée dans les ténèbres de la mort[1]. » Voyons ce « doublement étrangère ». La maison de l'être ne peut désigner que le palais d'Œdipe si l'on en croit le Chœur, mais Œdipe l'a désertée, il est sans patrie. Antigone ne tient à l'être qu'en tant que fille d'Œdipe, et sa filiation vraie est indicible, elle ne peut appartenir à cette maison qu'elle a fui aussi, emmenant son père aveugle[2]. Œdipe arrivant à Colone avec elle, qui lui a pris la main, commence par s'asseoir sur une pierre sous les frondaisons. C'est pour s'entendre dire que ce lieu est frappé d'interdit, il appartient aux Euménides, c'est « le bois interdit des Vierges invincibles », et « celui qui y demeure » est le porte-torche, le Titan Prométhée : celui – rappelons-le, qui a dérobé l'autorité. Apprenant qui il est, les gens de Colone veulent le chasser, c'est Antigone qui s'interpose : « Mais de moi, malheureuse, étrangers, je vous en supplie, de moi ayez pitié. » Antigone sait donc supplier pour elle-même. Ismène paraît : ses frères, ainsi qu'elle l'apprend à Œdipe, veulent ressaisir le trône à Thèbes, qu'occupe Créon, et Polynice, l'aîné, a été chassé de sa patrie par son cadet Étéocle. Ismène révèle encore à Œdipe que Créon veut qu'il soit enseveli à la porte de Thèbes : « Il ne faut pas que tu restes en un lieu où tu sois en mesure de disposer de toi-même[3]. » Mais il n'aura pas sur sa tombe la poussière thébaine, c'est comme parricide qu'il sera enseveli. Le refus d'ensevelir Polynice suit donc ce refus d'honorer son père, et Antigone est au côté d'Œdipe lorsqu'il l'apprend, de la bouche d'Ismène. Tout n'est pas dit : les deux fils connaissent ce projet et ont « fait passer le pouvoir royal avant aucun regret de moi », s'écrie Œdipe. Il exhale alors sa fureur contre eux, qui se combattent pour le trône et n'avaient rien fait pour le soutenir, lui, quand il fut banni de Thèbes ; il prédit que « nul profit ne leur viendra jamais de cette cité thébaine ». N'oublions pas son nom Oidipous, celui qui sait, de « je sais » : *oida*. Œdipe a deviné l'énigme et délivré Thèbes, il sait et pourtant il a subi son destin sans savoir. Ses parents, Laïos et Jocaste, l'avaient éloigné, lui avait repris son identité afin d'empêcher que la prédiction de l'oracle se réalise. Le devin qu'est Œdipe

1. George Steiner, *Op. cit.*, p. 68.
2. Voir *Œdipe à Colone*.
3. Ces passages sont tirés d'*Œdipe à Colone*.

aveugle à lui-même ignorait que le roi et la reine de Corinthe[1] n'étaient pas ses parents : il a pu prendre la route du mal comme du bien. Aussi bien le même oracle a-t-il révélé à Créon la souillure de Thèbes, sans en nommer l'auteur. Le chœur parle pour Colone : « nul ne [le] peut détruire ou saccager. Le regard vigilant de Zeus des Olivaies ne le quitte pas, et pas davantage celui d'Athéna aux yeux pers[2]. » Que fera cette cité si bien protégée des dieux, en faveur d'Œdipe, que Créon vient chercher ?

Créon se dit envoyé par le peuple de Thèbes pour ramener son roi, et que voit-il ? Un mendiant dont l'unique compagne – n'oublions pas qu'Œdipe est aussi frère d'Antigone – est « une fille dont je n'eusse jamais pensé qu'elle pût tomber, hélas ! à ce degré d'ignominie où je la vois en ce moment tombée, la malheureuse enfant ». Ce sont des paroles de haine qui lui répondent : « Ton destin, c'est de voir mon génie vengeur fixé pour jamais en ce coin du monde ; et le destin de mes enfants, c'est de n'obtenir de mes terres que ce qu'il en faut pour mourir. » À ces mots, Créon répond que les filles d'Oedipe sont entre ses mains et, à Antigone qui résiste, Créon crie qu'elle lui appartient. Thésée roi, survient et interdit à Créon d'emmener ces filles : « Quoi ? Tu entres dans un État qui pratique la justice, qui ne fait rien sans l'aveu de la loi ; et te voilà qui négliges ses chefs, qui te précipites pour emmener ce qui te plaît et qui te l'appropries de force. » Et il menace Créon : « Le chasseur est tombé dans les mains du Destin. »

Et lorsque les gens de Colone demandent à Œdipe d'offrir une libation aux « Bienveillantes[3] », il s'en déclare incapable et Ismène dit : « Eh bien ! j'irai, moi, et je ferai tout ». Ismène, et non Antigone. Lorsque Thésée a repris à Créon Antigone et Ismène, Œdipe déclare que, même dans la mort, il ne connaîtra pas le malheur total s'il les sait près de lui. Mais quand Thésée lui apprend qu'un parent vient le supplier, il refuse de l'entendre : c'est son fils « celui de tous les hommes dont il me coûterait le plus d'entendre la voix ». Antigone le supplie de recevoir Polynice, et le chœur chante : « Celui que ne satisfait pas une part normale de vie et qui en souhaite une plus grande obéit à une sottise. » Polynice vient se plaindre qu'Étéocle a pris sa place à Thèbes. L'a-t-il vaincu ? Non, il « avait su séduire la cité ». Œdipe, loin de bénir sa tentative pour reconquérir le trône, le maudit pour l'avoir chassé, lui – quoique Polynice en vérité n'a jamais régné sur Thèbes, et l'accuse d'être son assassin. Ses filles l'ont soutenu mais Polynice et Étéocle son frère, « vous n'êtes pas nés de moi ». Puis encore une prédiction : les deux frères mourront

1. Ses parents adoptifs, qu'il croit ses parents naturels.
2. *Œdipe à Colone*, également les citations qui suivent.
3. Les Euménides.

et Polynice le premier tombera souillé d'un meurtre. C'est Antigone qui supplie alors Polynice de renoncer à son projet, lui qui à l'instant a invoqué les dieux : « N'allez pas me faire affront, mais mettez moi dans une tombe, entouré d'offrandes funèbres. » Et à Antigone : « Ne pleure pas sur moi ! »

Œdipe est enlevé par les dieux, Antigone veut aller se tuer là où il a disparu puis, raisonnée par Ismène – les vers dans lesquels sont contenues les paroles échangées alors par les deux sœurs sont perdus – elle demande à Thésée de lui révéler la tombe de son père : c'est ce qu'il a interdit. Ainsi s'achève Œdipe à Colone. On se souvient que dans Œdipe roi, ce malheureux prince a demandé à Créon de veiller sur ses filles, dont nul ne voudrait pour épouse. Puis, alors qu'il va partir, il supplie Créon de les lui laisser, ce qui lui est refusé. S'il est surprenant qu'Œdipe montre tant d'égarement, c'est que ses malheurs excèdent la part de l'humain. Dans les instants qui précèdent sa mort, il n'a de cesse que Thésée promette de le protéger puis, d'un coup, il annonce qu'il va mourir et lance une nouvelle prédiction fondée sur « le pieux mystère que la parole n'a pas le droit de remuer ». Lui, Œdipe mort protégera la cité de Thésée, la mettra à l'abri des ravages « que lui infligeraient les Enfants de la Terre » : les Thébains. Il invoque les dieux dont l'œil sait découvrir même longtemps après, ceux qui « au mépris du ciel, se sont tournés vers la folie ». On note qu'en attendant Thésée, Œdipe s'inquiète : le roi le trouvera-t-il encore en vie et maître de sa raison ?

Il y a dans tout cela un étrange labyrinthe, car Œdipe le clairvoyant s'est rendu aveugle bien avant de s'être crevé les yeux, et « longtemps après », devenu un vieillard, voudrait retrouver son trône, revivre une vie royale. Les dieux pourtant, il le sait, n'oublient pas, comment pourrait-il leur faire oublier ses crimes ? En invoquant le destin qui les lui a fait subir et non commettre. Et c'est pour mettre en garde Thésée contre ceux qui visent la démesure. On dirait que ses fils n'existent plus, déjà, et d'ailleurs il a présagé leur mort, non content de les désavouer. Mais dès *Œdipe roi* il a mis à part ses filles pour lesquelles seules il se lamente devant Créon. Dans *Œdipe à Colone*, il renie ses fils : de quel père auraient-ils pu être engendré, sinon lui ? Et pourquoi accuse-t-il Polynice, qui n'a jamais régné, de l'avoir chassé d'un trône qu'il a lui-même abandonné pour fuir Thèbes ? Et Créon s'indigne du sort misérable qu'Œdipe a fait subir à Antigone, errant sur les chemins avec lui, sans patrie. Il avait essayé, lors de la fuite d'Œdipe, de la conserver avec lui et, lorsqu'il retrouve le roi meurtrier près de Colone, c'est pour lui enlever Antigone, « qui lui appartient ». À quel titre lui appartient-elle, et pourquoi Créon, menacé de l'arrivée de l'armée que Polynice a levée pour reprendre Thèbes – où d'ailleurs Étéocle a repris le trône, s'en va-t-il si loin, à la seule fin de prendre Antigone avec lui ?

On voit l'inceste au cœur de la tragédie, la volonté de posséder les femmes de la lignée comme si elles n'étaient qu'une, mère, épouse, fille et sœur, et d'en tuer les hommes, les rivaux. On voit en somme la duplication d'Œdipe en Créon, en Polynice, voire en Étéocle qui, après tout, a voulu prendre son trône en dépit du droit de l'aîné. Œdipe est saisi de démesure : il ne peut être que roi, c'est en tant qu'autorité qu'il condamne le criminel Œdipe à avoir les yeux arrachés, et s'il ne peut l'être à Thèbes vivant, il le sera à Colone éternel. Cette démesure est mortelle pour un humain, aussi la folie de ses actes le poursuit-elle sans relâche. Et l'autorité sur Thèbes, c'est à Antigone qu'il l'a transmise : voyons cela de plus près. D'abord se pose la question : incarner l'autorité, est-ce un crime ? On nous dit – George Steiner l'explique – ce qui sépare le héros de la tragédie antique de celui de la tragédie moderne. Ce dernier est conscient de sa culpabilité personnelle, là où le premier se voyait pris dans les mailles tressées par les Parques et ballotté par l'incohérence des dieux en perpétuel conflit. Voilà qui est bien, et pourtant ne me satisfait pas. Parce que « l'homme moderne » est tout aussi impuissant. Certes, il peut faire de sa vie son œuvre, du moins le croit-il, du moins le lui apprend l'institué qui, à la différence de la tradition n'est ni mémorial ni croyance mais un assortiment normatif. Normatif et non éthique, on ne gouverne pas les hommes selon les valeurs, vieille leçon que déjà enseignait Machiavel. Le héros moderne est pris entre deux impératifs, celui de « réussir sa vie » – je ne prétends pas comprendre le sens de cette formule, que je cite, et celui d'obéir aux injonctions normatives. Si Hannah Arendt parlait à bon droit de la disparition de l'autorité, c'est que ces injonctions « modernes » sont dénuées de finalité et se rapprochent beaucoup de la volonté telle que la conçoit Heidegger – volonté qui, selon Schopenhauer, n'est autre que la chose en soi du monde.

Le héros tragique moderne[1] aperçoit (au sens que Leibniz donne à l'aperception) l'absence principielle de l'autorité, de sorte que le conflit est en lui, non entre le moi et le non-moi qui, de gré ou de force est son complément au monde[2]. Il n'a cependant ni lu ni aperçu *Totalité et Infini* d'Emmanuel Lévinas et croit que la séparation radicale d'avec les autres sans rompre la totalité abolit le face à face. Or « L'être est extériorité. Cette formule ne

1. Je ne me donnerai pas le ridicule de situer son apparition historique, la leçon du malencontreux *Les Passions et des intérêts* de M. Albert Hirschman, suffit. Disons que le héros moderne se dessine avec les figures de l'esprit de révolte contre l'institué scolastique-religieux. Mes préférences me portent vers Spinoza et je laisse l'axiologiquement neutre à ceux qui en font profession de foi.

2. Voir *Principes de la doctrine de la science* de Fichte, et mon *Johann Fichte, éveil à l'autonomie*, Payot, 2012.

revient pas seulement à dénoncer les illusions du subjectif et prétendre que seules les forces objectives, opposées aux sables où s'embourbe et se perd la pensée arbitraire, méritent le nom d'être. [...] La vérité de l'être n'est pas l'image de l'être, l'idée de sa nature, mais l'être situé dans un champ subjectif qui déforme la vision, mais permet précisément ainsi à l'extériorité de se dire toute entière commandement et autorité : toute entière supériorité[1]. » Quelle est donc la nature de ce commandement et autorité ? Si le héros tragique la voit dans le Destin, on rappellera utilement que le héros shakespearien se voit le jouet du destin, de Roméo à Macbeth, se trouve pris dans les rets du destin, d'Othello le Nègre sacrilège à Shylock, à qui la loi de Venise interdit de jouir de son bien. À ce compte, Enjolras des *Misérables*, qui se désigne pour être fusillé, Javert qui se jette dans la Seine sont des jouets du destin : le premier doit mourir pour la Liberté, le second ne vit que dans une poursuite sans fin.

L'extériorité est vraie, l'intentionnalité de l'homme moderne, du héros tragique moderne, se perd en déformation et réfraction qui résultent des actes d'auteurs séparés, qui vivent leur séparation comme si elle était leur « maison », qui voient dans l'État le tyran absolu, violeur de leur intériorité par la révélation de leur propre absence de l'œuvre accomplie[2]. Antigone témoigne de l'authenticité de l'autorité, présence insaisissable, tandis que Créon redoute que Thèbes lui dicte ses ordres, ce qui advient en effet, non pas que le peuple de Thèbes veuille la mort d'Antigone, mais parce que, vivante, elle interdit à Créon de paraître devant le peuple en figure d'autorité. Antigone vivante se voit « couverte d'une neige éternelle » telle Niobé « l'étrangère phrygienne », petite-fille de Zeus, changée en pierre. Si elle songe à ce destin, c'est qu'il a frappé une petite-fille de Zeus qui avait épousé un roi de Thèbes. Le coryphée saisit aussitôt la métamorphose d'Antigone, désormais fille d'un dieu, et elle, au destin semblable à celui des Héros, se voit engloutie dans le cachot sans pleurs des siens : c'est qu'elle a franchi le pas pour aussitôt se lamenter sur les fautes que sa mort seule peut apaiser. Lorsqu'on l'entraîne dans le tombeau – encore une fois, elle n'est nullement enterrée vive – elle est saisie de crainte et illuminée d'espérance, comme Juliette au moment d'enfoncer la dague dans son cœur, au fond d'un tombeau elle aussi. L'admirable déploration sur son sort dit ce qu'elle sait devoir être : différente de toute autre femme, elle n'aura connu de la vie que la faute et le séjour souterrain des morts, elle implore les dieux que nul autre qu'elle ne subisse le sort qui lui était échu.

1. Emmanuel Lévinas, *Totalité et Infini, essai sur l'extériorité*, Paris, Livre de poche, 2006, p. 322-323.
2. Idem, p. 191-192 en particulier.

Tirésias vient apprendre à Créon que « Ce mal dont souffre Thèbes, il nous vient de ta volonté » : entendons bien, le mal ne vient pas de crimes atroces comme en avait commis Œdipe, il résulte de cet effort de volonté par lequel Créon s'imagine avoir saisi l'autorité. Et Créon réplique à Tirésias que tous à présent le visent de leurs flèches : « Grâce à leur engeance, je deviens depuis quelque temps celui qu'on vend, dont on trafique ! » Il a beau accabler l'engeance des devins avides d'argent, la réponse qu'il reçoit le dénonce : « et celle des tyrans de profits mal acquis ». Qu'est-ce que l'on vend, dont on trafique, sinon du pouvoir ?[1] N'évoque-t-il pas l'interdit fait aux mortels de souiller les dieux ? Le pouvoir voulu par un mortel sur les autres n'est-il pas la pire souillure faite aux dieux ? « Mon esprit se trouble », avoue Créon, « Céder pour moi est terrible ». Céder est renoncer au pouvoir de la volonté, renoncer au vouloir-vivre selon sa volonté démente : est-ce un héros antique, qui s'exprime ainsi ? Et Créon ordonne qu'on aille délivrer Antigone, selon le vœu du Coryphée. Trop tard ! Créon est allé honorer le corps de Polynice, déjà dévoré par les chiens. Hémon s'est tué avec Antigone, elle pendue comme sa mère Jocaste et lui, étreignant le corps d'Antigone, se perce de son épée. Après quoi Eurydice, épouse de Créon se tue, appelant le malheur sur lui.

Que signifie cette fin d'Antigone, qui se pend pour échapper au lent trépas qui l'attendait ? Est-ce le même refus de vivre qu'exprime Juliette voyant Roméo mort à ses pieds ? C'est la démesure en elle, qui l'a élevée au-dessus de ce qu'un humain peut endurer. Mourir de sa propre main, c'est se ressaisir, reprendre au destin – ou aux dieux, comme on voudra, son existence humaine, serait-ce pour en finir avec elle, mais débarrassée de la charge écrasante de l'autorité. Son visage convulsé, humain reparaît. Kierkegaard écrit : « Les anathèmes de Jéhovah, quoique terribles, n'en sont pas moins de justes châtiments. Il n'en était pas de même en Grèce ; la colère des dieux n'a pas un caractère éthique ; elle offre l'ambiguïté de l'esthétique [...] La vraie tristesse tragique exige donc un moment de faute, et la vraie douleur tragique une part d'innocence ; la première, un moment de transparence, la seconde un moment d'obscurité[2]. » Kierkegaard appelle l'attention des lecteurs au moment où il envoie dans le monde son héroïne tragique et « donne comme viatique à la fille de la tristesse la dot de la douleur ». Le facteur qui permet à Antigone – son Antigone – de prendre conscience de

---

1. On ne saurait se contenter de la note (*op. cit.*, p. 419, note de la p. 119), selon laquelle Créon insinuerait que Tirésias s'est laissé acheter. C'est bien de Créon qu'il s'agit.
2. S. Kierkegaard, « Tragique ancien et tragique moderne » in *Ou bien... ou bien*, Paris, Laffont, 1993, p. 137.

la faute « doit toujours relever de la substantialité » : la faute. La réflexion d'Antigone est éveillée, mais bornée à la faute héréditaire qui donne la tristesse. Voilà une axiomatique que je conteste, et plus encore qu'Antigone « passe ses jours dans l'insouciance ». Allons donc ! Elle vit, écrit-il, dans l'ignorance du souci, certes : elle est bien au-delà du souci et notre philosophe s'égare, quoi qu'il remarque fort bien qu'il n'y aurait pas de tragédie si l'affaire se limitait à l'ensevelissement interdit de Polynice. Antigone est l'épouse de la tristesse, cela est vrai, mais non pas parce que « l'héroïne grecque » ne serait que la vierge offerte au sacrifice. Cette lecture de la tragédie porte Kierkegaard à voir une « dialectique étrange », de la transgression commise par Antigone au « funeste destin » de son père. Il n'y a rien d'étrange dans cette dialectique, si l'on veut bien renoncer à cette vision « romantique » de la tragédie grecque. Sophocle n'est pas Goethe, ce n'est pas la piété qui fait agir Antigone et l'élève dans la démesure, c'est bien la détention de l'autorité, qui en elle-même est malédiction. Aussi l'histoire d'Antigone est-elle celle d'une délivrance. Le peuple de Thèbes, écrit enfin Kierkegaard, a gardé d'Œdipe le souvenir d'un roi heureux et seule – avec son secret, nous l'avons vu – sa fille souffre la douleur de ce mensonge. Elle se destine à une vie spirituelle, et voici qu'elle se découvre amoureuse. Que d'étrangetés dans cette dialectique ! Sophocle notre contemporain écrit la tragédie des hommes à qui l'autorité a adressé le signe de l'élection, qui ont cru à ce signe jusqu'à ignorer tout d'eux-mêmes, armés du savoir qu'aucun mortel ne peut contenir en lui. « Nous avons brûlé une sainte ! » auraient dit les Anglais devant le bûcher de Jeanne d'Arc, et c'est grande pitié que l'humain héroïque.

CHEMINS DE DIEU

Der Abgrund meines Geister ruft immer mit Geschrei
Den Abgrund Gottes : Sag welcher tiefer sei[1]*?*

Résumons :

Selon Heidegger, la philosophie selon Hegel doit devenir savoir effectif réel. Peut-elle faire autrement que revenir à « l'oubli initial » qui a rejeté l'être dans le Logos ?

---

1. Angelus Silesius, *Le pèlerin chimérique*, I, 68. Cité par H. de Lubac, *Sur les Chemins de Dieu*, p. 13. « L'abîme de mon esprit crie son éternelle invocation à l'abîme de Dieu : Dis lequel est le plus profond ? » (ma traduction).

Selon Heidegger, le sujet de l'expérience de la conscience serait pour Hegel l'être de l'étant. La conscience se réfléchissant met au jour non pas elle-même finie mais l'infini « en soi et pour soi déjà auprès de nous ». L'absolu, par la démarche de la conscience, « revient à soi ».

La forme pronominale (en français comme en allemand) désigne un sujet se mettant au monde, par-delà l'objectivation que comporte l'acte de cette naissance : je me mets au monde, me voici au monde. La mise au monde est le passage objectif, comme la mise au tombeau de celui qui va renaître de sa propre vie après la mort du périssable. *Aufhebung*. Ce pourquoi la traduction de Derrida par « relève », est inepte : relève de la garde ? relève des filets ? *Aufhebung* désigne simultanément abolition et surgissement.

Selon Heidegger, la *Phénoménologie* de Hegel serait une « théologie de l'absoluité de l'absolu avant la création » (*Chemins qui ne mènent nulle part*, p. 167). Pourquoi l'Absolu et pas Dieu ? Je traduis : théologie puisque l'Absolu est avant la création, et lui-même revient à lui en revenant à nous lorsque, par le travail de la conscience – la nôtre – réfléchissant, elle trouve l'être en elle qui la surpasse. Je découvre en moi la présence de l'Être que me cachait cette essence de l'étant, autrement dit ce contre quoi les déterminants de l'être-au monde me protègent. Essence de l'étant, *Gewesenheit*, passé indéterminé qui me retient prisonnier des déterminants singuliers (je ne sais même pas qu'ils sont communs).

Cette théologie de l'absolu serait une Passion : l'absolu dans son être-pour être « auprès de nous » – est-il l'Invitateur dont parle Kierkegaard ? – doit traverser l'épreuve de l'Histoire. L'Histoire n'est pas la temporalité, propre aux étants, elle est le temps et le lieu de l'expérience du monde, par laquelle nous appelons à nous l'être qui n'est lui qu'en nous. Dans *Holzwege* (Chemins...), Heidegger écrit : « la science est pour Hegel à l'époque de la première publication de la *Phénoménologie de l'esprit*, le savoir onto-théologique du vraiment étant en tant qu'étant. » La *Phénoménologie* et la *Science de la logique* sont selon lui des théologies, théologies de l'absolu quant à sa parousie dans le Vendredi saint dialectique-spéculatif. « Ici meurt l'absolu. Dieu est mort. Ceci veut tout dire sauf : il n'y a pas de Dieu. »

Le lecteur est son propre interprète; il y en a de mauvais, qui ne comprennent pas ce qu'ils lisent, ou qui se dissimulent le sens qui les effraie, ou encore ceux qui d'avance veulent lire quelque chose dans leur lecture. Tâchons d'être un lecteur sincère au risque d'être malhabile. Que peut vouloir dire « Ici meurt l'absolu ? » Je comprends que l'étant – et nulle abstraction mise pour lui n'a conscience : il a une conscience et cette conscience ne sait d'abord rien d'elle-même, sinon qu'elle déborde l'étant en tant qu'il se conçoit étant. D'abord ici ne veut pas dire : dans un premier temps, d'abord veut dire : aussi longtemps que « je fais ce que je me dois, je fais des études, je fais carrière, j'en fais mon deuil ». La conscience en moi se refuse à être conscience de ce moi face au monde dans le monde extérieur. La conscience en moi dit que je suis un autre que moi. Non pas que je suis un autre quelque part ailleurs, mais autre, autrement qu'en moi. La conscience en moi échappe aux déterminations en révoquant les déterminatifs que mon moi a trouvés en se conformant. Le moi pour exister comme étant se conforme, y compris en refusant ces déterminatifs : je suis contre, je suis ennemi du monde. La conscience en moi s'ouvre sur quelque chose d'autre qui n'est pas altérité, qui n'est pas le non-moi. Ce quelque chose ne se révèle qu'en mourant en ma conscience. Pourquoi et comment meurt ce quelque chose ? Il meurt pour donner prise sur lui à la conscience en moi. Épaminondas mourant ne meurt que si l'on retire de son corps le trait qui l'a tué. Par sa mort, Épaminondas donne aux Thébains victorieux l'absolu en lui. Il leur donne l'absolution de l'esprit, il n'est pas absolu, il n'est pas eux. Eux le vénèrent comme héros, ils sont déistes.

L'absolu meurt pour entrer en moi débarrassé ainsi du « moi dans le monde extérieur «. On remarque la ressemblance – l'opposé de la différence – avec la mort du Christ entrant en nous en vérité, par sa chair et par son sang. Sa chair et son sang prennent la place de notre chair et de notre sang. L'absolu meurt de notre indignité à l'accueillir en conscience. Nous l'accueillons au mieux par la foi, mais nous ne sommes pas assez forts car nous sommes au monde, pour le saisir autrement qu'en totalité, étrangère à nous. Il meurt en nous d'avoir épuisé son être en nous. Aussi en venons-nous à croire que l'absolu « vient de l'extérieur », à l'image du monde extérieur, et que nous avons à prendre une posture en face de lui, tandis qu'en vérité il n'est qu'en nous dans la mesure où nous l'avons accueilli : il n'est pas de ténèbres extérieures pour l'absolu, suscité par les créatures quoique antérieur à elles, inincarné dans les limbes. Ici je retrouve la formule de Heidegger : « L'homme est le berger de l'être ». Pauvre berger qui ignore tout de son troupeau, qui ignore de qui il le tient et qui ignore ce que c'est qu'être berger. Nous attendons dans le vestibule, à la fin le gardien vient fermer la porte et nous dit : elle n'était ouverte que pour vous. Nous avions cru que le vestibule était une salle d'attente, notre esprit s'était fait à cette idée et se révoltait que nous ne soyons pas reçus.

Me voici face à la « pensée inconditionnée » hégélienne. Il faut bien que je fasse retour – il faut vivre – et comment penser l'inconditionné ? Alors me vient l'idée métaphysique, que je transforme en une idée de la métaphysique. Plusieurs en parlent entre eux. Ils ne se comprennent pas, attachés qu'ils sont au moi existant en eux. Ainsi chacun voit-il au-dessus de tous un Être inconditionné, il ne reste plus qu'à bâtir une théologie. Hegel voulut bâtir une théologie de la divinité de l'homme. Est-ce pensable ? Put-il le penser ? Heidegger s'est-il introduit dans ce penser, de nécessité inabouti, pour le dévorer de l'intérieur ? Il me chagrine de lire, venant d'un érudit préfacier, « le dialogue que tente ici Heidegger avec Hegel ne relève pas de la simple histoire des idées[1]. » Une histoire des idées ? Comme il y aurait une histoire des mentalités ? C'est grand dommage de croire de telles choses.

« On entend monter, sur les ruines de ce désir de Dieu, la fumée d'un hurlement mêlé de sanglots. C'est la pensée qui s'est crevé les yeux et hante de ses gémissements les ravages de sa propre colère[2]. » Le désir de Dieu : l'homme n'est pas un être mythologique, qui produirait du mythe et vivrait de cette richesse écoulée comme le miel divin, divin nectar. La pluralité des passés non advenus est une mémoire qui englobe les esprits singuliers. C'est tout autre des futurs à venir, car il appartient au futur qui sera de nous métamorphoser peut-être, si d'abord nous avons ensemble voulu de ce futur. Que veulent dire ensemble et vouloir ? Ces deux mots n'ont de sens que réunis : vouloir ensemble. L'impossible appropriation du vouloir ensemble pose l'évidence du risque, voire du péril de la guerre. On passera à la hâte sur le ridicule de la raison communicationnelle, seulement dépassé en inanité par l'auto-émergence ou jeu de l'imposteur placé au-dessus de lui-même produit sa propre apparition[3]. Ces ornières évitées, nous trouvons la question du « désir de Dieu » : comment en comprendre le sens ? La formule d'Emmanuel Levinas, « De Dieu qui vient à l'esprit », restitue, il me semble, le contradictoire qui fait la question. Ne parlons pas de paradoxe, moins encore de pari : Dieu en nous ou Dieu premier, vers qui nous manquons à nous rendre ? Et si Dieu est en nous, est-ce à dire que nous n'avons pas de chemin à parcourir, que l'agitation immobile dans le monde qui nous est donné suffit à ce que l'on appelle vivre ?

On voit l'inanité de la question, à défaut de trouver la réponse. Quel est ce monde qui nous serait donné, et par qui nous serait-il donné ? Les gnosticismes et leur croyance mythologique ont la prétention – non pas leurs adeptes, eux-mêmes immergés, gais noyés attirés par les fonds – de nous

1. Alain Boutot, traducteur et auteur de la préface à Hegel, la négativité. *Éclaircissements de l'introduction à la Phénoménologie de l'esprit de Hegel,* par Martin Heidegger, Paris, Gallimard, 2007, p. 15.

2. Emmanuel Tourpe, préface à Henri de Lubac, *Sur les chemins de Dieu*, Paris, Éditions du Cerf, 2006, p. I.

3. Sur l'auto-émergence, voir les travaux de Jean-Pierre Dupuy, puis réfléchir et préférer oublier.

enfermer dans leurs eaux mouvantes ; ils nous commandent l'imposture de l'orant figé devant les ancêtres qui n'ont jamais vécu, et nous devons laisser les êtres pneumatiques nous emplir de la crainte qui nous change en trembleurs dévots. L'Amérique du Nord est saturée de ces gens, craignant la mort, repoussant la vie, adorateurs du Grand Sacrificateur : du Collège au taudis, du Vietnam à l'Irak si tu veux être libre, il faut mourir, mon ami ! Possède et ne connais pas, recherche la « puissance intérieure » et renonce à l'amour, toujours trompeur, puisqu'il va à l'autre, ou vient de l'autre.

Dans le monde opposé, l'idée de Dieu ne vient ni d'une critique ni d'une déception, elle ne procède ni d'une dialectique immanente, révolutionnaire ou évolutive ; elle n'est ni synthèse née du besoin d'unifier le divin épars ni antithèse, fruit desséché de l'abandon des anciens dieux : « ce qu'on prend pour cause est, en réalité, effet [1]. » Dans ce monde opposé, illustré par Henri de Lubac, la connaissance de Dieu demeure en dépit de la critique de sa représentation. « Dieu m'investit par ses signes », quoique la faiblesse de mon intelligence rende obscure la connaissance. D'ailleurs le raisonnement « à supposer que j'en eusse toute l'initiative », auquel donc « je ne serais pas provoqué », me donnerait une connaissance abstraite, celle d'un concept. Tandis que le vrai Dieu se révèle comme présent et, si même n'était en moi que la pure abstraction du concept, si Dieu se dérobe à la connaissance, c'est le vide en la créature qui le révèle, « criant qu'elle n'est pas Lui [2] ». Le Dieu caché n'est pas le Dieu absent. La référence à Thomas d'Aquin s'impose : « Toutefois, Dieu qui est ainsi inconnaissable en soi [par nos mots et nos conceptions] n'est pas inconnaissable de toutes manières ; les conceptions que nous nous formons de lui ne sont pas arbitraires ; elles lui conviennent en raison d'un certain rapport, et d'un rapport défini de notre part, entre le dérivé où se forment nos concepts et la Suprême Source [3]. »

Revoici la condamnation de l'imagination livrant à la raison l'hypothèse d'une transcendance spirituelle. Le christianisme refuse cette opération, Étienne Gilson le rappelle avec l'argumentation d'Augustin [4]. Mais que signifiaient ces paroles de Maître Eckhart : « Courage, âme noble ! Réfléchis à toi-même, réfléchis à la splendeur que tu portes en toi : n'es-tu pas par ta ressemblance avec Dieu honoré au-dessus de toutes les créatures ? Dédaigne

1. Henri de Lubac, *Sur les chemins de Dieu*, *op. cit.*, p. 40.

2. *Ibid.*, p. 110 et 111.

3. Thomas d'Aquin, *Somme théologique*, Dieu, t. III, p. 340. Cité par H. de Lubac, *Op. cit.*, note p. 299.

4. Étienne Gilson s'oppose à la « confusion fâcheuse » de Léon Brunschvicg, *La querelle de l'athéisme*, Société française de philosophie, 24 mars 1928, pour qui « l'hypothèse d'une transcendance spirituelle est manifestement contradictoire dans les termes ».

ce qui est petit, car tu es créé pour ce qui est grand[1] ! » Ces paroles sont un appel ; l'homme doit vouloir ressembler à Dieu, et n'est-il pas caché en lui, cet objet de cette ressemblance ? Aussi faut-il que nous sachions ce que nous valons, nous qui nous honorons tant. Idoles de nous-mêmes, nous renions Dieu et c'est en son nom que précisément nous valons ces honneurs. Ce que dit Augustin : qu'y aurait-il de caché en moi, quand même je ne voudrais pas le confesser à Dieu ? C'est Dieu que je cacherai à moi-même et non moi à Dieu. Se confesser à Dieu pour que les autres hommes m'entendent n'est pas se remettre à leur autorité, c'est leur faire connaître par Dieu ce qu'ils sont. Voilà pour la confession, dont les dérives immondes nous effraient : se donner à voir est s'accepter, ce n'est pas un aveu arraché, il n'y a de confession qu'entre ceux qui s'aiment l'un l'autre pour s'aimer eux-mêmes. Leur disant que je ne mens pas, je les fais croire en moi[2].

LE VOYANT ET LE VEILLEUR

> *Je suis. Mais je ne me possède pas. Du même coup, nous ne savons nullement ce que nous sommes : tout est encore trop plein de ce quelque chose qui nous manque.*
>
> ERNST BLOCH

Je trouve à la lecture d'Ernst Bloch[3] cette observation, à l'issue de la guerre – dite dernière guerre : « Et comme si l'on n'avait pas assez détruit, tout ceci continue encore aujourd'hui. La guerre s'est achevée, la révolution a commencé et, avec elle, des portes se sont ouvertes. Mais, il faut bien l'avouer, elles se sont vite refermées. Le profiteur s'est démené, il a réussi à s'installer et avec lui, tout l'ordre ancien est revenu. Le paysan usurier comme le grand bourgeois puissant ont en fait progressivement éteint le feu et, comme toujours, le petit-bourgeois affolé s'est mis à manger de ce pain-là. Jamais auparavant la jeunesse privilégiée n'avait été aussi fruste et bornée. Les universités sont devenues les vrais cimetières de l'esprit, infectées de paresse et d'obscurantisme rigide. » Que dire ? Ernst Bloch n'a pas connu

---

1. Maître Eckhart, *Du royaume de Dieu*, in *Œuvres*, Paris, 1942, p. 304. H. de Lubac le cite en note p. 265.

2. Voir Augustin, *Les Confessions*, Livre X, chap. II : « Ce que c'est que de se confesser à Dieu » et III : « Pourquoi se confesser aussi aux hommes ? »

3. Ernst Bloch, *l'Esprit de l'utopie*, écrits de 1918-1923, Paris, Gallimard, 1977. Les citations proviennent de la préface « Ce qui est en vue », et de « Ce qu'il y a de valable en nous », p. 204 *sq*.

la période que nous traversons – comme un cauchemar, où chaque trait identique se retrouve, spécialement pour ce qui est de manger de ce pain-là, et pour l'infection intellectuelle. Nous, pourtant, ne sommes issus d'aucune catastrophe, nous découlons, plutôt, comme un morne éboulement.

Sous le titre « Ce qu'il y a de valable en nous », Ernst Bloch résume le propos phénoménologique : « Mais je suis fait pour créer. » C'est pour mieux douter que nous y parvenions, car « le Moi n'est pas très fort » et nous n'avons que peu de relations entre nous. Si l'époque « parvient mieux à faire croire au visible qu'à l'invisible », la tâche n'en sera pas facilitée. Nous retrouvons ici une observation, combien juste, de Simone Weil : si nous ne sommes pas capables de comprendre le « dans la mesure où », nous ne risquons pas d'élucider les causes de l'oppression sous laquelle nous vivons. Dans la mesure où les hommes découvrent l'action comme opération de leur corps subjectif, ils apprennent l'opposition entre le corps extérieur et l'invisible en eux. « Vous de même, au-dehors vous offrez aux yeux des hommes l'apparence de justes, mais au-dedans vous êtes pleins d'hypocrisie et d'iniquité[1]. » L'invisible est l'homme lui-même, « chacun vit intérieurement son propre corps sous la forme de cette chair invisible souffrante et désirante, avec laquelle il ne fait qu'un. » Chaque homme doit être juge de lui-même et non se remettre à la loi (Luc, 12, 57-58), et cette attention portée à sa peine lui permet de retirer la croyance dans « le monde », qui n'est qu'apparence mensongère. L'exemple est donné par Jésus, qui jeûna et « sentit la faim, pour que nous comprenions que son humanité était vraie et indiscutable. » S'il jeûna, écrit Irénée de Lyon, ce fut aussi « pour que l'Adversaire eût un terrain où il pût l'attaquer ». Le Tentateur dit : « si tu es le Fils de Dieu, dis que ces pierres deviennent des pains. » Jésus ne répondit rien à « si tu es Fils de Dieu » et « aveugla le diable par l'aveu de son humanité ». Ce que je lis comme une parabole, l'homme vrai est invisible au monde qui le tente, il oppose à cet adversaire, qu'il a édifié avec les autres hommes du passé et du présent, que, même s'il a faim, il résiste. « Bienheureux, vous qui avez faim maintenant ! [...] Mais malheur à vous, les riches ! car vous avez votre consolation[2]. » À défaut, le désir du visible fait jaillir le mauvais en nous, et Ernst Bloch voit l'humanité décliner et perdre ce qui est véritablement humain : la vigilance, la dignité, la présence. Dans *Le Principe espérance*, il reprend cette idée :

1. *Matthieu*, 23, 28. Michel Henry dans *Paroles du Christ* voit là un enseignement difficile à assimiler pour la « pensée occidentale imprégnée de philosophie grecque » (p. 25) La citation qui suit est p. 24.

2. Je me réfère d'abord à Irénée de Lyon, *Contre les hérésies*, Paris, Éditions du Cerf, 1984, p. 631 ; puis à *Luc*, 6, 21 et 24.

« L'homme est non seulement capable de désirer, mais aussi de souhaiter. Et le souhait est bien plus vaste que le désir, plus coloré aussi. Car il est tendu vers une image dépeignant l'objet du désir. Le désir est certainement plus ancien que la représentation de l'objet du désir. Mais c'est précisément en se transformant en souhait que le désir s'enrichit de la représentation plus ou moins précise de son objet, sous forme d'un objet meilleur[1]. » Je dirais l'ancienneté du souhait : que représentent les peintures égyptiennes décorant les mastabas, sinon le souhait d'une vie meilleure. Le souhait passe par le regard des autres, il se communique au sens vrai du mot, il s'embellit de cette participation. Et si !

Le « regard savant » donne des détails faux, seul le désespéré reste humain, le créateur doute de sa vision. De sorte que, déjà en 1918, Bloch pouvait dire l'échec de ce discours, non parce qu'il avait d'erroné, mais en ce qu'il sonnait dans le vide. Déjà il savait que le « nihilisme analytique » détruit la vie. Ce que dit Husserl en d'autres termes : la recherche philosophique qui cherche à capter l'irrationnel et l'antirationnel en l'élaborant par la raison le transforme en un mode de la raison. « On veut se soumettre à un suprasensible incompris, qui pourtant se manifeste dans le monde avec des exigences au moyen de propositions énoncées par des hommes[2]. » N'oublions pas la folie : le daïmon de Socrate[3] est une folie d'au-delà de la raison, autre est la folie qui prétend contenir en entier la raison. Tandis que ce qui n'est pas accessible à la raison a vocation à être, non pas autre mais notre propre, l'Aufklärung prétend que j'atteins par la raison la vraie structure du monde, ce qui est au-delà du propos de Descartes. L'idéalisme allemand fut cet effort pour chercher « dans la raison elle-même plus que la raison ». De cet effort fantastique résulte la « désagrégation de toutes les autorités » qui rend tout possible, y compris le chaos. L'intuition en nous est pure intuition, appel à l'infini. C'est de l'avoir bornée, par crainte et soumission aux autorités, que nous en sommes réduits, aujourd'hui, aux sciences sociales positives, elles-mêmes réduites aux acquêts, c'est-à-dire à l'acquisition cumulative de savoir sur l'homme comme il est. Kierkegaard et Nietzsche, qui ne se connurent pas l'un l'autre, se lancèrent dans une « attitude pensante totale de l'homme dans le milieu de la réflexion

1. Ernst Bloch, *Le Principe espérance,* Paris, Gallimard, 1976, t. I, X : « La tension à l'état pur et le souhait, non assouvis », p. 63.

2. Karl Jaspers, *Nietzsche et le christianisme,* Paris, Bayard, 2003, « Origine de la situation philosophique actuelle », p. 118.

3. Nietzsche, dans *Götzerdämmerung*, a dévoilé la monstruosité de Socrate : cet homme monstrueusement laid a joué de la dégénérescence grecque : « les instincts veulent jouer au tyran ». Il fut le repaire de tous les mauvais désirs. Cf. *Le crépuscule des idoles*, Paris, Flammarion, 1985 p. 81-87. Ce texte accable Nietzsche.

infinie qui est consciente de ne pouvoir comme réflexion prendre appui sur aucun sol », car il est terrible de vivre en expliquant le tout de la nature sans se comprendre soi-même l'homme « fantastique » qui ne vit pas lui-même dans ce qu'il pense, écrit Jaspers[1]. Il appartient à chacun de trouver qu'une vérité est, et peut être connue, il ne peut se fonder que sur ce qui lui apparaît comme son Moi. Que s'il n'y a qu'une philosophie, il est plusieurs états de conscience, que chacun doit accomplir en soi la recherche et engager sa vie spirituelle[2]. Je relève le principe : le Moi ne pose aucun objet *a priori* dans le cours de son identification à lui-même, car son intuition n'est pas une intuition intellectuelle d'objets, mais une conscience immédiate conçue intellectuellement puis représentée intuitivement : je suis ce qui se pose soi-même, sans jamais être objet de la conscience[3]. Il s'y attache une recherche à l'infini, qui reçoit seulement les objets par les échanges, ou relations (*Wechsel*) qu'ils op-posent aux appels du Moi primordial. Infinité et limitation sont unifiées en un seul. Fichte répond à la question : pouvons-nous nous connaître indépendamment du monde où nous sommes situés ? On voit les deux écueils : la crainte de faire la recherche, le péril d'aboutir au Dieu terrible.

Ernst Bloch dresse un constat, sûrement amer, peut-être excessif, des penseurs marquants : Peut-être Nietzsche, écrit-il, croyait à ce qu'il disait – mais Nietzsche a sombré dans la folie après qu'il avait jeté le mépris sur la « morale des esclaves », et tout en considérant la Bible comme le meilleur « facteur d'éducation et d'affinement » que l'Europe doive au christianisme. D'ailleurs le respect que Nietzsche porte à l'Église, « instrument de domination qui assure le plus haut rang aux hommes spirituellement supérieurs », repose sur une appréciation pour le moins curieuse de ce qu'est la domination : les prêtres méritent de dominer en tant que les meilleurs chrétiens. Le christianisme vaut selon lui en tant qu'exigence. Au temps de Nietzsche les traces en étaient fortuites. Je reparlerai ici de Nietzsche[4]. Ernst Bloch est plus révérencieux à l'égard de Spinoza et de Schopenhauer qui « vivait intensément ». « Mais à tous il manque d'être très profondément déchirés par les conséquences ». Kierkegaard ne croyait qu'à la possibilité de croire.

1. Karl Jaspers, p. 123, 126, 127. La conférence d'où est tiré ce texte est de 1935.
2. Fichte, *La Doctrine de la science,* Exposé de 1804, (Tome X des *Œuvres complètes* publiées en 1838 par Immanuel Fichte), Paris, Aubier, trad. Julia, p. 20-21.
3. Ce que dit expressément Fichte in *Doctrine... Nova Methodo*, § 2 « Le passage du déterminable au déterminé ».
4. Karl Jaspers, p. 10-15. On consultera de Nietzsche *l'Antéchrist*, Paris, Gallimard, 1974.

Je n'en suis pas sûr, du moins sa foi lui fut-elle tout autre qu'une possibilité, bien plutôt un scandale vécu jour après jour : « N'est-il pas, celui-là, le fils du charpentier ? Sa mère ne s'appelle-t-elle pas Marie ? Et ses frères Jacob, Joseph, Simon et Jude ? Et ses sœurs ne sont-elles pas toutes parmi nous ? D'où lui vient tout cela ? Et ils se scandalisaient de lui[1]. » Comment cet homme de peu eût-il pu être l'extraordinaire, pourquoi Dieu devrait-il être fils d'un charpentier ? Est-il possible, disent les disciples, qu'un tel abaissement soit advenu au fils du Père, impuissance et souffrance ? Aussi Kierkegaard explique-t-il le reniement de Pierre : « Qu'un homme tombe aux mains de ses ennemis, et cela sans rien tenter, c'est humain », mais que l'invitateur à la main toute-puissante subisse ce sort, c'est trop de scandale pour un homme simple, et Jésus avait prédit à ses disciples qu'ils allaient se scandaliser de lui, cette nuit même, juste avant qu'ils s'endorment, humains effrayés. Jésus avait prévu l'horreur et écarté la compassion, écrit encore Kierkegaard, et l'homme sur la croix, qui « humainement parlant, a fait si peu de choses », passe pour être venu pour rien. « Quel abîme sans fond de souffrance[2]. »

Ce que Kierkegaard rejette est « la chrétienté qui a aboli Christ », « le fait d'être chrétien dans la chrétienté » au lieu « d'être aux yeux des hommes celui qui s'est abaissé ». Renonçons à la croyance en la divinité de Jésus, l'indifférence envers lui qu'Emmanuel Levinas déclare ressentir – plutôt ce qu'il ne ressent pas, devient impossible : qui serait indifférent au scandale de la mise à mort de Gracchus Babeuf et de l'exécration à lui portée, comme une souillure ineffaçable ? Lamennais vécut le déchirement de parler selon l'enseignement de Jésus humilié, il s'exposa et fit scandale, il détruisit par sa faute l'autorité de l'Église romaine. Ses disciples Lacordaire, Montalembert le renièrent et parlèrent contre lui, leur gloire en résulta. Qu'importe la divinité de Jésus[3] ? Le christianisme écrit Kierkegaard n'est pas une doctrine. Ce n'est pas une discipline, ce que sont bouddhisme et stoïcisme tels qu'ils sont vécus – je ne parle pas du Bouddha, j'ignore tout de lui. Ce n'est pas non plus l'anathème jeté sur le scandale pour celui qui souffre, au nom de l'institué. Dans la chrétienté tout perdre équivaut à tout abandonner, bien que la différence soit infinie. C'est oublier le scrupule propre à la responsabilité : pourquoi ai-je choisi de souffrir ? Au lieu de quoi l'on prêche l'inévitable « souffrance humaine », à quoi il faut se résigner. C'est l'opposé de l'espérance telle que

1. Kierkegaard, *Exercice en christianisme*, Paris, Éditions du Félin, 2006, cite *Matthieu* XIII, 55, p. 146.
2. *Ibid.*, p. 148.
3. Voir mon *Lamennais, de la différence en matière de religion*, Paris, L'Harmattan, « À la recherche des sciences sociales », 2006.

la voit Kierkegaard : « Mais puisque ce qui est chrétien est quelque chose de si terrifiant et si épouvantable, comment dans le monde entier un homme peut-il alors s'aviser d'embrasser le christianisme[1] ? » Sa réponse est qu'on y parvient par la conscience du péché-respect de soi, ce qui est bien différent de l'abaissement dans le péché indélébile. Gardons l'épouvante et l'absurde, appliquons-les à l'humanité en projet à l'infini, celle qui ne désespère pas de se pardonner un jour, nous y voilà : allons vers ce qui nous épouvante et nous semble absurde.

Je dois ici faire une longue citation d'Ernst Bloch; à quoi bon trahir en paraphrase? Voici le passage : « Presque tout s'est réfugié auprès de nous, du fond de la vie inhospitalière, auprès de nous, jardiniers de l'arbre le plus mystérieux, qui doit grandir. En nous seuls brûle encore de la lumière, au milieu de l'effondrement du ciel et de la terre, et l'heure créatrice, l'heure philosophique par excellence a sonné; pour lui donner un contenu, voici le rêve éveillé et sa concentration durable vers une vie plus pure, plus élevée, vers la délivrance à l'égard du mal, de la mort et de l'énigme, vers la communauté avec les saints, vers la conversion de toutes choses en paradis. Seul ce rêve de désir (*Wunschtraum*), né de la pensée, crée du réel en étant profondément à l'écoute de lui-même, jusqu'à ce qu'il parvienne à sa vision, la vision de l'âme, du troisième Empire (qui arrive après la disparition de l'Église et de l'État) [...] L'aspiration à devenir conforme à son être introduit de l'âme dans l'horreur du monde, dans son ignorance, son erreur et la mauvaise conscience de sa fin[2] ». Qui sont ces nous? Qui sont ces jardiniers du monde? Ceux qui sont sans demeure et peuvent donner un contenu au monde. D'où peut provenir ce réel? D'un rêve de désir, qui dissipe l'horreur du monde. Voilà qui parle à Husserl, non pour le contredire ou le blâmer : pour dire quelle impulsion, quelle invitation à une vie plus élevée, peuvent fonder un monde désinstitué, un monde qui est un jardin, au même sens que Charles Fourier attribue à la création d'espace de floraison.

Ernst Bloch critique l'étroitesse du cadre de pensée que s'est autorisé Kant. Du doute anglais, un sentiment prussien du devoir, une « volonté de croire sans possibilité de croire », une existence pleine de soucis; une démarche visant à définir le pouvoir de la raison à partir de la loi de Newton, d'attraction des masses. Quelle validité, demande Ernst Bloch, peuvent conserver ces limites encadrant la « doctrine transcendantale de la nature de l'esprit », à l'intérieur du champ phénoménologique de la conscience? De même, poursuit Bloch, à remplacer Newton par la scolastique, comment des « sens donnés »

1. Kierkegaard, *Op. cit.*, p. 109.
2. Ernst Bloch, *L'Esprit de l'utopie*, *op. cit.*, p. 210.

comme le sacrifice du Christ, la Grâce ou l'Apocalypse sont-ils pensables[1] ? Nous revoici à la question de Husserl : si la mathématique et la science newtonienne empêchent que les connaissances admises s'appliquent à Dieu, à la liberté, à la morale, c'est bien parce que Kant – pris ici comme référence, fonde sa conception du monde sur un subjectivisme transcendantal, un sujet se connaissant. La réponse d'Ernst Bloch peut dérouter : c'est que Kant ne peut être pris comme référence, lui-même un sujet trop en contradiction avec les limites qu'il s'impose. Voilà pourquoi « c'est uniquement chez Kant que la question de savoir comment quelque chose peut être universellement valable garde sa grandeur », car Kant est capable de rendre transparente l'insuffisance de ses *a priori*. Ainsi « cherche-t-il à fournir la preuve que le processus par lequel les jugements synthétiques sont rendus nécessaires s'accomplit souverainement au-delà de notre sensation[2] ».

Nous en trouvons confirmation de la main de Kant à propos des Idées qui peuvent séduire par leur apparence et de l'inévitable de cette apparence : « Comme toute apparence consiste en ce que le principe subjectif du jugement est tenu pour objectif, une connaissance que la raison aura d'elle-même dans son usage transcendant (exalté) sera l'unique moyen pour elle de se préserver des égarements où elle se fourvoie lorsqu'elle se méprend sur sa destination et rapporte de manière transcendante à l'objet en lui-même ce qui ne concerne que son propre sujet et la conduite de celui-ci en tout usage immanent[3]. » Cette raison qui se méprend sur sa destination est, comme l'écrirait Fourier, doublement preuve : d'abord preuve que la raison des hommes les conduit à se méprendre ou se déprendre d'eux-mêmes; ensuite que les hommes ont la faculté – la faculté seulement – de juger leur raison et de la trouver fautive. C'est que la source transcendante où la raison puise ses idées échappe à l'entendement, par là même qu'elles font de la raison un medium dialectique[4], prétendant saisir les objets hyperboliques, les noumènes. La raison pure en rupture d'avec la « gradation des principes » produit l'Idéal, « intégralité absolue d'une chose en général », et de là accède à l'idée de l'être originaire suprêmement parfait[5].

1. *Ibid.*, p. 212. Ernst Bloch emploie le terme de « jugements synthétiques » – du moins le traducteur.

2. *Ibid.*, p. 214.

3. Kant, *Prolégomènes à toute métaphysique future*, Paris, Vrin, 1996, § 40, p. 103.

4. *Ibid.*, § 42, p. 104. La dialectique de la raison pure repose, écrit Kant, sur le Paralogisme, l'Antinomie et l'Idéal.

5. *Ibid.*, § 55 p. 125.

ICI LE LABYRINTHE DU MONDE ET LE PARADIS DU CŒUR DEVIENNENT VISIBLES SÉPARÉMENT[1]

L'espérance permet à la raison pure de faire retour sur elle-même, et donne place au moi éthique. Par le rationalisme du cœur, écrit Ernst Bloch, sans intervention du principe de causalité – ce qui est « incompréhensible à l'entendement » – nous sommes troublés par l'idée d'un Bien absolu. Nous sommes seuls alors, sans garantie aucune, « dans l'obscurité d'une approche infinie du but[2] ». Ernst Bloch évoque le « grand pathos chrétien du péril, qui s'élève aussi bien contre le système fermé, scientifique de la physique ou de la jurisprudence, que contre toute assurance que Dieu soit déjà dans le ciel[3] ». Contre Hegel déjà et la prétention à « mieux connaître » le monde, Ernst Bloch est magnifique. Contre la Raison en marche il rappelle ce qu'écrit Kierkegaard, que la misère d'exister consiste précisément en ce que l'existence intéresse sans fin l'existant. Il invoque les paraboles du Christ qui s'adressent à nous seuls – et c'est ce que je veux établir – « c'est l'homme qui est le premier, le dernier, le plus libre, ou plus radicalement encore : c'est le Nous qui se fait Messie et poursuit son attente[4] ».

De façon remarquable c'est encore vers Kierkegaard que se tourne Ernst Bloch, lui qui oppose au penseur abstrait, qui trouve le christianisme vrai jusqu'à « un certain degré », qui « impose à l'homme comme question le monde comme unique réponse[5] », le révolté dont les élans et les obscurités disent le vrai. C'est que pour la bonne conscience de l'objectivisme, la totalité (du sens) est « octroyée » au dernier venu des hommes, comme si les cartes divines avaient été mêlées au jeu, et finalement ce dernier homme rendu conforme à l'idée qu'il devait se faire de lui-même, d'après une donne *a priori* qui produisait l'objet de sa pensée, et lui-même comme objet de cette donne. De sorte que le péché originel prend un sens profond pour un processus purement intellectuel qui aboutit au sens absolu : qui parvient à l'ultime[6]. Puisque de toute façon nous ne pouvons rien comprendre à nos actes, le théoricien nous dit qu'il est un sens ; que la souffrance est un piment « et la salissure, la clôture de a vie, une cérémonie sans danger. » Car

1. Cette proposition figure dans Ernst Bloch, *L'Esprit de l'utopie*, *op. cit.*, p. 216.
2. *Ibid.*, p. 216.
3. *Ibid.*, p. 217.
4. *Ibid.*, p. 220.
5. *Ibid.*, p. 221.
6. Je regrette de ne pas disposer du texte original, car le traducteur indique qu'il rend ainsi *Überhaupt*. Or ce mot peut signifier « à la fin », pour finir (*Schliesslich*).

au-delà de l'empirie l'esprit est déjà achevé, la « présence de l'Oméga de l'idée absolue déjà totalement dévoilée dans l'Alpha[1] ». C'est toute la différence d'avec Kant, son « méthodisme pratique-transcendantal » à la recherche d'un « Logos non encore apparu », à l'opposé de l'atmosphère de « salle de classe » où la vérité-réalité est inscrite au tableau noir, la douleur et l'injuste de la vie, la nécessité de s'y opposer bannies et le maître d'école, avocat indifférent à l'être qui l'a mandaté[2].

À mon tour j'appelle l'aide de Simone Weil, pour déchiffrer ce thème : labyrinthe et paradis. Je trouve dans les *Écrits de Londres*[3] le texte intitulé « La personne et le sacré », les éléments de langage qui manquent, aujourd'hui comme hier. D'abord la nécessité du silence, pour laisser aux cris de ceux qui souffrent, l'espace occupé par le bruit de la conquête et de l'exercice du pouvoir. Tous les pouvoirs institués, État, mais aussi partis, Églises, entreprises, gênent le silence. Ils sont étrangers aux scrupules de l'intelligence et produisent, pour faire taire le sacré, des apparences, que sont la personne et ses droits. D'où peut provenir l'expression de la souffrance face à l'injuste ? « Le cri de douloureuse surprise que suscite au fond de l'âme l'infliction du mal n'est pas quelque chose de personnel. Il ne suffit pas d'une atteinte à la personne et à ses désirs pour le faire jaillir. Il jaillit toujours par la sensation d'un contact avec l'injustice à travers la douleur. » On entend aussi des cris de protestation personnelle ; on peut en provoquer autant qu'on veut sans rien violer de sacré. C'est que le sacré n'est pas dans la personne humaine, il est dans l'homme : tout en lui est sacré, ses longs bras, ses yeux bleus et même sa médiocre intelligence. Envers lui nous avons obligation de respect et de justice. Sa personne n'est que « sujet de droits » – les juristes disent sujet de droit pour faire la différence : je suis sujet de droit veut dire que j'ai des droits, ils sont attachés à ma personne en tant qu'elle est définie par le droit. Le sacré est l'impersonnel en l'homme. L'art, la science, la philosophie n'épanouissent que des personnes ; « La vérité et la beauté habitent ce domaine des choses impersonnelles et anonymes [...] La perfection est impersonnelle. La personne en nous, c'est la part en nous de l'erreur et du péché. Tout l'effort des mystiques a toujours visé à obtenir qu'il n'y ait plus dans leur âme aucune partie qui dise "je". »

Nous devons être aussi vigilant à la lecture de Simone Weil, qu'elle-même l'est dans le choix du vocabulaire. Le « collectif » est dans son langage

1. Ernst Bloch, *L'Esprit de l'utopie*, *op. cit.*, p. 224 et 225.
2. *Ibid.*, p. 225-226.
3. Simone Weil, *Écrits de Londres*, Paris, Gallimard, 1957. Il faudrait citer l'ouvrage entier.

l'expression du renoncement à soi de ce qu'il y a d'humain, qui ne peut être que chacun entier : l'idolâtrie attribue du sacré au collectif, parce que, s'il y a passage du personnel à l'impersonnel – le renoncement aux « droits de la personne », il n'en est aucun de l'impersonnel au collectif, qui n'est qu'une agglutination de droits, et toute personne tend à se précipiter, se noyer dans le collectif. Tout esprit enfermé par le langage est capable seulement d'opinions ; un esprit enfermé dans le langage est en prison[1]. C'est que, de la personne à l'individu, la pente est irrésistible. L'humain qui s'élève au-dessus du personnel échappe au collectif, il s'enracine dans l'impersonnel qui est l'obligation du bien. Celui qui entre dans l'impersonnel « y rencontre une responsabilité envers tous les êtres humains[2] ». Emmanuel Lévinas, je le rappelle, ne dira pas autre chose. Cette responsabilité exige la vigilance : « Le malheur est par lui-même inarticulé. Les malheureux supplient silencieusement qu'on leur fournisse des mots pour s'exprimer. [...] La pensée répugne à penser le malheur autant que la chair vivante répugne à la mort[3]. »

Le droit exprime cette aversion. Le droit naturel inventé – dit Simone – par les penseurs matérialistes du XVIIIe siècle n'est qu'un mensonge, qui prétend fonder l'usurpation et le partage entre personnes. Le droit, héritage romain, est exclusif de l'idée de justice, aussi les beaux esprits nous ont-ils fait comprendre que la justice sociale n'était qu'aporie. Ces gens-là croient que la justice signifie le partage à l'identique comptable des droits personnels. La lecture que fait Simone d'Antigone est tout autre que celle que j'ai exposée, elle n'en contient pas moins une vérité : la vraie place d'Antigone que Créon envoie chez les morts, est bien celle-là, car elle ne réclame aucun droit « naturel », elle est poussée par l'amour extrême, l'amour absurde. « On n'entre pas dans la vérité sans avoir passé à travers son propre anéantissement ; sans avoir séjourné longtemps dans un état d'extrême et totale humiliation[4]. » Ce qui n'a rien en commun avec la « faute » où les docteurs de la chrétienté ont fait macérer leurs ouailles ; nous retrouvons ici la souffrance telle que la vécut Kierkegaard. Si j'opère ces rapprochements ce n'est ni pour faire preuve d'érudition ni pour tout rassembler sous une bénédiction éclectique, mais bien pour rappeler qu'il n'est pas de pensées, si solitaires soient-elles, si méconnaissantes d'autres qui les ont précédées, qui n'aient leur demeure, soit dans l'idée de juste, qui est inquiétude, soit dans celle de force, qui est certitude.

1. *Ibid.*, p. 33 et 34.
2. *Ibid.*, p. 19-20.
3. *Ibid.*, p. 29.
4. *Ibid.*, p. 34.

Ernst Bloch voyait en Kierkegaard le seul qui ait dépassé « ce qui nous est en fin de compte étranger ». Kierkegaard ne voit que dans « la part trouble, dans le chatoiement de l'être-là, ressenti et intériorisé, le chemin du véritable infini, l'immédiat, là seulement la vérité nous regarde en face[1] ». Dans et par le *Pater noster* chrétien apparaît cette « sanctification du nom » ou *kiddusch haschem* : cette prière, loin de glorifier, réclame de Dieu qu'il « se défasse enfin du sombre fond de Moloch qu'il garde en lui ». Par la transfiguration du nom de Dieu, les hommes qui l'invoquent appellent la Jérusalem céleste à descendre à eux et Dieu à se briser comme le boisseau qui cachait Jésus porteur de lumière. Dans sa préface à *L'athéisme dans le christianisme*, Ernst Bloch revient à la manne tombant du ciel, comme les cigognes apportant les bébés, à la Résurrection, et à « l'histoire du tombeau vide » pour dire que Thomas Münzer voyait un « Jésus pas si doux que cela. » Ce n'est en rien nuire à la mémoire d'Ernst Bloch de rappeler ce qu'il écrit au sujet du Dieu transcendant, païen, « comme toute grandeur qui peut ainsi frapper et aussi punir de façon pharisienne ou montrer enfin sa magnanimité, si on le compare à ce que la Bible sépare effectivement, dans un esprit antipharaonique et christocentrique, de l'idolâtrie[2] ».

Le meilleur dans la religion, écrit Ernst Bloch, est qu'elle engendre des hérétiques. Comprenons bien : non pas des hérésies, qui ne sont que d'autres idolâtries – celles de MM. Luther, Calvin, Zwingli et autres concernent le libre examen. De quoi, là est la difficulté. Les hérétiques n'instituent pas d'idolâtries, ils se révoltent, Coré contre Moïse, Thomas Münzer contre les Princes réformés, Babeuf contre les spoliateurs. L'hérésie est l'autre nom

1. Ernst Bloch, *L'Esprit de l'utopie*, *op. cit.*, p. 241. J'ai opéré une coupure sans altérer le sens du texte.

2. Ernst Bloch, *L'Athéisme dans le christianisme,* Paris, Gallimard, 1978, préface p. 12-13. Bloch avait écrit un *Thomas Münzer* en 1921. *L'Esprit de l'utopie* date des années de la « Deuxième Guerre mondiale », *L'Athéisme dans le christianisme* fut publié en 1968. Je ne reviens pas ici sur la réprimande adressée par Emmanuel Lévinas à Simone Weil dans *Difficile liberté* : elle connaissait mal l'Ancien Testament, ou la Torah si l'on préfère. Je note seulement la connivence d'Ernst et de Simone, à quoi j'adhère, pour distinguer du Dieu Tout-puissant « pharisien » le message biblique tel qu'on le lit à la lumière du Nouveau Testament : le juste est humilié et souffre, mais ce n'est pas en vain. Job, Jésus illustrent ce thème en des apparitions opposées : l'un méconnaît d'abord sa propre vanité, l'autre sait qu'il doit parler aux hommes et en mourir. Il n'est là nul principe d'élection, ni par conséquent de malédiction. L'hérésie d'Ernst Bloch contre le dieu transcendant, quelque nom qu'on lui donne, équivaut à l'évasion des Hébreux d'Égypte, une sortie de l'esclavage. Cela ne signifie nullement que l'Ancien Testament soit un prône sur l'esclavage : le texte en est empli de révoltes, de crimes et de prophéties humaines contre les puissants, contre leur Dieu.

pour ce qu'Ernst Bloch nomme chemin interne ou rencontre de soi-même, préalables sans lesquels « tout regard porté sur le monde extérieur reste sans valeur[1]. » Ce n'est pas en vain qu'Emmanuel Levinas trouve une proximité de Bloch avec Husserl, dans l'accès authentique à la misère de l'homme à partir de la révolte[2]. C'est pourquoi la parole biblique est si insaisissable, bien qu'elle ait été confisquée de divers côtés. Aux initiés, savants lecteurs exégètes répondent ceux qui trouvent le dialogue d'Élie et d'Achab : « Dès qu'il vit Élie, Achab lui dit : Te voilà, toi le fléau d'Israël ! Élie répondit : Ce n'est pas moi qui suis e fléau d'Israël, mais c'est toi et ta famille. [...] Élie poursuivit : Moi, je reste seul comme prophète de Yahvé, et les prophètes de Baal sont quatre cent cinquante[3]. » Là encore qu'ils trouvent le récit du crime de Jézabel pour procurer au roi Achab son époux la vigne de Nabot, qui ne voulait pas s'en séparer, comme héritage de son père. Nabot est lapidé sur une dénonciation : il aurait maudit Dieu et le roi. Élie va à la rencontre du roi Achab et lui dit : « Je balaierai ta race, j'exterminerai les mâles de la famille d'Achab, liés ou libres en Israël. »

Que dire d'Amos, inciseur de sycomores de son métier, qui non seulement s'adresse à Yahvé, mais obtient de lui une rémission, malgré les péchés d'Israël ? « Je dis alors : De grâce, arrête, Seigneur Yahvé ! Comment Jacob subsisterait-il ? Il est si petit ! Yahvé en eut regret : Cela non plus ne sera pas, dit le Seigneur Yahvé. » Et Amos est accusé par Amasias, grand prêtre de Béthel, de conspirer contre Jéroboam, roi d'Israël; Amasias lui interdit de prêcher, Amos lui répond : « Je n'étais ni prophète ni du corps des prophètes; j'étais berger et je cultivais les sycomores[4]. » Voilà un homme qui n'est pas du corps des prophètes, qui obtient de Yahvé une rémission pour les siens, et qui est accusé de « vaticiner contre la maison d'Isaac », parce qu'il annonce des désastres. Puis il vitupère ceux qui « trichent en affaires » : « Écoutez ceci, vous qui écrasez le pauvre et voudriez faire disparaître les humbles du pays, vous dites : Quand donc sera-t-elle passée, la nouvelle lune, et le sabbat, que nous écoulions notre froment ? Nous diminuerons l'épha, augmenterons le sicle, nous fausserons les balances pour tromper; nous achèterons le pauvre pour de l'argent et l'indigent pour une paire de sandales; nous vendrons

1. Ernst Bloch, *L'Esprit de l'utopie*, « Karl Marx, la mort et l'apocalypse », p. 298.

2. Emmanuel Levinas, « Sur la mort dans la pensée de Ernst Bloch » in *De Dieu qui vient à l'idée*, Paris, Vrin, 1992, p. 63.

3. *Livre des Rois* I, 18, 17 et 22. La citation qui suit : *Rois*, I, 21, 22. On notera qu'Élie est expressément envoyé par Yahvé, dont il répète les paroles. C'est à double tranchant, car d'une part les humiliés trouvent ici la justification à leur révolte, d'autre part, c'est Yahvé qui ordonne ce châtiment effroyable.

4. *Amos,* VII, 5, 6 & VII, 14.

jusqu'à la criblure du froment.[1] » Tel est le prophète, qui, au nom d'une vision divine, parle sans crainte à ceux qui ne veulent pas voir ni entendre, qui font taire la vision en eux. « On errera du Nord au Levant pour chercher la parole de Yahvé, et on ne la trouvera pas ! » Pourquoi faut-il que les hommes s'enferment ? Ainsi se font-ils méchants, et qui irait parler de spiritualité entre eux ?

AVÈNEMENT DE L'ÊTRE PAR L'ACTE

Comme l'observe Emmanuel Levinas, le « marxisme » d'Ernst Bloch est un moment philosophique, le moment de la recherche de la vérité de l'être par le travail. Ce qui, écrit Levinas, implique une nouvelle notion de l'intelligibilité de l'être, matérialité et humanité : il s'agit surtout d'une nouvelle intelligence du travail, que Levinas qualifie de « condition transcendantale de la vérité », le travail fait et présente l'être en sa vérité[2]. Levinas ensuite énonce l'un de ces formules ouvrant sur l'infini : « apparoir spécifique de la matière ». Entendons que le travail ne répond pas à une finalité posée d'avance, moins encore à une image – Levinas emploie le mot – donnée d'avance. Dit autrement cela signifie que, par travail, on donne la subjectivité à l'humain, ce que Marx écrit lui-même en parlant de restituer au travail sa valeur. Certes on peut suivre Levinas lorsqu'il poursuit : « La vérité de l'être est ainsi actualisation de la puissance », mais que penser de la rectification qui suit, selon laquelle la destinée de cet être serait alors dépendante du temps de la praxis. Un être nécessairement inachevé : « L'avenir de la praxis n'a encore lieu à aucun titre[3] » ?

La vérité de l'être ne se sépare pas de l'espérance : voilà l'énoncé que Levinas reproche à Ernst Blochap. Celui-ci veut dire que nous ne pouvons concevoir l'idée de cette vérité sans des actes par lesquels nous nous présentons, non pour ce que nous sommes, mais tels que nous ne voulons plus apparaître à nos yeux. C'est le projet de la phénoménologie transcendantale de Husserl, transporté de la réflexion philosophique inopérante vers l'action pratique tournée contre les dominations, l'oppression générale d'où découlent les limitations imposées. Levinas croit-il qu'il puisse en aller autrement ? D'où pense-t-il tirer cette vérité ? Dire que la praxis « n'a encore lieu

1. *Amos*, VIII, 4-6. La nouvelle lune, comme le sabbat, suspendait le commerce. L'épha est une mesure de capacité. Le sicle est un poids, qui sert à peser les lingots de monnaie : l'augmenter fait payer plus cher.

2. E. Levinas, « Sur la mort ...», *op. cit.*, p. 67-68.

3. *Ibid.*, p. 69.

à aucun titre » n'est pas nier le contenu « marxiste » des « démocraties populaires » – il est évident que cette imposture ne pouvait durer, c'est dénier tout sens à la protestation. De la protestation à la révolte, quelle différence ? La première est appel à l'inconnu en nous : que voulons-nous devenir ? La seconde est revendication de ce que nous prétendons être, de ce que nous estimons nous avoir été donné en propre. Cette révolte est, on le comprend, le fait d'esprits superficiels imbus de leur singularité. L'homme révolté avance ses prédicats comme s'il les avait gagnés à la loterie. Protester est penser en actes : Thomas Münzer, Gracchus Babeuf, les Conseils révolutionnaires de 1917. C'est encore négliger précisément ce qu'illustrent Ernst Bloch, mais aussi Simone Weil, Félicité de Lamennais, voire Emmanuel Mounier ; plus loin de nous mais encore présent François d'Assise et que dire des prophètes de l'Ancien Testament ? Dénoncer les puissants qui dépouillent leurs frères au nom du dieu qu'ils se sont inventés à leur image, n'est-ce rien faire qui mette sur la voie de la vérité de l'être ?

Parler de « Dieu ramassant le temps dans sa transcendance », comme si nous pouvions jamais connaître les desseins de ce Dieu, n'est-ce pas attendre une douteuse révélation qui, d'un coup, nous apprendrait la vérité de notre inachèvement ? Et comment comprendrions-nous cet inachèvement ? Le passage à l'acte, par lequel des hommes indiqueraient le chemin aux autres, est-ce contester le « définitif du passé[1] » ? Mais où se situe ce définitif ? Dans les mémoires, si oui lesquelles ? Dans les monuments ? Les mémoires se perdent et se retrouvent ; les monuments sont détruits et d'autres, d'églises deviennent des prisons[2]. M. Furet a récemment montré sous de chaleureux applaudissements que l'on pouvait retirer du fichier des mémoires vives, tout ce qui ne conduisait pas en droite ligne à l'éternel présent de la démocratie réduite aux acquêts contractuels raisonnables.

Lorsque Levinas pense ironiser – peut-être est-il sérieux – en écrivant : « Espoir d'un sujet humain encore étranger à lui-même – pure facticité [...] invisible à lui-même, encore éloigné du lieu où dans l'être inachevé il pourrait vraiment être là », il énonce une proposition d'apparence impeccable qui dissimule, si je peux dire, le sujet, le verbe et le complément. En quoi l'espoir conçu par un sujet étranger à lui-même, serait-il simple facticité ? Facticité désigne-t-il un fait contingent ou le factice de cet espoir ? C'est bien comme étrangers à nous-mêmes que nous ressentons – certains d'entre nous peut-

1. *Ibid.*, p. 70.

2. Je parle littéralement : en France, dès l'ère napoléonienne, des églises confisquées furent aménagées en prisons, parfois en étables. D'autres servirent de carrières de pierres à d'honnêtes entrepreneurs.

être – une insupportable limitation, ce que Simone Weil nomme oppression. À quoi bon ironiser sur le lieu où il « pourrait » être là ? Bien sûr, qu'il ne le pourra pas : c'est bien pourquoi le principe espérance n'aboutit pas – au sens absolu aussi bien que relatif, il n'aboutit pas au lieu où l'on ne pourra pas être, pour la raison suffisante de l'essentiel inachèvement de l'être. Personne ne croit un seul instant – sauf des insensés, qu'il atteindra le stade ultime de l'achèvement de l'être, ni même celui de la révélation de son inachèvement, enfin portée à sa connaissance : l'adage juridique oppose le quérable et le portable. Nous pouvons aller, sans savoir où, personne ne vient à notre rencontre, même « l'invitateur » décrit par Kierkegaard, qui ne fait que nous précéder. Aussi bien n'y a-t-il pas lieu à controverse : Ernst Bloch ne « survole pas » la misère du monde en invoquant le travail fondateur de l'humanité, comme l'écrit Levinas. Bien sûr l'impulsion de ce travail doit provenir – provenir -, et d'où proviendrait-il, sinon d'une misère, chaque jour empêchée de s'exprimer, de s'expatrier vers l'espérance ?

Certes Levinas admet le « principe espérance » formulé par Ernst Bloch, mais c'est de nouveau pour insister sur « l'obscurité de pure facticité » dans lequel l'homme sans domicile exprime de façon purement extatique sa subjectivité. « Non pas intentionnalité prenant conscience de l'être » mais praxis dont l'œuvre produit le sujet. L'homme ainsi dévêtu de son égoïsme délaisse sa coquille de peau à la mort. Deux objections au commentaire de Levinas s'imposent : d'abord « l'homme », son devenir historique, précise Levinas, tient dans sa façon de se tenir dans l'inachevé. Oui mais qu'est cet « l'homme » sinon une pure hypostase ? Dire que l'utopie ne réussit que partiellement, donc est un échec – chacun subit la mort, me paraît fondé sur une lecture partiale de Bloch, car ce n'est pas « l'homme », mais des hommes, qui abandonnent leur vêtement, à la façon littérale de François d'Assise, au sens figuré comme Lamennais renonçant à une carrière ecclésiastique assurée, et ils délaissent ce vêtement par conviction. La foi qui les meut n'ignore rien de la mort prochaine. C'est médire que supposer l'utopie un échec au motif que les hommes meurent. Dire comme Ernst Bloch en écrivain, ou Babeuf en actes, que l'essence de l'homme est ailleurs, et que seuls, délaissés et diffamés, des homme, des « invitateurs » vont à la mort pour que d'autres, plus tard, peut-être, vivent. La seconde objection n'est que le corollaire de ce qui précède : l'intentionnalité n'a fait défaut à aucun de ces invitateurs. Quant à la démarche extatique, la subjectivité cherchée dans le futur de l'action, c'est d'une bien pâle utopie qu'elle relève. Entendons-nous : utopie est littéralement ce qui n'a pas lieu ; faut-il en déduire : ce qui n'a pas lieu d'être ? Voyez l'ambigu de cette formule : ce qui n'a pas lieu d'être peut signifier « ce qui n'a pas le droit d'être » ; cela peut vouloir dire « ce pour quoi on ne trouve pas de lieu approprié ». Le bavardage sur l'utopie est si généralisé et réduit aux illusions de la volonté constructiviste, que le lecteur de bonne foi lit : utopistes, ceux qui veulent créer l'homme nouveau. Eugène Cabet et son Icarie, Lénine et son électrification adjointe à l'Armée rouge (commandée par Trotski) sont ces utopistes-là. Nous n'en voulons pas ! Qui est ce nous ? Eh justement, ce n'est pas « l'homme » dont je parle, et Ernst Bloch pas plus que moi n'en parle. Nous est mis pour ceux qui n'ont pas de domicile et dont la peau est détachable. Nous est le serpent qui mue et reste le même, devenant lui vivant d'une vie renouvelée, face à la mort, qui n'est pas une peau mais un linceul.

Levinas pourtant rend justice à Ernst Bloch contre Heidegger. Par instants, la lumière de l'utopie pénètre l'obscur du sujet, sa mélancolie. C'est le moment de l'étonnement face à l'entrevue d'un achèvement « sans référence », écrit Levinas. Cet étonnement est une interrogation à propos de la relation aux choses et certes la lumière de l'utopie fait voir ce que Husserl, dans sa démarche du pur intellect, cherche en vain à apercevoir : que le donné de nos rapports aux choses dissimule le possible d'une intentionnalité non instituée. L'étonnement devant l'insignifiant est le premier pas au-delà duquel seule l'obligation de revenir aux choses sérieuses arrête l'aventurier, pour le reconduire aux chemins qui ne mènent vraiment nulle part. *Ich weiss nicht was soll es bedeuten, dass ich so traurig bin*[1] : pourquoi suis-je triste d'une pensée qui ne contient rien de triste ? Tout alors, peut « être tellement notre propre Être, qu'on n'ait plus besoin de question, mais que celle-ci se pose pleinement dans l'étonnement et devienne enfin bonheur : un Être qui soit un bonheur[2] ».

Il est un air pour qui je donnerais
Tout Rossini tout Mozart et tout Weber,
Un air très vieux, languissant et funèbre
Qui pour moi seul à des charmes secrets[3].

Et que répondre à Emmanuel Levinas : « L'arrivée de l'être à lui-même est certes impossible sans la fin de la misère de l'homme : de ma misère et surtout de la misère d'autrui. Misère-aliénation qui n'est pas seulement signe ou

1. Ce sont les premiers vers de *Lorelei*, de Heinrich Heine (Je ne sais pas ce que cela veut dire, que je sois si triste). Je précise que les « chemins » qui font le titre de l'ouvrage de Heidegger désignent les chemins forestiers sans autre issue que la forêt même.

2. Ernst Bloch, *Traces (Spuren)*, Paris, Gallimard, 1968, p. 190. La traduction que donne Levinas diffère très peu.

3. Début de *Fantaisie*, de Gérard de Nerval. S'il mit fin à ses jours, n'est-ce pas d'être seul dans ses rêves ?

métaphore de l'inachèvement mais son mode originel[1]. » Qu'il a raison, cela ne fait aucun doute ; que ce que nous cherchons n'est pas une recherche dans un passé mythique, c'est sûr. Ce que nous désirons, nous ne l'avons jamais connu. L'âge d'or n'est nulle part derrière nous. L'insistance de Levinas sur la misère d'autrui ne saurait étonner le lecteur d'*Infini et Totalité*. Certes, c'est sur le visage de l'autre que nous découvrons la misère originelle, mais à quoi sert d'attendre la fin de cette misère ? Ou je suis fou ou tous les autres le sont. Lamennais dans son *Esquisse d'une philosophie*, traite longuement de la folie : cette étude, menée autour de 1840, rend compte d'un phénomène alors si commun, du fait du passage au calendrier de la marchandise-accumulation, que chacun croit sa folie ordinaire. Par effet jurisprudentiel cette folie devint ce que nous nommons raison. Mais pourquoi Levinas reproche-t-il à Ernst Bloch de refuser la hauteur ? « Comme s'il y avait crainte qu'on ne confonde hauteur et ciel », écrit-il. Ernst Bloch a répondu dans *Spuren* : « Les fous, disait-il, ne veulent que faire un tour à la campagne. Ils aimeraient quitter notre village pour une petite promenade. Jusqu'à l'auberge la plus proche dont ils n'ont entendu dire que du bien. Mais une forêt sépare le village de l'auberge. Les fous la traversent. Dans la forêt point de chemin, rien que des taillis, arbres abattus et le reste, de sorte qu'on s'égare aisément[2]. » Résumons : les fous – ceux qui croient à la marchandise-accumulation, croient à un ailleurs ; ils s'y égarent. Le rêveur, celui de l'Esprit de l'utopie, n'a que faire de l'auberge « dont on ne dit que du bien » ; il ne s'avance pas dans la forêt où l'on s'égare, il lance un regard étonné autour de lui, voit l'eau qui ruisselle sur une vitre, une goutte qui en rattrape une autre, les deux qui fusionnent, et il ne percevrait pas de hauteur ? Au lieu de s'égarer sur les chemins qui ne mènent nulle part, il s'arrête à la vue d'un papillon sur une pierre tachetée. Les ailes du papillon sont tachées, est-ce par affinité qu'il s'est posé là ? Indifférent au passant qui s'étonne, vigilant, de sa hauteur, aux créatures d'en bas, le papillon parle à la pierre comme je lui parle, car je suis taché aussi, et c'est sans rapport aucun avec une quelconque crédulité aristotélicienne : tous les êtres tachés ont des qualités propres à leurs taches ! Toute substance rouge a les qualités du rouge, donc communes avec le sang ! Pas du tout, il suffit qu'en considérant cette pierre, je la trouve réceptive à ma peine. Panthéisme, spinozisme ! dira-t-on. Eh ! Dites-le donc. Spinoza sait bien qu'il n'était pas panthéiste[3].

---

1. Emmanuel Levinas, « Sur la mort... », *op. cit.*, p. 75.
2. Ernst Bloch, *Traces*, p. 120. On remarque l'absence de chemins forestiers !
3. Étienne Vacherot dans *La Métaphysique et la science*, Paris 1858, tome II, p. 546, accable Spinoza : il est panthéiste en ce qu'il « supprime la distinction de l'idéal et du réel ».

Lorsque nous mourons, écrit Ernst Bloch, nous mourons comme des êtres qui auraient besoin de vivre encore pour « s'achever ». Les êtres inachevés, les sans-havre que nous sommes, lorsqu'on les étrangle, « voient à ce point s'évanouir tout temps du monde, tout visage du monde, dans l'ouragan furieux », ils sont nus devant la Fin, incomplet mais « achevés[1] ». Mais, comme Ivan Karamazov, nous voulons paraître devant le tribunal de l'Apocalypse – si ardente soit la soif de la révélation, un procès équitable, nous demandons la réciprocité. « Nous préférons nous en tenir à nos souffrances inexpiées et à notre brûlante colère inapaisée, plutôt que de figurer dans l'assistance qui regarde combien tous, y compris les enfants totalement innocents, ont dû souffrir pour qu'en échange soit obtenue l'harmonie universelle[2]. »

IL N'Y A JAMAIS EU QU'UN SEUL CHRÉTIEN, ET IL EST MORT SUR LA CROIX[3]

La force de l'Église catholique, écrit Nietzsche, repose « sur ces âmes de prêtres, encore nombreuses aujourd'hui, qui se font la vie dure et lourde de sens[4] ». Oui, mais il écrit aussi : « Le prêtre règne par l'invention du péché[5]. » Nous devons immédiatement en conclure que ce philosophe fut suffisamment éruptif, et diluvien à la fois, pour qu'il soit inutile de le prendre en morceaux,

---

Ce qui veut dire qu'à l'identité substantielle de Dieu et du monde il n'oppose pas leur « distinction logique », mais identifie toutes choses dans l'unité de la Substance, vérité et réalité, liberté et nécessité, théologie et cosmologie. Là est le crime : « Diviniser tout, c'est tout justifier, tout consacrer. Quelle affreuse nécessité ! » C'est que, de là, le mal, le vice, le crime ne sont que des « aspects des choses considérées sous l'angle de l'expérience ». C'est contraire, nous dit Vacherot, à l'idéal que la pensée se fait de ces choses. En pratique, c'est moi qui l'ajoute, le panthéisme de Spinoza mène à dire : celui qui vole un pain agit avec la complicité de Dieu. Je le crois en effet, même si c'est plus difficile à croire pour l'accapareur. C'est seulement que le monde comme donné est une restriction de l'univers possible, à défaut d'une causalité divine transcendante. L'essence de la nature ou Substance est un pouvoir infini et permanent de production de modalités d'êtres. Pour Vacherot, le parfait a toutes les qualités, sauf la possibilité de l'existence : Dieu n'est que la catégorie de l'idéal. Voir A. Fouillée, *Histoire de la philosophie*, Paris, Delagrave, 1926, p. 493.

1. Ernst Bloch, *L'Esprit de l'utopie*, *op. cit.*, p. 327. « La véritable idéologie du royaume ».
2. *Ibid.*, p. 328.
3. Cette sentence est prononcée par Nietzsche dans *L'Antéchrist*, Paris, Gallimard, 1990, p. 52.
4. Ce passage est donné par Karl Jaspers, *Nietzsche et le christianisme* suivi de *Raison et existence*, Paris, Bayard, 2003, p. 12.
5. Nietzsche, *L'Antéchrist*, *op. cit.*, p. 67.

si l'on veut saisir ce que le flot veut dire. La lecture du *Journal d'un curé de campagne* de Georges Bernanos aurait sans doute renforcé Nietzsche dans ses vitupérations : ce curé ne sait pas qu'il se corrompt lui-même pour accomplir sa promesse christique; son corps ne supporte pas les quantités de vin qu'il s'administre, il meurt sans savoir. Nulle part ailleurs une telle promesse n'est tenue avec autant de dureté et de profondeur de sens, ce curé est à tout prendre un alcoolique, un ivrogne même. Il abuse de la boisson christique, l'oubli de soi, le don de lui-même, qui ne s'appartient plus. On jugera par là s'il n'y eut qu'un seul chrétien. Certes, ce curé n'est pas vrai, il est inventé. De quel prodige est-il issu, alors ? De quel prodige sortirent Gracchus Babeuf, Lamennais, Simone Weil ? De quelle infernale pensée surgirent saint Dominique, la sainte Inquisition et les Grands cimetières sous la lune ?

À la lecture de *L'Antéchrist* de Nietzsche, on s'imagine ce que purent éprouver les hommes accablés par le Déluge. Cet esprit éruptif est diluvien, il est effrayant, non pour sa folie, qui, pour le lecteur, serait plutôt plaisante, comme un souffle de liberté dans la morne oppression : il effraie par la cruauté qu'il s'inflige, pour ne pas être ce que l'on appelle gentil. En allemand, il existe un mot, *nett*, que l'on peut rendre par « propre, gentil », comme on dit d'un petit garçon bien élevé, c'est-à-dire infect de soumission. Or c'est de « vouloir-vivre brisé » que sont traités les chrétiens[1], et Nietzsche raille la « preuve par l'efficacité » : la foi donne la béatitude, donc elle est vraie. Il traduit béatitude en « plaisir » et conclut : qu'est-ce qui est vrai ? La preuve « par le plaisir » est la preuve du plaisir. De là une apologie de la probité, la nécessité d'être « sévère pour ses inclinations », faire de chaque cas un cas de conscience. C'est beau, ça fait impression, le lecteur éprouve la honte du plaisir garanti; le paragraphe suivant assène la sentence : le christianisme est une maladie, du moins a-t-il besoin de rendre malade, c'est la thérapeutique du salut. Les chrétiens sont enfermés dans un asile d'aliénés, où la « folie circulaire » est méthodiquement produite dans un milieu morbide. Le propos de Paul est repris : « Ce qui est faible aux yeux du monde, ce qui est fou aux yeux du monde, ce qui est vil et méprisé aux yeux du monde, Dieu l'a choisi[2]. » Le texte authentique donne : « Mais ce qu'il y a de fou dans le monde, voilà ce que Dieu a choisi pour confondre les sages; ce qu'il y a de faible dans le monde, voilà ce que Dieu a choisi pour confondre la force. » On conviendra que ce n'est pas pareil, car le point d'où part Paul

1. *Ibid.*, § 50. C'est à ce § que je me réfère ici. Ce qui ne dispense pas de lire tout *L'Antéchrist*.

2. *Épître aux Corinthiens*, I, 27.

est qu'il est difficile d'être sage selon la nature, ce qui signifie par ses seules forces. Aussi paraît fou celui qui se risque à écouter « l'invitateur » et quitte ses biens ; ainsi paraît-il incroyable, intolérable aux forts, que la faiblesse les accable. Ce que Nietzsche nomme décadence, rancune des malades contre les bien-portant est à l'opposé de « Nous sommes tous crucifiés, par conséquent nous sommes divins. » Le christianisme fut une « forme supérieure d'esprit aristocratique qui n'y survécut pas[1] ». Je n'ai nulle intention de refaire le procès de Nietzsche, ni en sainteté ni en diabolisme, il me suffit de voir le propagandiste de l'homme libéré prendre fait et cause pour l'homme exemplaire mort sur la croix, « En vérité, c'était un homme divin, un enfant de Dieu », dit le Larron. – « Si tu as senti cela, dit le Sauveur, tu es au paradis, tu es toi aussi un enfant de Dieu[2] ».

Et qu'est-ce que cela veut dire ? Que le Royaume des cieux est un « état du cœur », selon les mots de Nietzsche. Qu'est-ce que cet antéchrist, qui jette Luther, Calvin, dans l'asile de fous où ils avaient place, avec la sainte Inquisition, le Vatican, tout ce que Lamennais condamna avec autant de violence et plus de foi que Nietzsche ? Karl Jaspers a donné des clefs pour saisir « l'antichristianisme » de Nietzsche. Le passage que voici est une lecture – au sens que Simone Weil donne à ce mot : le sens que l'on choisit de retirer, quoiqu'en vérité, ce choix s'impose à nous – de Nietzsche à travers les indications de Jaspers[3].

D'abord, le christianisme a tué la « vérité tragique de la vie » en lui opposant des fictions : Dieu, l'ordre moral de l'univers, l'immortalité, le péché, la grâce et la rédemption. Ce jugement serait juste si quelqu'un avant le christianisme avait fait l'épreuve de cette vérité, ce qui exclut ceux qui vécurent dans le sentiment de l'élection, du dialogue avec l'Éternel, de la Loi à eux transmise. Nous en sommes réduits à supposer les peuples polythéistes proches de cette « vérité », ce qui, du point de vue de Nietzsche, se rapporte aux Grecs, nourris de ce tragique. Dans *Götzerdämmerung*, Nietzsche demande de quelle « idiosyncrasie » a pu naître l'équation socratique : raison = vertu

1. Nietzsche, *L'Antéchrist, op. cit.*, § 51, p. 70.
2. *Ibid.*, §35, p. 49.
3. Karl Jaspers, *Nietzsche et le christianisme, op. cit.* Jaspers se réfère à l'édition des œuvres complètes par Elisabeth Foerster-Nietzsche. Les notes renvoient aux volumes et pages. Je me réserve de citer directement Nietzsche si nécessaire, je l'indiquerai à chaque fois. Lecture : « Ainsi, sans contrôle sur l'imagination, on peut faire n'importe quoi. [...] La faute n'est pas dans l'action, c'est une faute de lecture. Prendre conscience qu'on lit : déjà très difficile. Viser à lire bien – qu'est-ce à dire ? Lire de telle manière que ce qui est désirable semble bien. Lire de telle manière que ce qui est bien semble désirable. Quant on s'élève à la notion de lecture, apparaît l'arbitraire. Là, alors... ? » Simone Weil, *Cahier I*, Paris, Plon, 1951, p. 62.

= bonheur[1]. Jésus, selon Nietzsche, « se tient à l'écart », il « réalise une nouvelle manière de vivre, non une nouvelle connaissance (une conversion de soi, non une nouvelle croyance)[2] ». Son propos selon Nietzsche est d'accéder à la vie « au ciel », une vie éternelle qu'aucune réalité n'atteint plus, une vie intérieure. Remarquons le parti pris nietzschéen : si la foi en Jésus vit contre les doctrines de l'au-delà, si la vie n'est pas promise mais présente, alors Jésus annonce tout simplement la bonne nouvelle qu'il n'y a plus de contraires en opposition ; que les objets, sur quoi sont braqués notre perception, notre pensée et notre savoir à leur égard, rien de toute l'objectivité contraignante n'existe pour nous. L'eau changée vin, le paralytique et le possédé guéris ne sont pas des miracles ; Jésus a refusé de changer les pierres du désert en pain de vie : il ne s'est pas élancé dans les airs. L'amour que vit Jésus dit oui à tout, il est sans distance et sans séparation ; il ne choisit pas ni ne « dédaigne personne ». On comprend alors que Jésus est mort comme il a vécu, non pour sauver les hommes, mais pour leur montrer comment vivre ; comprenne qui peut, et ne recommande-t-il pas à ses disciples de garder silence sur ce qu'ils n'ont pas encore compris ? Ainsi, devant ses juges, il ne défend pas ses droits de rédempteur. Ceci appelle deux remarques : la première est celle de Simone Weil, les droits supposent une possession, et nous n'avons que des obligations, au-delà de toute législation. Jésus n'invoque que le royaume qui n'est pas. La seconde est l'étrange et remarquable intuition de deux écrivains russes, Dostoïevski bien sûr, avec le prince Mychkine – Nietzsche n'a pu lire L'Idiot – histoire d'un pauvre Jésus ; il ne sait appeler à lui, mais ceux qui sont dans la détresse le reconnaissent, et il reçoit leurs souffrances, qui sont celles du monde. Boulgakov ensuite, avec son personnage de Yeshua, qui n'a rien à redire aux accusations portées contre lui et que le procurateur Pilate ne peut se pardonner d'avoir condamné, car il s'est voué lui-même au monde malheureux[3]. Jésus témoigne de la capacité de souffrir et de sentir poussé à l'extrême de l'amour. Ici encore une analogie avec Gracchus Babeuf qui, dans sa dernière lettre de condamné à mort écrit : « Il me semble que je ne sens rien pour trop sentir[4]. » À tant sentir la vie, la mort devient irréelle, ni pont ni passage.

---

1. Nietzsche, *Le crépuscule des idoles, op. cit.*, p. 83.
2. Jaspers, *Nietzsche et le christinianisme, op. cit.*, p. 24.
3. Mikhaïl Boulgakov, *Le Maître et Marguerite*. Nietzsche refuse qu'on appelle Jésus un héros : « Si l'on voulait user du langage rigoureux du physiologiste, c'est un tout autre mot qui serait à sa place ici, le mot idiot. » Jaspers, qui cite ce passage, relève que Nietzsche l'entend au même sens que Dostoïevski.
4. Voir mon *Impatience du bonheur, apologie de Gracchus Babeuf, op. cit.*, p. 266.

Cette lecture de Nietzsche soulève une difficulté, car Jésus ne s'est pas contenté de vivre en secret, il a prêché. Ceci appelle deux observations : l'une porte sur l'exégèse, l'autre sur l'idée que Jésus aurait « créé ses propres bourreaux ». Les deux points sont à examiner séparément, ils sont les deux faces du même prêche. Nietzsche comme Kierkegaard condamnent l'exégèse des Évangiles et Jaspers s'en fait le défendeur. « L'exégèse ne détruit qu'une fausse façon de voir; poussée le plus loin possible, elle ne révèle l'essentiel que dans l'expérience authentique du non-savoir. Ce serait une foi bien suspecte que celle qui reposerait sur l'interdiction de détruire ses illusions, en se référant à des faits empiriques et à des nécessités rationnelles[1]. » On objectera que la lecture ne se réduit pas aux faits empiriques, elle consiste en un choix de signifié, qui est propre au vivant en nous. L'exégèse se justifie par un savoir constitué, et pourquoi croire en une autorité si suspecte de gnoséologie que celle des Docteurs en Sorbonne ou celle des subtils Luther, Calvin ou Melanchthon ? Félicité de Lamennais écrivit un commentaire des Évangiles, bien différent de celui des autorités théologico-politiques. Son commentaire n'est pas « poussé le plus loin possible », c'est-à-dire hors de portée des vivants, il est jeté comme le pêcheur jette son filet pour ramener des hommes.

Ce qui nous mène à l'autre question : que penser de l'assertion de Nietzsche « le besoin instinctif de s'attirer la haine sans merci des puissants de ce monde et de se créer ainsi ses propres bourreaux, l'instinct qui fait tendre au néant[2] ». Ce qui nous ramène à « Jésus se tenant à l'écart », proposition inacceptable; Jésus affronte les docteurs de la Loi, à propos de la loi. Certes, révéler la haine sans merci attire sans doute le châtiment, cela ne crée pas la haine. Les bourreaux se chargent de rendre la haine gouvernante légitime; aussi ne jouent-ils aux dés que les habits de celui qui s'en est dépouillé, et n'en aura plus besoin.

1. Jaspers, *Nietzsche et le christinianisme, op. cit.*, note 4 de la p. 38.
2. *Idem*, cite ce passage p. 29. Il renvoie à l'édition E. Foerster, XV, 158.

THOMAS MÜNZER

Par l'avènement de la foi, nous autres, hommes de chair et créatures terrestres, grâce à l'incarnation du Christ, nous devons tous devenir des dieux[1].

Ernst Bloch écrivit son livre dédié à Thomas Münzer en 1921, juste après *L'Esprit de l'utopie*, comme un complément. Quoique très marqué de terminologie « marxiste », cet ouvrage est d'un immense intérêt. Le sous-titre « Théologien de la révolution » en dit assez sur la dimension que prend pour Ernst Bloch l'idée de révolution. On évitera les parallèles douteux avec la cohue des plumitifs, pour qui une révolution est un événement religieux en soi. C'est tout autre : l'exigence de pureté et d'authenticité révèle en l'homme la religiosité, non la ferveur religieuse. Encore religiosité est un mot douteux, peut-on parler de la religiosité de Gracchus Babeuf ? Si la réponse est non, alors il faut rayer ce mot. On peut le remplacer par appel ou réponse à ce désir d'être, « Le substantiel est la liberté des enfants de Dieu[2] ». La lecture de ce remarquable ouvrage permet d'abord de rejeter une pensée héritée, une pensée d'autorité : lorsque Münzer écrit : « *Bibel, Bubel, Babel* » – Bible, Babil, Babel, il veut dire que nous n'avons affaire qu'à Dieu et non aux écrits saints, sacrés, gloses canoniques et autres jeux d'esprit sur les textes. Affaire à Dieu ? Voici précisément la fausse lecture. Dieu n'est pas extérieur, il nous parle en nous, nous devons être attentifs à lui en nous. Ce qui veut dire que nous n'avons pas à décider qui a créé le ciel et la terre, au nom de qui parlent et commandent les institutions théologico-politiques. Encore une fois, la lecture du traité de Spinoza devrait suffire, apparemment elle ne suffit pas : « Moïse n'a pas perçu ces choses [les Lois] comme des vérités éternelles mais comme des choses commandées et instituées et il les a prescrites comme des lois voulues par Dieu. [...] Nous pouvons donc conclure que Dieu ne peut être qualifié de législateur, de prince, et n'est appelé juste, miséricordieux, etc., que suivant la façon de comprendre du vulgaire et par un défaut de connaissance[3]. »

1. Propos de Thomas Münzer rapporté par Ernst Bloch (voir note suivante), p. 78.

2. Ernst Bloch, *Thomas Münzer*, Paris, Julliard, 1964, traduction de Maurice de Gandillac, p. 21. Cet ouvrage de 1921 est encore embarrassé de «marxisme» et d'hégélianisme, mais la clairvoyance d'Ernst Bloch est déjà miraculeuse. Thomas Münzer, bachelier et maître ès arts de Leipzig et Francfort-sur-Oder se fit professeur. Il prit la tête de la révolte des paysans de Thuringe. Il s'était réfugié en Bohème – patrie de Jan Huss et des Frères de Bohème, après avoir été chassé et poursuivi par les princes. La répression atroce de cette révolte fut appelée par Luther le bon apôtre.

3. Spinoza *TTP*, chap. IV, cité par Robert Misrahi, *L'être et la joie, perspectives synthétiques sur le spinozisme*, Encre marine, 1997, p. 178.

« Point ne suffit de dire qu'on ne bâtit pas l'histoire en entassant de simples souvenirs, mais même aux catégories axiologiques de l'efficacité, c'est-à-dire ce qui reste dans les cadres de l'histoire, il manque encore la dimension de la survie, ce qui fait seul que nous soyons, en fin de compte, personnellement et totalement concernés, la plus authentique « réimpression », le schème créateur de la remémoration : comme l'essentielle, l'indéfectible conscience de tout ce qui n'est pas advenu, de tout ce que nous visons éternellement, des voies qui ne sont point encore frayées[1] ».

Pourquoi parler ici de Thomas Münzer ? Pour contredire Nietzsche et lui rendre justice en même temps : il n'y eut pas qu'un seul chrétien, mais les chrétiens furent bien des révoltés, des « exagérés » comme on disait au temps de Babeuf. Pour la raison même qui décida Ernst Bloch à parler de lui, et au présent. Thomas Münzer est présent parmi nous, au même titre que Gracchus Babeuf, et bien d'autres que nous méconnaissons. Une raison particulière pourtant : Münzer se révolta contre Luther et Calvin les imposteurs, oppresseurs des consciences et bourreaux des vivants. Ce qui explique, comme le relève très savamment Ernst Bloch en 1921, que la littérature consacrée à ce héros soit si médiocre, menteuse et diffamatoire. E. Troeltsch[2], que cite Bloch, n'accorde que « quelques mots » à Münzer, encore donnent-ils de cet homme une idée fausse : « petites gens vivant de miettes mystiques », ce qui ressemble au jugement sur Babeuf : un exalté faible d'esprit qui n'avait pas compris de quel côté était la force[3]. On sait qu'il en va exactement de même pour Babeuf : ce qu'Engels écrivit sur Münzer équivaut à ce que les « historiens marxistes » écrivirent sur Babeuf, et je ne parle pas des folliculaires qui ne sauraient inspirer que du mépris. Les écrits de Münzer, comme ceux

1. Ernst Bloch, *Thomas Münzer, op. cit.*, p. 20.

2. Ernst Troeltsch fut un théologien protestant, proche de Max Weber. Son christianisme est intériorité individuelle, sa philosophie embarrassée de concilier l'absolu de la révélation et le relatif de l'histoire. Il rejette l'utopie de la venue d'un état non religieux de l'humanité. Si c'est le positivisme comtien ou consort, il a raison sans doute ; si c'est pour rejeter les « mystiques de l'infini humain », il faut peut-être y voir un « néo-platonisme » de la foi individuelle, ou est-ce simple individualisme ? Comte voyait en l'Humanité le Grand Être providentiel. On lira avec profit *Le drame de l'humanisme athée* de Henri de Lubac, Paris, 1944, « Le sens de l'athéisme comtien ».

3. E. Troeltsch, *Soziallehren der christlichen Kirchen*, Mohr, Tübingen, 1919. L'*Encyclopaedia universalis* se réfère évidemment à Troeltsch, qui parle de « dons pneumatiques de la grâce avant l'imminente fin du monde », ce qui autorise à ranger Münzer dans la catégorie des illuminés – non au sens religieux de l'époque, mais au sens de fou. Bernard Vogler y écrit : « Emporté par son élan, Münzer commence à s'en prendre à Luther » (Corpus XXVII, 3140, col. 2), ce que l'on comparera avec la lettre de Babeuf à Fouché, cf. mon *Impatience du bonheur, op. cit.*, Et de gnostique, ajouterai-je, ce qui est bien commode. Sur Babeuf, voir ma réfutation de ces inepties dans *La Conjuration*, *op. cit.*

de Babeuf, furent ignorés ou pis, livrés aux commentateurs à façon, qui en détournèrent le sens autant qu'ils en étaient capables bien sûr, l'habileté y suffit.

« De cette foi, les hommes qui furent en place jusqu'à présent, notez-le, bavardent froidement. Ils volent dans la bouche de leur prochain la Parole qu'eux-mêmes n'ont jamais reçue. Ou bien je les ai entendus répétant cette simple Écriture qu'ils ont volée à la Bible comme d'agiles larrons et ravisseurs. [...] Qui oserait les appeler honnêtes économes de la multiple grâce divine et intrépides prédicateurs de la Parole vivante, et non point morte ? Cependant, inspirés par une corruption papale, ils ont reçu l'ordre et l'onction d'un chrême peccamineux qui coule sur eux de la tête aux talons ; c'est dire que du violateur et de l'apostat, le Diable, procède leur folie et qu'elle pénètre jusqu'au tréfonds de leur cœur, lequel est vide, privé de son possesseur, le Saint-Esprit. [...] Mais réjouissez-vous, amis, vos campagnes se courbent, elles blanchissent pour la moisson. Le ciel m'a embauché au salaire de un sou par jour et j'aiguise ma faucille pour couper la récolte[1]. »

Notons bien : ceux qui bavardent à propos d'une Parole qu'ils n'ont pas reçue sont persuadés par démence avoir autorité. Leur folie résulte de la corruption de leur esprit, vide de cœur, empli de fausseté. Ce sont pratiquement les mots de Félicité de Lamennais[2]. Thomas Münzer maudit l'Église prostituée, il demande des comptes à ses frères et veut leur en rendre. « Si je n'en suis point capable, je veux être fils de la mort temporelle et éternelle ; il n'est pour moi de plus haut gage. » Revoici la question du martyre, tant raillé par les penseurs de la raison. Ce qui a compté, écrit Georges Sorel[3], ce sont les « circonstances notables » qui accompagnèrent les martyres et non leur nombre. Les martyrs, écrit-il encore, « n'avaient pas besoin d'être nombreux pour prouver, par l'épreuve, la vérité absolue de la nouvelle religion et l'erreur absolue de l'ancienne, pour établir ainsi qu'il y avait deux voies incompatibles entre elles, pour faire comprendre que le règne du mal avait un terme ». Que voilà un enchaînement dépourvu de régularité académique, dira-t-on. Que de perspicacité dans l'argumentaire, répondrai-je. Münzer promet gloire et honneur à ceux qui iront au-devant de Sa Parole, ce qui n'a rien en commun avec ce que les marchands nomment ainsi. Gloire et honneur annoncés par

1. Profession de foi de Thomas Münzer (fragments) en date de la Toussaint de 1521, affichée à Prague, citée par Ernst Bloch, *Op. cit.*, p. 27-28. Je suis la traduction de M. de Gandillac.

2. Voir mon *Lamennais, de la différence en matière de religion*, Paris, L'Harmattan, « À la recherche des sciences sociales », 2006.

3. Voir mon *Mythe et violence, autour de Georges Sorel*, Paris, L'Harmattan, « À la recherche des sciences sociales », 2004.

Lamennais dans les *Paroles d'un croyant* : « Et je voyais les êtres s'enchaîner aux êtres, et se produire et se développer dans leur variété innombrable, s'abreuvant, se nourrissant d'une sève qui jamais ne s'épuise, de la force, de la lumière et de la vie de Celui qui est[1]. » Tout comme Babeuf, Münzer attire les opprimés et attaque les oppresseurs : « Serviteur de Dieu, je le suis autant que vous ; aussi tenez-vous tranquille, car il faut que le monde entier prenne patience, cessez de croasser, sinon la vieille robe craquera[2]. » Luther fut reçu à coups de pierres lorsqu'il parut à Allstedt, où était installé Münzer.

Accusera-t-on Münzer de folie mystique ? Probablement, d'ailleurs, c'est ce qu'on fait. Une fois raillées l'ascèse et l'acceptation de la souffrance, à quoi se fier ? Comment distinguer « l'invitateur » de l'imposteur, si ce dernier a finalement raison ? « Qui souffre de faiblesse, que celui-là m'écrive amicalement, je lui rendrai, en échange, bonne et pleine mesure », écrit Münzer ; voyez-vous Luther écrivant cela ? Nous revoici devant la faiblesse, Luther se réclame de la force – il se tourne vers les Princes, il foudroie à distance : est-ce là ce qu'admire Nietzsche ? Münzer s'adresse à ceux qui sont faibles, faibles en leur foi bien sûr, et qui ne le serait pas, qui vit la misère ? À d'autres faiblesses pourtant est destiné ce message, à la sienne propre : « Que, si je me trompe moi-même, j'accepte de recevoir une amicale admonition », et ainsi en va-t-il de tous ceux qui se croient forts de leur certitude, car telle est la vraie faiblesse, ainsi refuse-t-il de « mépriser nos frères romains ». Babeuf également écrivit à d'anciens révolutionnaires, passés du côté du Pouvoir, il ne put croire à leur méchanceté, tant qu'il n'en eut pas la preuve. Alors, ils l'assassinèrent. Ainsi Luther « frère Gros Lard » ne voulut-il pas, d'abord, des offices en allemand tels que les avait institués Münzer, et les accepta-t-il de Münzer mort.

« Du vrai Christ crucifié, ils ont fait une idole imaginaire[3]. » Le prêche de Thomas Münzer rappelle le rêve de Nabuchodonosor, les quatre royaumes successifs, d'or, d'argent, de bronze, de fer, ce que l'on trouve chez Hésiode, et le cinquième, celui de l'argile : l'argile dont est fait l'homme nu, mais aussi l'argile du pied de la statue brisée par une pierre, dont rêve Nabuchodonosor. On reconnaît la pierre sur laquelle s'élève l'homme. Le prêche est ensuite tourné contre les Princes, par qui l'Église doit retourner à sa source. Ici nous trouvons une occurrence biblique terrible : Ezéchias, puis Josias

1. Félicité de Lamennais, *Paroles d'un croyant*, Paris, Renduel, 1834, p. 235.
2. Lettre de Münzer à l'entrepreneur comte de Mansfeld, qui avait interdit aux ouvriers de ses mines d'écouter ses prêches.
3. Extrait d'un Prêche de Thomas Münzer devant les Princes, 1524, in Ernst Bloch, *Op. cit.*, p. 40.

brisèrent les idoles, Cyrus fit mettre les prêtres à mort, et livra Bel à Daniel, qui renversa l'idole et le temple. Dans le *Livre des Rois* Élie s'écrie : « Saisissez les prophètes de Baal, qu'aucun d'eux ne se sauve ! et ils les saisirent. Élie les fit descendre près du torrent du Cison, et là il les égorgea[1]. » N'est-ce pas un Dieu cruel, qui ordonne ces massacres ? Je ne veux pas excuser Simone Weil, qui n'a pas besoin de mes plaidoiries, mais donner à voir la difficulté de lire ces lignes. Une chose est de relater ces faits à l'usage d'un peuple volontiers crédule aux marchands d'idoles, de gens puissants, riches et rois, qui oublient d'être bons, une autre est de les reprendre vaniteusement, comme preuve d'élection à l'envers des autres, ce que bien des lecteurs des Écritures, quelque nom qu'ils leur aient donnés, ont fait complaisamment pour éloigner d'eux la misère du monde. Ils y furent aidés et le sont encore, par la « cruauté » des faibles envers eux-mêmes : « Car on peut être cruel de bien des manières. Le puissant peut cruellement faire torturer un homme – mais le faible peut cruellement rendre l'amour impuissant à l'aider – hélas ! seule chose que désire l'amour, et si profondément.[2] »

La difficulté redouble pour nous, si nous ne pouvons nous contenter de l'institué, qu'il soit dans les Écritures ou dans la Souveraineté du peuple. Ainsi devons-nous être vigilant à la lecture du *Psaume* CVIII : « Que les jours (du méchant) lui soient écourtés, qu'un autre prenne sa charge ; que ses enfants deviennent orphelins et sa femme, une veuve ! [...] Qu'on se souvienne du crime de ses pères, que le péché de sa mère ne soit point effacé ; qu'ils soient toujours devant Yahvé, que de la terre il ôte leur mémoire. » Car Yahvé fut promis, mais non donné aux Hébreux ; dès lors, qui sait d'avance lequel sera méchant ? Lequel s'imaginera être lui-même Dieu, ou être revêtu de son autorité ? car le même Psaume se continue par : « Mais toi, Yahvé, agis pour moi, pour l'amour de ton nom sauve-moi ! misérable et dénué que je suis, mon cœur se tord au fond de moi. [...] (Yahvé) se tient à la droite du pauvre pour le sauver de ceux qui le condamnent[3]. »

Münzer fomenta, cela paraît avéré, une conjuration parmi les paysans, les ouvriers des mines et la petite bourgeoisie des villes. Il fit tant qu'il inquiéta Luther, fut convoqué à la fin de juillet 1524 à Weimar par le duc Jean. Son extradition fut demandée, car il était accusé d'avoir prêché la révolte en plusieurs lieux de Saxe. Luther écrivit contre lui : « S'il prétend que c'est Dieu

1. Je cite d'après la traduction de M. de Gandillac, *Daniel*, XIV, 22 ; *Rois*, XVIII, 38-40. J'ai pris soin de vérifier dans le texte établi par l'École biblique de Jérusalem.

2. Kierkegaard, *Exercices...*, *op. cit.*, p. 121.

3. *Psaume* CVIII, CIX selon la *Bible de l'École biblique de Jérusalem*, Paris, Éditions du Cerf, 1950, p. 376 et 377, extraits.

et son esprit qui l'ont envoyé, comme les Apôtres, demandez-lui d'en faire la preuve par des signes et des miracles, mais ne le laissez point prêcher[1] ». Que voilà un bon chrétien ! Sait-il pas qu'on ne demande pas de miracles à Dieu – les miracles, écrit Kant, sont dès la création du monde, ou bien résultent d'une intention divine[2], que Jésus ne fit pas de miracles pour être reconnu, mais prêcha ? Les Évangélistes sont pourtant unanimes là-dessus.

En réponse, Münzer, banni, put faire imprimer l'*Expresse dénonciation de la fausse foi du monde infidèle*, d'après le témoignage de l'Évangile de Luc, présentée à la malheureuse et pitoyable chrétienté afin qu'elle reconnaisse ses erreurs, Thomas Münzer au marteau[3]. C'est bien de Jérémie que se réclame Münzer : arracher et renverser, exterminer, démolir, bâtir et planter. « Ma parole ne brûle-t-elle pas comme un feu ? N'est-elle pas comme une laie qui pilonne le roc ? Aussi je m'en prendrai aux prophètes – oracle de Yahvé ! – qui se dérobent mutuellement mes paroles. Je m'en prendrai aux prophètes – oracle de Yahvé ! – qui n'ont qu'à déclencher leur langue pour émettre des oracles. Je m'en prendrai aux prophètes qui prophétisent des songes mensongers – oracle de Yahvé ! – qui les racontent, et égarent mon peuple par leurs mensonges et leurs extravagances[4]. » Prenons garde de ne pas confondre ni Jérémie ni Thomas Münzer avec les « terroristes » du XXIe siècle. Il est vain d'invoquer la valeur de la vie humaine, comme le font nos bons apôtres, aussi bien que de réclamer la différence des cultures. La question est d'un autre ordre. François d'Assise le Poverello pouvait bien se donner pour mission d'exterminer et de bâtir ; Jeanne d'Arc de bouter les Anglais hors de France ; la sainte Inquisition de détruire l'hérésie ; on voit bien ce qui les sépare. Admettons, comme Maître Eckhart, que Dieu ne connaît ni ceci ni cela, qu'il n'est ni être ni raison, vide de toutes choses, et c'est pourquoi il est toutes choses : il ne saurait être fixé en une expérience unique accordée à un seul, il ne peut être approprié par un « peuple ». Dieu n'a sûrement pas commandité l'Inquisition, ni favorisé « la France » contre ses ennemis. Les mystiques, écrit Michel de Certeau[5], opèrent « au-delà de la surprise qui a touché les profondeurs de l'affectif », un « déploiement discursif, une réorganisation des connaissances ». Le Dieu dont ils ont aperçu « l'absente proximité » ne se tient pas dans la place qu'il a visitée, il est de nécessité de faire part ou, si l'on

1. In Ernst Bloch, *Thomas Münzer, op. cit.*, p. 50.
2. Kant, *Leçons sur la théorie philosophique de la religion*, p. 192.
3. *Ibid.*, p. 51. Le signe du marteau est dans *Jérémie*, XXIII, 29.
4. *Jérémie*, Bible de l'École biblique de Jérusalem, *Op. cit.*, XXIII, 29-32.
5. Michel de Certeau, « Mystique », *Encyclopaedia universalis*, *op. cit.*, Corpus XV, 807, col. 2 & 3. Je suis médiocrement intéressé par la sociologie du mysticisme, qu'elle soi d'inspiration ethnométhodologique ou développementaliste.

préfère, de faire partager. Le mystique tient un discours visionnaire. La « fixation imaginaire » du mystique seul avec sa révélation tient de l'enfermement, celui ou celle qui reçoit l'intuition bouleversante de sa propre transfiguration entre dans l'épreuve. Il est le plus souvent conduit à défier l'autorité, l'absurde de l'institué lui est connu, il en parle à tous et leur dit, comme le fait Babeuf : « vous n'avez pas de secret ». Les uns furent mis à mort par l'autorité, les autres – Simone Weil voulut mourir, Rosa Luxemburg fut assassinée – inscrits sur la liste des suspects par d'honnêtes repentis. Il est une forme extrême de mysticisme, celui des survivants de l'horreur : comment concevrions-nous leur âme transpercée ? De quelle absente proximité ont-ils été témoins ?

L'EXPRESSE DÉNONCIATION DE LA FAUSSE FOI

Dans cet écrit qui précède l'exil, Münzer s'inspire de Jérémie. « Les prophètes qui nous ont précédés, toi et moi, depuis bien longtemps, ont annoncé pour beaucoup de pays et pour des royaumes considérables, la guerre, la famine et la peste ; au contraire, le prophète qui annonce la paix, c'est quand s'accomplit sa parole qu'on le reconnaît pour un authentique envoyé de Yahvé ![1] » C'est au temps de Nabuchodonosor, et Jérémie envoie une lettre aux exilés de Babylone : « Quand vous me chercherez, vous me trouverez pour m'avoir cherché de tout votre cœur ; je me laisserai trouver par vous [...] Ne vous laissez pas égarer par les prophètes qui sont parmi vous, ni par vos devins, n'écoutez pas leurs songes, fruits de leurs rêves[2]. »

Osée également inspire Münzer qui écrit : « Dieu, dans sa colère, a donné au monde les seigneurs et les princes, et, dans sa fureur, il les lui enlèvera. » Ce qu'il traduit aussitôt, d'après Paul : les princes sont devenus des bourreaux, ce sont eux et non Dieu, qui sont à craindre. Nous voici obligés de prendre position : que comprendre ? Il serait facile de dire que, lorsque les hommes méconnaissent Dieu – leur vraie nature, ils ont besoin des princes pour être éclairés ; puis, lorsqu'ils s'insurgent, l'ordre ici-bas disparaît et les princes deviennent tyrans. C'est une belle lecture théologico-politique, les amis de Montesquieu – ceux d'aujourd'hui, j'entends, en seraient sans doute satisfaits. Je n'y crois guère, Thomas Münzer non plus, qui poursuit : les princes ne font qu'œuvre mauvaise, et n'est-ce pas œuvre mauvaise que de craindre

1. *Jérémie*, XXVIII, 8-10. Il s'adresse à Hananiah, au temps de la déportation à Babylone.
2. *Ibid.*, XXIX, 13, 14, 15 (fragment).

des créatures plus que Dieu ? Dieu en nous, je le rappelle, pas celui des Livres. La teneur de l'Apologie est on ne peut plus claire :

« La plus grande infamie ici-bas est que personne ne veuille prendre sur soi la détresse des nécessiteux ; les grands de ce monde font tout ce qui leur plaît. » J'observe la radicale identité, d'hier à aujourd'hui, car que veut dire « prendre sur soi » ? Münzer ne parle pas d'aider les pauvres, mais de prendre sur soi la détresse : nous avons eu l'abbé Pierre, et nous en avons fait le « Français le plus populaire ». Voyez la liste des prédécesseurs et successeurs ; concluez. Cela nous mène encore à Fourier et à la passion unitaire. Il donne des exemples d'actes déraisonnables de bravoure, accomplis dans un élan de communion avec de parfaits inconnus, en des moments extrêmes : des soldats, sous le tyran Bonaparte aussi bien que dans la tuerie dite « Der des der », ont été chercher des blessés et les ont rapportés, sur leur dos, au péril de leur vie : on appelle cela « prendre sur soi ». La pensée de Fourier tend à créer les affinités qui feront de ces actes des occasions de fêter l'amour et l'amitié. Ah ! j'oubliais : plus de tyran, plus de Der des der. Poursuivons :

« Voyez donc, le comble de l'usure, du vol et du brigandage, voilà nos seigneurs et nos princes. Ils s'approprient toute créature ; poissons dans l'eau, oiseaux dans l'air, végétation sur terre, il faut que tout leur appartienne[1]. Ensuite ils notifient aux pauvres le commandement de Dieu disant : Dieu l'a prescrit, tu ne dois point voler ! mais pour leur compte ils ne se croient point tenus d'obéir à ce précepte. Ainsi les voyons-nous opprimer tous les hommes, le pauvre laboureur, le pauvre artisan, écorcher et gratter tout ce qui vit. Et avec cela, quiconque met la main sur la moindre chose, il doit être pendu, le docteur Fourbe dit amen[2] ! »

Münzer accabla Luther de son blasphème contre l'humanité, lui qui l'a soumise à la seule volonté divine, en réalité celle des princes. Il insulte les « faux chefs de guerre évangéliques » idolâtres et meurtriers. Après quoi, il parcourut les campagnes, Souabe, Alsace, Suisse et Haute Forêt-Noire, et contribua à la rédaction des Douze articles de la paysannerie. Ernst Bloch fait état d'un « tract » retrouvé en Allemagne du sud, on l'on trouve : « Dans quel texte Dieu, leur Seigneur, leur a-t-il conféré un tel pouvoir que nous autres, les pauvres, soyons forcés de labourer leur bien à titre de corvée, et seulement quand il fait beau, et que, par temps de pluie, nous devions laisser se gâter

1. Ici Münzer se réfère à *Isaïe*, V, 8. On remarque qu'au mot « usure » n'est pas associé le nom Juif. Plus encore, Münzer après Isaïe comprend sous ce terme les droits féodaux, les corvées, les privilèges de chasse, la soif de propriété. Qu'en diront nos auteurs préférés ? Qu'ils vont se mettre à lire vraiment Fourier ? Ce serait trop beau.

2. Ernst Bloch, *Thomas Münzer*, *op. cit.*, p. 60. Münzer se réfère à *Michée*, III, 3, qui accuse les « princes de la maison de Jacob » de dévorer la chair du peuple.

dans les champs la sueur de sang arrachée à notre pauvreté ? Il ne se peut point que, dans sa justice, Dieu tolère cette abominable prison babylonienne [...] Et que personne ne s'avise surtout de regimber, sinon il sera sur-le-champ traité comme un perfide coquin, chevillé, décapité, écartelé, plus malmené que chien enragé[1]. »

L'homme abyssal, écrit Ernst Bloch, prenant conscience de l'image qu'il porte en lui, émerge de la pauvreté de l'âme, qui cherchait un secours hors d'elle. Ce mouvement d'ascension n'est pas d'une teneur assez riche – excepté dans le bouddhisme, précise-t-il – pour « ébranler le mythe astral ». Münzer se saisit du « nouvel infini de l'espérance humaine » pour « transmuer en or, en intériorité, en lumineuse Jérusalem, tout le mal de la terre et de la créaturité[2]. » Ernst Bloch trouve une très belle formule pour exprimer cette manifestation de l'âme, le nous renversant les puissances terrestres, dévalorisant les instances sacramentelles, « saisissant la grâce comme le fond le plus intime de l'âme, comme avènement, comme retour à la patrie perdue, comme manifestation de la liberté elle-même ». Sans doute est-ce là l'une de ces allégories dont Walter Benjamin dit qu'elles suppléent au discours de raison, détenu par ceux qui comptent. Et qu'est cette allégorie sinon celle de l'Apocalypse ? Il en va de même de la vision de Joachim de Flore, et ce qu'on nomme millénarisme est tout autre que ce que ce mot galvaudé, bricolé à toutes fins, signifie. On nomme aussi chiliasme cette première résurrection à laquelle ne seront appelés que ceux qui ont souffert pour Dieu, avec qui ils règneront mille ans avant la seconde résurrection, celles les autres humains[3]. De nombreuses récurrences survinrent pendant le Moyen-Âge, le

1. *Ibid.*, p. 65. Extrait.

2. *Ibid.*, p. 79. « Créaturité » est la traduction littérale que propose M. de Gandillac pour *Kreatürlichkeit* (condition de ce qui est créé), terme emprunté à Maître Eckhart.

3. Mille est un nombre d'abord symbolique pour « beaucoup ». On trouve une allusion millénariste dans l'Ancien testament, *Psaume* 84, 4. Dans *Ézéchiel*, 37, 21-28, on trouve : « Ainsi parle le Seigneur Yahvé : voici que je prends les enfants d'Israël parmi les nations où ils sont allés. Je vais les rassembler de tous côtés et les ramener dans leur pays. Et j'en ferai un seul peuple dans mon pays [...] Ils ne se souilleront plus avec les idoles et les pratiques abominables et tous leurs péchés. Je les sauverai des infidélités qu'ils ont commises, je les purifierai et ils seront pour moi un peuple et je serai pour eux un Dieu. » La source chrétienne est l'*Apocalypse de Jean*, 20, 1-15 : l'Ange jette Satan dans l'Abîme pour mille ans, afin qu'il ne « fourvoie pas les Gentils jusqu'à l'achèvement des mille années. (20, 3) » Augustin, au ve siècle, dans *la Cité de Dieu* la comprend comme allégorique. Le millénarisme messianique fut prêché par François d'Assise. On trouve le millénarisme dans le bouddhisme et aussi dans l'Islam. Des mythes populaires s'en inspirent : l'Imam caché des Chiites, Frédéric Barberousse endormi pour mille ans au Kyffhäuser, par exemple. D'autres mythes tragiques ont repris le thème : le Reich de mille ans, avec la résurrection du « peuple germanique ». Retour à l'âge d'or par la violence,

roi Tafur, les Flagellants, mais c'est à Münster en Westphalie en 1535 que régna, pour quelques semaines, le royaume de la Nouvelle Jérusalem. On sait qu'Engels salua « le royaume de Dieu qui n'était pas autre chose qu'une société où il n'y aurait plus aucune différence de classes, aucune propriété privée, aucun pouvoir de coercition indépendant des membres de la société. » Ce propos matérialiste historique ne doit pas nous dissimuler le principe qui mène les millénaristes : la Terre promise, l'Atlantide des Grecs, l'Utopie de Thomas More, les mouvements révolutionnaires furent inspirés par le refus de ce monde. D'eux venait l'appel à la catastrophe d'où renaîtra une autre humanité. On en trouve chez Lamennais l'expression la plus tourmentée. Lamennais ne fut pas, on s'en doute, matérialiste historique et dans ses écrits, l'annonce de la tourmente révolutionnaire est accompagnée de celle du Jugement : contre cette libération, ni contrainte ni ténèbres ne prévaudront. Münzer en 1525 à Mühlhausen rédige la *Proclamation aux Frères ligueurs de Mansfeld*. Il se réfère aux *Chroniques* : « Ne craignez pas, ne vous effrayez pas devant cette horde immense; ce combat n'est pas le vôtre mais celui de Dieu. [...] Vous n'aurez pas à y combattre. Tenez-vous là, prenez position, vous verrez le salut que Yahvé vous réserve[1]. » Cela n'empêche pas bien sûr qu'en tout temps les hommes se réfèrent à ce qu'ils ont connu, plutôt par ouï-dire que vécu.

CAPTIVITÉ, SOUFFRANCE

« Un esprit qui sent sa captivité voudrait se la dissimuler. Mais s'il a horreur du mensonge il ne le fera pas. Il lui faudra alors beaucoup souffrir. Il se cognera contre la muraille jusqu'à l'évanouissement; s'éveillera, regardera la muraille avec crainte, puis un jour recommencera, et s'évanouira de nouveau; et ainsi de suite, sans fin, sans aucune espérance. Un jour il s'éveillera de l'autre côté du mur[2]. » A-t-on bien réfléchi à l'horreur du mensonge ? Cette horreur est sans aucune espérance : est-ce assez clair ? Antigone, de

---

le millénarisme peut inspirer l'angélisme et la barbarie. La croisade des Pauvres (ou des enfants) devait conquérir Jérusalem aux mains des infidèles.

1. *Chroniques*, II, 20, 15-17. On trouve dans le *Livre des Juges*, VII, 5 *sq*, un combat gagné par Gédéon avec 300 hommes; c'est avec 300 hommes que Münzer quitta Mühlhausen, suivant cet exemple.

2. Simone Weil, *Écrits de Londres*, Paris, Gallimard, 1957, « La personne et le sacré », p. 33-34.

même, est sans aucune espérance. L'extraordinaire, chez la plupart des commentateurs de Simone Weil est leur application médicale, la recherche de symptômes, de circonstances atténuantes à sa responsabilité expliquées par ses faiblesses. Sans fournir la moindre preuve – je sais ce que valent ces preuves, je me demande si un penseur à patente lui a jamais pardonné, étant femme et hérétique, d'avoir été tellement au-dessus de lui. Je n'écris pas ici son apologie, ses écrits suffisent et je mets une bien plus grande confiance dans ses simples lecteurs que dans les docteurs de la Loi pour les lire. Parler ici d'elle entre Thomas Münzer et Lamennais répond à une impulsion plus qu'à une préméditation, moins encore à une réflexion. Que c'est mal ! Je dirai que c'est sans excuse, ce qui me dispense d'en chercher. Pensez à l'intitulé de ce chapitre, à l'arrogante sottise de Nietzsche, à l'extrême solitude : vous aurez idée de la limite. Jusqu'à quel point l'esprit solitaire enfermé dans son corps peut souffrir ; à quelle condition les humains peuvent partir à la recherche des espaces et dimensions inconnus, toujours mettant à plus tard leur condition mortelle. Ces gens-là ont outrepassé la sagesse ; ce ne sont pas des figures d'idéal mais des gens, comme vous et moi. Qu'ont-ils de plus ? Ils ont d'abord beaucoup en moins, délestés du Moi morigénateur qui sans répit nous souffle : tu dois faire mieux, tu dois vaincre, réussir, tu dois vouloir ; débarrassés du Moi contemplateur de soi-même qui jour après jour se dit : j'ai bien mené ma barque, j'ai été trop raisonnable, j'ai produit cet effet là. Ils se sont éveillés, de cette torpeur. Que leur reste-t-il ? Tout ce qu'ils dissimulaient, ce qui s'exhalait d'eux en vices et tourments, en désirs malsains de transgresser les règles en cachette ; tout cela s'exprime désormais en passions. Ils se sont éveillés de l'autre côté du mur.

C'est peut-être un rêve ; nous gisons sans connaissance au pied de la muraille et notre esprit léger, à découvert, échappé de la morsure du réel, enfante ces songeries. Alors nous nous réveillons, vite nous dissimulons tout cela et nous retournons mentir avec les autres, et chacun se dit : les autres n'en sauront rien. C'est dans cet état malheureux que Simone Weil s'adresse à nous. Pourtant elle écrit : « Un esprit enfermé dans le langage est en prison. » Ce doit être qu'elle a trouvé, en n'usant que des mots ordinaires de la grammaire la plus orthodoxe, un penser de l'évasion, l'acte libérant qui, sans forcer le langage à la manière des jongleurs inspirés, prend la parole, de l'intérieur de la prison. Nous lecteurs ordinaires, enfermés, sortons de ce demi-éveil misérable et solitaire, et nous voyons la prison dans ses moindres recoins, prenons conscience – car c'est à prendre ou à laisser, il n'est de conscience que d'objet, beaucoup préfèrent se morfondre dans la conscience du déjà là – que c'est une prison de verre, que nous l'avons bâtie nous-même, chacun portant sa pierre. Nous découvrons de quelles intentions nous avions habillé ce malheureux édifice; nous sommes encore à l'intérieur et nous retenons notre souffle, de peur d'être seuls à savoir. Nous ne resterons pas indéfiniment entre vérité et malheur. Il nous faut refuser le malheur et accéder à la souffrance. Il suffit alors de passer par son propre anéantissement ou dirais-je l'anéantissement de son propre ? « Il n'y a rien en moi que je ne puisse perdre ». Alors, nous cessons de nous plaindre : Pourquoi me fait-on du mal ? car cette question signifie « le frémissement d'horreur devant eux-mêmes » qu'éprouvent les gens extrêmement malheureux.

C'est Simone Weil qui écrit : « Écouter l'autre dans son malheur, se mettre à sa place est plus difficile que ne serait le suicide à un enfant heureux, c'est anéantir son âme [1]. » Se mettre à la place n'est pas s'imaginer, c'est vivre la vie du malheureux, être réduit au même mutisme que lui : on répète ses paroles inaudibles, on devient sourd soi-même au langage des gens raisonnables et ils vous traitent en malade. Car l'extrême attention portée au malheureux – non au malheur, ce qui n'est guère mieux que la philanthropie, est amour. « L'esprit de justice et de vérité n'est pas autre chose qu'une certaine espèce d'attention, qui est du pur amour [2]. » On comprend la misérable idolâtrie qu'est la « justice », surtout lorsqu'elle est affublée du quolibet de « sociale ». Le concept de justice sociale est une aporie écrit l'un, et les docteurs examinent la plaie sociale et n'y trouve aucune infection. Ils se lavent les mains et disent : Ce malade est en parfait état normal ! Il faut plus de justice sociale ! s'écrie l'autre, qui brandit des listes d'épuration statistique, où l'on voit que les riches ont plus d'argent que les pauvres, qu'ils sont d'ailleurs plus intelligents et que c'est injuste. Quelle tristesse !

La beauté est un mystère écrit Simone Weil, elle sollicite l'attention, mais ne fournit aucun mobile pour durer. Elle suscite une faim que rien n'apaise. Le désir qu'elle suscite éveille en nous l'idée qu'il n'est rien de désirable sinon elle, cette faim. Aussi l'âme en nous est-elle divisée sauf, évidemment, pour ceux qui pensent n'avoir pas d'âme, puisque cette conviction empêche en eux toute séparation – on parle d'homme d'une seule pièce ; ils se voient en entier, ils savent même ce qu'ils ont en tête. Tandis que cette division met en évidence notre malheur, la part de nous-mêmes qui regarde le monde à partir du soi, l'autre part qui est égarée dans le monde et y reste à part. En ce moment

1. Je n'entends pas réduire la pensée d'Emmanuel Lévinas en écrivant cela ; c'est rendre hommage à l'élévation de son esprit que de dire : cette pensée de l'autre, il l'a reprise à son compte. Il fut intègre en critiquant Simone Weil (dans *Difficile liberté*), mais que peut un homme intègre, qui défend un patrimoine contre celle qui veut l'anéantissement des richesses accumulées ?

2. Simone Weil, *Op. cit.*, p. 36.

nous ressentons notre malheur et « Autant le malheur est hideux, autant l'expression vraie du malheur est souverainement belle[1] ». Il est remarquable qu'à l'appui de cette opposition, Simone Weil cite *L'École des femmes*, au même titre que *Lear*. Quoi de commun ? L'aveuglement d'un homme désabusé quand il a lui-même déchaîné la catastrophe qui l'anéantit, et montre au spectateur (plus qu'au lecteur) le visage du malheur qui s'exprime « par la lumière de l'esprit de justice et d'amour ». À titre plus élevé la Passion dans les Évangiles, écrit-elle. Et pourquoi préciser « dans les Évangiles » ? Où la verrait-on ailleurs ? On dira : partout. Sur les crucifix d'églises, peinte à leurs murs ou bien sur des toiles, chantée par les plus grands musiciens. Certes, mais de ce qui est éternel déchirement de soi, on a donné à regarder, admirer, adorer une icône, quand ce n'est une idole. Qui, voyant le Christ en croix, pense à partir sur les chemins, pour parler aux hommes ? Alors, Nietzsche aurait raison.

Vérité et justice ont la langue coupée ; la beauté seule peut les secourir, elle n'a pas de langage, ne dit rien mais appelle. Elle appelle et montre vérité et justice, sans voix. On comprend que l'absence de Dieu a permis au « vouloir des hommes » de les faire taire. « C'est aux hommes à veiller à ce qu'il ne soit pas fait de mal aux hommes[2]. » Qu'entend-elle, Simone Weil, en disant cela ? Si la prière du Pater est vaine, c'est que nulle Église n'est instituée par Dieu, ce qui rend inutile la formulation de la prière. À celui qui se plaint du mal qui lui est fait et qui s'adresse à Dieu, tel Job reprochant à Dieu de le châtier injustement, on peut répondre que sa requête est inaudible. Les commentaires sur le Livre de Job nous enseignent comment Job apprend enfin l'humilité ; je comprends que Job figure le sage qui se croit juste, mais je pense que c'est par son expérience d'homme qu'il apprend, non dans un dialogue avec Dieu. Cela n'empêche pas que Job parle mais bien qu'il soit entendu, pas même écouté. Bildad de Chouah anticipe, nous dit-on, le discours de Yahvé, en disant : « C'est un souverain redoutable, Celui qui fait régner la paix dans ses hauteurs. » Job lui répond : « Mais ces discours, à qui s'adressent-ils, et quel esprit t'inspire ? » Job pourtant pense encore s'adresser lui-même à Dieu. C'est semble-t-il, Sophar qui réplique : « Riche, il [le méchant] se couche, mais c'est la dernière fois ; quand il ouvre les yeux, plus rien n'existe. Les terreurs l'assaillent en plein jour, la nuit, un tourbillon l'enlève[3]. » Élihou reproche à

1. *Ibid.*, p. 37.
2. *Ibid.*, p. 39.
3. *Livre de Job,* 25, 1 ; 26, 4 & 27, 19-20. Maimonide écrit du *Livre de Job* : « Le Livre de Job a pour base une fiction, conçue dans le but d'exposer les différentes opinions qu'on avait sur la Providence. »

Job de croire Dieu indifférent aux péchés des hommes et « Job alors, ouvre la bouche pour parler dans le vide, par ignorance, il multiplie les mots ». Élihou alors le met en garde « d'être séduit par l'abondance » ; il l'avertit que c'est son injustice qui est cause de son épreuve. Dieu, dit-il, peut accomplir des prodiges : faire neiger, pleuvoir, venter et ainsi il suspend l'activité des hommes. Les paroles des hommes en retour comptent-elles pour Lui ; est-il informé des ordres d'un homme ? Non « lui, le Puissant, nous ne pouvons l'atteindre. » Yahvé alors vient conclure : ce sont les amis de Job qui ont mal parlé ! Job redevient riche. Qu'en dirons-nous ? Qui peut dire par quelle bouche s'est exprimé Yahvé sinon par celle de Job. Car c'est l'histoire de Job, non celle de ses amis, celle d'Élihou qui s'est enflammé de colère contre Job qui prétendait avoir raison contre Dieu[1]. Pourquoi était-ce mal parler sinon parce qu'un homme ne doit pas dire à un autre homme qu'il a mal agi ? Et Job en tire la leçon qui lui convient ; s'il a mal agi, c'est affaire entre Dieu et lui. Ce ressaisissement de Job apparaît comme une appropriation de Dieu, une exonération qui sauve de la ruine : qui refusera d'y voir l'œuvre de Dieu ? Aussi le Livre de Job est-il un enseignement périlleux pour les hommes sourds à la vérité et à la justice, muets devant la beauté qui les effraie : ainsi la pauvreté pour Job réconcilié avec lui-même par la restauration de sa fortune. Quelle est la partie innocente de l'âme de cet homme qui avait crié : « Pourquoi me fait-on du mal ? »

1. *Ibid.*, 32, 2.

SIMONE WEIL CONTRE L'ÉGLISE

Je ne puis m'empêcher de continuer à me demander si, dans ces temps où une si grande partie de l'humanité est submergée de matérialisme, Dieu ne veut pas qu'il y ait des hommes et des femmes qui se soient donnés à lui et au Christ et qui pourtant demeurent hors de l'Église

SIMONE WEIL[1]

« Il est affreux de faire de la justice répressive, telle que nous la concevons dans notre ignorance, le mobile des héros[2]. » Au mobile des héros l'Église ajoute le mobile de la sanction : « Malgré tout, certains se scandalisent des sanctions de l'Église; on se souvient des indignations de Péguy après la mise à l'index d'un des livres de Bergson. On sait aussi les objections de Simone Weil. Il faudrait pour en comprendre l'inanité, se souvenir que ce pouvoir coercitif, l'Église ne l'exerce que sur ses enfants, ce qui nous rappelle que c'est une fonction maternelle[3]. » Voilà de la part de celui qui fut le confident de Simone Weil, une étonnante profession de foi. Ajoutez l'empressement des missionnaires à baptiser les « indigènes » afin de les faire entrer dans la famille, et vous aurez idée de cette fonction maternelle !

Simone Weil avait écrit au dominicain J.-M. Perrin : « Votre charité, dont vous m'avez comblée, je voudrais qu'elle se détourne de moi et se dirige vers ce que je porte en moi, et qui vaut, j'aime à le croire, beaucoup mieux que moi. » Je crois de nécessité de reproduire ici l'essentiel de l'Appendice consacré à elle, qu'il écrivit : « J'ai dit dans la préface d'*Attente de Dieu*

1. Lettre au P. Perrin, 19 janvier 1942, in *Attente de Dieu*, Paris, La Colombe, 1950, p. 48. En octobre 1968, *Télérama* publia un article où on lisait : « Les journaux écrivirent qu'elle s'était laissée mourir de faim par compassion à l'égard de la situation alimentaire faite aux Français. Ce n'était qu'à moitié vrai. Elle mourait de tuberculose et d'avoir voulu aller jusqu'au bout d'elle-même. [...] Cette jeune juive géniale, agrégée de philosophie, éprise de justice absolue, était âgée de 34 ans lorsqu'elle mourut. » On retiendra qu'à aller jusqu'au bout de soi-même, on finit par mourir; que la tuberculose empêche de se laisser mourir de compassion; que les seuls Français étaient touchés par une « situation alimentaire » ; qu'un journaliste – Georges Hourdin – peut calculer la part du destin et celle de la compassion; qu'une agrégée de philosophie peut être éprise de « justice absolue », ce que l'on n'enseigne pas à l'École normale supérieure. Son âme, écrit le P. Perrin, était plus haute que son génie, ce qui nuit, à l'École normale supérieure. La tombe de Simone à Ashford, porte le n° 4779.

2. Simone Weil, *Op. cit.*, p. 40.

3. Père J.-M. Perrin, *L'Église dans ma vie*, Paris, La Colombe, 1951, p. 40. Suivi de « À propos de Simone Weil ».

pourquoi cette âme, malgré son génie, sa vertu et ses grâces, n'avait pas ici-bas discerné la Vérité totale, je n'y reviens pas; je ne veux rien enlever à tout ce qu'il y a de positif dans sa doctrine, mais je voudrais seulement parler de sa position vis-à-vis de l'Église pour en tirer les enseignements pratiques qu'elle nous donne.

« Toutes ses objections se ramènent à celle-ci : elle ne voit dans l'Église qu'une société humaine dont l'autorité ne peut être que tyrannique, oppressive pour la pensée, et rétrécissante, sinon étouffante, pour la charité. Elle ne conçoit le social que comme un absolu mauvais, aussi n'hésite-t-elle pas à interpréter avec ses propres pensées la parole du Seigneur : Quand deux ou trois seront réunis en son Nom, elle y voit bien moins une promesse qu'une malédiction pour les groupes plus nombreux : « Mais s'il y en a quatre ? Sera-ce le diable qui sera parmi eux ? Peut-être. Alors, les conciles ? Peut-être... Heureusement que les portes de l'enfer ne prévaudront pas. Il reste un noyau incorruptible de vérité[1].» [Dans ses *Cahiers d'Amérique*, Simone poursuit ainsi : « Pourquoi la réunion de deux ou trois chrétiens au nom du Christ ne compte-t-elle pas comme un sacrement ? »]

« C'est sans doute une des plus excessives, une des plus insolentes de ses formules. Que faire ? Hausser les épaules ou écraser avec mépris ?... Pourquoi écraser le roseau, surtout le roseau "pensant" ? Bien loin d'être une promesse exclusive pour les "deux ou trois", cet engagement du Christ ne fera que se réaliser d'autant mieux que le nombre sera plus grand de ceux "réunis en son nom". Saint Ignace d'Antioche, dont le témoignage est irrécusable quand on se souvient qu'il fut contemporain et plus ou moins disciple direct des plus grands apôtres, le disait formellement. Au début du IIIe siècle, Hippolyte affirme comme témoin de la Tradition que "l'Esprit fleurit dans l'assemblée". »

Il me faut interrompre afin de restituer le sens des paroles. Simone refuse l'Église en tant qu'elle se présente au nom de la société, car « société » n'est qu'un mot creux, l'hypostase d'un espace homogène et ordonné. En vérité le mot qui convient est oppression dans et par le social; oppression beaucoup plus ancienne que l'oppression économique, oppression de l'hétéronome subi comme de nécessité. Quant à dire que la vérité s'accroît avec le nombre des participants, c'est confondre acte et soumission à l'ordre. Aussi la parole de Jean « Moi en eux et toi en moi, afin que leur unité soit parfaite et que le monde reconnaissance que c'est toi qui m'as envoyé et que tu les as aimés

1. Extrait de *La connaissance surnaturelle*, Paris, Gallimard, 1950, p. 272-273. Simone met entre guillemets « Heureusement... ». Ce passage est tiré des *Cahiers d'Amérique*, mai-novembre 1942.

comme tu m'as aimé[1] » signifie-t-elle que chacun ait en lui la foi et non que tous soient réunis sous une autorité.

Je passe à l'argument suivant : « Pour ce qui est des savants calculs où Simone Weil veut voir dans l'Église devenant l'alliée de la Bête, – sans connaître les problèmes apocalyptiques, – les affirmations imperturbables où elle voit dans l'Église la continuation de l'Empire romain, où elle condamne la notion de foi chez Thomas qu'elle ne connaît pas, sa manière d'anathémiser les anathèmes conciliaires dont elle ignore la portée, que sais-je encore ? tout cela manque de poids et légitime les indignations de ceux qui ne l'ont pas connue et l'étonnement douloureux de ceux qui l'ont connue et savent sa sincérité, son admirable volonté de pureté et sa soif de Dieu (même quand, sachant ses méthodes de travail, on ne prend pas au tragique de tels propos...) »

J'interviens de nouveau : ceux qui ne connaissent pas Simone Weil sont chaque jour plus nombreux, principalement grâce à la littérature obscurante qui fleurit à son sujet, subsidiairement parce que son propos devient de plus en plus indéchiffrable. Que l'Église soit la continuation de l'Empire romain, comment le contester ? Ce n'est pas sa faute si d'autres empires ont contesté son monopole d'autorité. Quant à ne pas la prendre au tragique à cause de ses méthodes de travail ! Vraiment ! J'aurais aimé voir au travail François d'Assise, et l'intuition chez elle ne signifie pas ignorance, comme chez beaucoup méthode veut dire cuistrerie. Elle rejette ce qui attache aux intérêts : Thomas d'Aquin et sa confiance en la raison, sa foi en la nature, son optimisme à l'opposé du souci d'Augustin pour la détresse des hommes, son aristotélisme en ont fait un admirable maître pour l'institué, au même titre que Bernard de Clairvaux fustigeant la lecture trop pénétrante des Écritures par Abélard. Bien après Augustin confessant ses erreurs et bâtissant la Cité de Dieu, Thomas d'Aquin reprend l'édification de la tradition de l'Église, et l'Église absorbe des pensées individuelles en prenant des positions – comme un grand capitaine s'empare de positions-clés et y établit des places fortes. Le Concile de Trente (1562-1563), fut l'un des grands moments de l'édification du catéchisme de la doctrine chrétienne, dont saint Charles Borromée avait eu l'idée. Ce catéchisme adopté après trois ans de travail fut recommandé par des bulles papales de Pie V, de Grégoire XIII. Le Concile de Bénévent ordonna en 1567 que tous les prédicateurs l'étudient, afin de ne rien dire dans leur sermon « qui fut contraire à la vraie doctrine de l'Église ». Plusieurs conciles ultérieurs élargirent le cercle de ceux qui avaient obligation de détenir ce

1. *Évangile de Jean*, XVII, 23. Cité par le P. Perrin, p. 118.

catéchisme, et pour la France tant en français qu'en latin. Le cardinal Valère, ami de Charles Borromée, écrivit dans son livre *Aux acolytes de Vérone* : « Le Catéchisme du concile de Trente est véritablement un don que Dieu nous a fait en ce temps, pour rétablir la discipline ancienne de l'Église, et pour soutenir la république chrétienne. [...] C'est l'Église même, notre sainte mère, guidée et inspirée par le Saint-Esprit, qui y parle et qui nous instruit[1]. » Je conclus ce point en disant que le P. Perrin se réfère à Lacordaire qui, après la condamnation de Lamennais par le pape, se repentit dans un ouvrage qui parut la même année que les *Paroles d'un croyant*.

« Que n'a pas vaincu le Christianisme ? Il a résisté à l'ignominie, à la persécution la plus longue et la plus atroce qu'aucune doctrine n'ait essuyée, à la prospérité, à l'ignorance, à la barbarie, à la révolte des siens, aux passions humaines, à la science, au génie, au temps qui détruit tout, à l'homme qui n'a jamais respecté ses propres œuvres[2]. »

Étrange passion qui anime un esprit sincère, qui confond Église et religion, institution et foi. Le plus remarquable dans la défense du Christianisme par Lacordaire est l'aptitude à surmonter la prospérité dont fit preuve une religion – paraît-il – d'esclaves. On mesure par là ce qu'est une religion muée en civilisation : raison, science et esthétique chrétiennes ont surpassé toutes les règles humaines, ce qui démontre suffisamment l'enseignement divin. La foi, écrit encore Lacordaire, est ce niveau sublime, qui rabaisse les esprits supérieurs au rang des médiocres afin que l'autorité les mène ensemble vers Dieu.

Il est stupéfiant de mettre en parallèle le discours de Lacordaire avec celui que Ivan Karamazov attribue au grand Inquisiteur. L'Église seule a guéri les âmes. Et de quoi les a-t-elle donc guéries ? Comme l'écrivit saint Augustin, elle a obtenu le comble de l'autorité[3]. Où donc, demande Lacordaire, pour condamner ce qu'en dit Lamennais, où trouve-t-on que le genre humain soit infaillible ? Quelle autre école que le baptême, qui guérit les âmes pour unir les intelligences. Quel autre modèle aux chrétiens que le commandement de Virgile aux Romains ? « N'oublie pas que l'empire des peuples t'appartient, que tu dois décider de la paix du monde, pardonner aux vaincus et vaincre

1. *Catéchisme du Concile de Trente*, traduction nouvelle par l'abbé Doney, chanoine de Besançon, Dijon, 1840, tome I, notice p. III. Tous les points de doctrine y sont étudiés, y compris la cruauté des douleurs souffertes par Jésus-Christ « comme s'il n'avoit pas été Dieu, mais non pas en tant que Dieu. » Chap. V, § IV. Le § III déclare que « notre crime [de pécheurs] est plus grand que celui des Juifs qui, au témoignage de l'Apôtre, n'auroient jamais crucifié le roi de gloire, s'ils l'eussent connu. Pour nous, nous professons que nous le connoissons, et cependant nous le renions par nos œuvres. » (p. 103)

2. Lacordaire, *Op. cit.*, p. 83.

3. Saint Augustin, *Lettre à Volusien*, citée par Lacordaire, p. 89.

l'orgueil : ce seront là tes arts[1]. » La fausse grandeur, l'esprit de domination le plus haïssable, c'est ce qu'en dit Simone Weil et en vérité, n'est-ce pas cela même que l'Église de Rome ?

C'est encore par le truchement de saint Augustin que Lacordaire entend réfuter l'orgueil de Lamennais : « Je parlais comme un habile, et, si je n'avais pas trouvé dans le Christ, notre Sauveur, la route que vous avez tracée pour mener à vous, j'aurais péri malgré mon habileté. Je voulais paraître sage, j'étais plein de mon propre châtiment en étant plein de moi-même; et je ne pleurais pas; au contraire, j'étais vain de la science. Car il me manquait le fondement de l'humilité, qui est le Christ-Jésus, et il me manquait la charité, qui édifie sur ce fondement[2]. » Retenons dès à présent l'accusation : manque d'humilité, manque de charité. Nous verrons que c'est vers les humbles que se tourne à ce moment précisément Lamennais, au nom de la charité ou plutôt de la compassion. Mais c'est son orgueil qui le pousse, et sa charité ne vient pas de l'âme, mais d'une présomption de l'esprit : aussi est-elle condamnée. C'est à la même question de la pauvreté que François d'Assise et Félicité de Lamennais se consacrèrent, l'un eut la simplicité de « vivre selon l'Évangile », en un temps où, comme l'écrit Simone Weil, la pauvreté n'était pas « méprisée depuis plus de mille ans », quoique les mystiques de la pauvreté, Cathares, Pauvres de Lyon, etc., eussent été anathémisés et brûlés. Lamennais fit bien pis : il voulut abolir une institution abominable[3]. Aussi les mystiques furent-ils béatifiés ou brûlés selon que leurs visions confortaient l'édifice ou le mettaient en péril : Thérèse d'Avila d'un côté, Giordano Bruno de l'autre, coupable de raisonnements sur l'univers infini, qui obligerait les fidèles à concevoir l'impensabilité de l'infini, dont Emmanuel Levinas écrit qu'il « exige la séparation jusqu'à l'athéisme[4] » au point que l'idée d'infini puisse être oubliée. Thérèse par l'extase accède à l'infini, non à son idée, de l'un à l'autre est le cheminement spirituel que Platon dans le *Phédon* dit nécessaire. Ainsi se fit la morphogenèse doctrinale à travers les philosophies, les métamorphoses sociales et les « révélations ».

Simone Weil dans ses *Cahiers d'Amérique*, écrit : « Le Diable est collectif. (C'est la divinité de Durkheim.) C'est ce qu'indique clairement l'Apocalypse par cette bête qui est si visiblement le Gros animal de Platon. L'orgueil est l'attribut caractéristique du diable. Or l'orgueil est une chose sociale. – L'orgueil

1. Virgile, *Énéide*, Livre VI, cité par Lacordaire, p. 106.
2. Saint Augustin, *Confessions*, livre VII, chap. 9 & 20, cité par Lacordaire p. 110-111.
3. Voir mon, *Lamennais, De la différence en matière de religion,* Paris, L'Harmattan, « À la recherche des sciences sociales », 2007.
4. Emmanuel Lévinas, *De Dieu qui vient à l'idée, op. cit.*, p. 197, voir le texte en épigraphe.

est l'instinct de conservation social. L'humilité est l'acceptation de la mort sociale. [...] Ce coup mortel que la Bête a reçu, n'est-ce pas la crucifixion du Christ ? Et quand la Bête répare ce coup, n'est-ce pas l'adoption du christianisme comme religion officielle[1] ? » Ce contre l'Église ressemble au contre Un de La Boétie. « L'Église s'efforce de faire du Paradis un moyen de chantage et de damner quiconque ne la tient pas pour infaillible [...] De toute manière, il faut une nouvelle religion. Ou un christianisme modifié au point d'être devenu autre ; ou autre chose. » C'est que pour Simone Weil, la présence de Dieu – qui n'est ni une chose, ni une personne, ni une pensée – coupe l'âme en deux, le bien d'un côté, le mal de l'autre : c'est une présence constatable, même si pour la saisir, nous devons y voir une chose, une personne ou une pensée.

« Il est impossible que la vérité entière ne soit pas présente en tout temps, en tous lieux, à la disposition de quiconque la désire. La vérité est du pain. Il est absurde de penser que pendant des siècles personne ou presque n'a désiré la vérité, et que pendant des siècles ensuite des peuples entiers l'ont désirée. » Nous retrouvons ici l'opposition de Simone à Bergson, pour qui le Christ avait rendu l'humanité meilleure. C'est là un fondement de la pensée de Simone Weil contre le « progrès », ce qui lui a été également reproché, car notre schème intellectuel repose sur cette idée, de Condorcet à Tocqueville. Elle a d'ailleurs exposé cette idée dans les *Intuitions préchrétiennes*, et je remarque qu'Augustin l'a précédée dans cette voie : n'est-ce pas Platon par la médiation de Plotin, qui a conçu l'idée de l'âme éternelle ?

« C'est par l'insuffisance de la foi qu'on a besoin d'y ajouter de la croyance sociale. C'est pour cela qu'on accepte l'usurpation sociale de l'Église. L'Inquisition protège chacun contre la tentation du doute. Si on sait qu'en cas de doute on est tué, on sait qu'on ne doit pas douter. Sauf ceux qui ont mauvais caractère, à qui cela fait l'effet contraire. Mais pourquoi ont-ils si mauvais caractère[2] ? » Voilà qui nous déshabitue du sacré et de la transmission de la Parole. Nous, qui nous sommes tués, ne craignons d'ailleurs plus beaucoup de ce côté. « La pression sociale imite si bien tous les effets de la foi – et elle a l'avantage de ne pas sauver l'âme ! » Reste le « mauvais caractère ». Ici nous pénétrons dans l'intervalle au sens de Louis Lavelle. Qu'est-ce qu'un mauvais caractère ? Celui qui ne veut pas connaître l'intervalle, autrement dit qui se tient dans position à mi-chemin, qui reste attaché à son moi : il refuse l'expérience de l'inconnu en lui au nom de ce qu'il prétend connaître de soi. Il a figé

1. Simone Weil, *La connaissance surnaturelle, op. cit.*, p. 272.
2. *Ibid.*, p. 270. Je rappelle l'étonnant parallèle avec l'histoire du Grand Inquisiteur d'Ivan Karamazov.

son mouvement, de peur d'être détrompé, ce qui peut être le propre de l'âne buté qui croit s'être trouvé un but, et ce qui peut aussi être l'homme avancé sur le chemin du bien et du juste, mais dont la force d'âme est trop faible pour sa conviction, et qui craint sa propre volonté. Ce qu'explique Simone : « Du seul fait qu'une âme désire vraiment, purement, exclusivement le bien avec une partie d'elle-même, en un instant ultérieur de temps elle désirera le bien avec une plus grande partie d'elle-même – à moins qu'elle ne refuse de consentir à cette transformation[1]. » Croire que Dieu est le bien n'est pas un article de foi, mais « que chacune des pensées par lesquelles je désire le bien me rapproche du bien, c'est un objet de foi. »

Désirer de toute son âme le bien, est-ce en rapport littéral avec les miracles : la question, dit-elle, la dépasse. Les matérialistes logent en-dehors d'eux un bien qui les dépasse et les aide du dehors, vers quoi tend leur désir et souvent ils sont exaucés, bien qu'ils logent ce bien dans le monde : Napoléon son Étoile. « Tout athée est idolâtre – à moins qu'il n'adore le vrai Dieu sous son aspect impersonnel. La plupart des gens pieux sont idolâtres. » Comprenons bien la dimension des miracles : Bonaparte connut un moment de panique au pont d'Arcole avant de se ressaisir ; il bafouilla au 18 Brumaire, son frère Lucien et ses grenadiers firent le coup d'État ; Bonaparte n'eut de cesse de devenir Napoléon, au-delà de la faiblesse humaine. Est-ce un miracle ? Au même titre que Jésus guérissant les lépreux ? On voit l'écart profond, de l'homme se surpassant – au mépris de la vie humaine, la sienne mise à part –, à l'acte de foi du lépreux : « Seigneur, si tu le veux, tu peux me guérir. » Et Jésus lui recommande de faire l'offrande prescrite par Moïse pour sa guérison : « Ce sera pour tous une attestation[2] ». Lorsque on lui porte un lépreux, il lui dit : « Mon ami, tes péchés te sont remis » ; aux scribes et pharisiens indignés, Jésus dit : « Pourquoi ces pensées en vous-mêmes ? Quel est le plus facile de dire : Tes péchés te sont remis, ou de dire : Lève toi et marche ? » Le Fils de l'Homme, explique-t-il, a le pouvoir sur terre de remettre les péchés. Sur terre et non dans l'au-delà, la paralysie est un péché ; sur terre et non au-delà, elle se guérit par le désir de vérité. Étrange paralysie vraiment ! Que nous importe ce qu'on nommait alors ainsi, si ceux que Jésus guérit dés-espéraient, c'est-à-dire n'avaient pas d'espoir ? C'est pourquoi il guérit l'homme à la main desséchée un jour de Sabbat car il s'agissait de sauver un être, d'accomplir le bien. D'évidence paralysie et main desséchée ont une signification symbolique, Fils

1. Simone Weil, *La connaissance surnaturelle, op. cit.*, p. 275. De même la citation qui suit.
2. *Évangile de Luc*, V, 12-14. Histoire du paralytique, V, 17-26.

de l'Homme aussi, et qu'est-ce qu'un symbole, sinon un langage compris de ceux à qui il est adressé ? Ce qu'écrit Simone : « Mais quel que soit le langage employé, ou bien sans aucun langage, en fait le regard de l'âme est dirigé, avec attente, désir et supplication, vers un lieu situé, soit au-dessus des cieux, soit au-dessous [1]. » Dirigé au-dessus, le regard est obéissance à l'inspiration : chercher d'abord le Royaume et recevoir ce qui est donné. Et la mer Rouge s'ouvrant pour les Hébreux ? On y voit, à bon droit un mythe, et qu'importe de quelle façon Yahvé a opéré : Cécil B. de Mille a procédé par trucage pour tourner *Les dix commandements*, aucune équipe scientifique du M.I.T. ne saurait le refaire en vrai.

MYSTIQUE DU BIEN, NOTRE SUPÉRIORITÉ SUR DIEU

Perpétuellement en guerre, ces génies se disputent l'empire de la Création. Mais après un combat dont le durée aura son terme, les génies mauvais et le Principe même du mal, Ahriman, le chef de ceux qui n'ont pas de chef, vaincus enfin, reconnoîtront la puissance supérieure du Principe du bien, et cesseront de lutter contre elle.

LAMENNAIS
Amschaspands et Darvands [2]

« Savoir que le bien absolu est le bien, croire que le désir du bien se multiplie de lui-même dans l'âme si l'âme ne refuse pas son consentement à cette opération – ces deux choses simples suffisent. Rien d'autre n'est nécessaire. » Encore faut-il s'empêcher de refuser ce consentement, quoi qu'il arrive. C'est infiniment simple dit-elle. Comment la croyance en un bien absolu serait-elle infiniment simple quand on ne sait pas même ce qu'est le bien ? Ah ! Vous parlez de l'utilité, du progrès et de travailler plus pour gagner plus ? Alors effectivement c'est incompréhensible.

En quoi consiste notre supériorité sur Dieu ? « Ce malheureux gît sur la route, à moitié mort de fin. Dieu en a miséricorde, mais ne peut pas lui envoyer du pain. Moi qui suis là, heureusement je ne suis pas Dieu ; je peux

1. Simone Weil, *La connaissance surnaturelle, op. cit.*, p. 276.

2. Cet ouvrage de Lamennais, qu'il présenta comme traduction de feuilles éparses écrites par « un vénérable débris de l'antique magisme », à la façon dont Edgar Poe présenta plusieurs de ses nouvelles, fut publié en 1843 à Paris par Pagnerre, éditeur engagé pour la démocratie. Ce passage, p. 2.

lui donner un morceau de pain. C'est mon unique supériorité sur Dieu[1]. » Simone revient souvent à la figure de la prostituée – tout comme Flora Tristan, autre réprouvée des bons apôtres, et relate l'histoire de Marie-Madeleine : « Est remis ce qu'on demande à Dieu de remettre. Celui qui croit avoir peu de péchés demande peu à Dieu et aime peu. » Est-ce dire que le pécheur aimerait ses propres péchés ? Je ne doute pas que de subtils esprits n'y aient pensé, aussi faut-il encore détromper, en lisant la suite : « Mais une prostituée de bas étage ne peut pas ignorer qu'elle en a beaucoup, parce que la société ne le lui laisse pas ignorer[2].» Réalité et existence font deux, les puissants transforment leur existence en réalité : leur existence devient le mode de la réalité; les humbles et humiliés sont contraints de glisser leur existence dans les recoins de réalité qu'on leur laisse, et sont jugés d'après le mode de réalité établi par oppression.

On retrouve l'intervalle déjà évoqué à propos du « mauvais caractère ». Le bien n'est pas une chose à quoi l'attribut du bien serait conféré, comment dès lors abandonner les choses qui ne sont pas des biens ? « Les efforts de volonté sont illusoires. Ma propre âme ne me croit pas. » Je sais les choses d'ici-bas dénuées de bien, je n'ai pas l'énergie de m'en arracher, aussi mes désirs sont-ils tantôt efficaces, tantôt non. Je tâtonne au milieu de l'intervalle : le désir de l'or n'est pas de l'or, le désir du bien est le bien. C'est pourquoi « aucune satisfaction n'étant un bien, aucune privation n'est un mal. Il n'y a pas de contraire du bien[3]. » Le bien est possession et non satisfaction, le désir du bien n'est pas satisfait puisqu'il est le bien. Pourtant, à la vue de l'affamé, si j'ai le désir du bien, je me rappelle avoir été cet homme-là. Je ne désire pas qu'il reçoive de la nourriture, mais qu'il fasse l'épreuve de l'insatisfaction, une fois repu. Alors, j'ai espoir qu'il renonce à la satisfaction, mais d'abord je dois le nourrir – devoir et non désir – car je ne peux le laisser enfermé dans son moi souffrant. Et qui me dit qu'une fois nourri, il ne voudra pas au surplus être vêtu, logé, riche et puissant ? Songeons à tous les contes où le pauvre sauvé de la faim et du désespoir devient le maître de celui qui l'a sauvé. D'ailleurs, François d'Assise eut à morigéner le loup de Gubbio : nous t'avons nourri, ne fais plus de mal aux créatures ! On répondra doublement, un que je suis moi-même passé par cette obstination au milieu de l'intervalle, et pourquoi cet homme en serait-il dispensé ? La pauvreté confère-t-elle une vertu spéciale ? Deux, il ne dépend pas de ce pauvre, que le mode de réalité

1. Simone Weil, *La connaissance surnaturelle*, *op. cit.*, p. 281.
2. *Ibid.*, cette citation et celle qui la précède, p. 283.
3. *Ibid.*, p. 287. La citation qui précède est p. 285.

dans lequel on lui rend une place soit tel qu'il se tourne immédiatement vers le bien. C'est pourquoi l'acte isolé ne peut éloigner le mal.

Le malheur de soi, déjà, on en est broyé, on ne peut le contempler ; le malheur d'autrui n'est du malheur que par la compassion. Simone attire notre attention sur un mystère que, dit-elle, elle n'a pas encore bien compris : « notre sensibilité est naturellement universelle, mais elle est rendue égoïste par notre désir qui s'y attache ». C'est pourquoi le désir du Bien infini exclut seul tout retour sur soi. « C'est parce qu'on croit que le malheur est un mal qu'on tue en soi la compassion naturelle. La compassion est naturelle, mais elle est étouffée par l'instinct de conservation. Seule la possession de toute l'âme par l'amour surnaturel restitue à la compassion naturelle son libre jeu[1]. » Il serait présomptueux de dire mieux, je tâche seulement de rendre compte : dans la compassion, l'égoïsme pousse au retour sur soi. Aussi, faire l'aumône est égoïste : on regarde l'autre qui tire profit de notre geste et l'autre croit être en dette envers nous. Le « tronc des pauvres » est un remède de misère à cet échange de regards. L'échange est reporté entre ceux qui donnent, l'imagination fait le reste, le son des pièces qui tombent dans la boîte est le tintement de la fausse monnaie. Ainsi vaut la compassion du spectateur à l'égard des malheurs représentés au théâtre, « Si c'était de la réalité, il deviendrait froid comme glace ». Chaque spectateur garde pour lui sa compassion.

Réalité et naturel décrivent ici le monde « comme il est donné » dans lequel notre naturel est d'abord égoïste, ainsi la « pitié naturelle » conduit à aider un malheureux, soit pour n'avoir plus à penser à lui, soit pour « mieux jouir de la distance entre soi et lui ». Il est transfiguré par ce que Charles Fourier nomme composition : cessant de voir l'autre comme objet singulier de compassion nous parvenons à la nature composée ; autrui devient rencontre avec soi, l'autre en fait partie ce qui n'est pas possible « dans le premier moment où l'appel est presque inconsciemment entendu, l'âme tout entière est médiocre. [...] Se mettre tout entier dans la lumière quand on est médiocre, comment le supporter[2] ? ». Saint Vincent de Paul alla ramer avec les galériens lorsqu'il fut nommé aumônier des galères. Un enfant, écrit Simone, voyant briller quelque chose, passe tout entier dans l'amour de cette chose, oubliant complètement qu'il ne peut arriver à elle : il ne combine pas pour obtenir, il désire simplement. Tous, nous pouvons faire cette expérience douloureuse, ressentir la souffrance de ceux qui souffrent. Il n'y a là aucune réalité et surtout pas de « réalité objective », qu'on nous présente, si j'ai compris, comme fait brut. Nous ne nous mettons pas à la place des autres, ce qui est une opération

1. *Ibid.*, p. 287. La citation qui suit est p. 288.
2. *Ibid.*, p. 294.

de l'esprit, une compassion inerte ; nous haïssons cette souffrance comme la nôtre, nous voudrions empêcher le crime de se commettre. Notre société marchande a avili ce refus du malheur en nous rendant spectateurs universels isolés : tant de souffrances, il nous faut choisir entre en sélectionner une, au détriment des autres, ou bien se sentir quittes d'avoir vu défiler le tout comme le défilé des misères du monde. Prenez un défilé de mode : vous pouvez concentrer votre regard sur un mannequin (à cause de sa beauté ou de son vêtement), ou bien avoir eu le spectacle en entier et vous dire : j'ai vu toutes les tendances. C'est pareil pour la misère, vous avez votre quart d'heure quotidien, comme la minute de haine dans *1984*.

« Dieu seul peut faire attention à un malheureux[1] », ce qui veut dire « l'amour inconditionné », et cet amour-là peut naître dans un peuple d'athées. Dans un peuple de malheureux, plus encore chez des réprouvés, prostituées ou repris de justice, la déchéance sociale empêche l'attention au malheur : c'est le point où nous sommes parvenus. En renonçant à aimer Dieu – ce qui en nous surpasse la volonté, on parvient à cesser de souffrir. Le mythe de Prométhée est lu par Simone comme la souffrance continuelle de celui qui ne renonce pas à aimer Dieu. Le miroir de Narcisse, comme la création : « Dieu est pris au piège par le mal alors qu'il regarde sa création. Il est pris et soumis à la passion. » Dieu est notre équivalent. Mais nous avons, comme créatures, une autre supériorité sur Dieu : « En un sens, la créature est plus puissante que Dieu. Elle peut haïr Dieu et Dieu ne peut pas la haïr à son tour. Cette impuissance fait de lui une Personne impersonnelle. Il aime, non pas comme j'aime, mais comme une émeraude est verte. Il est "j'aime"[2]. »

Ce qu'écrit Heine, partant du point opposé : « La révolution politique qui repose sur les principes du matérialisme français ne rencontre pas d'opposants chez les panthéistes, mais des compagnons, des compagnons qui ont fondé leur conviction d'une source profonde, une synthèse religieuse. Nous accélérons le bien-être matériel, le bonheur matériel des peuples, non que nous dédaignions l'esprit comme les matérialistes, bien au contraire parce que nous savons que le divin en l'homme se manifeste dans son apparence de chair et la misère de la chair, image de Dieu, détruit ou avilit, et par là, l'esprit périt pareillement. Le grand mot de la Révolution, que prononça Saint-Just : Le pain est le droit du *peuple**[3], résonne pour nous comme : Le pain est le droit divin de *l'homme**. Nous combattons, non pour les droits humains du peuple, mais pour les droits divins de l'humanité. En cela et en bien d'autres

1. *Ibid.*, p. 297, de même la citation qui suit.
2. Simone Weil, *La connaissance surnaturelle, op. cit.*, p. 77.
3. * En français dans le texte.

choses nous nous séparons des hommes de la Révolution. Nous ne voulons pas être des Sans-culottes, ni des bourgeois frugaux, ni des présidents à bon marché; nous instituons une démocratie de dieux aussi splendides, aussi saints, aussi bienheureux[1]. »

Ce qu'expose à merveille Simone Weil : « Nous n'aimons pas un être humain comme une faim, mais comme une nourriture. Nous aimons en cannibales. Aimer purement, c'est aimer dans un être humain sa faim. Comme les hommes ont toujours faim, on aime alors toujours tous les hommes. Certains sont partiellement rassasiés; il faut aimer en eux leur faim et leur rassasiement. Mais nous aimons bien différemment. Les êtres aimés, par leur présence, leurs paroles, leurs lettres, nous fournissent du réconfort, de l'énergie, un stimulant. Ils ont sur nous le même effet qu'un bon repas après une journée épuisante de travail. Nous les aimons donc comme de la nourriture. C'est bien un amour d'anthropophage. Nos haines, nos indifférences, sont anthropophagiques aussi[2]. »

VIVRE OU VOULOIR LE MONDE ?

> « Apprendre une personne est un dur travail, qui ne se fait pas en série. C'est pourquoi l'expérience de la communauté est d'abord une expérience prochaine. Non pas : Tu aimeras l'Homme (ou même les hommes, ou même le prochain) comme toi-même, mais : Tu aimeras ton prochain comme toi-même, c'est-à-dire en te donnant à lui, comme à la réalisation de ta Personne : sans mesure.
>
> « Telle est la valeur de la vie privée : non pas d'être limitée, avare dans ses buts, médiocre dans ses moyens, mais d'être la seule épreuve authentique de l'homme, celle qui lui permet, sur des êtres et des thèmes plus ou moins imposés à lui par les circonstances, de travailler sans mystification à l'élaboration de quelques communautés à sa mesure et de s'achever soi-même en leur cœur [...]
>
> « Ton prochain. Ce que j'appelle mon moi n'est qu'un réceptacle de particularités plus ou moins impersonnelles, une simple figure de carrefour. Je ne commence à être une personne que du jour où se révèle à mes yeux la pression intérieure, puis le visage d'un principe d'unité, où je commence à me posséder et à agir comme je. Je ne m'accomplis comme Personne que du jour où je me donne aux valeurs qui me tirent au-dessus de moi.

1. Heine, *Zur Religion und Philosophie*, *op. cit.*, p. 124. C'est moi qui traduis.
2. Simone Weil, *La connaissance surnaturelle*, *op. cit.*, p. 250.

> Pareillement le nous d'un groupe en nous autres n'est qu'un réceptacle d'individualités plus ou moins impersonnelles. Il ne commence à être un nous communautaire que du jour où chacune des personnes particulières s'occupe premièrement de tirer chacune au-dessus de soi vers les valeurs singulières de sa vocation propre, et s'élève avec chacune d'elles. Il ne se forme que de proche en proche, autour de chaque Personne comme noyau, faible et comme carié si une seule manque à rayonner son effort sur toute la communauté[1]. »

La personne de l'homme n'est pas l'absolu, mais elle est un absolu à l'égard de toute réalité matérielle ou sociale. Le terme de communauté, auquel on peut préférer celui d'Église invisible, ne doit pas nous tromper – nous l'avons déjà été suffisamment. Communauté n'est ni Personne collective ni totalité vivant de ses membres, encore moins de ses adeptes. Le collectif ne vit pas, il ne pense pas ni ne souffre. La communauté n'est pas sujet collectif et aucun sujet collectif ne saurait advenir, quand même s'en persuaderait-on, car le collectif n'apprend pas ; elle ne doit à aucun prix être objet de culte, moins encore inspiratrice de foi. Les hommes seuls meurent d'avoir vécu ; ils meurent encore de n'avoir pas vécu. Aucune Idée ne règne sur leur vie ou leur non-vie ; ils ont les moyens de s'empêcher de vivre, ils peuvent s'entretuer.

« Relations humaines. Toutes celles qui contiennent de l'infini sont injustes. Or, quoique tout se qui se rapporte à l'homme soit fini et mesurable, néanmoins, à partir d'un certain degré, l'infini entre en jeu. [...] Le désir est illimité par nature, et cela est contre nature, parce que l'infini n'est pas à sa place au niveau du désir. Dans le monde des objets du désir, qui est le monde manifesté, il n'y a pas d'infini[2]. » Comprenons bien : il n'y a pas d'infini là où nous en voulons, dans les relations humaines. Entre le mien et le tien, pas d'infini ; pas plus dans ce que je veux posséder du monde. L'infini humain n'est pas l'infini mathématique, il est vivant mais n'existe pas, il est en nous mais comme infiniment possible, il est chacun si nous participons à l'advenue de nous-mêmes, sachant qu'il n'est d'harmonie qu'à la mesure de ce qu'il y a en nous d'humain : États, guerres, dominations et refoulement des autres par peur ou par désir de puissance – ce qui revient au même, salariat et marchandises y font obstacle. Simone Weil ne conclut pas ; elle ouvre la voie et nous ne la suivrons pas, parce que nous ne voulons pas en être capables. Le bien

---

1. Emmanuel Mounier, *Œuvres*, Paris, Seuil, t. I, p. 190-193, extrait de *Révolution personnaliste et communautaire*, Paris, Aubier-Montaigne, 1935.

2. Simone Weil, *Cahiers, I,* 59. Un peu plus loin, p. 61, elle note : « On peut toujours imaginer (lire) une situation par rapport à laquelle (si seulement elle existait), tel acte serait juste. Plus tard, on lit autrement, mais l'acte est accompli. »

seul, dit-elle, est sans contradiction, mais éblouissant. Aussi croyons-nous possible d'en rester au donné du monde, celui des objets et des concepts, que nous produisons, finis et mesurables, tels que nous nous voyons. Or le désir de pouvoir tend à l'infini, au même degré que le désir de soumission. Enfermés dans la contradiction de l'opaque, nos esprits ne peuvent poser leur vue que sur la contradiction, éclairée par le bien. De cet éclairage trompeur, nous croyons saisir le bien que nous craignons comme la mort. Alors, l'Église invisible est vide, sans contour : elle est inexistante.

RENCONTRE D'ECKHART ET DE SIMONE WEIL

J'ai parlé d'une puissance de l'âme. Cette puissance, dans sa première manifestation, ne saisit pas Dieu là où il est bon ; elle ne le saisit pas non plus là où il est vérité ; elle cherche plus loin et va jusqu'au fond et saisit Dieu dans son unité et dans sa solitude, elle saisit Dieu dans son désert et dans son propre fond[1].

Les plus belles rencontres ont lieu à la Porte dérobée ; là où les âmes en correspondance sont appelées à se trouver après avoir longtemps cheminé. Il en est ainsi pour Simone Weil, dont la pensée sublime – à dessein je ne dis pas mystique ; j'en rendrai compte et me soucie peu de définir le sublime – retrouva, dans son mouvement d'extrême refus de l'existence, ce que les écrits de Maître Eckhart avaient dévoilé, à qui pouvait l'entendre. « Quand d'authentiques amis de Dieu – tel fut à mon sentiment Maître Eckhart – répètent des paroles qu'ils ont entendues dans le secret, parmi le silence, pendant l'union d'amour, et qu'elles sont en désaccord avec l'enseignement de l'Église, c'est simplement que le langage de la place publique n'est pas celui de la chambre nuptiale[2]. » Le présent essai n'a pas pour objet de restituer la théologie de Maître Eckhart : ce qu'est Dieu, mais sa pensée et sa parole concernant la découverte de Dieu en l'homme et par les hommes. Car l'un et l'autre s'adressent d'abord aux incroyants ; ceux qui ne peuvent ou ne veulent

1. Maître Eckhart, *Traités et sermons*, Éditions d'Aujourd'hui, *op. cit.*, *Sermon* 10, p. 167. Je précise dès à présent que je me réfère à plusieurs traductions. Cela pose un problème d'unité, mais mon propos n'est pas d'érudition philologique. D'ailleurs les traducteurs prennent soin de préciser les difficultés de leur travail, notamment Alain de Libéra. Ils indiquent également les sources auxquelles se réfère Eckhart.

2. Simone Weil, *Attente de Dieu*, Paris, La Colombe, 1950, Lettre au Père Perrin, 15 mai 1942, p. 85.

voir au-delà. Non parce qu'ils sont leurs préférés, mais parce qu'ils sont disponibles, seuls, aveugles et sourds. Ainsi que l'écrit Simone Weil, il n'est nulle part question dans l'Évangile, d'une recherche de Dieu par l'homme[1]. Il nous conduit par la voie du désert à la souffrance dans l'appel que fut la vie de Simone Weil, ce qu'elle nous a laissé dans ses écrits, impubliés tant qu'elle fut au monde, si peu qu'elle y fut. Lui, guidé par la nécessité de dire l'indicible ce jour même; elle, confiant à ses cahiers ce qu'elle avait de plus précieux dans l'espoir qu'on les lirait un jour, plus tard. L'un et l'autre *Lebemeister* et non pas *Lesemeister* – maître de vie et non de savoir. À l'opposé de la vie est la recherche de celui qui voudrait faire son salut seul. Tous deux voulurent que « l'Amour soit aimé ».

Maître Eckhart porta la parole de la perfection de l'âme en Dieu. Suspecté en son temps d'hérésie, il est aujourd'hui objet d'études académiques, heureusement menées par d'éminents auteurs[2]. Simone Weil, à peu près ignorée de son vivant – en dehors de quelques amis qui lui furent chers – fut rapidement haïe, anathémisée principalement parce que, étant juive, elle ne voulut pas du judaïsme[3] et ne se vit attribuer une identité juive que par ceux-là même qui persécutèrent les Juifs, non pour leur religion mais au nom de prétendues « races » alors admises à peu près par tous comme une réalité. Elle porta la parole à ses élèves, qu'elle voulut trouver dans des lycées de villes ouvrières. Ainsi écrivit-elle à une ancienne élève : « Cela me serre le cœur de n'avoir à vous dire que des choses tristes. Mais je vous dois la vérité. Sur toute la surface de la terre, l'oppression et le nationalisme triomphent. Ce n'est pas une raison pour renoncer à son idéal : c'est déjà quelque chose de ne pas se laisser bourrer le crâne. C'est pourquoi, au fond, je suis bien contente

1. Simone Weil, « Intuitions pré-chrétiennes », *Écrits de Marseille et Casablanca* à propos de l'amour de Dieu hors du christianisme, auxquels elle disait travailler ardemment, envoyés au P. Perrin, 1941-42; Paris, La Colombe, 1951, « Descente de Dieu » p. 9. Dans « Formes de l'amour implicite de Dieu » in *Attente de Dieu*, écrit au printemps 1942, elle revient à l'idée que les hommes sont appelés et doivent demeurer en attente.

2. Je ne puis les citer tous; Émilie Zum Brunn, Hervé Pasqua, Alain de Libéra, Marie-Anne Vannier, Jeanne Ancelet-Hustache, bien sûr Maurice de Gandillac. Quant aux petits-maîtres qui viennent se mêler de ce qu'ils ignorent, je préfère ne pas les connaître. Chacun reconnaîtra les siens.

3. Je n'entrerai pas ici dans une vaine polémique. Je dirai seulement qu'elle distingue, à propos des Hébreux, entre l'avant et l'après l'Exil. Elle a fait allusion à ce qui a « tué l'amour » du judaïsme en elle, et à l'extrême gravité de changer de religion (dans *Attente de Dieu*, ouvrage dont je reparle ici, p. 186.) Au reste, elle est horrifiée par les massacres, les trahisons et subterfuges. Je renvoie à mon essai *La Parole des prophètes*. Fut-elle naïve, munichoise, corporatiste, calotine même; c'est ce qu'a écrit M. Célestin Bouglé, qui l'avait lui-même bien connue comme normalienne, et qui la traitait de vierge rouge. Et on lui reproche bien d'autres choses encore : de refuser l'idée de peuple élu, par exemple.

que vous ayez toutes mauvais esprit. [...] Et pourtant j'ai presque peur des responsabilités que j'ai assumées inconsciemment (inconsciemment, car je n'aurais jamais supposé avoir exercé indirectement tant d'influence sur votre classe) ; car la société actuelle ne réserve que malheurs et déceptions à ceux qui refusent de s'adapter à l'oppression et au mensonge[1] [...] »

Qui sont ces critiques si indifférents et si venimeux dans leur mépris, drapés dans leurs habits rouges, qui crient au scandale parce qu'ils ne peuvent éprouver la misère nue qui, de honte, se cache de leurs regards ? On a dit de Simone sa haine, sa cruauté, son mépris. Allons donc ! Elle sut bien assez tôt que sa bonté, sa tendresse, son dévouement envers ses frères et ses sœurs humains allaient être submergés par l'abomination du temps. Et nous, quel temps abominable vivons-nous ? J'ai essayé de lui rendre justice dans un essai intitulé *La Pensée libre*[2]. Je puis à présent mener une lecture bien plus approfondie de sa parole, ce qu'elle a voulu laisser d'elle-même, puisque elle a souhaité que sa personne soit oubliée. Sa remarquable rencontre avec Maître Eckhart peut nous être le remède à l'incompréhension voire à l'aveuglement à son encontre.

Eckhart porta la parole de la perfection de l'âme en Dieu ; telle fut aussi la parole de Simone : à quoi bon alors ce parallèle tracé de lui à elle, si l'évidence

1. Lettre de 1934, citée par Simone Pétrement, *Vie de Simone Weil*, p. 295. Je redis ce que j'écrivais dans *La Pensée libre* : agir comme Antigone, c'est aller contre la Loi, et mourir sans être tuée, accepter que l'on referme la porte derrière vous. Un tel sacrifice ne commande-t-il pas d'abord de se retrancher du milieu des siens, de se vouloir sans habits ? Car les habits qu'elle portait, on lui apprit qu'ils la retenaient aux yeux du monde contre sa foi et sa passion. Mais elle ne les rejeta pas. Elle écrivit à une ancienne élève qui, en septembre 1940, proposait de l'héberger avec sa famille, pour décliner cette offre généreuse, car le racisme, disait-elle alors, va se déchaîner en France ; elle ajoutait : « Il est même préférable dans une période de misère et de violence diffuse, qu'une catégorie bien déterminée et limitée d'êtres humains attire sur elle les formes les plus aiguës du malheur. Je ne parlerais certes pas ainsi si je ne faisais pas partie de cette catégorie. Comme j'en fais partie, j'en ai le droit ». Et cependant elle ne se considérait pas comme Juive. Est-ce à tort ? Elle déclara à Xavier Vallat (commissaire aux « affaires juives ») ne pas comprendre ce que l'on entend légalement par juif. J'avoue, quoique je n'aie pas, moi, le droit de me prononcer, ne pas comprendre cela non plus. Mais les actes parlent mieux que les paroles, elle avait demandé, de Londres en 1942, à constituer une formation d'infirmières de première ligne « animées d'un esprit de sacrifice total ». À ses amis qui lui reprochaient de « pactiser avec Vichy », du temps qu'elle était demeurée en France, elle répondit qu'elle n'aimait pas beaucoup « entendre des gens parfaitement confortables ici (New York) traiter de lâches et de traîtres ceux qui en France se débrouillent comme ils peuvent dans une situation terrible. »

2. *La Pensée libre, essai sur les écrits politiques de Simone Weil*, Paris, 2004. J'y indiquai que je laissais alors de côté la mystique qu'elle fut. Mon essai *La Parole des prophètes* conduit vers Simone à l'écoute du divin.

de leur accord est immédiate ? C'est qu'elle ne l'est pas. La raison en est simple : l'un parla au nom de l'Église et selon la conviction qu'il pouvait prêcher le salut : ainsi dit-il : « Si vous pouviez le reconnaître avec mon cœur, vous comprendriez ce que je dis, car c'est vrai et la vérité le dit elle-même.[1] » Elle se considéra comme chargée de péchés et même, écrivit-elle, de tous les crimes en puissance. Elle ne voulut pas entrer dans l'Église, selon sa conviction de n'en être pas digne : nous verrons ce qu'il faut en comprendre, car elle comme lui n'avaient en vue que la joie ; lui l'avait trouvée ; elle en devinait la lumière, partagée qu'elle fut entre le spirituel serein et l'intellect fiévreux. L'un et l'autre portèrent la parole du Dieu des chrétiens. Tous deux virent le Christ comme la perfection de l'âme, le modèle et non le Rédempteur.

L'auteur de ces lignes a le devoir de dire qu'il n'est ici que témoin. Je témoigne, parce que j'en ressens l'appel, de ce qu'ont vu et vécu deux humains qui me dépassent. Je ne sais pas par moi-même ce qu'est la connaissance de Dieu ni qui fut le Christ. J'avance à tâtons dans l'obscurité que j'essaie de percer. Mon point de vue importerait peu s'il était possible de ne pas déformer les paroles que je rapporte ; or il est de nécessité de dire selon son point de vue. Les auteurs qui prétendent le contraire se trompent ou nous trompent. La mauvaise monnaie chasse la bonne est un ancien adage des financiers ; de même la mauvaise foi chasse-t-elle la bonne, car la bonne foi est incertaine – je ne parle pas de la foi ; elle sait ne pas savoir le vrai et ne peut que chercher. Malebranche a dit cela excellement, et les termes mêmes qu'il emploie sont des avant-coureurs de notre recherche ; ainsi consentir, aimer absolument, liberté :

« Règles générales pour éviter l'erreur : Voici la première, qui regarde les Sciences. On ne doit jamais donner de consentement entier qu'aux propositions qui paroissent si évidemment vraies, qu'on ne puisse le leur refuser sans sentir une peine intérieure et des reproches secrets de la raison. C'est-à-dire sans que l'on connoisse clairement qu'on feroit mauvais usage de sa liberté si l'on ne vouloit pas consentir, ou si l'on vouloit étendre son pouvoir sur des choses sur lesquelles il n'en a plus. La seconde pour la Morale est telle. On ne doit jamais aimer absolument un bien si l'on peut sans remors ne point l'aimer. D'où il s'ensuit qu'on ne doit rien aimer que Dieu absolument et sans rapport ; car il n'y a que lui seul qu'on ne puisse s'abstenir d'aimer sans remors ; c'est-à-dire sans qu'on sçache évidemment qu'on fait mal, supposé qu'on le connoisse par la raison ou par la foi[2]. »

1. Maître Eckhart, *Sermon* 2 : « Intravit Jesus in quoddam castellum... ».

2. Malebranche, *Recherche de la vérité*, Livre II, chap. II « Jugements et raisonnements ». Il faut citer encore :

Qu'y a-t-il de si remarquable dans la parole que portèrent Eckhart et Simone Weil ? Il fut théologien, elle ne l'était pas; aussi n'est-ce pas sur la « nature de Dieu » qu'ils concordent, mais sur l'humain, car nul ne sait la nature de Dieu sinon par conjecture : quelle est la vocation des hommes ? Je ne dis pas de l'homme, qui rend un son dogmatique. Les hommes errent en grand péril; les uns puisent dans leur volonté pour s'imposer aux autres comme à eux-mêmes, édifier un Moi puissant, amasser sous le nom de richesse les biens que tous désirent. D'autres subissent par les fautes supposées héritées de leurs parents, faiblesse, pusillanimité ou fatalisme la domination des maîtres. On leur accorde parfois de dire un mot de l'intérêt collectif – qui leur est présenté comme le summum de ce qu'ils peuvent désirer. D'autres enfin, astucieux et affranchis – comme le furent les affranchis à Rome autrefois – s'arrangent, marchandent, achètent à la baisse et vendent à la hausse, voient tout; choses, autres humains et eux-mêmes s'il le faut comme des marchandises. Ceux-là se soucient fort peu du bien collectif et encore moins de salut. L'existence les occupe entièrement. Ils ont envahi la surface de la terre et bricolent des catastrophes.

Quelle est donc la vocation des hommes ? Je dirai d'abord que Fichte,

---

« Mais ce qu'il faut principalement remarquer, c'est que les connoissances qu'acquièrent ceux qui lisent sans méditer, et seulement pour retenir les opinions des autres; en un mot toutes les sciences qui dépendent de la mémoire sont proprement de ces sciences qui enflent, à cause qu'elles ont de l'éclat et qu'elles donnent beaucoup de vanité à ceux qui les possèdent. Ainsi ceux qui sont sçavans en cette matière, étant d'ordinaire remplis d'orgueil et de présomption, prétendent avoir droit de juger de tout, quoi qu'ils en soient tres-peu capables; ce qui les fait tomber dans un tres-grand nombre d'erreurs.

Mais cette fausse science fait encore un plus grand mal. Car ces personnes ne tombent pas seules dans l'erreur, elles y entraînent avec elles presque tous les esprits du commun; et un fort grand nombre de jeunes gens, qui croyent comme des articles de foi toutes leurs décisions. Ces faux sçavans les ayant souvent accablez par le poids de leur profonde érudition, et étourdis tant par des opinions extraordinaires que par des noms d'Auteurs anciens et inconnus, se sont acquis une autorité si puissante sur leurs esprits, qu'ils respectent et qu'ils admirent comme des oracles tout ce qui sort de leur bouche, et qu'ils entrent aveuglément dans tous leurs sentimens. Des personnes même beaucoup plus spirituelles et plus judicieuses, qui ne les auroient jamais connus, et qui ne sçauroient point d'autre part ce qu'ils sont, les voyant parler d'une manière si décisive et d'un air si fier, si impérieux et si grave, auroient quelque peine à manquer de respect et d'estime pour ce qu'ils disent, parce qu'il est tres-difficile de ne rien donner à l'air et aux manières.

Car de même qu'il arrive souvent, qu'un homme fier et hardi en maltraite d'autres plus forts, mais plus judicieux et plus retenus que lui. Ainsi ceux qui soutiennent des opinions qui ne sont ni vrayes ni mêmes vrai-semblables, font souvent perdre la parole à leurs adversaires, en leur parlant d'une manière impérieuse, fière, ou grave qui les surprend.

Or ceux de qui nous parlons ont assez d'estime d'eux-mêmes, et de mépris des autres, pour s'être fortifiez dans un certain air de fierté, mêlé de gravité et d'une feinte modestie, qui préoccupe et qui gagne ceux qui les écoutent. » (Livre II, 2e partie, chap. IV p. 289-290.)

l'auteur de la *Doctrine de la science*[1], l'avait aperçu. Je l'évoque ici au cours de mon étude. Puis, fondamentalement, nous trouverons qu'il est en chaque homme une âme. Je ne sais pas ce qu'on entend par « âme immortelle », sinon comme la part d'incréé, ce qui est difficile à comprendre. Ce qui importe est que l'âme est doublement orientée. Son orientation prédominante est vers le monde créé, vers les richesses du monde – ce que Husserl nomme le donné du monde – ce que nous trouvons d'évidence comme « nos intérêts », « nos richesses », « nos chances ». Cette orientation très souvent oblitère presque entièrement l'autre part de l'âme, celle qui touche à l'éternel, le hors du temps et de l'espace. Celle-ci est – ce qu'a clairement vu Fichte – l'appel à l'infini et non une intuition d'objets, une vocation intellectuelle du Moi transcendantal à la façon de Schelling. L'âme selon cette orientation délaisse le personnel en nous (persona est le masque du théâtre antique) ; elle recherche ce qui en elle appelle. Ce qui appelle est ce qui est infini en l'âme, ce vers quoi chaque homme a vocation à aller, le divin. La lumière selon Eckhart, la grâce selon Simone Weil. Il n'est pas question ici d'élection, de Dieu tout-puissant, de Dieu créateur, de Dieu de bonté ni de terreur. Je voudrais montrer qu'il n'est pas nécessaire, je dirai qu'il ne nous est pas donné de connaître ce Dieu extérieur. Aussi ne sera-t-il pas question ici de Dieu selon la religion, même si Eckhart et Simone sont chrétiens, l'un dans l'Église et l'autre hors d'elle. Car il trouva en Dieu l'Un et non le créateur, elle trouva en elle le refus de la créature qui prétend connaître Dieu.

Il me faut ici répondre à deux objections dont je reconnais la légitimité : la première est que je mélange les citations sans souci de chronologie ; la seconde que je ne me situe pas moi-même. Tâchons d'y répondre brièvement. D'abord je ne crois pas important pour mon propos de faire voir l'évolution d'une pensée. Elle m'est donnée à voir tout entière, je la lis selon son aboutissement. Simone Weil est dans ses *Cahiers*, dans ses lettres, ses études et ses réflexions d'Amérique. Elle se devinait déjà dans sa lecture du Temple grec, durant ses études. Elle n'a pas changé. Eckhart dans ses sermons dit qu'en chemin, il a pensé à ceci ou cela : il pensait en allant ; que de fois il évoque ses pensers inopinés : en route pour prêcher, la nuit, à l'instant même. Dans son *Sermon* 23, il déclare revenir sur ce à quoi il avait acquiescé : Dieu n'est pas l'être. Ce n'est pas son chemin que j'examine mais ce qu'il nous dit. Il est sûrement intéressant de montrer comment un auteur à varié ; d'éminents spécialistes le font bien mieux que moi. Ce qui me concerne, et je viens à la seconde objection, est de donner à lire une pensée dans sa richesse et la voie

1. Voir mon essai *Fichte, éveil à l'autonomie*, Paris, Payot, « Critique de la politique », 2012.

qu'elle nous ouvre. Sans doute ai-je tort de dire ici que Fichte a pressenti l'appel du divin sans aboutir, que Heidegger parle de l'étant comme extatique du manque de l'être. Mais ce sont des moyens pour faire voir la différence entre doctrine philosophique et pensée inspirée. Quant à moi, simple lecteur saisi par la beauté de ce qu'a enseigné Eckhart et ce que Simone Weil a laissé derrière elle, je suis témoin et si cela se peut médiateur. Je n'ai pas de doctrine à exposer, ou du moins le présent écrit n'en est que l'aboutissement : la civilisation marchande où nous nous sommes enfermés en croyant nous rendre quittes de l'ère de conquête et d'usurpation, cette socialité qu'on nous dit fondée sur la liberté et productrice de bien-être est en vérité tout entière bâtie sur notre renoncement à ce qui appelle en nous vers l'infini, à la vérité de l'amour.

HÉRÉTIQUE ?

D'abord le thème que développe Platon : l'homme, détrompé de l'autosuffisance qu'on peut nommer autarcie doit atteindre la vision de lui-même qui lui dévoile son but, le Bien. Plotin trouve dans le *Parménide* le thème de l'Un Bien. Augustin reprend ce thème : Dieu seul est absolument parce que lui seul est absolument un ; les créatures qui devraient être néant en tant que multiplicité pure, sont quelque chose en ce qu'elles lui sont semblables[1]. Mais l'âme n'est semblable que si elle demeure constante avec elle-même ; elles sont, dans la mesure où elles réalisent l'Unité, qui est leur principe. Et qui en décide ? Le Verbe est la forme adéquate de tout ce qui est. Rien ne trouve hors de Dieu sa raison suffisante. Après ses Rétractations, Augustin en vient à dire que Dieu absolu choisit ceux qu'il veut sauver. L'homme, naturellement destiné au bien par désir, peut seulement rapporter au Bien absolu ce qu'il éprouve comme bien auquel il participe. Et puisque selon Augustin « Aimer ne signifie rien d'autre que désirer une chose uniquement pour ce qu'elle est », Dieu seul est une telle chose désirable pour elle-même. Dieu se sert des

1. Je me réfère à l'ouvrage magistral d'Étienne Gilson, *Introduction à l'étude de saint Augustin*, Paris, Vrin, 1943. Le chap. III « Les vestiges de Dieu » notamment, à propos de l'image adéquate. Augustin est aussi animé par le souci de la concorde dans la Cité ; aussi l'unité doit y régner, à l'image de l'Un en Dieu. Je tiens à prendre à mon compte ce qu'écrit Hannah Arendt, *Le concept d'amour chez Augustin*, Paris, Rivages, 1999, p. 28 : « L'alternative radicale entre la réflexion philosophique personnelle et l'obéissance religieuse de la foi, telle que la vécut le jeune Luther, lui resta étarngère. » J'ajoute que si Luther a varié et s'est anathémisé lui-même – voir ce que dit de lui Thomas Münzer –, Augustin est resté lui-même dans sa recherche. Aussi n'envisagé-je que ce qu'il nous en donne à lire.

humains selon sa bonté; mais l'amour divin a-t-il besoin des hommes ? Sinon, que faut-il entendre par Dieu souverain, sinon Dieu jouissant de sa bonté « en autarcie illimitée ». Dès lors, ce qu'attend Dieu souverain ne peut être connu des humains en ce monde : pourquoi ce Dieu devrait-il être l'objet de l'amour des humains ? Ce qui soulève la question d'Augustin : à quel titre aimons-nous le prochain dans l'amour du prochain[1] ? Nous trouvons sur le chemin nombre de dénégations de cette obligation d'aimer le prochain[2].

Si l'âme aime, non ce dont elle se souvient, mais Dieu qui est en elle, si elle peut voir Dieu, si l'homme est capable de Dieu – ce qui ressort du *De Trinitate* XIV, 4 – cela veut dire qu'il y a dans la nature humaine une participation à Dieu. C'est sur cela que bute le problème de la coopération de l'humain et de Dieu. L'homme est au monde pour rencontrer Dieu, mais il ne le peut sans la grâce de Dieu. Augustin voit bien que dans l'homme divisé le choix est affaire de liberté du Moi, ce qu'on lit dans les *Confessions* III. Dieu agit toujours en nous. Mais que signifie cette co-action ? Pourquoi Dieu Créateur, Seigneur et Rédempteur, sinon parce que l'idée de Dieu en nous est intenable à cause du péril manichéen. Pourtant, si je refuse la *Libido dominandi*, ce n'est pas parce que la création est le Mal mais parce que le Moi, tel que je l'ai découvert, a l'obligation, précisément parce qu'il en a la liberté inconditionnée, d'accueillir en lui l'autre, aussi bien l'autre créature que l'autre en moi qui appelle à l'infini, et reçoit de l'infini ce qui le délimite et l'identifie. Le monde créé n'est ni illusion ni malédiction; c'est là où s'éveille la vie, entre ma liberté absolue et l'existence qui retient et contraint dans le singulier, le passager, l'accidentel qui sont les attributs de la pesanteur.

Eckhart, d'abord dévoué à la pensée d'Augustin, se fit plus critique à son encontre. Dans son *Sermon* 4 on peut entendre la parole de saint Jacques : « Le meilleur don de Dieu et la perfection viennent d'en haut, du Père des lumières. » Quoi que Dieu te donne, santé ou maladie, quoi que ce soit

---

1. C'est le terme qu'emploie Burkhard Mojsisch, « La critique eckhartienne de la conception théologico-théocratique d'Augustin » in *Voici Maître Eckhart*, *op. cit.*, p. 236. Cet auteur veut établir le « dilemme » où est pris Augustin : si Dieu se sert des humains, est-ce comme d'un moyen ou comme une fin en soi ? Ce qui pose le problème de l'amour du prochain : si Dieu se sert de l'amour humain comme moyen pour jouir de son propre amour, le prochain est-il un moyen pour les hommes ? Dans ce cas, le prochain n'est pas comme Dieu pour son prochain. Je citerai ici Guy Petitdemange à propos d'Augustin : « À ses yeux, une certaine vérité du christianisme, en raison de l'incarnation advenue pour tous les hommes et le monde, interdit de faire fi de l'immédiat, le prochain, l'histoire, le corps. » (Avant-propos à *Le concept d'amour chez Augustin* de Hannah Arendt, Paris, Rivages, 1999.) La question de l'incarnation pour tous les hommes est une des plus importantes selon Eckhart et Simone Weil.

2. Aussi bien chez Freud que chez Emmanuel Lévinas, et pour les mêmes raisons.

qu'il t'impose ou ne t'impose pas, que tu n'aies ni piété ni intériorité, c'est le mode qu'il a choisi pour toi ! C'est l'être de Dieu de vouloir le meilleur. « Si je voulais plaire à quiconque et savais quelles paroles et quelles œuvres il aime, je les réaliserais, et rien d'autre. » Si grand soit le désagrément pour moi, je dois y trouver la plus grande satisfaction. « Seigneur, que ta volonté soit faite ». Cette idée-là sera balayée plus tard, avec l'idée de Dieu le Père. Je dois dire ici l'opposition de Simone à ce thème : il n'est pas de mouvements descendants de Dieu vers nous, mais un mouvement ascendant vers Dieu. Mais déjà, dès ce *Sermon* 4 , on entend aussi que Dieu pardonne les plus grands péchés mieux que les plus petits, car les grandes choses sont des dons. Certes, elles appartiennent à Dieu en propre, « de la manière la plus personnelle ». Qu'est-ce que ce Dieu personnel ? Dans le même sermon, Eckhart ne dit-il pas que l'amour est noble parce qu'il est universel ? Que ce qui peut être exprimé doit venir de l'intérieur et non de l'extérieur ; que « cela vit très réellement dans le plus intime de l'âme » ? Il faut aimer les autres chrétiens comme soi-même. Passons sur « les autres chrétiens », car le plus saint ne saurait s'adresser qu'à ceux qui l'entendent ; l'amour est récompense et non commandement. Aimer est absolu, aimer est le propre de l'Un ; aussi accéder à l'amour est la récompense au lieu qu'une vaine illusion est que Dieu m'aime. Eckhart le dit précisément : « Il n'aime rien en nous sinon ce qui de nous se trouve en lui[1] ». Ce n'est pas rien : « celui qui priverait Dieu de nous aimer le priverait de son être et de sa Déité », car son être dépend de ce qu'il m'aime et c'est ainsi qu'émane l'Esprit saint. Soyons attentifs à cela : nous ne pouvons abolir l'Un qui est principiel, mais il nous appartient de faire être le divin. Si le diable était juste, Dieu l'aimerait « dans la mesure où il serait juste et pas l'épaisseur d'un cheveu en plus[2] ». Ici est le plus difficile à énoncer, le fil le plus ténu : en mon âme est l'esprit divin, ni divisible, ni présentable ; seul secret vrai en nous, il ne nous appartient pas de le détruire, mais nous pouvons l'ensevelir et le nier ; le plus mauvais des hommes détient en secret ce qui peut faire advenir le divin, et ainsi il peut le montrer, en acte, au monde, si incrédule soit-il, si perdu soit cet homme.

---

1. Maître Eckhart, *Sermon* 41 : « Qui sequitur iusticiam, diligetur a domino ». Je réponds ici à Burkhard Mojsisch in *Voici Maître Eckhart,* p. 242, cf. note 15) qui demande, à propos du thème de l'amour chez Eckhart, « de quel droit suppose-t-on que l'amour n'est initialement rien d'autre qu'amour, pour être ensuite amour existant et processualité correlationnelle de l'amour ». L'amour n'est pas seulement une abstraction, il implique une attente. Mais « le thème de l'attente ne peut cependant être imméidatement immanent à l'amour que si l'amour est déjà comme tel sa propre abolition dans le but de se saisir en tant qu'amour ».

2. *Idem.*

C'est par l'amour des autres que l'homme est dans la joie, non parce qu'ainsi il aime Dieu ; ainsi il est comme dans le royaume céleste. Mais Eckhart dit aussi que lorsque Dieu fit les créatures, « elles étaient si piteuses et si réduites qu'il ne pouvait se mouvoir en elles ». Alors il fit l'âme à sa semblance. Faut-il dater de là le désir du bonheur ? Est-ce l'origine du conflit intérieur entre convoitise et charité ? celle-ci ambivalente : j'assouvis mieux ma convoitise par la charité, puisque je m'empare de l'autre pour le mettre à merci ; celle-là étrange détour pour sortir de soi : je recherche ce que je n'ai pas, malheur ou misère, mû par la croyance que c'est cela qui me manque, et que je peux me le procurer. Les hommes dotés d'une âme peuvent-ils faire autrement que trouver en eux-mêmes l'objet aimé et s'aimer eux-mêmes ? On voit que tout repose sur cette question : qu'est-ce que l'amour ; qu'aime-t-on dans le désir de bonheur, s'il faut pour y accéder renoncer à soi ? L'amour est-il la grâce qui m'est accordée pour me sauver du déchirement de l'existence, m'accordant d'être désillusionné des objets que je cherchais en vain ? Augustin cite Jean : « Si l'âme pécheresse cherche à être heureuse, l'âme pure, elle, cherche d'où elle peut tirer son bonheur[1]. » Et certes ce n'est pas du malheur d'autrui, seulement du mien propre, mon malheur d'avoir plus qu'il ne me faut. En réponse à la misère des hommes assoupis, occupés au commerce, au brigandage ou au meurtre, préoccupés d'eux-mêmes, réduits à la servitude volontaire, voici Dieu qui engendre son Fils « et son acte est pour lui si délectable et lui plaît tant qu'il ne fait rien d'autre qu'engendrer son fils et tous deux font fleurir le Saint-Esprit ». Nous sommes héritiers. Voici encore Dieu créateur et les créatures faites pour son plaisir. Et pourtant au-delà de Dieu créateur, voici le divin réfugié dans le petit château de l'âme, que chacun peut découvrir. De là naît l'hérésie d'Eckhart : Dieu n'est pas Être mais Un, et nous sommes en quête de l'Un.

La recherche de cette hérésie peut être commencée en partant d'un ouvrage fort savant et polémique. L'ouvrage d'Hervé Pasqua propose un débat avec Maître Eckhart, qui fut condamné par une Bulle du 27 mars 1329, après un séjour de dix ans à Strasbourg, où il avait été envoyé pour combattre le mouvement du Libre Esprit, dont il fut accusé d'avoir été contaminé[2]. Hervé

1. *Évangile de Jean*, XXIII, 5.

2. Émilie Zum Brunn, dans « Un homme qui pâtit Dieu » in *Voici Maître Eckhart*, Grenoble, Jérôme Million, 1998, p. 279, évoque l'influence qu'eurent sans doute béguines et béghards sur Eckhart, entraîné sur le chemin sans chemin d'une atteinte de Dieu plus profonde, « comme le fut Jacques de Vitry qui trouva auprès de Marie d'Oignies, fondatrice des béguines de Flandre, le véritable sens de la vie chrétienne, après s'être ennuyé à mort dans les cercles cléricaux de Paris ».

Pasqua parle en commençant de « la charité [qui] préfère un franc désaccord au lâche silence ». C'est fort bien dit, quoique, comment l'auteur peut-il soutenir – il ne le soutient d'ailleurs pas, il le pose tout simplement – que la charité en lui s'exprime ? Comment sait-il ce que commande la charité ? Que vient faire, enfin, la charité, lorsqu'il s'agit de débattre avec une pensée entrée dans l'éternité ? Comme si la charité était du côté du critique, et l'erreur submergeant une pensée d'autrefois. Nous apprenons que Maître Eckhart fut un dominicain loyal : son humilité – ce qu'il enseignait – ne requérait-elle pas de sa part la reconnaissance de l'imperfection essentielle de tout homme, fût-il inspiré par l'amour le plus infini ? Les « corrections fraternelles » ne sont pas en soi condamnables, même si l'Église n'est pas infaillible. Ce qui est tout autre est « l'ordre authentique dans le domaine de sa juridiction[1] » qui condamne l'erreur : Eckhart dut se défendre d'être un hérétique. L'accusation portait sur la contradiction entre perfection humaine et sainteté chrétienne : l'homme peut-il faire l'expérience de la grâce dans et par l'existence dans le monde ?

Conformer sa volonté au dessein de Dieu ; voilà un précepte qui suppose connu le commandement divin et la loi morale par amour obéie. Je reprends les termes d'Hervé Pasqua. Nous voyons le thème du procès : contre la déification de l'homme. C'est que, parmi les contemporains d'Eckhart au début du XIVe siècle, sévissaient les adeptes du Libre Esprit qui se voyaient appelés à la perfection, à la vie dans l'éternité ici-bas, puisque exonérés de la tentation et par conséquent du péché. La vraie question, que pose d'ailleurs très clairement Hervé Pasqua, est celle de la médiation du Christ. Or cette question ne peut avoir de juge humain : ce que Maître Eckhart dit, tout au long de ses sermons. Qui, autre que moi, peut connaître ce que « Christ » est pour moi, et si Jésus ne m'est pas plus cher, c'est-à-dire mien, celui qui ne me laisse pas en repos ? Nous apprenons que luttant contre le monisme panthéiste, Eckhart subit la tentation d'un dualisme dialectique[2]. Nous voici plongés dans la théologie négative, le néoplatonisme et le *Parménide*. L'Un purement un, s'il est, n'est plus un ; donc il n'est pas. Le Principe que suit Maître Eckhart serait donc l'Un pur, sans être, déité au-delà de l'idée de Dieu. L'Être serait ce qui se pense, et se pense avec tout ce qui est pensé. Ces deux thèmes ont été trouvés complémentaires par Maurice de Gandillac[3] :

1. Hervé Pasqua, *Maître Eckhart, le procès de l'Un*, Paris, Éditions du Cerf, 2006, p. 20. Qu'il soit entendu que je ne fais pas, à mon tour, le procès d'Hervé Pasqua : je n'en ai nulle compétence ni juridiction.

2. *Ibid.*, p. 22. L'auteur se réfère à Alain de Libera, notamment *La mystique rhénane*, Paris, Œil, 1984, rééd. Seuil, 1994. Nous y reviendrons.

3. Hervé Pasqua se réfère à Maurice de Gandillac, « L'abîme et l'étincelle » dans *Genèses de la modernité*, Paris, Éditions du Cerf, 1992, p. 325-366.

Dieu est Intellect, l'Être est Dieu. L'Être émané de l'Un fait retour sur soi et s'affirme comme Intellect ; dit autrement il est la naissance de Dieu. Ainsi que l'observe l'auteur, le courant auquel se rattacha Eckhart est celui de Proclus selon lequel « le Principe est l'Un qui se confond avec le non-être et tout le créé est de l'être au sens d'étant[1] ». Nous verrons par ailleurs ce que pose Heidegger de l'être de l'étant.

L'Être introduit le multiple et, par là, perd sa pureté. Dieu en sa Déité est « unité nue sans l'Être » ; il est sans attributs, qui sont produits de l'Intellect. Dieu en ses attributs n'est que par sa Création, dirai-je : la création est l'attribut du divin ; se penser créé est se voir dans le sein du divin, même si l'existence, incertaine et jamais nécessaire, douloureuse et inquiète, nous sépare du souffle créateur en nous persuadant qu'un Dieu parfait, inaccessible et vigilant est là-haut. C'est le thème de Thomas d'Aquin pour qui les attributs appartiennent à l'Être divin – Être dont l'acte est d'être parfait. Quel est le rapport de Dieu à la créature ? Selon Eckhart, les attributs divins se retrouvent dans la « créature décréée devenue transparente à Dieu, lui-même se manifestant à travers elle[2] ». Selon moi, c'est le thème augustinien de la vie heureuse comme retour de la créature à son origine. Je n'ai pas besoin d'autre point de départ ; les termes du débat sont acceptables, tant que, comme le rappelle M. de Gandillac, on n'associe pas la pensée de Maître Eckhart à celle de la théogonie de Schelling : d'un *Ungrund*[3], un abîme, un

---

1. *Ibid.*, p. 24. Proclus fut un maître de l'école néoplatonicienne d'Athènes au ve siècle. *Le Parménide* est un point de départ ; être et non-être sont des modes de l'Un. Sans l'Un il n'est ni diversité ni contradiction. Mais l'Un n'est pas affirmable puisque le dire est déjà surprendre le pur simple ; l'Un n'est pas non plus affirmable en ce qu'il est sans détermination, absolu pauvre. Seule l'âme qui éprouve cela – et qui exprime l'être – lie l'univers. On trouve chez Proclus des triades où sont reliés – en l'être – par une médiation, l'excès du rien et du tout au manque du rien et du tout : être, pensée, vie.

2. *Ibid.*, p. 25.

3. On peut parler d'identité privée de détermination pour rendre compte de cette pensée de Schelling (il a varié !). Avant lui, Jacob Böhme voit surgir tout devenir du « sans-fond » (*Ungrund*) ambivalent d'où surgissent les forces contradictoires du positif et du négatif ; ce sont les moments dialectiques du drame qui concerne le monde divin, mais se déroule dans le cœur de l'homme. Schelling et Hegel transposent cette lecture théosophique de la Bible et de la Nature. On peut trouver une trace chez Origène de l'idée de l'odyssée métaphysique des esprits émanés d'une origine ambivalente et revenant à l'unité originelle, après avoir épuisé toutes les expériences de l'histoire, qui inspira Schelling. « Schelling remplace au cœur du réel le rationnel par l'absolu (l'impensable, *das Unvordenkliche*). La révélation ne peut être qu'expliquée, c'est-à-dire recevoir un sens de l'effort de la raison. La part de négativité se trouve au niveau de l'historicité de la révélation, où intervient la liberté de l'homme. L'homme a la possibilité de poser le monde pour soi et hors de Dieu. La rédemption ne peut se réaliser que par une abnégation, par l'acte de « kénose » de Dieu dans l'humanité. Mais cette kénose n'a de sens qu'eu égard à

néant, serait émanée une divinité ambivalente se déterminant avec le temps, par l'expérience des humains en quête de fondement du monde. Ces humains, par un don mystérieux, ni abstraction ni pure vision, trouveraient en eux ce fondement et aboutiraient à l'unité avec Dieu, déterminant en somme ce Dieu irrationnel. S'il est nécessaire d'y mettre le bouillonnement qui traduit l'épanchement de la Déité, disons qu'il ne signifie pas sortie de Dieu hors de lui-même – idée étrange, somme toute, mais présence des étants créés dans l'Intellect de Dieu. Une fois encore, je suis Hervé Pasqua dans son exposé et j'y retrouve Schelling. Les créatures ex-sistantes sont appelées à faire retour en Dieu : le sens de la Création « est suspendu à la filiation des âmes déifiées [1] ». Les âmes libérées de l'humain, qui les retient prisonnières, se reconstituent en Dieu, fin et commencement, seul à être.

C'est très différent de ce que dit Maître Eckhart : dans l'âme naît le Verbe, « immanence de la lumière divine dans les ténèbres du néant ». La Déité est Tout-Autre, imparticipable – cela fait de Maître Eckhart un maître en apophatisme, qu'on dit aussi théologie négative -; elle donne ce qu'elle n'a pas : l'être; mais ce don n'est don que s'il est reçu, c'est-à-dire reçu en Dieu dans la créature. C'est ce point qui me paraît essentiel : l'Être divin se reçoit dans la créature; la créature est théophanie, manifestation ou mieux apparition du divin; le divin est en son âme mais il n'est pas de son âme. Cette différence fondamentale écarte toute accusation de panthéisme; écarte-t-elle aussi bien celle de gnosticisme, dans la mesure où il est question de la « délivrance de Dieu » enfermé dans sa Création ? C'est ce que j'entends examiner.

« L'âme doit demeurer dans sa nudité, sans aucun besoin; c'est ainsi qu'à l'aide de l'unité, elle réussit à parvenir à Dieu. Rien n'unit mieux, en effet, que l'égalité; car Dieu aussi est dans sa nudité, et sans aucun besoin[2]. » Comment comprendre cela, que l'âme doit demeurer dans sa nudité pour s'unir à Dieu, qui est sans besoin ? Dieu n'a-t-il pas besoin des hommes ? Voici

---

une positivité, à une spécificité de la révélation par rapport à la raison humaine » (Bernard Dupuy, *Encyclopaedia universalis,* Paris, 2002, « Révélation ». Kénose peut être rendu par « contraction de Dieu », ce que l'on veut dire par « Dieu fait retrait en lui-même ») Assuré de pouvoir exercer sa puissance sur les êtres de ce monde, l'esprit humain éprouve son impuissance, sa non-absoluité à l'égard de lui-même. Projetée hors d'elle-même, la raison est comme stupéfaite – quasi attonita – et se voit renvoyée à l'immémoriale origine du spirituel, au Dieu que la philosophie ne rencontre qu'au moment où, se sachant par lui posée, elle éprouve qu'il lui échappe. Pour Schelling, l'ego pensant porte en lui, en tant que raison, la totalité de l'être du monde (d'après Jacques Colette, *Ibid.,* « Dieu, problématique philosophique ») Quel Schelling, m'objectera-t-on. Parti de la quête de l'absolu, il dériva vers un empirisme positiviste; mais là n'est pas notre affaire. On peut rapprocher Heidegger avec sa thèse du fond essentiel de la manifestation de l'étant.

1. *Ibid.,* p. 27.
2. Maître Eckhart, *Expedit vobis,* trad. Alain de Libera, cité par H. Pasqua, p. 36.

venir le mystère qu'il nous faut accepter; l'Un est absolu et hors d'atteinte, irreprésentable, ce qui veut dire que nous ne pouvons ni nous le représenter ni nous le rendre présent. L'être est dans le temps; Dieu ne pourrait rien créer, écrit Malebranche, s'il ne s'unissait d'abord à ses créatures par l'Incarnation de sa sagesse, pour les rendre accessibles à cette sagesse de l'être; il advient par nous et en nous; il vit de ce qu'il y a en nous de vivant; lui, la Vie, le mystère, nous appelle à la vie de l'âme, et c'est notre obligation de l'accueillir comme l'autre en nous, ce qui parle une langue indéchiffrable, parce qu'elle ne nous est pas adressée ni appropriée, et qu'il nous faut apprendre. Maître Eckhart fut l'un de ceux qui révélèrent ce mystère. Je trouve là un passage magnifique qu'écrit Marie-Anne Vannier : « Cherchant à dégager le sens de l'Incarnation, [Eckhart] montre qu'il y a, en quelque sorte, une Incarnation continuée, dans la mesure où l'Incarnation n'est pas seulement un événement historique, mais une réalité qui nous concerne au premier chef : la naissance du Verbe se réalise en nous aujourd'hui encore si nous l'accueillons[1]. » De même Simone Weil trouve dans le *Timée* l'idée des mouvements circulaires de Dieu et elle note : « Le désir insatiable en nous qui est toujours tourné vers le dehors et qui a pour domaine un avenir imaginaire, nous devons le forcer à se boucler sur lui-même et à porter sa pointe sur le présent[2]. » Quitter l'imaginaire est abolir le désir tourné vers l'avenir; c'est l'Incarnation. Comprenons bien : il ne s'agit pas de refuser l'avenir : c'est, et Fichte le dit assez, là qu'est notre destinée. Il s'agit de tout autre : abolir l'insensé en nous qui se réfugie dans l'avenir de la préoccupation. Revoici la chose-en-soi qui « détermine » le contenu de la conscience; cet en-soi que Fichte refuse, en ce qu'il suppose n'avoir besoin d'aucun autre être et, par cette suffisance, serait plus réel en lui-même, quoique dénué de toute signification[3]. Kant n'en est pas coupable, mais de là à parler du « donné du monde », jusqu'au *geworfene Dasein*, l'être de l'étant jeté à terre, le pas est facile. Dès lors, il n'y a plus rien à faire, à espérer; nous sommes ce destin de se savoir être, fautif, esseulé dans l'angoisse de l'*ek-stase*, l'existence hors de l'inexistant soi-même, cela même qui, croyant à la vie intérieure, ne peut être séparé de l'étant-là affairé dans la préoccupation; cela qui ne sait pas d'abord qu'il est ayant-été déjà,

1. Marie-Anne Vannier, *Préface à Maître Eckhart, Sur la naissance de Dieu dans l'âme*, Arfuyen, Orbey, 2004, p. 9. Si je n'ai pas cité le début de la phrase, c'est qu'il est fait référence à un « penseur authentiquement chrétien », et que je ne me trouve pas autorisé à me prononcer sur le sens de cette expression. Je suis certain que Marie-Anne Vannier l'emploie en pleine conscience. L'ouvrage qu'elle préface si bien nous donne à lire les *Sermons* 101 à 104, précieux pour comprendre la philosophie de Maître Eckhart.

2. Simone Weil, *Intuitions…*, *op. cit.*, p. 30.

3. Fichte, *Wissenchaftslehre*, 1804, XIVe leçon, *op. cit.*, p. 148-149. Je traduis. « Suffisance » rend *Nichtbedürftigkeit*, « dénué de toute signification » pour *Nichts bedeutend*.

qui accède à l'instant, « envol du *Dasein* » à partir de l'avenir propre dans lequel il s'assume et peut se remémorer l'ayant-été : *Gewesenheit*, qu'on rapprochera de *Gegenwart*, la présence et de *Gründen*, ce qui est fondé sur ; ce à quoi renvoie l'*ekstase*, là où nous sommes tenus, dans un fait pour (*Um-zu*[1]). Car l'instant, loin d'être épiphanie du soi-même, commémore le destin commun, ce qui justifie l'existence.

Simone Weil lit dans le *Timée* l'idée que la partie surnaturelle de l'âme agit par persuasion et non par force ; également, que servir l'être est le nourrir et lui donner les mouvements qui lui sont propres : « Les mouvements qui sont parents de l'être divin qui est en nous, ce sont les pensées et les mouvements circulaires de l'univers. Chacun doit s'attacher à les suivre, redresser les mouvements circulaires dans notre tête, relatifs aux choses qui passent, eux qui sont corrompus, en apprenant les harmonies et les mouvements circulaires de l'univers[2]. » Ces mouvements sont le même et l'autre, l'unité et la diversité, le spirituel et le sensible, le naturel et le surnaturel.

Nous voyons un double mouvement dans l'âme ; d'abord son incarnation : le Moi s'ouvre à cet autre en lui, qui appelait son éveil mais ne pouvait venir à sa conscience que par un effort pour mettre au monde cette lumière vers l'être. Ensuite sa révélation ; l'âme s'empare du Moi et le fait renoncer à soi-même, aux richesses supposées de la Création, qui n'ont été mises là que pour lui cependant, et qu'il doit apprendre à voir selon la vérité et non plus à contempler comme un donné – aussitôt retiré aux satisfactions que présenté au regard. Ce second mouvement de l'âme fut le tourment de Simone Weil. Comment pourrions-nous juger de ce qu'il en résulta ? C'est ce non-sens qui tient en haleine les penseurs sérieux penchés sur les mystiques, l'orgueil, le blasphème et aussi, plus souvent aujourd'hui, ceux-là qui se font ou sont faits juges – c'est pareil – de la pensée coupable. Tel fut le procès fait à Maître Eckhart en un temps où l'autorité disposait du pouvoir, tandis qu'aujourd'hui le pouvoir prend à parti l'autorité pour abattre ses ennemis.

Je n'entre pas ici dans le débat savant sur la théologie de Maître Eckhart : je ne suis pas théologien et les bouffonneries des petits-maîtres me font trop rire pour que je dispute de théologie, dont je n'ai pas les clefs[3]. Je parle

1. Ce sont là les termes que pose Heidegger pour désigner la condition d'être du *Dasein*.

2. *Ibid.*, p. 32.

3. Je me suis référé notamment à l'ouvrage *Voici Maître Eckhart*, Grenoble, Jérôme Million, 1998, sous la direction d'Émilie Zum Brunn. Pour les auteurs français, de Maurice de Gandillac à Alain de Libéra, Marie-Anne Vannier, les études ne manquent pas. Les plus belles sont les études passionnées.

philosophie pour mon temps; c'est un temps de désolation. Il est remarquable que chaque époque a provoqué ce constat, amer et désabusé – je n'ai pas besoin de donner des exemples, je suppose – mais de cette amertume qui résulte au fond d'un singulier abus de conscience. Tous les temps furent remarquables, en chacun on put lire la désolation, et surtout lorsque les maîtres du temporel – qui se font volontiers maîtres à penser – s'y trouvent à l'aise. Ce n'est pas là vaine plaisanterie; car les maîtres du temps donnent à penser, ils imprègnent la pensée du temps de leurs splendeurs éphémères, qui sont les splendeurs de l'immortalité de l'Homme-Dieu, Pharaon autrefois, le Roi Soleil jadis, le grand Lénine naguère et les social scientists bouffons enflés aujourd'hui.

Richesse et puissance se nourrissent l'une de l'autre, elles font de ceux qui les manient les détenteurs de la force, et qu'est la force sinon le pouvoir d'éternité, puisque notre éternité tient dans notre temporellité ? Évidemment, le matérialiste imaginaire doit mettre en garde contre les songes, les utopies, les croyances. Il lui faut prémunir les étants ignorant de leur être contre le vain espoir d'un ailleurs, d'un autrement, d'une délivrance. Ici le matérialiste imaginaire s'allie au plus plat positiviste, tout en se gardant de lui dire qu'il s'illusionne sur les bienfaits du progrès. Car il s'est une fois pour toutes inscrit dans l'historialité; il tient sa place, assume son destin. C'est par lui, par le souci qui le guide à coup sûr, que se trace le destin du peuple historial. Et lui seul, se sachant tout entier dans la temporellité soucieuse, peut empêcher que s'effondre le sens de l'existence, qui est, de nécessité, une existence parmi les autres, dans les choses du monde. Cet homme-là est bien le gardien de l'être. Car lui seul, séparé des autres (le monde du on) par l'appropriation de ce qui lui est propre, connaît le gouffre d'insignifiance où risquent de s'engouffrer les rêveurs, les utopistes et les croyants. Mais il doit garder le silence de la résolution, ce qui l'a délivré de l'enfermement dans l'énigmatique; ce qui l'a rendu résolu à faire retour, seul désormais, dans le monde du on, de l'agir-comme-si, dont il est affranchi.

Aussi ai-je à l'esprit de réfuter, les esprits auxquels on se réfère, soit pour les révérer soit pour les haïr; c'est tout comme, ou presque. Heidegger est de ceux-là. Il est bien difficile de dire si sa pensée éclaire les esprits au même titre que les Écritures pour ceux d'autrefois. On dispute aujourd'hui aussi bien de la clarté des Écritures que de la lisibilité de Heidegger. C'est un jeu et un enjeu; un thème à discours et à thèses. La platitude des discours qui traitent indifféremment de l'un ou l'autre objet n'est anodine qu'en apparence; dessous est l'énigme de l'indéchiffrable : nous ne comprenons ni l'un ni l'autre, l'abscons et le sacré. Ainsi obtenons-nous de nos consciences ce que nous n'espérons plus d'une autorité instituante : le droit de vie et de mort sur les pensées, les bienvenues et les malséantes, les légitimes et les maudites. C'est pourquoi le droit de juger et de prononcer est remis à la libre concurrence ; autant dire que les plus habiles y sont employés par les plus puissants pour dire le Droit. Les peines vont de la raillerie à l'anathème, et celui-ci est d'autant plus indiscutable que personne ne sait d'où il émane authentiquement. On le sait, cela suffit. Au temps d'Eckhart on devait se référer à l'autorité ; il s'en rapporte aux maîtres et parfois aux maîtres païens, pour les démentir souvent, mais surtout à saint Augustin, si sincère : « Au début, l'Écriture sourit aux jeunes enfants, elle attire à soi l'enfant et à la fin, lorsqu'on veut sonder l'Écriture, elle se moque des gens sages et personne n'a l'esprit assez simple pour ne pas y trouver ce qui lui convient, et personne n'est si sage qui, voulant la pénétrer, ne la trouve plus profonde et n'y trouve davantage[1]. » Qui cherche à saisir le sens de la pensée d'un auteur, si profond soit-il, trouve un fond ; du désespoir, de la méchanceté, le désir de porter sa marque sur la pensée, hypostasiée en monument à la gloire de l'humanité. Je ne prétends pas que les écrits d'Eckhart et de Simone Weil aient été « inspirés par Dieu » ; d'abord, je ne saurais dire ce que signifie cette expression, ensuite les lire comme une œuvre d'auteur est nier radicalement leur sens : ce sont des écrits d'où la personne s'est effacée, dont la portée est universelle.

Simone Weil nous donne une clef pour ouvrir le chemin de ce qu'elle désigne par incarnation, ce dont Eckhart nous dit que, loin d'être un moment de l'histoire, l'Incarnation divine se fait à chaque instant, pour tout humain. Cette clef ouvre la voie de l'âme solitaire, qui souhaite entrer en Dieu mais ne peut renoncer à elle-même, parce qu'elle seule est garante de son engagement, et dispute avec l'institution qui dispose des sacrements : « Je voudrais appeler votre attention sur un point. C'est qu'il y a un obstacle absolument infranchissable à l'incarnation du christianisme. C'est l'usage des deux petits mots *anathema sit*. Non pas leur existence, mais l'usage qu'on en a fait jusqu'ici. C'est cela aussi qui m'empêche de franchir le seuil de l'Église. Je reste aux côtés de toutes les choses qui ne peuvent entrer dans l'Église, ce réceptacle universel, à cause de ces deux petits mots. Je reste d'autant plus à leur côté que ma propre intelligence est du nombre. [...] La fonction propre de l'intelligence exige une liberté totale, impliquant le droit de tout nier, et aucune domination[2]. » La liberté inconditionnée est l'unique accès à l'obéissance telle qu'elle, Simone Weil, la voit : l'obéissance à la parole de l'amour en Dieu qu'on entend seul(e), qui ne peut s'accommoder d'interdits, lesquels ne sont que remparts contre les tièdes et les fourbes épris d'eux-mêmes,

1. Maître Eckhart, *Sermon* 51 : « Hes dicit Dominus : honora patrem tuum ».
2. Simone Weil, *Attente de Dieu*, *op. cit.*, p. 84.

admis au sein de l'Église. Obéissance signifie tout autre que soumission, qui est la résignation à la loi du maître. Au contraire, l'obéissance est le renoncement à ce qui gênait l'épanouissement dans la joie. Cette joie est souffrance, conduit à la souffrance, fait obligation de la souffrance ; celui ou celle dont l'âme découvre l'obéissance se trouve à l'intersection – je reprends un terme familier à Simone Weil – de la nécessité dans la matière et la liberté en lui ou elle. Simone parle aussi de connexion en Dieu, qui est pur sujet. C'est le lieu de « notre faculté infiniment petite de libre consentement » ; ce par quoi nous pouvons surmonter l'amertume au regard de l'indifférence du monde aux valeurs morales. Car si peu que nous puissions, il nous incombe de ne jamais tolérer qu'il soit accompli un mal que nous pourrions empêcher.

Elle écrivit, en 1942, au Père Perrin qu'il y avait pour les deux ou trois prochaines années une obligation stricte, à quoi on ne manquerait que par trahison, à faire apparaître un christianisme vraiment incarné. Car, écrit-elle, « Jamais, dans toute l'histoire actuellement connue, il n'y a eu d'époque où les âmes aient été tellement en péril qu'aujourd'hui à travers tout le globe terrestre[1]. » Cela ne passe pas par la prière, qui est selon elle la pire façon d'arriver à la foi. Il s'agit de faire entrer en soi l'amour et la vérité de l'amour ; ne pas chercher Dieu, car il est des obstacles infranchissables, mais accomplir les « obligations évidentes, faciles, simples à exécuter en elles-mêmes ». Pourtant elle s'accuse de mentir : si je désirais cela, je l'obtiendrais. Aussi est-il nécessaire de chercher Dieu en l'autre mais non dans la collectivité, si nobles soient les buts qu'elle dit poursuivre. Aussi reste-t-elle au seuil de l'Église, attentive à ne pas désirer s'approprier ; car chercher, c'est cela, à l'opposé de la révélation.

Premièrement selon elle vient l'amour et la parole d'amour suivant la parole du Christ : « Partout où deux ou trois d'entre vous seront réunis en mon nom, je serai au milieu d'eux ». Si le Christ vit en nous, aucune puissance ne peut parler en notre nom. Voici ce qu'elle nomme incarnation du christianisme : il va du devoir d'obéissance de chacun envers le divin qui parle en lui, de se tenir immobile, sur le seuil, tant qu'il n'a pas entendu clairement par son intelligence où est sa certitude. « Le Christ lui-même, qui est la Vérité elle-même, s'il parlait devant une assemblée telle qu'un concile, ne lui tiendrait pas le langage qu'il tenait en tête-à-tête à son ami bien aimé, et sans doute en confrontant des phrases on pourrait avec vraisemblance l'accuser de contradiction et de mensonge[2]. » Aussi avons-nous à comprendre ce que veut dire ici intelligence et amour, mais aussi langage, parce que, écrit

1. *Ibid.*, p. 82.
2. *Ibid.*, p. 85. De même pour la citation qui suit.

Simone, « le Consolateur que le Christ nous envoie, l'Esprit de vérité, parle selon l'occasion l'un ou l'autre langage, et par nécessité de nature il n'y a pas concordance. » Le langage est trompeur, nous le savons bien, aussi faut-il à chaque fois examiner ce qui est entendu. Et cela, en conscience.

ÊTRE, ÉTANT, CONSCIENCE, TEMPS

Jaspers demande : Qu'est-ce que la conscience ? « L'existence me fait sentir elle-même qu'elle n'est pas l'absolu ; car, à cette question de savoir si elle est l'absolu, elle répond ou par l'angoisse, dans la conscience de son caractère incomplet et non fermé, de même que dans son rapport avec le fond sombre que nous appelons l'autre, ou bien par une attitude de défi en tant qu'elle nie ce qui n'est pas elle[1]. » Nous en sommes réduits à penser à l'autre absolu en nous, à le voir comme Dieu caché – ce que disent Kierkegaard et Jaspers – à nous trouver incapables de le penser tout autant que de vivre sans le penser. Si l'existence n'est pas fermée sur soi, elle est intentionnalité ; de là résulte la conscience, laquelle ne peut saisir l'autre en moi. Le moi est essentiellement en relation avec l'hétérogène. Ce que Jaspers formule : « [Dans le moi] quelque chose d'étranger dans sa signification est pris dans un système spirituel ». L'existence, conclut jean Wahl, examinateur passionné de la pensée de l'existence, n'existe qu'en se rapportant à la transcendance, et dès que je fais de l'être un objet de savoir, il cesse d'être l'être. Aussi l'homme existant est-il, pour dire comme Kierkegaard, devant Dieu et non en Dieu. La pensée de cette limite, qui est séparation, épuise. Je ne suis pas l'Un, ce qui est suprême ; je suis obligé de me situer dans le temps. Ainsi limité, je sais que je ne puis accéder à l'authenticité : je ne peux m'accomplir, je ne suis qu'homme, un être-pour-la-mort selon Heidegger. Et, puisque je ne peux renoncer à penser ce que je ne peux concevoir, je reporte mon attention sur ce qui ne me met pas en échec. Cette « retraite qui fait passer du moi expansif, heureux d'être au monde, au moi introverti, à l'âme solitaire dans l'auberge du Diable, pour reprendre le nom que Luther donna au monde[2] », dont parle Ernst Bloch à propos de Heidegger, et qu'il retrouve affairé : cet homme borné a bientôt jeté sur la table les cartes du Bien commun, qui ont cessé de l'intéresser, et il déclare la partie finie. Il ne comprend que les affaires, le business : celui-là brasse du courant d'air car, en dépit des théoriciens des jeux et de leur

1. Jean Wahl, *La Pensée de l'existence,* Paris, Flammarion, 1951, p. 212, cite ici Jaspers qu'il rapproche de Kierkegaard.
2. Ernst Bloch, *Héritage de ce temps*, *op. cit.*, « Provision de la phénoménologie », p. 276.

découverte suprême, le jeu à somme positive, « les patates écrasées prennent plus de place, pas plus de goût[1] ». À l'opposé, Maître Eckhart dit la liberté en l'homme : « L'homme est quelqu'un qui se comprend lui-même intellectuellement et qui est en lui-même détaché de toutes matières et de toutes formes. Plus il est détaché de toutes choses et tourné en lui-même, et plus il connaît clairement et intellectuellement toutes choses en lui-même sans se tourner vers l'extérieur, plus il est homme[2]. »

L'homme selon Heidegger a la possibilité de s'interroger sur l'être, et dans l'être-pensé (penséité) réside l'effectivité : je sais que je représente quelque chose, je ne suis pas cet étant déterminé – réel, ma pensée inconditionnée trouve son origine dans la négativité, le questionnement qui nie le négatif, le travail par lequel l'esprit s'ouvre à la position de moi déterminé[3]. Là est l'être de l'étant, le souci de ce qui se montre et se cache se traduit dans l'existence, le projet (*Entwurf*) de l'existence. Selon Hegel, la pure réflexion du moi au-dedans de soi, pure indéterminité, l'infinité de l'abstraction sans borne, pure pensée de soi-même, premier moment; et le second, différenciation qui abroge la négativité abstraite, forment ensemble la volonté, ce qui selon Hegel est la particularité réfléchie au-dedans de soi et reconduite par là à l'universalité[4].

Que veut dire dès lors Heidegger : La vérité n'est pas dans l'entendement si celui-ci est compris comme un sujet présent-subsistant. « La vérité est dans les choses pour autant que celles-ci sont comprises dans leur être-découvert, prises comme objets (découverts) de l'énoncé qui s'applique à elles » ? L'être-vrai n'y est ni présent ni existant, pas plus qu'il n'est dans l'âme; la vérité comme dévoilement est aussi bien dans le *Dasein* « à titre de détermination de son comportement intentionnel[5] » qu'elle est déterminité de l'étant : il

1. Ernst Bloch, *Le Principe espérance, op. cit.*, t. 3 « Karl Marx et la dignité humaine », p. 534. Le jeu à somme positive est formidable : je mise, tu mises; nous gagnons tous deux ! Ah oui, il perd...

2. Maître Eckhart, *Sermon* 15 : « Homo quidam nobilis... »

3. C'est le sens donné par Hegel à la négativité. « Ce deuxième moment, celui de la détermination, est tout aussi bien que le premier, négativité, abrogation – il est en effet l'abrogation de la première négativité abstraite ». Le premier moment n'est pas le concept, « l'universalité concrète », mais un terme unilatéral, déterminé. Ce qui en ce premier moment est abstrait et unilatéral constitue sa « déterminité » qui est défectuosité. Hegel, *Principes de la philosophie du droit*, Paris, PUF, 1998, Introduction, p. 102-103. Hegel lui-même voit le moi-illimité ou absolu dans la *Doctrine de la science* de Fichte comme le vrai pour soi – l'identité de l'entendement; le négatif s'ajoute comme borne externe, donnée c'est-à-dire imposée au soi-même, et définit le domaine d'activité du moi.

4. Hegel, *Principes de la philosophie du droit, op. cit.*, p. 102-103.

5. Heidegger, *Problèmes fondamentaux de la phénoménologie*, Paris, Gallimard, 1985, p. 262.

est une transcendance entre sujet et objet. Bien sûr, l'entendement n'est pas un donné; il n'est pas sujet immédiat. L'être de l'étant selon Heidegger n'est qu'un dévoilement, une transcendance rendue possible par le comportement dans l'ek-sistence (l'étant au monde existe à l'écart de soi, sur le mode du on : on dit, on fait) du *Dasein*, qui est fondamentalement structuré dans la temporalité; l'être est toujours déjà dévoilé avec chaque *Dasein* facticiel[1]. La liberté facticielle est la compréhension de soi-même dans l'être du pouvoir-être; c'est le concept existential du comprendre : je me saisis comme étant à même de m'en charger, de m'y connaître. Nous sommes libres d'exister : n'y a-t-il rien là à arracher de fausseté? Heidegger en effet précise que le comprendre, dans sa fonction de révélation, ne renvoie pas à un Moi isolé et ponctuel, mais au pouvoir-être-au-monde dans l'existence facticielle[2]. Il en tire que le *Dasein* est immédiatement en projet être-avec autrui, co-présent au monde, lui-même co-originairement compris. En somme, nous sommes libres d'admettre ce qui en nous est en projet, par effet de l'inauthenticité de notre comprendre : l'existence découle des circonstances, des choses, des autres. Car notre compréhension de l'exister, de l'être-subsistant, de l'être-sous-la-main, de l'être-là-avec-autrui reste indifférenciée. Nous n'opérons pas de distinction entre les modalités de l'être de l'étant. Expérience de la nature, auto-appréhension de l'histoire sont ainsi dirigées en commun, dirai-je, au sens des transports en commun. Le Moi selon Fichte, qui fait effort pour s'identifier, en délimitant ce qui est en lui non-moi n'est pas enfermé dans sa subjectivité; il n'est sujet qu'en tant qu'acteur de l'effort d'accueillir en lui tout ce qui fait obstacle, et ainsi l'identifie. Si nous suivons Heidegger, que pouvons-nous dire? Il y a en moi de l'être, et l'être en moi est mené – embarqué aussi dans le projet d'existence en quoi se résume ma liberté, la même que celle des autres.

---

1. *Ibid.*, p. 382. Le *Dasein*, écrit Heidegger, ne peut se rapporter à soi-même et à l'étant-subsistant (ce qui existe, situé dans la temporalité : disons l'homme qui vaque à ses affaires) qu'à la lumière de la compréhension de l'être en lui (l'homme à l'instant de prendre la porte se dit qu'en lui est l'être dont il a la garde ekstatique. La porte se ferme derrière lui, l'être est-il resté de l'autre côté? Gare à l'homme qui oublie l'être – son ipse non-disponible en franchissant la porte, car ainsi il cesse de comprendre – ce qu'il n'a pas besoin de concevoir, seulement de comporter – l'être de l'étant en lui et perd sa qualité. L'homme sans qualité : *Dasein* qui n'a pas l'être-à-portée-de-la-main, privé de la déterminité de son existence. Pourquoi diable ai-je franchi cette porte, se demande l'homme vacant; le néant existentiel le saisit). On en conclut que comprendre est de l'essence de l'existence. Le *Dasein* est libre pour des possibilités déterminées de lui-même : il est à travers cet être-libre-pour; il est ces possibilités mêmes : mon vieux, tu peux tout envoyer promener, se dit le *Dasein* après avoir franchi la porte. Franchir des portes et envoyer tout promener est le propre de l'être-libre-pour, ce qui est compris dans le *Dasein* disponible (aux vacations et passages de portes).
2. Heidegger, *Problèmes fondamentaux...*, *op. cit.*, p. 334.

ABSENCE DE L'ÊTRE : HEIDEGGER RÉFUTÉ

Savoir ce que peuvent produire les hommes requiert d'abord de savoir ce qu'ils peuvent connaître : « Tout grain veut déjà dire froment, tout métal signifie déjà or, toute naissance signifie déjà homme[1]. » À ce savoir du Créateur sur la substance des choses, Kant oppose : « Mais les êtres finis ne peuvent pas, par eux-mêmes, connaître d'autres choses parce qu'ils n'en sont pas les auteurs[2]. » Le Producteur, capable de connaissance ontologique, Dieu, est celui qui façonne, vieille référence scolastique. Quelles autres choses ? Heidegger fait répondre Kant : « L'Ego est un subjectum ayant un savoir de ses prédicats, les représentations (les *cogitationes* au sens large) qui, comme telles, sont dirigées intentionnellement sur quelque chose (*aliquid*). D'où il ressort que l'Ego, qui a ses prédicats, entendus ici au sens de comportements intentionnels, parce qu'il les connaît, se rapporte déjà à l'étant sur lequel ses comportements sont dirigés. Dans la mesure où l'on caractérise toujours d'une certaine manière comme objet, l'étant sur lequel les comportements sont dirigés, on peut dire formellement qu'un objet appartient toujours au sujet et que l'un ne peut être pensé indépendamment de l'autre[3]. » Oui mais, oppose Heidegger, la conscience est-elle « un élément ultime et irréductible » ? Quel écart entre *Bewusstheit*, l'état de conscience ou intentionnalité, et *Bewusst-sein*, l'avoir-conscience ? Il faut poser la question de l'être du sujet : l'intentionnalité est-elle comprise dans le concept de sujet ? Oui, exister est être auprès de l'étant en se comportant en rapport à lui. Mais pour que nous ayons accès à l'étant, il faut qu'il y ait quelque chose d'autre.

---

1. Ernst Bloch, *le Principe espérance, op. cit.*, t. 2, p. 294, cite ce passage du *Sermon* 29 de Maître Eckhart.
2. Kant, *Vorlesungen über die Metaphysik*, je cite d'après Heidegger, *Problèmes fondamentaux de la phénoménologie*, *op. cit.*, p. 186.
3. Heidegger, *Les problèmes fondamentaux de la phénoménologie*, *op. cit.*, p. 192. Il s'oppose à Paul Natorp, *Allgemeine Psychologie nach kritischer Methode*, Tübingen, 1912. L'objet du jugement de vérité serait l'objectivité de la référence, tandis que la présence de l'« état de choses » fait l'objet d'un vécu : l'évidence catégorielle, les « états de choses ». Si pour Husserl la vérité est à chercher au-delà de la convenance trouvée du prédicat par le sujet, c'est que cette relation de convenance (le trouver vrai) est référée à un état de choses, une catégorisation modale – mise en forme pure des choses en objets selon leur structure : l'essence qui se donne toujours identique dans les différentes séries de sensations et de souvenirs. (*Recherches logiques*, II, 2). Néo-kantien, Paul Natorp, voit dans cette remontée qui dépasse une conception relationnelle de la vérité une forme d'hypostase réaliste conduisant à poser une réalité en soi qui outrepasse le statut de l'objet comme corrélat d'un acte de jugement de vérité. *Bewusstheit, Bewusst-sein*, cette opposition apparaît dans les *Recherches logiques* de Husserl ; ces termes y sont traduits : l'avoir conscience et l'être-pour-la-conscience.

En quelle guise, demande Heidegger, le *Dasein* en existant est-il lui-même, proprement approprié à soi-même ? Sûrement pas par effet de la fascination de l'Ego replié sur lui-même[1]. Nul homme n'est seul, c'est-à-dire ne le devrait être, perdu en civilisation à la recherche éperdue de son for intérieur, quand l'autre l'appelle ou plutôt l'appellerait, s'il n'était également fourvoyé dans ce qu'il admet comme son corps constitué – ce que rend *Körper* chez Husserl – tandis que son corps vivant (*Leib*) réclame de venir au jour. Je me comporte ; j'établis et je manifeste le sens de ce qui s'impose à moi comme totalité, cet « horizon de présence » où tout est d'avance lié, sans au-delà. Voici, me dis-je, l'être de l'étant : c'est voir que je donne sens, en existant, à ce qui m'enclot et me limite. C'est le sens de ma liberté d'exister, car le langage de l'être – en moi – ne peut être parlé que par moi (moi, un on parmi les autres). Je ne suis seul que parmi les autres. « La nature est telle qu'elle marque partout un Dieu perdu et dans l'homme et hors de l'homme », dit Pascal. Heidegger réplique que nous sommes venus trop tôt ou trop tard pour atteindre Dieu. Ce trop tôt ou trop tard, la déception assumée, la rancœur ravalée, est constitutif de l'être de l'étant. Ce qu'il y a à surmonter : « La pensée posée par l'étant comme tel, donc procédant par représentation et par là même éclairante, est alors relevée par une pensée qui est événement de l'être lui-même et donc à l'écoute et au service de l'être[2]. » Ce qui signifie que la pensée doit se renvoyer à une autre origine qu'à un au-delà qui l'aurait engendrée, et viser l'être en l'étant, mais oublié par l'étant.

De la nature comme donné des hommes : ce dont il faut se contenter, matière humaine et matière extérieure de la nature, il y a beaucoup à dire. Il me semble qu'une question primordiale est celle de la finitude de la matière ou, si l'on préfère, de la nature achevée. Ici me semble-t-il, on peut à bon droit se référer au *Dasein* « toujours déjà là » selon Heidegger. Situé dans la *Befindlichkeit*, sentiment de se trouver là, l'étant au monde subit l'emprise d'un passé muet, un passé qui jamais ne lui fut présent. Il en résulte cette absence de pensée en nous, et la nécessité de faire venir à l'esprit le silence de la pensée en nous, afin d'apercevoir ce que nous prenions pour notre intériorité subjective comme simple représentation imaginaire. Simone Weil nous a offert l'antidote au poison : « Toute analyse serrée et rigoureuse de la perception, de l'illusion, de la rêverie, du rêve, des états plus ou moins proches de l'hallucination montre que la perception du monde réel ne diffère des erreurs qui lui ressemblent que parce qu'elle renferme un contact avec

1. Heidegger, *Les problèmes fondamentaux...*, , *op. cit.*, p. 197.
2. Heidegger, « Qu'est-ce que la métaphysique ? » in *Questions I*, *op. cit.*, p. 31.

une nécessité. La nécessité nous apparaît toujours comme un ensemble de lois de variation déterminées par des rapports fixes et invariants. La réalité pour l'esprit humain n'est pas autre chose que le contact de la nécessité. Il y a là une contradiction, car la réalité est intelligible, non tangible. Ainsi le sentiment de la réalité constitue une harmonie et un mystère[1]. » La nécessité est essentiellement conditionnelle; sans support elle n'est qu'abstraction, et nous ne pouvons avoir aucune conception de ce support. Aussi la nécessité est-elle ennemie de celui qui pense à la première personne. Dans le malheur, elle est un maître brutal, écrit Simone Weil. Il y aurait bien un bonheur naturel si le vouloir de chaque homme s'accordait à la nécessité universelle; l'aspiration au bonheur naturel est bonne, mais cet état d'équilibre sans amour surnaturel – où est aboli le crime et le malheur – relève de la féérie. Car ce que nous nommons réalité n'est qu'un mensonge dicté par la fatigue : on cesse d'adhérer à sa propre action et à son propre vouloir. Chacun se perçoit comme une chose poussée par d'autres choses. « Dans la nécessité ainsi pensée comme conditionnelle l'homme n'est présent à aucun titre, il n'a aucune part en elle hors l'opération même par laquelle il la pense[2]. » À l'opposé est l'homme dont le consentement à la nécessité est authentique et inconditionnel, « quelque soit la croyance professée à l'égard des choses religieuses, y compris l'athéisme, il y a plénitude de l'amour de Dieu. » Je n'exige pas de Simone qu'elle dise ce qu'elle ne pense pas; je lis ce qu'elle écrit, voilà tout. « C'est parce que le renoncement à être une personne fait de l'homme le reflet de Dieu qu'il est si affreux de réduire l'homme à l'état de matière inerte en les précipitant dans le malheur[3]. »

Dans *Qu'appelle-t-on penser?* Heidegger interpelle ses auditeurs : « Ce qui donne le plus à penser est que nous ne pensons pas encore; toujours "pas encore", bien que l'état du monde devienne constamment ce qui donne davantage à penser. [...] Comment il faut comprendre le terme *das Bedenkliche* : c'est ce qui nous donne à penser. Prenons-y bien garde et laissons dès maintenant son poids à chaque mot. Il y a ce qui est tel, qu'il nous donne à penser lui-même, à partir de soi, comme de naissance. Il y a ce qui est tel, qu'il s'adresse à nous pour que nous gardions attention à lui, pour qu'en pensant nous nous tournions vers lui : pour que nous le pensions.[4] » La venue à l'esprit de cette illusion accroît le sentiment d'être

1. Simone Weil, *Intuitions pré-chrétiennes. Écrits de 1941-42*, Paris, La Colombe, 1951, p. 142.
2. *Ibid.*, p. 146. De même la citation qui suit, p. 149.
3. Simone Weil, *Attente de Dieu*, Paris, La Colombe 1950, p. 180.
4. Heidegger, *Qu'appelle-t-on penser?* Cours de 1951, Paris, PUF, 1959, p. 22 et 24.

tenu au monde (*gestimmt*) et ne conduit qu'à la mélancolie. À l'opposé est la pensée du non-encore advenu telle que l'exprime Ernst Bloch : la force en nous, l'impulsion qui nous libère de l'emprise du monde et du temps. Ce qu'il ne faut pas confondre avec la force dont parle Simone : « Qu'on manie la force ou qu'on soit blessé par elle, de toutes manières son contact pétrifie et transforme les hommes en choses [1]. » L'état du monde : qu'a-t-il de si particulier pour donner davantage à penser ? Précisément, nous sommes préoccupés de l'état du monde, en ce qu'il nous apparaît comme tel ; le monde est notre préoccupation, le monde seul attire notre attention, suscite notre attente. Nous sommes les choses du monde ; la force de la sécularité [2], l'entente de la sécularité suppose une *Entweltlichung der Welt*, une « dénaturation » du monde, qui sélectionne les choses de valeurs [3]. Que voici un étonnant projet ! Nous comprenons bien que la sécularité – être de ce monde, nulle part de soi ailleurs – est elle-même un existential ; les étants à l'intérieur du monde se présentent ; ils existent. Sécularité rend *Weltlichkeit*, ce qui « est de ce monde » par opposition à Mon royaume n'est pas de ce monde ; ce qui ne veut pas dire : de l'au-delà du monde créé, mais d'au-delà de la préoccupation du monde. Nous sommes de ce monde, mais nous n'y sommes pas bien ; ni « dans notre élément », ni paisibles mais inquiets d'être incompréhensiblement là. Nous allons en juger. Le *Dasein* est inhérent au monde ; il ne se connaît pas veut aussi bien dire qu'il ignore l'unité, le sentiment de l'un [4]. C'est que les étants seulement sont donnés de prime abord, et ils sont immergés en tant que dotés de valeur dans le monde ambiant. Aussitôt voici que Heidegger

---

1. Simone Weil, *Intuitions…, op. cit.*, p. 54.

2. Ce qui traduit *Weltlichkeit*, que la traduction Gallimard rend par "mondéité", dont j'ignore le sens. Voir mon Heidegger, *L'Être en son impropriété*, Paris, 2010.

3. *Sein und Zeit, op. cit.*, p. 65. Ma traduction n'est pas littérale, mais que dire de « immondation » ?

4. Je ne veux pas compliquer la lecture ; tout de même il importe de rappeler ce que Charles Fourier dit de la passion unitaire, ce qui résulte du jeu harmonique des passions. Le *Parménide* de Platon et les propos ou sermons de Maître Eckhart nous ont donné idée de l'un. Le Principe que suit Maître Eckhart serait donc l'Un pur, sans être, déité au-delà de l'idée de Dieu. L'Être serait ce qui se pense, et se pense avec tout ce qui est pensé. Ces deux thèmes ont été trouvés complémentaires par Maurice de Gandillac « L'abîme et l'étincelle » dans *Genèses de la modernité*, Paris, Éditions du Cerf, 1992, p. 325-366. Dieu est Intellect, l'Être est Dieu. L'Être émané de l'Un fait retour sur soi et s'affirme comme Intellect, dit autrement il est la naissance de Dieu. Ainsi que l'observe l'auteur, le courant auquel se rattacha Eckhart est celui de Proclus selon lequel « le Principe est l'Un qui se confond avec le non-être et tout le créé est de l'être au sens d'étant ». L'Être introduit le multiple et, par là, perd sa pureté. Dieu en sa Déité est « unité nue sans l'Être » ; il est sans attributs, qui sont produits de l'Intellect. Dieu en ses attributs n'est que par sa Création, dirai-je. C'est à l'opposé de Thomas d'Aquin pour qui les attributs appartiennent à l'Être divin – Être dont l'acte est d'être parfait.

nous avertit : « Nommer chose l'étant « donné de prime abord », c'est faire ontologiquement fausse route [...] Ou bien alors on caractérise ces « choses » comme « pourvues de valeur ». Que signifie ontologiquement valeur ? Comme saisir catégorialement ce fait de « pourvoir » et cet être pourvu ? L'obscurité qui entoure cette structure d'un être pourvu de valeur mise à part, le caractère d'être phénoménal de ce qui se rencontre dans le commerce qu'instaure la préoccupation est-il atteint par là [1] ? »

Il faut, pour saisir ce « pas encore », partir de *Sein und Zeit* : le *Dasein* (ce qui est là) n'est pas d'abord subjectivité ni conscience. Il est présence au monde (*Befindlichkeit*), ce qui prétend disqualifier le moi fichtéen, qui pourrait être enfermé dans son intériorité ou projeté dans l'extériorité du monde. Double contresens : le moi fichtéen n'est pas préalable au monde; il s'identifie dans le monde, et cet agir qui le limite consiste à faire place en lui au non-moi qui s'oppose et répond aux appels de son intuition indéterminée, qui n'est pas intuition intellectuelle *a priori* d'objet. Le *Dasein* selon Heidegger est un étant toujours déjà là. L'existence où il est posé n'est pas existence en soi, expérience métaphysique; c'est une ex-sistence : être à l'écart de soi, concrètement inséré dans le monde et le temps. Le *Dasein* est facticiel [2] : il ne peut rechercher ce qu'il est sans approfondir l'inquiétant mystère du fait de sa présence. La *Stimmung* [3] le tient accordé au monde en une fausse harmonie; par des interstices – une dissonance jamais encore perçue, l'étant parvient parfois à découvrir l'*Unheimlichkeit* – que je rendrai par intranquillité et angoisse – d'où surgit l'inquiétude de l'absence de toute signification. Cependant Heidegger revient à l'étant comme élément du rapport sujet-objet : l'étant est objet, ob-stant ou encore obstacle pour le sujet qui l'appréhende; un sujet, tacitement posé, lui appartient. L'étant est comme se tenant en face, être signifie, dans une interprétation que Heidegger donne comme kantienne, quelque chose comme obstance (*Gegnständlichkeit* [4]). Chez Heidegger l'idée que l'étant « pour autant qu'il est tel, est un sub-jectum,

1. *Être et temps, op. cit.*, p. 104. Plus loin, H. revient sur l'être-préoccupé après le monde qu'il nomme « commerce avec et dans le monde ambiant [...]. Comme phénomènes exemplaires de l'être après... nous avons choisi l'emploi, le maniement, la production de l'utilisable et leurs modes déficients et indifférents », § 69, p. 414. Un point de terminologie : commerce rend *Umgang*, c'est-à-dire être en relations; *Umwelt* est le milieu; maniement rend *Hantieren*, s'occuper (de ses mains); l'utilisable rend *Zuhandenem* : l'adverbe *zuhanden* désigne (ce qui est) sous la main.

2. Heidegger, *Problèmes fondamentaux...*, *op. cit.*, p. 382.

3. On propose pour rendre ce terme : accord subjectif et objectif. Je dirai : comme on accorde un instrument.

4. Heidegger, *Problèmes fondamentaux...*, *op. cit.*, « constitution existentiale du *Dasein* » p. 194.

ce qui gît là-devant à partir de soi-même et qui en même temps est le fond de ses qualités changeantes et de ses états changeants[1] », s'est fait l'homme, libéré de l'obligation normative de la vérité révélée. Cette liberté, écrit Heidegger, signifie par essence être maintenu dans une obligation. L'homme qui se libère pose lui-même « ce qui a pouvoir d'obligation » et cet « obligatif » peut désormais être déterminé différemment. Or cet « obligatif » peut aussi bien être la Raison humaine ou encore – ce qui me paraît de nécessité – l'objectivation de l'étant à partir de cette Raison, c'est-à-dire la domination objective pour surmonter le chaos. Par domination objective on entendra domination par l'objet, produit de la Raison, cet objet émancipateur en tant que savoir su par les hommes à propos de leur destinée, qui sépare l'un de l'autre et soi du Moi. « Ceci n'était possible qu'en ce que l'homme se libérant se garantissait à lui-même la certitude de ce qui est susceptible d'être su[2]. » Mais le sujet doit-il nécessairement appréhender ? Nullement, répond Heidegger. « Car l'étant-subsistant ne se transforme pas de lui-même en objet, pour ensuite exiger un sujet, mais il ne devient objet que parce qu'il est objectivé par un sujet. Il y a de l'étant sans sujet, mais il n'y a d'obstant que pour un sujet qui objective[3] » : on applaudit.

Le certain, écrit encore Heidegger, est que l'homme est présent à lui-même et à sa pensée, et penser signifie représenter : à partir de soi, mettre quelque chose en vue devant soi. La représentation, est désormais non plus éclosion ouverte dans le présent, mais « l'investigation dans le secteur de l'assuré » : l'étant n'est plus ce qui est présent, il est encore « posé en face » dans la représentation, il est objet. « L'homme se fonde lui-même comme le Mètre de toutes les échelles auxquelles on mesure ce qui peut passer pour certain c'est-à-dire pour vrai, c'est-à-dire pour étant[4]. » Nous lisons dans Heidegger le renoncement de l'humain, vaincu en lui-même par l'affirmation des étants qui savent ce qu'ils ont à savoir. « L'étant, c'est l'épanouissement de ce qui s'ouvre, de ce qui, en sa présence, s'éprend de l'homme comme du présent [...] L'étant n'accède point à l'être en ce que d'abord l'homme regarderait l'étant – par exemple au sens d'une représentation du genre de la perception

1. Heidegger, *Chemins qui ne mènent nulle part* (1950), Paris, Gallimard, 1962, p. 95.
2. *Ibid.*, p. 96.
3. Heidegger, *Problèmes fondamentaux...*, *op. cit.*, p. 194.
4. Idem, *Chemins...*, *op. cit.*, p. 98. Le plus étonnant est que le jeu de mot avec « Maître » ne vaut qu'en français. Or, un peu plus loin, Heidegger parle de l'homme qui « se donne les pleins pouvoirs pour devenir le maître de l'orbe terrestre. » On opposera ce « mètre », que l'homme renonçant à l'humain serait à lui-même, au consentement à la nécessité qui est oubli de soi, selon Simone Weil. Ce que la suite du présent essai veut montrer.

subjective. C'est bien plutôt l'homme qui est regardé par l'étant, par ce qui s'ouvre à la mesure de la présence auprès de lui rassemblée. Regardé par l'étant, compris, contenu et ainsi porté dans et par l'ouvert de l'étant, être emporté par ses contraintes et porter le signe de sa dissension : voilà l'essence de l'homme pendant la grande époque grecque[1]. » Nous, étants, parlons de l'homme abstrait, que nous ne sommes pas. Nous projetons l'homme comme on projette une image de vacance sur un écran blanc. Les étants peuvent bien s'illusionner mutuellement sur l'homme en essence dont ils seraient les porteurs : ainsi en va-t-il des personnages de la tragédie, plus humains que quiconque existant parce que dotés d'un destin.

À l'opposé est le consentement des hommes à la nécessité, qui, écrit Simone Weil, est une folie, sa folie propre. « Comme la Création, l'Incarnation, la Passion constituent la folie propre à Dieu. Les deux folies se répondent. Il n'est pas surprenant que ce monde soit par excellence le lieu du malheur, car sans le malheur perpétuellement suspendu nulle folie de la part de l'homme ne pourrait faire écho à celle de Dieu, qui est déjà contenue tout entière dans l'acte de créer. Car en créant, Dieu renonce à être tout, il abandonne un peu d'être à ce qui est autre que lui. La création est renoncement par amour[2]. » Toute créature reçoit en elle le fragment d'éternel, indivisible comme l'océan, mais dispersé en infimes gouttes d'eau. La réponse à l'excès de l'amour divin n'est pas de s'infliger des souffrances mais de consentir à la possibilité d'être détruit, car ce consentement à la nécessité nous prouve qu'il est en nous un objet d'amour qui dépasse l'étant au monde. Le rêvasseur existential, lui, se produit dans la déchéance : il n'est jamais qu'un être-pour la mort, il la prépare en attendant Godot. Heidegger ne voit-il pas l'acte réalisé qui se détache de l'auteur et de son action, comme l'objet terminé de l'outil, ou le poème du poète[3] ? Non, car l'expérience vécue, devenue seul regard porté par l'étant sur lui-même, rejette toute idée d'essence de l'être comme vacuité. Je suis (j'existe) dans le temps présent, la lune est étante aussi, étants, les fous dans une maison de fous[4]. On voit par là l'extrême misère de l'étant, réduit à ce qu'il se représente dans l'ici et maintenant, et qui pourtant croit reconnaître l'être par ce qu'il n'est pas lui-même (*Anderssein*), c'est-à-dire l'altérité. L'unicité de l'étant constitue son « être déterminé », par opposition à ce qu'il n'est pas.

1. *Ibid.*, p. 82. La traduction est gênée par « être emporté », qui est mis pour « qui est emporté ».
2. Simone Weil, *Intuitions…, op. cit.,* p. 148.
3. C'est l'image que donne Ernst Bloch dans *le Principe espérance, op. cit.*, t. 1, « Les apories de la réalisation », p. 228.
4. Heidegger, *Introduction à la métaphysique*, Paris, Gallimard, 1967, p. 87.

Sur un mode extrêmement mineur – je pèse mes mots – toute une pensée délirante, illustrée par des auteurs aussi différents à première vue que Karl Popper, Raymond Boudon, les nouveaux économistes classiques (les inénarrables auteurs des anticipations rationnelles, ou la production du certain par l'incertitude même) et les « philosophes » néo-Kantiens tel John Rawls, nous fait plier sous notre conscience transparente : il n'y a rien à voir, rien à vouloir, rien de caché en ce monde d'étants où règne, paisible, l'obligatif de la « liberté ». Un exemple de cet aveuglement est donné par Husserl : « C'est un héritage funeste de la tradition psychologique depuis l'époque de Locke, que soient constamment substitués aux qualités sensibles des corps effectivement éprouvés dans le monde ambiant intuitif de tous les jours (aux couleurs, aux qualités tactiles, aux odeurs, aux chaleurs, aux lourdeurs, etc., que l'on perçoit aux corps mêmes, et précisément comme leurs propriétés) les data sensibles, les data de sensation, qu'on appelle indistinctement du même nom de qualités sensibles, et que celles-ci ne soient nullement distinguées, en général tout au moins, de ceux-là [1]. » Dit autrement, les « data sensibles » sont prises pour les données immédiates, les données physico-mathématiques « remplissent les formes », elles-mêmes vues comme qualités intrinsèques des objets. Faut-il se faire théologien pour saisir qu'il est une lumière qui cache toutes lumières : « Quoi que nous cherchions dans les créatures, tout est nuit. Voilà ce que je pense : tout ce que nous cherchons en quelque créature est ombre et nuit. » Lorsque l'âme égarée cherche la lumière, tant qu'elle se figure Dieu, elle ne le trouve pas : « Lorsque Dieu se forme et s'épanche dans l'âme, si tu le saisis alors comme une lumière ou un être ou une bonté, tout le temps que tu connais encore quelque chose de lui, ce n'est pas Dieu [2]. » Je ne suis pas contenu dans l'étant où se tient le Moi ; j'ai l'intuition que quelqu'un aime mon âme, comme l'exprime Eckhart. Mais de ce quelqu'un, je ne peux rien connaître, sauf que tous en savent autant que moi.

LE MOI

Le Moi sujet de la représentation ne se pense pas d'abord ni absolu ni distinct du monde : ce pourquoi il n'est en moi nulle intuition d'objet qui précéderait l'acte d'autoposition, ce qui supposerait un Moi constitué

1. Husserl, *La crise des sciences européennes et la phénoménologie transcendantale, 1935-36*, Paris, Gallimard, 1976, note p. 35.
2. Maître Eckhart, *Sermon* 71 : « Surrexit autem Saulus de terra... » (*Actes des apôtres*, IX, 8)

absolu. Ainsi Schelling qui écrit : « En nous tous est en effet présente une faculté mystérieuse et merveilleuse, celle de nous retirer dans la partie la plus intime de nous-mêmes, hors de l'altération qu'implique le temps, et de recouvrer notre ipséité après l'avoir dépouillée de tout ce qui est venu s'y ajouter de l'extérieur, afin d'intuitionner l'éternel en nous, sous la figure de l'immutabilité. [...] Cette intuition intellectuelle survient chaque fois que nous cessons d'être objet pour nous-mêmes et que, rentrés en soi-même, l'ipséité qui intuitionne est identique à l'intuitionné. Dans ce moment de l'intuition, le temps et la durée tendent à disparaître pour nous : ce n'est plus nous qui sommes dans le temps, mais c'est le temps, ou plutôt au lieu du temps, la pure éternité absolue du temps qui est en nous[1]. » Voilà ce qui me paraît l'imposture de Schelling : de quelle faculté mystérieuse ne se croit-il pas doté, qui l'autorise à trouver dans l'ipséité l'éternel en lui : je détiens l'éternité à volonté; il me suffit de me retirer en moi-même et j'échappe à toute objectivation; je suis pur sujet, moi absolu, par et pour moi-même.

Contre cette imposture parle Eckhart, à propos de l'éblouissement de Saül-Paul : « Dans cette lumière [de Dieu], toutes les puissances de l'âme bondissent, les sens extérieurs s'élèvent, par lesquels nous voyons et entendons, de même que les sens intérieurs que nous nommons pensées : à quel point elles sont vastes et insondables, c'est merveille. Je peux aussi bien me représenter ce qui est au-delà de la mer que ce qui est ici près de moi. Au-delà des pensées se situe l'intellect lorsqu'il est encore en recherche. Il va de tout côté et cherche; il épie ici et là, il acquiert et perd. Au-dessus de l'intellect en recherche est un autre intellect qui ne cherche pas, qui demeure dans son être pur et simple, saisi dans cette lumière. Et je dis que, dans cette lumière, toutes les puissances de l'âme s'élèvent. Les sens bondissent dans les pensées : à quelle hauteur et dans quel abîme sont celles-ci, nul ne le sait que Dieu et l'âme[2]. » L'intellect qui cherche peut bondir dans l'intellect qui ne cherche pas, qui est pure lumière en lui-même; à ce moment l'intellect se perd comme le fleuve dans l'océan. Simone Weil évoque le mouvement circulaire que décrit Platon dans le *Timée* comme image de l'union de la limite et de l'illimité; mieux encore, ce que disent les pythagoriciens de l'union de ce qui limite et de l'illimité : les biens et les maux que nous croyons infinis et plaçons dans l'avenir sont imaginaires, car tout ce qui existe est limité et ne peut satisfaire le désir d'un bien infini qui brûle en nous : « Cela, tous le savent et se l'avouent plusieurs fois en leur vie, un instant, mais aussitôt ils se mentent

1. Schelling, *Lettres sur le dogmatisme* et le criticisme in *Schelling, premiers écrits*, Paris, 1987, p. 189-190.
2. Maître Eckhart, *Sermon* 71.

afin de ne plus savoir, parce qu'ils sentent que s'ils le savaient ils ne pourraient plus vivre[1]. » Voilà qui ne peut passer inaperçu : la place du mensonge dans nos vies. Nous n'avons pas en nous le simple écoulement de l'eau du fleuve : sait-elle ce qu'elle sera dans l'océan ? Seul le désir du bien infini, qui habite tous les hommes, permet à l'âme en ce qu'elle est illimitée, de recevoir une limite « imprimée du dehors par Dieu présent en elle[2] ».

Ce dehors, dirai-je, ne signifie pas Dieu extérieur au-dessus des créatures, mais le sentiment en nous du divin infini qui nous limite : l'eau du fleuve attend d'être délivrée par l'océan dont elle ne sait rien. Ceci rejoint l'intuition de Fichte dans *Doctrine de la science*. Le non-moi apparaît dans ma conscience seulement parce que j'ai posé le Moi. S'il y a Moi, il doit y avoir autre que Moi; sans mon activité, pas d'être : « L'être est négateur par rapport à quelque chose d'actif posé hors de lui; l'être supprime le faire. Ce qui est ne peut être fait. L'être nie la fin [finalité] en relation à ce qui pose; ce que je suis, je ne peux pas le devenir[3]. » L'univers est vide de finalité, dit Simone Weil : « Ceux qui croient discerner des desseins particuliers de la providence ressemblent aux professeurs qui se livrent aux dépens d'un beau poème à ce qu'ils nomment l'explication de texte[4]. » Ainsi dit Eckhart en son *Sermon* 104 : « L'intellect agent extrait les images des choses extérieures, les dépouille de la matière et de l'accident et les établit dans l'intellect passif. C'est en elles que l'intellect passif engendre ses images spirituelles. [...] Voyez : tout ce que l'intellect agent fait dans un homme selon la nature, Dieu le réalise également, et bien au-delà, en un homme abandonné. Il lui enlève l'intellect agent et s'établit Lui-même à sa place et y opère Lui-même tout ce que l'intellect agent aurait opéré[5]. » À la différence de l'intellect agent, qui ne peut engendrer plusieurs images à la fois, Dieu le peut; ce que je comprends ainsi : une fois posé le Moi posé, identifié en lui-même, il est saisi par l'être qui l'appelle dans son immobilité; le Moi l'accueille dans le temps mais images et opérations ne proviennent pas de lui ni de nature, mais de l'éternel en lui. À l'opposé, l'homme qui « laisse inertes les facultés les plus hautes de

1. Simone Weil, « Réflexions sans ordre sur l'amour de Dieu » in O. C. IV, *Écrits de Marseille*, Paris, Gallimard, 2008, p. 277. Parler de mensonge évoque de nécessité la fausse et la mauvaise consciences. « Instinct de cruauté retourné contre lui-même », « culpabilité sublimée », « aliénation » selon Raymond Aron critique de Marx, « idéologie réifiante » de François Châtelet, sans parler de l'idéologie selon M. Raymond Boudon. Nous laisserons cela de côté : Hamlet en dit bien plus long : dormir, mourir, tromper, ne pas vivre, enfin.

2. Simone Weil, *Intuitions...*, *op. cit.*, p. 36.

3. Fichte, *Doctrine de la science Nova Methodo*, Lausanne, L'Âge d'homme, 1989, trad. Ives Radrizzani § 2, « Le passage du déterminable au déterminé », p. 81.

4. Simone Weil, *Attente de Dieu*, « Formes de l'amour implicite de Dieu », p. 178.

5. Maître Eckhart, *Sermon* 104 : « In his, quae patri mei sunt, opportet esse me ».

l'âme » arrête le mouvement circulaire de cette semence divine, qui devient amour charnel, « encore un être indépendant à l'intérieur de cet homme, mais à présent un être démoniaque, qui n'écoute pas la raison et veut tout maîtriser par violence[1]. »

Dans *L'Essence du christianisme*, Feuerbach pose la distinction entre l'essence de l'humanité et l'individu ; les déterminations de l'essence divine sont des déterminations de l'essence humaine, déliées des bornes de l'individu, celles-ci mises à part. Ce qui fait le positif de l'être divin est emprunté à la nature de l'homme, et l'homme en est dépouillé ; « l'aliénation est le processus par lequel l'homme est appauvri de ce dont l'essence divine est enrichie. La tâche de la "critique" est alors de restituer à l'homme son être perdu en Dieu, afin qu'il réapproprie son être générique[2]. » Voyons-nous comme le plus antireligieux des hommes recherche le divin en l'homme ? Chaque goutte d'eau pourrait-elle connaître son destin ? L'inconvénient de la critique est qu'elle suppose de celui qui la mène la capacité de faire la part des choses, de déduire l'homme selon son essence à partir de l'homme aliéné – la goutte d'eau qui se penserait seule au monde. Cette dialectique prétendument menée de l'extérieur est aveuglée par la méconnaissance de ce vers quoi aller ; tandis que ce qui est illimité dans l'âme trouve sa limite dans le mouvement même qui la porte à l'unité. Et dans l'unité trouvée, l'âme « reste pleine des mêmes affections naturellement désordonnées, plaisirs et douleurs, peurs et désirs[3] », mais toujours une et reliée à l'unité qui l'appelle. Rappelons ici Platon, que cite Simone Weil en référence : « Le plus important, c'est que l'Amour ne fait ni ne subit d'injustice, soit parmi les dieux soit parmi les hommes. Car lui, il ne souffre pas par force, quand il lui arrive de souffrir, car la force n'atteint pas l'Amour. Et quand il agit, il n'agit pas par force, car chacun consent à obéir en tout à l'Amour[4]. » Voici l'obéissance dont parle Simone. « Mais qui connaît toute l'étendue et l'empire de la force et en même temps la méprise ? » demande-t-elle à ses contemporains.

La pensée par laquelle je sépare l'être et le devenir, en posant la question : que deviennent les hommes ? Vers quoi vont-ils ? Mais l'être n'est pas un universel ; il est l'être de la philosophie, et donc de la pensée grecque antique. C'est une difficulté de plus : nous retrouvons ici le thème husserlien de la civilisation occidentale. Je ferai une importante réserve. Il me semble qu'ici

1. Simone Weil, *Intuitions…, op. cit.*, p. 33-34.
2. J'emprunte cette formulation à Paul Ricœur, in *Encyclopaedia universalis*, Paris, 2002, « Aliénation », t. 1, p. 820.
3. Simone Weil, *Intuitions…, op. cit.*, p. 36.
4. *Ibid.*, p. 52. Elle cite *le Banquet*, discours d'Agathon.

nous avons la figure du colosse aux pieds d'argile : que Heidegger ait aperçu le thème de l'être qui nous fait appel est une chose ; qu'il puisse l'approprier à sa propre pensée est autre. Trop penser n'est pas bon ! À trop vouloir dire, on perd l'intuition ; nommer l'inexistant revient à prétendre connaître ce qui vient à la pensée. L'auteur d'*Être et Temps* a voulu, non pas traiter thématiquement de l'être, mais restaurer l'être, en lui assignant son destin propre : exister dans l'impropriété de cela qui est jeté dans le monde et y dévale, autrement dit s'y corrompt, y est voué, comme Adam après la chute, mais sans Dieu ni rémission[1] ; avoir en vue la vérité de ce qu'il est comme existential, laisser parler en lui l'angoisse révélatrice et aller vers la mort, réconcilié en lui-même dans ce qui l'occupe, la nécessaire communauté de l'ayant-été, l'avenir comme ce qui aurait dû être déjà vécu. Et pourtant le monde n'est pas que *als mögliche Bedeutsamkeit erschlossen* – ce qui se présente comme possible significatif ; il n'est que *die Freigabe des Innerweltlichen selbst gibt dieses Seiende frei auf seine Möglikeiten*[2]. L'affranchissement de cela qui se tient dans le monde renvoie cet étant à ses possibilités. L'être ne peut se séparer de l'étant qu'il est, cela qui est mis bas (*geworfen*), déjà là – et non pas « créé » – dans l'inquiétude (*Sorge*). Le *Dasein* n'a d'autre image qui lui-même, le portrait de la détresse insecourable, qui ne peut qu'invoquer la force de l'historial, ce qui donne sens à son passage. Faisons attention pourtant : c'est la civilisation occidentale qui a porté au jour le règne de la marchandise, objectivation du désir et du souhait. Aussi est-ce à nous en tant qu'héritiers de nous rappeler à l'être dont la pensée a guidé nos premiers pas, puisque nous avons la responsabilité d'avoir manqué à l'appel de l'être lorsqu'il se présentait en Dieu.

L'être-pour-la-mort est seul ; de ce funeste destin Fichte a fait raison, évoquant sa propre mort. « Mon esprit est pour toujours fermé à la confusion et au désarroi, à l'incertitude, au doute et à l'inquiétude ; mon cœur est fermé à l'affliction, au regret et au désir. Je ne veux savoir qu'une chose : ce que je dois faire ; et cela, je le sais infailliblement. » Dans cette vision d'outre-tombe, Fichte évoque les futurs événements du monde. La vérité peut cependant être réduite au silence et la vertu anéantie : « Il peut bien se faire que le monde devienne pire qu'il n'a jamais été, [...] se métamorphose soudainement et d'une manière imprévisible en ce qu'il y a de plus ignoble » Encore faut-il, en ce qui nous concerne, se garder des balivernes : dire que nous avons la liberté et que le droit des gens est assuré. Ainsi Fichte

---

1. Comment rendre *Verfallen* ? L'usage de dévalement neutralise le sens de déchoir, tomber en décadence.
2. *Sein und Zeit*, Tübingen, Max Niemeyer Verlag, 2006, p. 144. Je traduis.

clairvoyant dans la caverne aux ombres poursuit-il : « Les phénomènes dont je me réjouis peuvent reposer sur des fondements très suspects ; ce que j'ai pris pour un progrès des lumières n'est peut-être que de la ratiocination et de l'aversion pour toutes les idées ; ce que j'ai pris pour de l'autonomie n'est peut-être que concupiscence et licence ; ce que j'ai pris pour de la douceur et pour un esprit pacifique n'est peut-être que de la lassitude et de la mollesse. » De l'au-delà physique le philosophe s'adresse à la Vie, à laquelle il se voit apparenté : « chaque être porte sur moi le regard clair d'un esprit et me parle avec les accents d'une voix spirituelle. Disjoint et partagé entre les êtres les plus divers, je me vois moi-même dans toutes les formes hors de moi, et mon propre être irradie d'elles vers moi, comme le soleil levant se renvoie à lui-même sa lumière en la brisant et en la faisant varier dans d'innombrables perles de rosée[1]. » Est-ce simple métaphore ; est-ce l'aveu de ce qui lui a manqué ? Se voir dans les formes hors du Moi, se débarrasser par là d'une forme délimitée et contrainte, aller au delà des formes connues pour voir, sinon la lumière, au moins sa diffraction dans les perles de rosée ; les perles de rosées sont innombrables, elles sont à chacune la pareille, elles diffractent une lumière une, en provenance de l'Un. Cette vision équivaut à l'écoute de la voix spirituelle qui émane de chaque être. Voici ce que je désigne comme l'intuition de Fichte, accusé d'athéisme parce qu'il ne voulut pas admettre l'idée de Dieu extérieur à la conscience, et vit en Dieu la réalisation du devoir prescrit par la conscience, l'avènement du règne de la morale dans l'univers. « Leur Dieu, c'est le dispensateur de tout le bonheur et de tout le malheur chez les créatures ; voilà son caractère essentiel. [...] Un Dieu qui doit être le serviteur des désirs est un être méprisable. [...] Ses adorateurs sont, eux, les véritables athées ; ils n'ont absolument pas de Dieu, ils se sont forgé une idole impie. » La crainte et l'espérance « dispersent plutôt l'attention », écrit-il. Une religion ainsi fondée « présenterait Dieu comme un être à qui on pourrait se rendre agréable par autre chose encore que par des attitudes morales. » Il faut obéir à Dieu révélé en sainteté : c'est-à-dire que seule la révélation de la sainteté de Dieu rend attentif au devoir d'obéissance. Fichte se réfère à la sentence : « Vous devez être saints car je suis saint[2]. » Mais il

1. Fichte, *Destination de l'homme*, *op. cit.*, p. 221, 222, 223 et 224.

2. Fichte dans *Critique de toute révélation* (1792-93), Paris, Vrin, 1988 p. 124 et 125, est tout à fait clair, à propos de l'autorité divine : « Et sur quoi Dieu peut-il la fonder, lorsqu'il a affaire à des hommes qui sont à ce point sensibles ? Manifestement pas sur une sublimité, pour laquelle ils n'ont aucun sens et aucune vénération, non plus sur la sainteté, qui présupposerait en eux le sentiment moral qui ne doit être développé que par la religion, mais sur ce qu'ils sont prédisposés, pour des raisons naturelles, à admirer : sur sa grandeur et sa puissance comme Maître de la nature et comme leur seigneur. [...] »

reste persuadé que la « réflexion rationnelle » peut et doit fonder la moralité : « la faculté supérieure de désirer à vouloir le bien est cependant rationnelle en soi[1] », car elle n'a pas besoin d'être rendue légitime par la reconnaissance de la possibilité de son objet. De peur d'être lapidé par la foule sur ordre du clergé, Fichte en 1799 fuit Iéna pour Erlangen. Si je me réfère à Fichte, ce n'est pas pour semer la confusion; il fut l'un de ceux qui intuitionnèrent le divin en l'humain : l'absolument juste est un devoir-être et non la chose en soi. Dans la préface de la première édition (1791) de *Critique de toute révélation*, Fichte écrit : « Cet ouvrage s'appelle un essai, non pas comme s'il fallait en général dans des recherches de ce genre aller à l'aveuglette, tâtonner pour trouver de résultat certain; mais parce que je ne peux pas encore m'attribuer la maturité qu'il faudrait pour exposer ce résultat certain. ».

IL N'EST PAS D'ATTRIBUT DIVIN : DIEU N'EST PAS ÊTRE

La bulle de condamnation prononcée contre « un certain Eckhart, docteur ès Écritures saintes, à ce qu'on dit », est sans équivoque : cet homme « a voulu en savoir plus qu'il ne convenait; il ne l'a pas voulu avec modération et suivant la mesure de la foi, puisque, détournant son oreille de la vérité, il s'est tourné vers les fables ». Eckhart est coupable de vingt-huit propositions. Voyons-les propositions jugées hérétiques. J'en donne l'énoncé selon mes propres termes, sans en trahir le sens.

1, 2, 3 : que Dieu créa dès qu'il fut et que le monde fut de toute éternité; qu'il engendra le Fils dès qu'il fut, « coéternel et coégal en toutes choses ». 4, 5, 6, 7 : que tout homme qui fait le mal, injurie ou blasphème, loue Dieu et prie Dieu de se nier lui-même. 8, 9 : que ceux qui ont renoncé à tout, fût-ce au royaume des cieux, honorent Dieu; qu'il ne faut rien attendre de Dieu, ce qui le ferait maître et nous esclave. 10, 11, 12, 13 : que nous sommes totalement transformés en Dieu aussi bien que le pain changé en corps du Christ, parce qu'il nous fait son être; tout ce qu'il a donné à son Fils, il nous l'a donné et ce que dit l'Écriture du Christ est vrai de tout homme bon et divin. Que tout ce qui est propre à la nature divine est également propre à l'homme juste qui opère tout ce que Dieu opère, a créé avec Dieu le monde et le Verbe, et que Dieu ne saurait rien faire sans un tel homme. 14, 15 : que je dois me conformer à la volonté de Dieu : s'il a voulu que je pèche, je ne voudrais pas ne pas avoir péché, et c'est là la vraie pénitence. Un homme qui

1. *Ibid.*, p. 68.

a commis mille péchés mortels et qui « est droitement disposé » ne devrait pas vouloir ne pas les avoir commis. (Eckhart l'écrit dans le « Livre de la consolation divine »)

Enfin, 27 : « Il y a dans l'âme quelque chose qui est incréé et incréable ; si l'âme entière était telle, elle serait incréée et incréable ; et cela, c'est l'intellect. 28 : « Dieu n'est ni bon, ni meilleur, ni le meilleur ; quand j'appelle Dieu bon, je parle aussi mal que si j'appelais noir ce qui est blanc. »

Nous allons reprendre ces chefs d'accusation afin de les comprendre.

Si j'appelle Dieu bon, je lui confère un attribut. Appeler Dieu bon n'a le sens que d'en appeler à Dieu ; qu'on attend de lui quelque chose qui occupe notre esprit. Dieu bon absolument n'est qu'une abstraction ; sa bonté n'est pas sans objet, et cet objet est sa Création. Cela veut dire nécessairement que sa Création requiert sa bonté et plus encore ce qui, dans sa Création, peut prendre conscience, éprouve un manque qui appelle un recours infaillible. Si je n'obtiens pas de Dieu la réponse que j'attends de lui, c'est mon éloignement et non sa toute-puissance qui en est cause. Cela n'empêche que j'ai tenté de me l'approprier – de me le rendre propre. Extériorité, toute-puissance et bonté, autant d'identifiants qui sont en moi et non en Dieu. « En outre, il faut noter que celui qui aime vraiment Dieu en tant qu'un et pour l'unité et l'union, ne se préoccupe pas de la toute-puissance de Dieu ou de sa sagesse, puisque ces qualités appartiennent à plus et regardent le multiple ; ni de la bonté en général, soit parce que celle-ci se réfère à l'extérieur et se trouve dans les choses, soit parce qu'elle consiste en une adhésion, comme dit le Psaume : “Adhérer à Dieu est pour moi le bien[1]” ». Aussi demanderai-je ce que veut dire Hervé Pasqua : « Eckhart est acculé à instaurer un rapport dialectique entre le Dieu-Trine de la révélation et la Déité-Une du néoplatonisme[2]. » D'abord, Maître Eckhart dit expressément que toute médiation est étrangère à Dieu. Il dit, surtout : « La nature divine est l'Un, et chaque personne aussi est l'Un et le même Un qui est leur nature. La distinction entre l'être et l'essence est saisie comme Un et est Un. C'est seulement là où cet Un n'est plus en lui-même qu'il reçoit, possède et produit une distinction. C'est pourquoi dans l'Un on trouve Dieu et celui qui veut trouver Dieu doit devenir Un[3]. » Je retiens le commentaire de Pierre Delattre qui évoque chez Eckhart le refus de l'état « du vide et de la vacuité de l'être créé dont l'essence

1. Maître Eckhart, *Sermon* 72 ; il cite le psaume LXXII, 28.

2. Pasqua, *Op. cit.*, p. 37.

3. *Maître Eckhart, Traités et sermons*, Paris, Flammarion, 1995, « de l'homme noble » p. 178. Je n'ai pas repris les italiques mises par Alain de Libéra. Je saisis mal la portée du commentaire de Pierre Gire, qui invoque le néoplatonisme « Mystique et christianisme chez Maître Eckhart » dans *Revue des sciences religieuses*, 76/1, 2002, p. 7.

et l'être diffèrent et qui tient tout son être "d'un autre et du dehors", être de participation, être d'indigence (*esse indigentiae*), être d'un étant dont tout l'être consiste à "mendier l'être" [1] ». S'il n'y a pas là influence de Heidegger, je n'ai pas compris le propos. Eckhart rejetant l'idée d'indigence de l'étant, dont la liberté est de mendier ce qu'il ne peut avoir, dément, d'avance, la ou les thèses d'après quoi la « condition humaine » serait d'errer, de la plus extrême et stupide soumission à l'audace à tout prix en vue de la puissance, utilisant à ses fins l'aventure exaltante du savoir scientifique, la passive occupation des profanes ignorants, sous la lumière morte d'une providence absente d'ici bas, présente par son absence même dans un au-delà dont le prédicat essentiel est l'hypothétique.

Que l'être ne soit pas, à la façon dont Hegel lui substitue la marche de l'Esprit vers sa réalisation, ou bien que l'être ne soit autre que l'impropriété constitutive du *Dasein*, tourné vers l'ayant été de son historialité [2], la thèse repose sur la temporellité constitutive de l'aventure humaine réduite aux acquêts. Tout autre est l'Un. L'hénologie, doctrine de l'Un, s'oppose à l'ontologie, doctrine de l'être. Michel Henry note : « L'expérience de l'être, identique à l'être lui-même n'est possible que sur le fond de l'unité, et par elle. Dans la structure de celle-ci par conséquent et dans son maintien, réside la possibilité interne de l'être, son essence. Une telle possibilité se trouve exclue

1. Je garde en réserve ce qu'écrit Pierre Delattre : « Poursuivie chez Ulrich de Strasbourg (1260 env.), la doctrine théologique de l'analogie a été abandonnée chez Maître Eckhart au prix d'une formulation nouvelle de la théorie de la grâce visant à résorber la théologie de l'assimilation intellectuelle dans une théologie de l'unité originaire de l'incréé et du créé affirmant le co-engendrement du Principe et du principié dans le "Fond sans fond de l'âme", Dieu « engendrant son Fils unique dans la partie la plus élevée de l'âme, en même temps qu'elle l'engendre à son tour dans le Père (*Sermon allemand* 22) [...] Le rejet final de l'analogie chez Eckhart signifie que, pour lui, la métaphysique de l'analogie – c'est-à-dire la métaphysique de l'être, ce qu'il appelle la métaphysique de l'Ancien Testament – doit être dépassée dans la métaphysique "que le Christ lui-même nous a apportée", c'est-à-dire dans une métaphysique du Verbe et de la naissance du Fils dans l'âme. Développée pour elle-même, la métaphysique de l'analogie ne serait qu'une instrumentation philosophique nouvelle – l'analogie de l'accident selon Averroès – pour un thème qui ne peut avoir de sens chrétien s'il demeure à l'état isolé : celui du vide et de la vacuité de l'être créé dont l'essence et l'être diffèrent et qui tient tout son être "d'un autre et du dehors", être de participation, être d'indigence (esse indigentiae), être d'un étant dont tout l'être consiste à "mendier l'être". En rejetant l'analogie au bénéfice de l'unité, Eckhart n'a pas seulement troqué la perspective métaphysique de l'être au bénéfice de la perspective hénologique qu'il pouvait trouver chez Denys et chez Proclus ; il a voulu montrer que la théorie de l'analogie ne pouvait assumer qu'une nature privée de la grâce, un rapport de création laissant extérieurs l'un à l'autre le Créateur et le créé », in *Encyclopaedia universalis*, Paris, 2002, « Analogie ».

2. Voir mon Heidegger, *L'être en son impropriété*, *op. cit.*, 2010.

au contraire, et cela par principe, du milieu ontologique qui est celui de la connaissance[1]. » Certes je ne peux appartenir à l'Un et prétendre connaître l'être; aussi bien Eckhart oppose l'Un à l'Être : l'Être est l'Un se réalisant. L'Un se sait; il vit en l'Être mais l'Être n'est plus l'Un : il est l'être des créatures en lui. Que ses créatures ne peuvent le connaître découle bien sûr de « l'opposition irréductible des deux essences phénoménologiques » : la phénoménalité qui constitue la réalité de l'être est disjointe d'avec la phénoménalité qui constitue le milieu où s'élabore la connaissance. Mais là n'est pas la question que soulève Eckhart : l'Être disparaît dès lors qu'il est question de lui; cette question est une chose relative à la connaissance que les créatures ne peuvent avoir; que l'Être surgisse de la Déité sans autre définition que l'Un est une autre chose, et Eckhart dit bien : Tu dois le chercher de manière à ne jamais le trouver, et si tu ne le cherches pas, tu le trouves. Ce qui signifie que nommer Dieu, aimer Dieu, prier Dieu est encore et toujours se référer à l'Être, non à l'Un. Car si peu que nous percevions de l'Un, c'est déjà la multiplicité que nous pensons. Michel Henry rappelle très justement la parole du Christ « Il est bon pour vous que je m'en aille[2]. » L'irrationalité de Dieu ne tient qu'à la volonté de connaître Dieu : penser déforme ou plus exactement confère une forme à l'impensable. Dieu n'est qu'absent, un manque – non un manque absolu : Dieu manque au Moi, qui en éprouve l'appel sans pouvoir le chercher, au sens de chercher quelque chose au loin, qu'on essaie de comprendre pour le rapprocher de soi. Ce manque est de l'essence du Moi; il est dans le Moi, non la réponse à l'appel, mais ce qui fonde l'appel : ce qui est cherché est en Moi.

Si Dieu, selon Maître Eckhart, est l'Un et non l'Être, c'est d'évidence que l'être n'est que le travail d'élaboration et l'appel impératif sans lequel l'être n'est rien. Le rien de l'étant-là – posons le comme le *Dasein* heideggérien – n'est un rien que selon l'aperception du Moi au cours de sa prise de position dans le thème de l'être. Il y a en moi de l'être qu'il m'incombe de faire venir au jour. L'être vient à ma pensée parce qu'il est en idée – il est idéel – et me mène à la vie, ce que n'est pas l'existence de l'étant-là. Dieu qui vient à ma pensée – je le nomme Dieu – ne peut être aperçu que selon des modalités : je ne peux penser l'absolu. Je ne peux penser mon origine et celle du Fils de Dieu comme une seule mise au monde. Je dois d'abord prendre connaissance

1. Michel Henry, « La signification ontologique de la critique de la connaissance », in *Voici Maître Eckhart*, Grenoble, Jérôme Million, 1998, p. 176.

2. Maître Eckhart rappelle cette parole dans son *Sermon* 79, « Expedit vobis, ut ego vadam » ; Michel Henry note dans « La rhétorique de Maître Eckhart » (in *Voici Maître Eckhart, op. cit.*) p. 169 : « [Simone Weil] lui ressemble particulièrement par sa manière radicale d'aller au bout de chaque idée. »

de moi dans le monde. L'Un est absolu, il n'est pas. Dieu est, cela veut dire qu'il n'est que dans la compagnie de sa Création : il vint avec la Création; il créa dès lors qu'il fut. La Création est en lui; il est en la Création. Dieu serait-il l'Esprit du monde ? Outre qu'il ne saurait être question d'une objectivation finale de l'Esprit, la conception d'un mouvement historique de l'esprit témoigne d'un optimisme que l'on peut qualifier d'humanisme, au sens précis où les hommes tels qu'ils se voient, soumis à l'oppression de l'hétéronome, pourraient ensemble constituer l'humanité. L'Esprit, d'abord séparé (?), vit sa vie propre jusqu'à s'incarner dans l'objectivité de l'État. Dieu ne plane pas au-dessus du monde; il ne se joue pas de ses créatures, ne les mystifie pas – quoique la tentation soit coextensive de la Création; Dieu ne se réalise pas dans l'Église; il est dans l'immanence de la Création; il est dans le temps de la Création, il en est le temps propre. L'Un est le Principe sans principe de raison (Ursache), il a le tout en lui, de même que chaque humain a le tout en lui. En tant qu'il est existant, l'humain souffre de la perte de l'Un en lui; il est restreint à l'existence, il y est voué corps et âme.

Que signifie « l'Un en lui-même » ? Autant vaut dire : l'Un qui n'est pas pensé, qui n'est pas objet de la pensée. Et de qui serait-il objet de pensée ? « C'est seulement là où cet Un n'est plus en lui-même qu'il reçoit, possède et produit une distinction[1]. » Eckhart se réfère à Augustin : si l'on dit que Dieu est une parole, alors il est dit. Mais qui peut dire cela, sinon Dieu, Parole qui se dit elle-même ? Et moi ? « Ce qui est en moi, cela sort de moi; si même je le pense seulement, alors ma parole le révèle, et elle demeure pourtant à l'intérieur.[2] » Le moi est un avec Dieu lorsque Dieu lui parle en l'âme; mais le moi devient divisé lorsque le plus intérieur de l'âme se répand dans la puissance de la créature. Un résulte de l'appel de Dieu dans le moi; divisée est la créature qui se renferme en elle, ce qu'exprime le Psaume 62 : « Dieu a dit une chose, Il a dit deux choses, j'ai entendu : que la force est à Dieu, à Yahvé la grâce, car toi, tu rends à l'homme selon ses œuvres ». Lorsque Eckhart dit : « Les créatures douées d'intellect dans leurs œuvres, plus elles sortent d'elles-mêmes, plus elles vont en elles-mêmes », cela signifie que sortant d'elles-mêmes, elles appellent Dieu en elles. Les hommes ne peuvent ni penser Dieu ni parler en son nom; ils ont en eux l'Un mais en sont séparés par l'intellect.

Qu'est Dieu ? Il est l'Intellect, ce qui « a un tel besoin de nous chercher, comme si vraiment toute sa déité en dépendait, ainsi qu'il en est réellement[3] » :

1. Maitre Eckhart, « De l'homme noble », in *Traités et sermons*, Flammarion, 1995, trad. Alain de Libéra, qui traduit : « reçoit, a et donne une distinction », p. 178.
2. Maître Eckhart, *Sermon* 53 in *Dieu au-delà de Dieu*, p. 162.
3. Idem, *Sermon* 26 : « Mulier, venit hora et nunc est... »

Dieu n'est que par sa Création et dans ses créatures. L'Un sans commencement commence avec la naissance du Verbe. Eckhart nous enseigne que Dieu désigne « l'Un-qui-est en qui le désir s'apaise ». Dans le même sermon, il dit encore que je dois aimer l'Esprit-Saint tel qu'il est là, dans l'unité « non pas en lui-même, mais là où, avec la bonté de Dieu, il a une saveur ». Ce qui signifie que la bonté en soi n'apaise pas l'âme : elle attire l'âme au dehors. « Le Christ a dit : personne ne peut être mon disciple à moins qu'il ne me suive et ne se soit laissé lui-même et n'ait rien gardé pour lui; et celui-là a toutes choses, car ne rien avoir, c'est avoir toutes choses. [...] Quiconque sera ainsi sorti de lui-même sera proprement rendu à lui-même[1]. » C'est que Dieu se communique en sa déité; l'Un descend dans l'être et perd sa pureté; l'être monte vers l'Un et se perd en s'effaçant : Dieu est la manifestation de la déité, il se manifeste à moi en sa déité. Dieu est Verbe, ce qui en moi parle de l'Un, l'un qui est en moi, qui est l'absolu dont j'ai l'idée en moi : « Dans le fond de l'âme ne peut être que la pure et nue Déité[2] ». Comprenons ainsi : le Moi n'a pas l'être; il reçoit l'appel de l'être selon la liberté qui est son déterminant, car il y a du transcendant dans le Moi, si le Moi n'est pas une chose transcendantale[3] – cette liberté est absolue, mais le Moi n'a que l'obligation de l'exercer : l'obligation n'est pas un devoir, ce qui veut dire que le Moi est son obligé s'il s'accomplit selon sa liberté propre. Sitôt qu'il répond à cet appel comme ce qui en lui-même échappe à ce qui est sa limitation – il y a du non-Moi opposé au Moi -, ce qui l'identifie comme Moi séparé reflue et le désir de l'unité s'empare de lui, par delà toute pensée du juste et de l'injuste.

AMOUR DE DIEU SANS PERSONNE

Dieu est-il juste ? « Les hommes justes prennent la justice tellement au sérieux que, si Dieu n'était pas juste, ils se soucieraient de Dieu comme d'une guigne; bien plus, ils sont si solidement installés dans la justice et sont

1. Idem, *Sermon* 15 : « Homo quidam nobilis... »
2. Idem, *Sermon* 21 « Unus Deus est Pater omnium ».
3. Pour me faire comprendre, je dirai que Victor Hugo ou Goethe se voyaient comme transcendantaux : le premier était le siècle dans son mouvement, la liberté, l'homme proscrit et l'humanité témoignant d'elle même : « Et j'ajoute à ma lyre une corde d'airain. » Il se mit en images sous divers nom : Jean Valjean, M. Madelaine. Le second après avoir mis en écrits son inspiration d'artiste (Wilhelm Meister) et de savant (Faust) incarna en nouvel Orphée la Grèce renaissante; inlassablement et méthodiquement il dressa sa stèle. Molière et Shakespeare aperçurent le transcendant en l'humain : misanthrope et malade imaginaire, Mercutio et Lear n'étaient ni l'un ni l'autre; ils sont en l'humain.

tellement sortis d'eux-mêmes, qu'ils ne font aucun cas des tortures de l'enfer, ni des joies du ciel, ni de rien d'autre. [...] Pour l'homme juste, rien n'est plus pénible, ni plus dur que ce qui est contraire à la justice et l'empêche d'être égal à lui-même en toutes circonstances. » Ce qui nous est le plus cher est la vie, mais qu'est-ce que la vie ? L'essence de Dieu est ma vie. « Mais si l'essence de Dieu est ma vie, ce qui est à Dieu doit être mien, et l'être de Dieu doit être mon être, ni plus ni moins. Les justes vivent éternellement en Dieu et même en parfaite égalité avec lui, ni plus haut ni plus bas[1]. » Que peut signifier un homme égal à Dieu ? C'est celui qui a trouvé en lui l'âme qui l'a ravi de lui-même, et s'y tient. L'unique signification que puisse trouver l'homme est l'unité du plus intime de lui, le « petit château de l'âme », avec la déité sans mesure, au-delà de Dieu dans sa représentation ; c'est la parole qui tient Eckhart, écrivent G. Jarczyk et P. J. Labarrière[2]. L'union d'abord d'ordre intellectif est transcendée dans l'union mystique « sans voix ni regard » avec la déité. Quiconque aime la justice est saisi par la justice et devient lui-même justice[3].

Ici nous retrouvons le difficile et douloureux parcours de Simone Weil. « L'esprit de justice et de vérité n'est pas autre chose qu'une certaine espèce d'attention, qui est du pur amour[4]. » Plutôt se détourner de Dieu que de la vérité ; « Qu'est-ce que la vérité ? La vérité est si noble que si Dieu pouvait se détourner de la vérité, je m'attacherais à la vérité et laisserais Dieu, car Dieu est la vérité et tout ce qui est dans le temps, ou tout ce que Dieu créa jamais, n'est pas la vérité[5]. » Dieu dans les créatures n'est pas la vérité ; il est tension vers, mais je puis m'égarer, et si je m'en aperçois, il vaut mieux que j'abandonne l'idée de Dieu telle qu'en moi il se manifestait. Eckhart, dans un sermon, renie ce à quoi il avait d'abord acquiescé : « L'Être est-il la vérité ? Si l'on interrogeait tel ou tel maître, il dirait : Oui ! Si l'on m'avait moi-même interrogé, j'aurais répondu : Oui ! Mais maintenant je dis : Non ! car la vérité est aussi surajoutée[6]. » Ce qu'il dit encore dans le *Sermon 59* : Vérité et Bonté sont un manteau de Dieu ; l'Être est sa face. Ici Eckhart et Simone Weil se rejoignent : l'idée de Dieu n'est pas la Déité, seul l'homme est doté de qualités qu'il réfère à son idée de Dieu.

1. Maître Eckhart, *Sermon* 6 : « Justi vivent in aeternum... »
2. G. Jarczyk et P. J. Labarrière, traduction et présentation de *Le château de l'âme*, Desclée de Brouwer, 1995 p. 10.
3. Maître Eckhart, *Sermon* 29 : « Dieu ne contraint pas la volonté... »
4. Simone Weil, *Cahiers II*, Paris, Plon, 1953, p. 36.
5. Maître Eckhart, *Sermon* 26 : « Mulier, venit hora... »
6. Maître Eckhart, *Sermon* 23 : « Jesus hiez sîne Jüngern ûfâng ».

Or la vérité est un absolu ; elle est sans pourquoi, et la justice est sa pareille ; Simone, à propos de la justice absente de ce monde de nécessité, écrit : « Les contradictions insolubles ont une solution surnaturelle[1]. » L'homme juste surmonte la nature en lui ; il va au delà de la justice. Libérer des esclaves dirai-je, c'est refuser à leur propriétaire son droit. C'est s'exposer à souffrir à leur place. Agir selon les valeurs instituées, c'est refuser le secours aux malheureux si les valeurs ne leur sont d'aucun secours. « Mettre dans la bouche des malheureux des mots qui appartiennent à la région moyenne des valeurs, tels que démocratie, droit ou personne, c'est leur faire un présent qui n'est susceptible de leur amener aucun bien et qui leur fait inévitablement beaucoup de mal [...] Au contraire l'accomplissement d'une obligation est un bien toujours, partout. La vérité, la justice, la compassion sont des biens toujours, partout[2]. » Et comment savoir si l'on a raison d'agir selon la compassion ? « Où donc l'âme doit-elle saisir la vérité ? Ne la trouve-t-elle pas là où elle est établie dans l'unité, dans la pureté première, dans l'impression de la pure essence ? Ne trouve-t-elle pas là la vérité ? Non, elle ne trouve pas là à saisir

1. Simone Weil, *Intuitions...*, *op. cit.*, p. 84. Il ne s'agit pas de « croire au surnaturel » comme Schelling nous y invite. Ici la dialectique se perd dans les sables du mouvant. Surnaturel signifie Passion. « La rose est sans pourquoi, fleurit parce qu'elle fleurit, N'a souci d'elle-même, ne désire être vue. » Angelus Silesius (Johann Scheffler), *Le pèlerin chérubinique. Description sensible des quatre choses dernières.* Distique 289 « Sans pourquoi », 1657. Leibniz fait référence à cet auteur : « Métaphores difficiles et inclinant presque à l'athéisme ». Lettre à Paccius du 28 janvier 1695. Si la rose est sans pourquoi, si elle n'a souci d'elle-même, il y a un parce que. Elle est sans pourquoi, explique Heidegger, au sens du mystique : il n'y a pas de pourquoi parce qu'il n'y a pas de question. Heidegger conclut de là qu'il y a une raison – un rapport à la raison – dans la rose mais pas de pourquoi. Le principe de raison ne nous dit rien de l'être de la raison. L'homme vit dans la « relation représentative à la ratio comme raison. Je dirai qu'il n'y a pas de question parce qu'elle, la question et non la réponse, dépasse les facultés humaines. Le lys dans la vallée ne file ni ne tisse, pas plus que la rose qui n'a souci d'elle-même, il ne s'interroge pas sur lui-même, et Jésus dit à ses disciples de prendre exemple sur lui. Prendre exemple n'est pas « agir selon sa nature », j'en conclus que les hommes ne savent pas s'ils ont une nature et par cela même s'en inquiètent. La rose fleurit parce qu'elle fleurit ne signifie pas qu'elle vit sans rapport avec des raisons, mais qu'elle est là pour fleurir, tandis que le regard que nous portons à la rose nous renvoie le regard que nous attribuons – par représentation – à la rose. Comme l'écrit Heidegger, « dans la pensée, l'ouïe et la vue ordinaires s'évanouissent ». (Heidegger, *Le Principe de raison,* Cours de 1955-56, Paris, Gallimard, 1957, p. 123.) La rose n'est pas dénuée de raisons, elle est mise là pour, et pourtant Dieu n'est pas en elle. Le principe de raison porte sur l'étant et non sur la raison ; la raison est le logos, la raison est l'être. On rejoint ici la theoria, c'est-à-dire de la contemplation du divin (*to theion*), – le divin est le vivant, la vie, et la durée continue (*aiôn*), et la permanence sont dévolues, en tant que fonds, au divin ; car c'est cela même qui est divin, dit en substance un commentateur de Heidegger.

2. Simone Weil, *Écrits de Londres et dernières lettres*, Paris, Gallimard, 1957, p. 29-30.

la vérité ; bien plutôt, c'est de là que procède la vérité, c'est de là qu'elle est issue[1] », répond Eckhart. Vérité et justice sont sans voix, elles ne peuvent s'exprimer par ce qui est divin en nous. Cette part de l'âme ne peut laisser fluer au dehors justice et vérité, vers l'homme naturel – celui qui assume l'existence et en détient les arrangements, avec soi, avec les autres : croire, mentir, regretter. Justice et vérité exigent l'oubli de celui-là, l'homme naturel qui s'exprime par le langage de la pesanteur ; sous le règne des hommes naturels oublieux de leur âme, justice et vérité s'appellent malheur, et c'est à peine si on les entend. Encore se méprend-on sur elles car on croit entendre des plaintes là où l'on devrait écouter la voix inexprimable. « Il y a alliance naturelle entre la vérité et le malheur, parce que l'une et l'autre sont des suppliants muets, éternellement condamnés à demeurer sans voix devant nous[2] », et Simone Weil par là s'adresse à l'homme, même bon et juste selon les valeurs pesées et jugées, qui ne peut saisir au-delà. L'attention est sans objet et sans pourquoi ; Pourquoi cherches-tu la justice ? demande Eckhart – Parce qu'elle est la justice, répond-il. Tout ce qui est dans le temps a un pourquoi : je mange pour avoir des forces[3]. « L'esprit de justice et de vérité n'est pas autre chose qu'une certaine espèce d'attention, qui est du pur amour[4]. » Pourquoi vis-tu ? demande Eckhart, et l'homme juste absolument – qui outrepasse les droits et devoirs du chrétien, ou du citoyen – répond : en vérité je ne sais pas, mais je suis content de vivre. Il ne pourrait se détourner de cette joie de la vérité, même au prix de toutes les peines de l'enfer[5]. La vie juste est sans pourquoi ; l'amour est désir de l'amour et ne demande pas de rétribution.

« La vérité et la beauté habitent ce domaine des choses impersonnelles et anonymes [...] La perfection est impersonnelle. La personne en nous, c'est la part en nous de l'erreur et du péché. Tout l'effort des mystiques a toujours visé à obtenir qu'il n'y ait plus dans leur âme aucune partie qui dise “je”. Mais la partie de l'âme qui dit “nous” est encore infiniment plus dangereuse[6]. » Je ne ferai qu'allusion à la prétendue appartenance : le peuple chrétien. On ne naît pas chrétien ; Kierkegaard notamment l'a bien vu. Nul ne peut se dispenser, encore moins être dispensé de le devenir pour l'être ; nul surtout ne peut s'en prévaloir. Que n'a-t-on complètement aboli les « droits

---

1. Maître Eckhart, *Sermon* 23.
2. Simone Weil, *Cahiers II*, *op. cit.*, p. 33.
3. Maître Eckhart, *Sermon* 29 : « Convescens praecepit eis... ».
4. Simone Weil, *Cahiers II*, *op. cit.*, p. 36.
5. Eckhart a déjà traité ce thème dans le *Sermon* 51. Voir supra. Je dois ici apporter une précision : la condamnation du suicide par l'Église est affaire d'autorité, qui n'a rien à voir ici. L'existence n'a rien de sacré. C'est autre chose de la vie.
6. Simone Weil, *Écrits de Londres*, *op. cit.*, p. 17.

héréditaires » ! Ce qui vaut pour les chrétiens vaut pour quiconque se prévaut d'une appartenance. Qu'on me permette de citer ici Gracchus Babeuf : « La religion du mal ne saurait être éternelle. Une société aveugle, terrifiée, rendue stupide et lâchement rampante, s'est laissé ravir son droit, mais elle n'a pu aliéner celui des générations futures. Tout ce qui revient de droit à l'homme est gravé en caractères indélébiles dans toutes les parties de son être, la science de ce qui lui appartient avec certitude est sa seule science infuse. En vain son cerveau aura-t-il été comprimé par mille calottes de plomb, affaissé sous mille jougs, en vain l'aura-t-on obscurci par toutes sortes de vénérations et d'idolâtries imposées, de soumissions exigées, d'abnégation et d'obéissance passive prêchées comme de saints devoirs ; en vain l'aura-t-on bourrelé de faux scrupules à rebours de la vérité, de préjugés méprisables, d'impostures de tous genres et de croyances absurdes ; il vient un instant où tout ce qui semblait s'être éteint et avoir été étouffé à jamais, se ranime, se relève de lui-même. L'idée native s'est retrouvée, elle s'est retrempée dans la méditation et comme en se repliant sur elle-même, elle s'est sondée, elle s'est scrutée, elle s'est fortifiée dans cet examen ; alors certaine de sa vigueur elle jaillit invincible[1]... » Qu'est-ce que cela veut dire ici ? Celui qui répond à l'appel ne peut se prévaloir d'une appartenance, ni être réduit à se soumettre à une quelconque autorité.

Quelque beauté qu'on puisse trouver dans l'institué, elle ne doit pas nous mener à rabaisser notre regard du mariage spirituel. Quel que soit le nom que nous donnons à Dieu, la partie supérieure de l'âme – je reprends l'expression de Simone et d'Eckhart, c'est vanité d'en inventer une – ne s'en contente pas : « elle le veut selon qu'il est une moelle d'où jaillit la bonté[2] ». La beauté est un piège, car la seule beauté, qui est divine, apparaît comme beauté du monde ; et elle nous est cachée, le plus souvent, par un écran : « soit les hommes et leurs misérables fabrications, soit les laideurs de notre propre âme[3]. » Il faut lire le texte de Simone Weil sur le Temple grec[4]. « Le tas de pierres que j'avais

1. *Œuvres de Babeuf*, dir. V. Daline, A. Saitta, A. Soboul, Paris, 1977, tome I « Babeuf avant la Révolution », p. 113. Voir mon essai *La parole des prophètes*.

2. Maître Eckhart, *Sermon* 29.

3. Simone Weil, *Intuitions...*, *op. cit.*, p. 38. Plus loin dans cet écrit, elle revient à cette idée : « En fait, le monde est beau. Quand nous sommes seuls, en pleine nature et disposés à l'attention, quelque chose nous porte à aimer ce qui nous entoure, et qui est fait pourtant que de matière brutale, inerte, sourde et muette. Et la beauté nous touche d'autant plus vivement que la nécessité apparaît d'une manière plus manifeste, par exemple dans les plis que la pesanteur imprime aux montagnes ou aux flots de la mer, dans le cours des astres. » (*Ibid.*, p. 158.)

4. Ce texte figure dans ses « premiers écrits philosophiques », O. C., t. I, p. 60-73, « Le Beau et le Bien », février 1926.

vu auparavant ne m'avait pas fait arrêter [...] Mais devant le temple, je ne pense à rien qu'au temple : le temple arrête mon corps et mon esprit. Il ne me servirait à rien de connaître le nom du dieu et celui de l'architecte; mais je ne désire même pas les connaître. » C'est que le Beau parle de lui-même et ramène à lui la pensée. Comme on est loin de la « culture » ! Loin des fadaises du beau artistique; loin aussi de l'abstraction des idées, ces marchandises désirantes (à notre place). Simone relève, à propos du *Banquet* de Platon : « Ces textes montrent combien se trompent ceux qui regardent les idées de Platon comme des abstractions solidifiées. Il est question ici d'un mariage spirituel avec le beau, mariage grâce auquel l'âme enfante réellement des vertus. De plus, le beau ne réside pas en autre chose. Il n'est pas un attribut. C'est un sujet. C'est Dieu[1]. » Les hommes d'aujourd'hui – écrit Simone – sont plongés dans le monde; autant voir Dieu dans les malheureux est difficile, autant le voir dans la beauté du monde est aisé. Mais c'est l'entrée du labyrinthe; l'étourdi qui entre y est séparé de tout ce qu'il aime et connaît; au centre du labyrinthe se tient Dieu. Aussitôt, celui qui a su marcher jusque là se trouve.

On est ici aux limites indépassables, qui garantissent de la Force, du pouvoir et de l'oppression. Face au Beau, la conviction de l'inconnaissable en nous éloigne toute pensée de la dureté et de la cruauté. Mais : « L'emprise de plus en plus méthodique que les hommes exercent sur la matière depuis le XVIe siècle leur a fait croire, par contraste, que les choses de l'âme sont ou bien arbitraires, ou bien livrées à une magie, à l'efficacité immédiate des intentions et des mots[2]. » Pourtant, même au Narcisse qui ne peut aimer que lui-même, Dieu envoie un grain de sénevé et saisit l'âme malgré elle par violence, s'emparant de cet amour. C'est le thème du *Phèdre* de Platon, écrit Simone. Cette capture de l'homme par Dieu s'opère d'abord « dans la nuit de l'inconscience, alors que la conscience de l'homme est encore tout entière animale et que son humanité est cachée en lui; dès que Dieu, par la « fluidité de l'amour », cette graine d'abord inaperçue, veut la tirer au jour, l'homme s'enfuit, disparaît loin de Dieu, l'oublie et se prépare à une union adultère avec la chair[3]. » En ce sens l'humanisme est la forme de cette disparition, du moins si l'on s'en tient à son contenu historique d'installation de « l'homme paisible en sa demeure », si souvent pris en modèle : le marxisme est-il un humanisme? a-t-on demandé. Au contraire de cette prospérité

1. Simone Weil, *Intuitions...*, *op. cit.*, p. 87.
2. *L'Enracinement*, *op. cit.*, p. 162.
3. Simone Weil, *Intuitions....*, *op. cit.* À propos du conte « Duc de Norvège », p. 14.

paisible de l'homme honnête, Dieu vient caché, sans puissance ni éclat, à l'âme endormie : rencontre de Marie-Madeleine et du jardinier.

Eckhart nous délivre, il me semble, de la croyance en un Dieu Tout-puissant, extérieur et formidable : « Je pensais cette nuit que toute comparaison est une condition préalable. Je ne peux pas voir une chose à moins qu'elle ne me soit semblable et je ne peux pas connaître une chose à moins qu'elle ne me soit semblable. Dieu contient mystérieusement toutes choses en lui-même, non pas ceci ou cela dans leur distinction, mais un dans l'Unité. L'œil n'a pas en soi de couleur, l'oeil reçoit la couleur, ce n'est pas l'oreille qui la reçoit ; l'oreille reçoit le son, et la langue le goût. Chacun de ces organes possède ce avec quoi il est un. Ainsi l'image de l'âme et l'image de Dieu sont un seul être, là où nous sommes Fils. Et si je n'avais ni yeux ni oreilles, j'aurais cependant l'être[1]. » Alors on demandera : pourquoi l'homme bon doit-il avoir honte devant Dieu ? C'est qu'il doit, pour trouver le fruit en lui, d'abord briser la coque[2]. C'est la folie qui confère la liberté : « Il est dans l'esprit une puissance qui seule est libre. » Cette puissance n'a pas de nom, elle est sans mode ; elle est sans raison, dirai-je. Au-dessus de cette puissance qui est liberté est « ce petit château fort, si élevé au-dessus de tout mode et de toutes les puissances[3] », cet un unique où jamais puissance ni mode, ni Dieu lui-même ne peuvent regarder. Dieu avec son nom divin et « la propriété de ses personnes » n'y peut pénétrer – ce que je rendrais en disant : l'idée de Dieu être suprême est l'obstacle en moi qui empêche que Dieu Un ne puisse parler en moi ; en tant qu'Un, il peut y pénétrer. Dépouillé de sa puissance et de son mystère divin, l'Un est identique à cette part élevée de l'âme, qui n'est pas une puissance, qui est en repos, et que la seule puissance de la liberté peut vouloir connaître : ce qu'Eckhart nomme naissance, ce par quoi Dieu et moi faisons un.

Je voudrais ici faire observer ce qui fait Simone Weil différente d'Eckhart : celui-ci parle dans l'amour de Dieu ; il pleure de cet amour ; il peut en parler. En plusieurs occasions, Maître Eckhart évoque son amour et ses larmes, au point qu'il craint qu'elles l'empêchent de parler. Devant les moniales de Mariengarten, à Cologne, il dit : « En chemin, lorsque je devais venir ici, je pensais que je ne voulais pas venir : l'amour rendrait mes yeux humides. Quand vous avez pleuré d'amour – nous laisserons la question en suspens.

1. Maître Eckhart, *Sermon* 51 : « Hec dicit Dominus : honora patrem tuum ».

2. La honte devant Dieu est notamment évoquée dans le *Livre de la consolation divine*, in Eckhart, *Traités et sermons*, Paris, Flammarion, 1995, trad. A. de Libéra, p. 137. La coque et le fruit sont cités par Eckhart au *Sermon* 51.

3. Maître Eckhart, *Sermon* 2 : « Intravit Iesus in quoddam castellum ».

Joie et peine viennent de l'amour. L'homme ne doit pas craindre Dieu, car celui qui le craint le fuit[1]. » Toutefois en cette occasion il ajoute : « Cette crainte est une crainte nuisible. Mais c'est une crainte juste quand on craint de perdre Dieu. »

D'où peut provenir cette crainte ? De notre faiblesse présente qui nous retient d'être submergés par l'enthousiasme, ce transport enflammé qui enlève l'âme à elle-même ; Simone Weil le dit. « Le Christ tout au long de sa vie a eu très peu de prestige. Il en a été totalement dépouillé après la Cène. Mais aussi ses disciples l'ont tous abandonné. Pierre l'a renié. Il est enveloppé aujourd'hui et voilé du prestige lié à l'existence de l'Église et à vingt siècles d'histoire chrétienne. De son vivant il était extrêmement difficile de lui rester tout à fait fidèle dans le malheur. Aujourd'hui il y a une difficulté plus grande. Du fait de ce prestige qui fait écran, on peut être fidèle jusqu'à la mort sans qu'il soit sûr que c'est à lui qu'on est fidèle[2]. » Kierkegaard note que Pierre put se trouver abusé, alors, par cet homme qui se laissait arrêter comme un vulgaire malfaiteur. Elle remarque que, pendant les jours où il était dépouillé de toute justice, le Christ suscita le trouble chez ses amis : était-il bien le juste qu'ils croyaient ?[3] On peut être martyr sans avoir quitté la caverne ni détourné le regard des ombres. Aussi faut-il aimer le Christ sans le prestige ; se rappeler, comme elle l'écrit, qu'il n'a pas même été martyr : « Il a été ridiculisé comme ces fous qui se prennent pour des rois, puis il a péri comme un criminel de droit commun. Il y a un prestige attaché au martyr dont il a été tout à fait privé. Aussi n'est-il pas allé au supplice dans la joie, mais dans la défaillance de toutes les forces de l'âme, après avoir vainement supplié son Père de l'épargner et avoir vainement demandé à des hommes de le consoler[4]. » C'est pourquoi l'espèce de certitude d'aimer Dieu est une fausse

1. Maître Eckhart, *Sermon* 22 : « Ave, gratia plena ». Dans ce sermon, il rappelle ce qu'il a déjà dit aux mêmes et qu'elles ont entendu – si ce n'est pas en vain que vous étiez là – leur dit-il.

2. Simone Weil, *Intuitions…, op. cit.*, p. 77.

3. Ce pourquoi je m'élève contre Emmanuel Lévinas et son « non juif à Jésus » dans mon essai *La Parole des prophètes*, § 15 Jésus et judaïsme.

4. Simone Weil, *Intuitions…, op. cit.*, p. 78. Je veux ici donner un passage d'une lettre :

Dernière lettre de Babeuf à Antonelle, son ami, ci-devant marquis.

Vendôme, 5 prairial, l'an V de la République.

« À mon digne et sincère ami,

les jurés, mon ami, vont aller aux voix pour prononcer sur ton sort et sur le mien. Suivant tout ce que j'aperçois, tu en échapperas et non moi. Si ma femme te remet cette lettre, elle y joindra celle que je t'écrivais le 26 messidor de l'an dernier. N'ayant pas eu alors, comme je l'avais cru, l'occasion de te la faire parvenir, je l'ai conservée jusqu'à

joie. Simone va jusqu'à écrire – contre Paul qui prêchait : Si Jésus-Christ n'est pas ressuscité, notre foi est vaine -, que l'agonie sur la Croix est quelque chose de plus divin que la résurrection[1]. Ici je peux, dénué de toute grâce, saisir le sublime de sa pensée. Le bon larron non plus ne sut, alors qu'il allait mourir, si Jésus ressusciterait.

Elle-même raconte sa rencontre avec le Christ. Il lui apparaît, l'appelle à lui ; mais Il ne lui apprend rien et la laisse. « Un jour il me dit : Maintenant va-t-en. » Elle ne put jamais, écrit-elle, retrouver la mansarde où ils avaient partagé le pain et le vin. Elle se convainquit qu'Il était venu la chercher par erreur, tout en sachant au fond d'elle-même qu'elle attendait son amour[2]. Je me soucie peu de ce qu'en disent les doctes prudents, et pourquoi ne pas invoquer les miracles ? J'y vois au contraire une preuve accablante ; Simone Weil sut qu'elle ne pouvait rien apprendre de l'objet de son amour ; elle pour qui l'intelligence était son seul bien, elle eut la force de tenir ses cahiers, de tenir à son engagement, en dépit de sa conviction intellectuelle de n'être ni digne ni touchée par la grâce. Elle eut même l'audace de condamner Pascal pour son orgueil intellectuel. Ce reproche est injuste sans doute ; qu'est-ce que cela y fait ? Il ne diminue par Pascal, il témoigne de la souffrance qu'éprouva Simone de briser les sceaux de son intelligence extrême, son seul contrepoids. « L'Incarnation n'est qu'une figure de la Création. Dieu a abdiqué en nous donnant l'existence. Nous abdiquons et devenons ainsi semblables à Dieu en

---

ce moment : je ne puis aujourd'hui te rien ajouter à ce qu'elle contient ; d'ailleurs l'approche de l'instant fatal ferme mon esprit et peut-être mon coeur à toute expression de sentiments que j'eusse pu développer quelques jours plus tôt. Je ne sais, mais je ne croyais pas qu'il m'en coûterait autant pour voir la dissolution de mon être. On a beau dire, la nature est toujours forte. La philosophie prête quelques armes pour la vaincre ; mais il faut toujours lui payer tribut. J'espère pourtant conserver assez de forces pour soutenir, comme je dois, ma dernière heure ; mais il ne faut pas m'en demander davantage. Je sens un trouble, une indifférence ou un vide d'idées que je ne puis m'expliquer ; il me semble que je voudrais sentir quelque chose pour ma femme, pour mes enfants et que je ne sens plus rien. Je ne trouve rien à te dire pour eux. J'ignore encore si ce n'est point à cause du pressentiment affreux de l'inutilité de tout soin de ma part envers eux, lorsque l'odieuse contre-révolution doit proscrire tout ce qui appartient aux sincères républicains. Et puis cette longue existence dans l'état de malheur émousse sans doute une sensibilité trop souvent éprouvée et il est une mesure que la nature humaine ne dépasse pas, peut-être ; peut-être aussi prends-je pour de l'insouciance ce qui n'en est pas, car je rougis d'une telle disposition d'âme ; peut-être ne crois-je sentir rien pour trop sentir. [...] » J'en donne l'intégralité dans *L'Impatience du bonheur, Apologie de Gracchus Babeuf*, Paris, Payot « Critique de la politique », 2001.

1. Simone Weil, *Intuitions..., op. cit.*, p. 84.

2. Ce texte figure en « prologue » des *Cahiers d'Amérique*, mai-novembre 1942, qui furent publiés sous le titre *La connaissance surnaturelle*, Paris, Gallimard, 1950.

la refusant[1].» Dans le Pater, écrit-elle, on demande pardon à Dieu d'exister et on lui pardonne de nous faire exister : « Dans l'ordre de la matière, des choses n'ayant aucune différence entre elles peuvent être autres. Par exemple on peut concevoir abstraitement deux cailloux identiques. Mais dans l'ordre du bien ce qui est identique est un. Deux choses sont deux seulement si elles diffèrent. Dès lors un homme parfait est Dieu[2]. »

« Dieu et l'âme sont tellement un que Dieu ne peut avoir aucune propriété ou qu'il existe quelque chose qui le sépare de l'âme. [...] Toutes les créatures sont chose piteuse et pur néant par rapport à Dieu. C'est pourquoi ce qu'elles sont en vérité, elles le sont en Dieu, donc Dieu seul est, en vérité[3]. » Il n'est pas de séparation entre Dieu et toutes choses; il ne doit pas non plus exister de séparation entre l'homme et toutes choses, « c'est-à-dire que l'homme n'est rien en lui-même et s'est absolument aliéné de lui-même; ainsi, il n'existe pas de séparation entre lui et toutes choses et il est toutes choses. » Ainsi les hommes n'ont-ils pas été faits à l'image de Dieu : ils sont identique à Dieu en tant qu'ils parviennent à se retirer de ce qui les sépare chacun par une image. Ce qu'Eckhart énonce ainsi : « Je parle de l'homme qui s'est anéanti en lui-même, en Dieu et en toutes les créatures : cet homme a occupé la place la plus basse et en cet homme, il faut que Dieu se répande totalement, ou bien il n'est pas Dieu[4]. »

Ici une brêve escale avec Bergson – ce n'est pas un détour mais un moyen pour mieux saisir l'idée des hommes qui n'ont pas été faits à l'image de Dieu. Que comprendre ? Les hommes n'ont pas été fabriqués par Dieu le Créateur qui leur aurait insufflé au surplus un supplément d'âme. Le mystère de l'origine est absolu; inutile de sombrer dans l'abîme schellingien. En nous est un souffle – *ruah* dans la Bible, par quoi nous échappons à la pesanteur. On peut la nommer grâce à condition de ne pas demander à Dieu de la déposer à notre porte ni de nous en inonder. Ce n'est pas plus l'élan vital dont Bergson cherche à rendre compte[5]. Ce n'est pas davantage la réponse à la question : « Pourquoi la matière, ou pourquoi des esprits, ou pourquoi Dieu, plutôt que rien ? » L'idée de néant absolu à la place duquel il y aurait quelque chose est aussi absurde que l'idée du carré rond. Les questions qui proviennent de l'angoisse métaphysique, les mystiques n'y pensent même pas,

1. Simone Weil, *Cahiers d'Amérique*, *op. cit.*, p. 264.
2. *Ibid.*, p. 263.
3. Maître Eckhart, *Sermon* 78 : « Ecce mitto angelum meum ». De même la citation qui suit.
4. Maître Eckhart, *Sermon* 48 : « Ein Meister sprichet ».
5. Henri Bergson, *Les deux sources de la morale et de la religion*, Paris, PUF, 1961, p. 117 *sq*.

écrit Bergson : Dieu est amour; « l'amour divin n'est pas quelque chose de Dieu, c'est Dieu lui-même[1]. » Mais le philosophe en Bergson tombe aussitôt en arrêt à l'idée de la personne; la voici qui, lorsque l'enthousiasme embrase l'âme et y consume tout, « coïncide avec cette émotion ». Autant dire que ma personne, telle quelle, ce qui existe au monde, est transportée en Dieu, devient torche humaine. Étonnante transfiguration ! Je vais à Dieu, mais j'emporte ma personne avec moi – au fait, qui est ce je ? Il est vrai que l'exemple que prend Bergson est bien trouvé : Beethoven. Sa musique est enthousiasme et non application de régles, arrangements de notes, de rythmes et de séquences. *La Grande Fugue* nous donne à entendre ce que peut signifier : Dieu est puissance de création. Comme l'eût dit François d'Assise, Beethoven est proche de la perfection par sa musique, mais il n'y est pas encore; il y entre en sa misère[2]. Et qu'est la perfection ? demandèrent ses disciples : d'être raillé et traité de fou et de misérable par ceux-là même qu'on veut amener à l'amour, répondait-il. Car, c'est ce que je comprends, Dieu n'est pas mon idée de Dieu. Ma personne m'emprisonne, surtout si j'y suis bien. « Dieu » n'est pas la fin ultime de la créature.

LE NÉANT DE DIEU : LE SANS-RETOUR DE LA TRINITÉ

Maître Eckhart à propos de la perfection de Dieu telle que l'enseigne l'Église nous dit que Dieu selon qu'il est « Dieu » n'est pas la fin ultime de la créature. Ce qui signifie que l'idée de la perfection de Dieu ou perfection en Dieu ne peut nous suffire. Nous prions Dieu d'être dépris de « Dieu » – l'idée qu'il est hors de nous une perfection, qu'elle est hors de notre portée et que nous n'avons qu'à la révérer – « et de nous saisir de la vérité et d'en jouir éternellement » là où – écrit-il, les anges et les mouches sont égaux : ils n'attendent pas de Dieu d'être satisfaits. Ainsi en va-t-il de la pauvreté. Il ne suffit pas de ne rien vouloir, il faut encore ne rien savoir, à l'opposé de ces

1. *Ibid.*, p. 267.

2. « Être divin, tu vois au plus profond de mon âme; tu sais qu'elle est habitée de l'amour des hommes et du désir de faire le bien – Ô humains, quand vous lirez un jour ceci, pensez que vous m'avez fait du tort; et celui qui est dans le malheur pourra se consoler en trouvant quelqu'un qui lui ressemble, quelqu'un qui, en dépit de tous les obstacles de la nature, aura pourtant fait tout son possible pour être admis dans le cercle des artistes et des hommes de valeur. [...] Ô Providence, donne-moi une fois au moins un jour de joie pure. C'est que je suis privé depuis si longtemps déjà de l'écho intime de la vraie joie ! Oh quand, oh quand, ô Divinité, pourrai-je l'éprouver de nouveau dans le temple de la nature et de l'humanité. Jamais ? Non. Oh ! ce serait trop dur ! » Extrait du *Testament d'Heiligenstadt*, rédigé par Beethoven en 1802.

ânes – écrit Maître Eckhart – qui n'entendent pas ce que spécifie la vérité divine. Ces hommes là disent qu'ils ne veulent rien de leur volonté mais qu'ils entendent « accomplir la chère volonté de Dieu ». L'homme vraiment pauvre ne sait pas qu'il ne vit ni pour soi-même ni pour Dieu ni pour la vérité. Car il est « quelque chose dans l'âme d'où fluent connaître et aimer; cela ne connaît ni n'aime par soi-même comme le font les puissances de l'âme[1] ». Celui qui connaît cela « est dépouillé au point de ne pas savoir que Dieu opère en lui ». Car Dieu n'est pas un être, il n'est pas doué d'intellect; il est dépris de toutes choses car il est toutes choses. Justice et charité ne se font pas « selon la volonté de Dieu », car nous ne saurions prétendre savoir ni justice ni charité de Dieu. Ici encore, Simone rejoint Eckhart : « Nous concevons la volonté de Dieu comme ayant avec la nécessité et la matière deux rapports différents. Cette différence est exprimée, pour l'imagination humaine, d'une manière inévitablement défectueuse, par le mythe du chaos primitif où Dieu établit un ordre[2] ». La nécessité, écrit-elle, est l'obéissance de la matière à Dieu. Être libres pour nous est désirer obéir à Dieu. Dirai-je au divin ? c'est-à-dire renoncer à parler à la première personne, ce qui nous fait voir la nécessité comme ce qui nous enferme. Une fois passés du côté de Dieu, la nécessité nous apparaît comme un serviteur docile et non plus comme un maître. Ce passage est pure absurdité du point de vue de l'homme naturel, aussi est-il surnaturel, l'opération de Dieu en nous, dont nous ne prenons conscience qu'une fois l'opération faite. Faisons attention, nous, hommes naturels, à ce que nous nommons grâce divine[3]. C'est par notre intelligence attentive que nous, qui ne créons pas, suscitons de la réalité dans notre sphère.

La Trinité, selon Augustin, est un vestige de Dieu au sens où les « hommes extérieurs » ne peuvent percevoir Dieu directement. Lorsqu'ils voient un objet, la chose même, la vision de cette chose, l'attention de l'esprit sont une chose trine. L'objet génère la vision, celle-ci requiert l'attention; l'objet sensible écarté, seule subsiste l'attention. Il en va de même pour le souvenir, la vision intérieure du souvenir et la volonté qui les unit[4]. On peut par là

1. Maître Eckhart, *Dieu au-delà de Dieu,* Paris, Albin Michel, 1999, *Sermon* 52 : « Beati pauperes spiritu », p. 156.

2. Simone Weil, *Intuitions..., op. cit.*, p. 152.

3. *Ibid.*, p. 154. Simone se réfère à Spinoza : « Les yeux de l'âme, ce sont les démonstrations elles-mêmes » ; nous ne pouvons modifier la somme des angles d'un triangle, mais si l'intelligence attentive ne conçoit pas l'opération, il n'y a pas de somme du tout. La corrélation entre la nécessité et l'acte libre de l'attention est une merveille et plus est grand l'effort indispensable d'attention, plus cette merveille est visible, écrit-elle.

4. Cet exemple donné par Augustin, *De Trinitate* XI. Est repris par Étienne Gilson, *Introduction à l'étude de saint Augustin*, *op. cit.*, p. 283. Augustin, au-delà des traces qu'il trouve dans la mémoire, relie la Trinité à des formes propres à l'humain : unité –

comprendre ce qu'Eckhart dit de la Trinité : qu'elle est recherche du repos; qu'elle est ce qui a le désir d'unité en nous. Elle est comme l'âme qui cherche le repos; qui veut rejeter ce qui lui est obstacle[1]. Je reprendrai ici la traduction que propose Annick Charles-Saget[2] : « Toute chose créée sent l'ombre du néant », pour *Res enim omnis creata sapit nihil umbram*. La créature se sent pénétrée par ce froid qu'est le rien. Mais, observe Annick Charles-Saget, à la différence de Plotin, Eckhart ne trouve aucun lieu où l'âme – après s'être séparée du sensible, ce qui est le premier mouvement selon Plotin – puisse se trouver en intelligibilité avec elle-même : il n'est pas de retour. Comment empêcher que l'âme trouve refuge dans le connu ? En élevant un obstacle qui garantisse contre l'idée d'identité de Dieu à soi. La Trinité est-elle une métaphore de la grille qui sépare notre personne de Dieu ? À travers ces grilles je vois toutes choses comme un néant, je vois le néant en mon âme. Comprenons bien; je vois dans mon âme un néant qui me dirige vers lui et me fait tout quitter de ce que je connaissais comme Moi, l'intelligible dont je me dépouille. Cela est difficile; aussi risque-t-on de s'égarer. Il nous faut la certitude qu'on ne peut accéder à ce néant dans l'âme sans perdre connaissance.

Ce que dit Simone Weil : « Le dogme de la Trinité est nécessaire pour qu'il n'y ait pas de dialogue de nous avec Dieu, mais de Dieu avec lui-même en nous. Pour que nous soyons absents[3]. » Faut-il des clefs pour comprendre ? De moi à Dieu, c'est moi qui pense et qui suis sujet. Je le pense en moi et je suis assuré de sa présence. Dieu est mien sans que j'aie rien à abandonner d'abord. « Si on pense Dieu seulement comme un, on le pense ou comme une chose, et alors il n'est pas acte, ou comme un sujet, et alors, pour être en acte, il a besoin d'un objet, de sorte que la création serait nécessité et non amour. [...] Mais Dieu est essentiellement sujet, pensant et non pas pensée[4]. » Pour nous représenter Dieu comme pensée pensante et non comme une chose, nous devons nous représenter sujet, objet et pensée. Simone s'en rapporte à Augustin, qui voit dans la Trinité deux relations, égalité et connexion; « La Trinité est la suprême harmonie et la suprême amitié », écrit-elle, harmonie des contraires, l'un et la pluralité, ce qui limite et ce qui est

---

ordre – forme; esprit – connaissance – amour; être – forme – substance. Ce ne sont là cependant qu'images, car l'homme intelligent, dit-il, peut accéder à Dieu.

1. Ici on se référera au *Sermon* 60 : « In omnibus requiem quaesivi ».

2. Annick Charles-Saget, « « Non-être et néant chez Maître Eckhart », in *Voici Maître Eckhart*, *op. cit.*, p. 313. Elle cite un passage du Commentaire de *Jean* § 20. Ce Commentaire sur le prologue de Jean est publié dans *L'œuvre latine de Maître Eckhart*, VI, Paris, Éditions du Cerf, 1989

3. Simone Weil, *Cahiers d'Amérique*, *op. cit.*, p. 41.

4. Idem, *Intuitions...*, *op. cit.*, p. 128. La citation qui suit est p. 129.

illimité ; amitié, pensée commune des pensants séparés. « Il ne peut y avoir, écrit-elle, des êtres pensants plus séparés que le Père et le Fils au moment où le Fils pousse le cri éternel : Mon Dieu, pourquoi m'as-tu abandonné ? Ce moment est la perfection incompréhensible de l'amour. C'est l'amour qui passe toute connaissance[1]. » Aussi Dieu n'est parfait que comme Trinité, et l'amour qui constitue la Trinité – écrit-elle – trouve sa perfection seulement dans la Croix. En se faisant Christ, l'humain dans sa misère atteint l'égalité avec Dieu qui est amour.

Trinité de Dieu n'a aucun sens – cela ne parle pas aux sens ni à la raison ; le divin est en nous, nulle part ailleurs qu'en chacun de nous et pourtant il n'est pas la somme (ni l'intégrale ni aucune figure mathématique) de nous tous, parce que nous sommes aussi ce Soi, ombre qui enclôt la lumière ; espace et temps que fréquentent les ténèbres – ce qui empêche le divin de venir au jour. Aussi dans son dernier texte, *Intuitions pré-chrétiennes*, se réfère-t-elle à Platon qui, dans le *Timée* écrit : « Deux, tant qu'il y a seulement deux, il est impossible que l'ajustage soit beau sans un troisième. Il faut qu'il se produise entre eux, au milieu, un lien qui les conduise à l'union. Le plus beau des liens est celui qui rend parfaitement un lui-même et les termes liés[2]. » Simone Weil dit de la Trinité qu'elle est consommation et contemplation de Dieu par lui-même car dans la Trinité chaque terme est à son tour intermédiaire aux deux autres ; tous en deviennent identiques et, étant mutuellement identifiés, ils deviennent un. « Le grand malheur de l'homme, senti très vivement dans l'enfance, et qui explique beaucoup d'égarements humains, c'est que pour l'homme regarder et manger sont deux opérations différentes[3]. » Nous voyons et absorbons autre chose ; nous ne voyons ni mangeons justice ni beauté, qui ne sauraient nous rassasier, puisqu'elles sont ce qui nous fait aller vers l'un. Nous allons vers l'apparence des biens par imagination, au lieu que le daïmôn, qu'évoque Socrate dans *Le Banquet*, en nous, comble la distance. Ce qu'elle lit, dans l'*Évangile de Jean* : « Que je sois en eux et toi en moi, afin qu'ils soient rendus parfaits dans l'unité[4]. » C'est ce qu'annonce Eckhart : « Il en est ainsi pour ceux qui ont faim de la volonté de Dieu ; sa volonté a une telle saveur pour eux et tout ce que Dieu veut et qu'il leur impose leur plaît tant que même si Dieu voulait le leur épargner, ils ne voudraient pas être épargnés, tant leur agrée cette volonté première de Dieu[5]. » À quoi reconnaîtrai-je la volonté de Dieu ? À ce que je ne vise rien que je veuille

1. *Ibid.*, p. 131.
2. *Ibid.*, p. 116. Je donne sa traduction du *Timée*.
3. *Ibid.*, p. 92.
4. *Ibid.*, p. 116.
5. Maître Eckhart, *Sermon* 41 : « Qui sequitur justiciam ».

posséder. Et si vous me demandez – dit Eckhart à ses auditeurs – comment vous pourriez être assez pauvres au point de laisser toutes choses, je vous dirai qu'en Dieu vous trouverez la justice. Qu'est-ce à dire ? Au royaume des cieux ou au prêche ? Ni l'un ni l'autre : c'est à nous d'instaurer la justice en ce monde, car l'amour est ce qui recherche et il est aussi ce qui est aimé. L'amour aime ce qui le fait advenir; aussi se fait-il pauvre, comme le dit Socrate, d'abord il délaisse beauté et richesse, pour aller vers le Beau et le Juste et se trouve lui-même tel qu'il n'eût jamais été sans cette quête.

C'est ce vers quoi nous pouvons aller, et qui n'est que pour autant que nous le voulions : ce que les chrétiens nomment imitation de Jésus, puisque nous sommes aussi incarnés et par là, abandonnés. Le royaume des ténèbres est également Dieu ; ce que saint Jean de la Croix nomme nuit obscure de l'âme, ce que dit maître Eckhart : Dieu n'est pas bienheureux dans sa pure divinité ; d'où son incarnation. Simone Weil voit, me semble-t-il, au delà des « aveugles espérances », l'immortalité – elle se réfère à la nuit de la foi chez Jean de la Croix[1] – ce qui est rapport de nous à Dieu : « Nous devons vider Dieu de sa divinité pour l'aimer. Il s'est vidé de sa divinité en devenant homme, puis de son humanité en devenant cadavre (pain et vin), matière. Il faut aimer Dieu à travers ses propres joies, à travers son propre malheur, à travers ses propres péchés (passés). Il faut l'aimer à travers les joies, les malheurs, les péchés des autres hommes – et sans consolation[2]. » D'après l'Évangile, Jésus dut d'abord se séparer de l'ombre qui était en lui – le diable tentateur. Jean de la Croix écrit : « Ainsi donc nous savons maintenant que de cette nuit aride découle d'abord la connaissance de soi, et celle-ci à son tour est le fondement de la connaissance de Dieu[3]. » Ce que commente Simone : Dieu se montre, parle à l'âme et la touche lorsqu'épuisée par le malheur extérieur ou la sécheresse intérieure elle a en horreur les biens d'ici-bas ; c'est ce que Jean de la Croix appelle nuit obscure[4].

« Dieu m'a créée comme du non-être qui a l'air d'exister, afin qu'en renonçant par amour à cette existence apparente, la plénitude de l'être m'anéantisse. [...] Le je est du néant. Mais je n'ai pas le droit de savoir cela. Si je le savais, où serait le renoncement ? Je ne le saurai jamais[5]. » Que savons-nous de nous-mêmes ? Je vois les autres comme illusions pour eux-mêmes et cela me rend leur existence plus réelle, car – écrit Simone – je les vois dans leur

1. Simone Weil, *Intuitions...*, *op. cit.*, p. 102.
2. Simone Weil, *Cahiers II*, *op. cit.*, p. 219.
3. Saint Jean de la Croix, *La Nuit obscure*, Paris, Seuil, 1984, « Des avantages que l'âme trouve dans cette nuit », p. 80. Il se réfère à saint Augustin.
4. Simone Weil, *Intuitions...*, *op. cit.*, p. 17.
5. Idem, *Cahiers d'Amérique*, *op. cit.*, p. 42. J'ai gardé le « e » de créée.

rapport avec eux-mêmes, non avec moi. Par analogie, je peux faire effort et mesurer mon illusion, me voir comme je dans l'existence; mais c'est accroître l'écart entre existence, que je mets au cadastre, et vie, qui est l'œil, hors de toute perspective. Aussi notre âme est de nécessité partagée en deux : on ne peut éprouver de compassion, qui est une tension vers, une passion, que par la partie « contaminée » de l'âme, celle qui s'identifie au malheureux – en moi autant qu'en l'autre. Mais « tant qu'on n'a pas dans l'âme un point d'éternité préservé de toute contagion du malheur, on ne peut pas avoir la compassion des malheureux. Ou la différence des situations et le manque d'imagination maintient loin d'eux, ou si on en approche vraiment la pitié est mélangée d'horreur, de dégoût, de crainte, d'une répulsion invincible ». Le moment de compassion en l'âme est « une descente du Christ sur terre pour être crucifié », car traiter le prochain malheureux avec amour « c'est quelque chose comme le baptiser[1] ». L'attention accordée à celui qui n'est rien pour personne en ce moment est créatrice en ce qu'elle est renoncement; c'est vouloir l'existence libre de l'autre, lui donner la liberté du libre consentement, au prix de quelque chose de soi : cet acte figure celui du retrait divin dans la création. Aussi est-ce un acte rédempteur. Qui comprend cela, et qui à ces paroles ne succombe pas au délire, à la superstition idolâtre et à la quête mortifère de la « purification » ? Un seul morceau de pain donné à quelqu'un qui a faim est assez pour sauver une âme – s'il est donné de la bonne manière. « Dieu nous serait inférieur, si, dans la personne du Christ, il n'avait pas été humilié. » Cette sentence est limpide si nous comprenons : le divin en nous est exempt des souffrances, il serait un principe d'absolu transcendant, sauf s'il subit l'humiliation de la chair. Renonçant à l'absolu, le divin en nous se sacrifie à l'avenir de l'existence de la créature : le divin en nous est empli de compassion pour la créature qui a faim et soif.

« Savoir que le bien absolu est le bien, croire que le désir du bien se multiplie de lui-même dans l'âme si l'âme ne refuse pas son consentement à cette opération – ces deux choses simples suffisent. Rien d'autre n'est nécessaire. » Encore faut-il s'empêcher de refuser ce consentement, quoi qu'il arrive. C'est infiniment simple dit-elle. Comment la croyance en un bien absolu serait-elle infiniment simple quand on ne sait pas même ce qu'est le bien ? Serait-ce « servir Dieu » en faisant fructifier ses dons ? Être bon « comme Dieu le demande » ? La question n'est pas là du tout; ce que Simone Weil exprime ainsi : « Dieu nous a demandé : Voulez-vous être créés, et nous avons répondu oui. Il nous le demande encore à tout instant, et à tout instant nous répondons oui. Sauf quelques-uns dont l'âme est divisée en deux; pendant que

1. Simone Weil, *Formes de l'amour implicite de Dieu...*, *op. cit.*, p. 291.

presque toute l'âme dit oui, un point de l'âme s'épuise à crier en suppliant : non, non, non ! En criant ce point s'élargit, devient une tache qui un jour envahit toute l'âme[1]. » Ce recoin ignoré qui supplie est notre supériorité sur Dieu. Il faut entendre Dieu non pas en tant qu'il est Un mais en tant qu'il est amour et justice à condition que nous lui donnions notre consentement.

Désiré-je être sauvé seul ? Ce que dit Paul de la rédemption n'est acceptable, poursuit-elle, que si l'on regarde l'humanité comme un seul être vivant ; qui plus est, l'attente de la fin imminente du monde explique « quantités d'anomalies ». Je pense que l'idée qui donne la clé de ceci est l'attente. Dans l'attente du bien qui tarde à advenir, le sacrifice devient inéluctable : c'est en Dieu souffrant – au même titre qu'un bien en souffrance de se réaliser – que s'incarne le malheur à valeur infinie. Par ce malheur expiatoire, la parole est rendue aux malheureux muets dans leur souffrance ; ils apprennent qu'il n'est pas de résignation à guetter la fin des temps : la justice divine s'applique à eux aussi. Voici ce me semble qui répond mot pour mot aux prophètes de la Tora ; le sens du Dieu souffrant, l'esprit du sacrifice et de l'expiation. La rédemption n'est ni attente du Jugement ni abolition du mal, moins encore du péché. Elle va infiniment au-delà, elle est permanence de la pensée en Dieu, de l'idée du divin en nous. Le péché, écrit Simone Weil, est une « faute heureuse[2] » en ce qu'il nous mène à beaucoup plus – le désir d'union à Dieu – que ce que nous avions perdu, la fausse complétude. Par le péché je me rends semblable au pécheur, je m'identifie ; c'est ensemble par le pardon rédempteur que nous pouvons nous sauver. C'est en ce sens que Dieu Amour est rédempteur ; ce que veut dire Platon selon elle. C'est par notre volonté que nous trouvons Dieu « sous le manteau de la bonté » qui le cache ; je ne veux plus jamais désirer que Dieu me rende bienheureux par bonté, dit Eckhart[3].

Que nous dit cette idée ? Que ce qui est divin en nous ne nous fait pas vivre, au sens où la vie ne nous est pas donnée. « On a tort de dire que Dieu donne gratuitement et ne doit rien aux hommes. Nous ayant créés, il nous doit tout. Et en effet il nous donne tout. Mais il ne nous contraint pas à recevoir. Il nous demande de consentir à ce qu'il acquitte envers nous sa dette ; et nous refusons, ou nous consentons à moitié. La création étant acte d'amour est la création d'une faculté de libre consentement. » N'est-ce pas là le Dieu pathétique, mais dont nous éprouvons le pathétique à mesure seulement que nous lui obéissons ? « S'il nous offrait la joie, la puissance et

1. Simone Weil, *Cahiers d'Amérique*, *op. cit.*, p. 168.

2. Idem, *Intuitions…*, *op. cit.*, p. 48. Elle se réfère au mythe de l'homme coupé en deux dans *le Banquet* (Discours d'Aristophane).

3. Maître Eckhart, *Sermon* 9 : « Quasi stella matutina… ». L'a-t-il un jour demandé ?

la gloire, il ne serait pas en notre pouvoir de refuser ses dons. Il choisit ses dons de telle manière que nous soyons libres de les refuser. Il est en notre pouvoir, il est facile de refuser la croix[1]. » Si j'ai voulu donner ce passage en entier, c'est qu'il présente une difficulté de lecture : que veut dire : Il choisit ses dons ? Devons-nous comprendre que Dieu Tout-puissant eût agi avec le discernement de nous accorder le mal ? L'absurde de cet énoncé suffit à en dire le contradictoire ; aussi la parole des prophètes est-elle une parole adressée à l'esprit de puissance des humains.

La transcendance à la source de l'impératif de la Tora, dit André Neher, n'a pas le sens d'une catégorie kantienne « mais le Moi personnel et pathétique de Dieu[2] ». Nous aurons à réfléchir sur ce Moi pathétique à propos de la ruah ou esprit. Et ce pathétique est redoublé par les efforts maladroits que nous faisons pour surmonter notre abaissement. Ainsi les Prophètes ont-ils été surpris par cet appel ; leur vocation, écrit Neher, est « de se sentir engagés dans une conquête de l'Absolu, dans une lutte enivrante avec un Partenaire vivant et pathétique[3] » : voici le combat de Jacob avec l'Ange, dont Jacob est blessé et se sait désormais vulnérable à Dieu en lui.

Et le Dieu pathétique ? Dieu demeurant fidèle à l'alliance à la place de ses créatures ? « Dieu a souffert au lieu de l'homme – cela ne signifie pas que le malheur du Christ ait diminué si peu que ce soit le malheur des hommes, mais que par le malheur du Christ (aussi bien dans les siècles antérieurs que dans les siècles suivants) le malheur de tout malheureux prend une signification et une valeur d'expiation, si seulement il le désire. Le malheur prend alors une valeur infinie qui ne peut venir que de Dieu. Toute expiation suppose que c'est Dieu qui expie. Les difficultés de la notion de rédemption, et les absurdités dont elle est entourée, obligent à examiner de plus près la notion même de châtiment, et sa relation avec celle de sacrifice[4]. »

Dans son *Cahier*, en plein océan, précise-t-elle, Simone note : « Le Même et l'Autre de Platon[5] » : la conscience sépare ; aussi aimer Dieu paraît une trahison envers les hommes – soi-même y compris, l'amour des humains, tel celui de Prométhée, une trahison à l'encontre des Dieux. Mais est-ce une trahison ? Simone fait voir le parallèle entre Jésus sur la Croix accusant son Père de l'avoir abandonné, devenu – dit saint Paul – malédiction devant Dieu à notre place, et Prométhée, accablé par Zeus pour avoir, insensé, voulu

1. Simone Weil, *Cahiers d'Amérique*, *op. cit.*, p. 131.
2. André Neher, *Moïse et la vocation juive*, Paris, Seuil, 1957, p. 148.
3. *Ibid.*, p. 84. Je prie le lecteur de se reporter à mon ouvrage *La Parole des prophètes*.
4. Simone Weil, *Cahiers d'Amérique*, *op. cit.*, p. 104 ; de même ce qui suit.
5. *Ibid.*, p. 132. Elle évoque, un peu plus loin, la légende russe de saint Nicolas manquant un rendez-vous avec Dieu pour aider un paysan embourbé.

secourir les hommes et qui dit, après sa condamnation : « Je savais tout cela, j'ai consenti, j'ai consenti à être dans mon tort[1]. » Simone observe que nous en saurions plus si nous connaissions le *Prométhée délivré* d'Eschyle : on évitera de gloser sur le myhte impossible à conclure c'est-à-dire à dénouer. Tant pis pour les brillants exégètes. Il vaut mieux comprendre que Dieu est victime et bourreau, maître et esclave, consentant à la nécessité dans le malheur. Dieu pathétique n'a de sens que l'Un se déchirant pour donner la vie, et se livrer à l'existence où la vie est projetée, c'est-à-dire dans le Moi et sa multitude. À l'opposé de la divinité païenne commandant partout où elle le peut, la religion vraie – note Simone – se conçoit dans le silence de Dieu[2].

Même dans le mal il faut aimer Dieu; car ne l'aimer que dans le bien n'est qu'aimer ce quelque chose terrestre que nous nommons le bien : ainsi paix et prospérité. Lorsque nous ne comprenons pas, nous n'avons à chercher ni justifications ni compensations au mal, ni à réduire le mal au bien. Dans l'épreuve du mal, cette partie médiocre de l'âme qui se croit en sécurité cède la place : « L'âme incapable de supporter cette présence meurtrière de Dieu, cette brûlure, se réfugie derrière la chair, prend la chair comme écran[3]. » Contre cette tentation, contre la trahison envers l'être en nous il faut, dit Simone, regarder comme ennemie la part de nous-mêmes qui veut se cacher de Dieu, « même si elle est presque nous-mêmes, si elle est nous-mêmes ». Car tout se passe comme si la part médiocre de nous-mêmes en savait beaucoup plus sur les conditions du salut. C'est ainsi que, lorsqu'on est le plus mal disposé, incapable d'élévation d'âme, le regard porté sur la pureté est le plus efficace; c'est alors que le mal, ou plutôt la médiocrité, dit-elle, affleure à la surface l'âme, dans la meilleure position pour être brûlée au contact du feu. Mais c'est le moment où nous mentons et où l'effort pour ne pas croire à ces mensonges est très violent. Aussi « l'effort de la volonté vers le bien est un des mensonges sécrétés par la partie médiocre de nous-même dans sa peur

---

1. Simone Weil, *Intuitions...*, *op. cit.*, p. 105. « Insensé » est dans le texte d'Eschyle. L'étude que mène Simone Weil du mythe de Prométhée dans *Intuitions...* est si belle qu'on peut la lire pour elle seule. Je n'aborde pas ici sa lecture de la doctrine pythagoricienne, doctrine de l'Un. Voir infra § 12 sur les pythagoriciens.

2. Simone Weil, *Amour implicite de Dieu*, in *O.C. IV*, note p. 509. Elle se réfère au Livre des morts égyptien : « Je n'ai fait pleurer personne. Je n'ai causé de crainte à personne. Je n'ai jamais rendu ma vois hautaine. Je ne me suis jamais rendu sourd à des paroles justes et vraies. »

3. Simone Weil, *Réflexions sans ordre sur l'amour de Dieu*, *op. cit.*, p. 275. De même ce qui suit. Gabriel Marcel observe que Nietzsche s'est rendu responsable de crimes qu'il n'avait pas envisagés. Son *Par delà le bien et le mal* aurait, selon le terme forgé par Jean Wahl, conduit à une transcendance qui est une transdescendance : un en deça de l'humain. Je pense qu'un poète dément est dangereux pour tous ceux qui le lisent sans comprendre.

d'être détruite[1] ». Parlant du *Timée* de Platon, elle nous rappelle qu'en Dieu est un double principe : au « bienheureux de la Trinité » correspond le « Dieu déchiré » par l'espace et le temps, dont la passion est ce que dit saint Jean à propos de « l'Agneau qui a été égorgé depuis la constitution du monde[2] ».

ACCEPTER LE NÉANT DE LA CRÉATURE

« Accepter de n'être qu'une créature et pas autre chose. C'est comme accepter de perdre toute existence. Nous ne sommes que des créatures. Or accepter d'être cela, c'est accepter de n'être rien. Cet être que Dieu nous a donné à notre insu, c'est du non-être. Si nous désirons le non-être, nous l'avons. Nous n'avons qu'à nous en apercevoir. Notre péché consiste à vouloir être, et notre châtiment est de croire être. L'expiation est de vouloir ne plus être ; et le salut pour nous consiste à voir que nous ne sommes pas[3]. » Ce propos de Simone est difficile à mettre en pratique : qui voudrait expier ? Si être créature n'est rien, qui ne se contenterait de ce rien, puisque ce rien est l'existence et que nous nous voyons dans l'existence ? Et, puisqu'il faut s'apercevoir que nous avons le non-être pour le désirer, le mieux n'est-il pas de ne s'apercevoir de rien ? Aussi ce propos s'éclaire-t-il lorsqu'elle poursuit en disant : pour Dieu le sacrifice est de laisser un homme croire qu'il est. Tout est dans cette affaire d'identité : Dieu qui laisse croire, c'est moi, ou toi pour ce qui te concerne. Il n'y a pas d'un côté Dieu tout-puissant qui laisse faire et de l'autre la créature qui s'abuse, bien plutôt – pour user des termes de Fichte – le Moi inconditionné qui résiste à la vocation du Moi, qui est de se déterminer. Si cette détermination aboutit à se trouver néant, c'est affaire de liberté ou plutôt de l'usage que l'on fait de sa liberté. Libre à chacun de se définir par ses propriétés – à tous les sens du mot. « On ne possède que ce à quoi on renonce. Ce à quoi on ne renonce pas nous échappe. En ce sens on ne peut posséder quoi que ce soit sans passer par Dieu. Il faut que toutes les harmonies, sans exception, qui constituent notre âme soient défaites afin d'être de nouveau faites en nous par Dieu avec notre consentement. C'est la mort qui précède la résurrection. Ainsi nous acceptons d'être, et plus encore nous acceptons de ne pas être, car nous constatons avec consentement que c'est Dieu qui fait notre être. Dieu nous a créés sans que nous l'ayons voulu. Il faut qu'il nous recrée avec notre consentement, car il ne veut nous faire

1. Simone Weil, *Attente de Dieu*, *op. cit.*, p. 193.
2. Simone Weil, *Intuitions…*, *op. cit.*, p. 27.
3. Simone Weil, *Cahiers d'Amérique*, *op. cit.*, p. 175.

nulle violence. Et finalement, avec notre consentement, il nous décréera[1]. » Ce que disait Eckhart : il faut dé-devenir (*entwerden* : se séparer du devenir), perdre son ex-sistance. L'Un se donne à voir en se retirant, car Dieu n'est Dieu qu'au regard de la Création ; il est l'Être en tant qu'il y a des étants, car rien de ce qui est créé n'est purement être et absolument intellect. Aussi l'aimant attire le fer et le fer l'aimant, ce que dit Eckhart[2]. Dieu perce en moi autant que je perce en Dieu ; et il attire mon esprit « dans le Désert, dans l'unité de lui-même, là où il est un Un pur jaillissant en lui-même. Un tel esprit est sans pourquoi[3] ». Un tel esprit, dit Eckhart, est dans l'unité et la liberté.

Deux remarques s'imposent ici. La première concerne la violence de Dieu, la seconde la volonté de la créature. Premièrement, Eckhart se réfère à Matthieu : « Le royaume des cieux souffre violence et ce sont les violents qui s'en emparent et l'emportent[4]. » Aucun homme ne peut trouver la naissance en Dieu sans que cela se produise par une grande violence. Eckhart ici indique un point essentiel : outre l'intellect actif, il est en nous un intellect possible, « avant même que ne soit rien commencé par l'esprit et accompli par Dieu, l'esprit a déjà l'intuition et la connaissance, à titre de possibilité, de tout ce qui peut et pourrait se produire. C'est pourquoi on l'appelle intellect possible, bien qu'il soit souvent oublié et [par lui-même] ne donne jamais de fruit[5]. » C'est le Moi passif, attentif dans sa nudité, aspirant à l'infini, de Fichte[6].

Poursuivant le parallèle avec la *Wissenschaftslehre* (que je traduis par Leçon sur la connaissance) de Fichte, j'y vois la même question, posée seulement sans le soutien d'une doctrine : il appartient à chacun de trouver qu'une vérité est et peut être connue, il ne peut se fonder que sur ce qui lui apparaît comme son Moi. Que s'il n'y a qu'une philosophie, il est plusieurs états de

1. Simone Weil, *Cahiers, III*, *op. cit.*, p. 201.
2. Maître Eckhart, *Sermon* 29 : « Dieu ne contraint pas la volonté, il lui donne la liberté ».
3. *Ibid.*
4. Maître Eckhart, *Sermon* 104 : « In his, quae patris mei sunt, opportet me esse », *Luc*, II, 49. Le passage de *Matthieu* XI, 12 : « Depuis les jours de Jean-Baptiste jusqu'à présent le Royaume des Cieux souffre violence, et les violents le prennent de force » peut être lu ainsi : jusqu'à la venue du Christ, seuls les plus effrénés parviennent à Dieu, parce qu'ils doivent se dépouiller de tout, comme Jean-Baptiste.
5. *Ibid.*
6. Seule l'intuition qui s'intuitionne elle-même est intellectuelle. Intuition de soi, et non intuition d'objets. Selon Kant l'intuition ne peut être que sensible, aussi réfute-t-il l'intuition intellectuelle. Ce qu'il ne voit pas, dit Fichte, est que les représentations ne sont pas le produit de « l'être raisonnable », mais du Moi actif-passif, qui pâtit autant qu'il agit. Fichte cite expressément Schelling « qui comprend mal » dans son *Vom Ich als Prinzip des Philosophie oder über das Unbedingte im menschlichen Wissen* de 1795. (Du Moi comme principe de la philosophie ou sur l'absolu dans la connaissance humaine)

conscience; que chacun doit accomplir en soi la recherche et engager sa vie spirituelle[1]. Je relève le principe : le Moi ne pose aucun objet *a priori* dans le cours de son identification à lui-même, car son intuition n'est pas une intuition intellectuelle d'objets, mais une conscience immédiate conçue intellectuellement puis représentée intuitivement : je suis ce qui se pose soi-même, sans jamais être objet de la conscience[2]. Il s'y attache une recherche à l'infini, qui reçoit seulement les objets par les obstacles qu'ils opposent aux appels du Moi primordial. Est-ce confondre deux problèmes ? Au contraire il me paraît que Fichte répond à la question : pouvons-nous nous connaître indépendamment du monde où nous sommes situés ? On voit les deux écueils : la crainte de faire la recherche, le péril d'aboutir au Dieu terrible. Mais Dieu tout-puissant n'est qu'une image engendrée par la crainte; la vérité est qu'il faut se décréer pour s'unir à lui en nous[3]. C'est en se dégageant de l'image dans l'homme, que l'homme se rend semblable à Dieu[4]. « En outre, il faut noter que celui qui aime vraiment Dieu en tant qu'Un et pour l'unité et l'union, ne se préoccupe pas de la toute-puissance de Dieu ou de sa sagesse, puisque ces qualités appartiennent à plus et regardent le multiple; ni de la bonté en général, soit parce que celle-ci se réfère à l'extérieur et se trouve

1. Fichte, *La Doctrine de la science*, Exposé de 1804, (tome X des *Œuvres complètes* publiées en 1838 par Immanuel Fichte), Paris, Aubier, trad. Julia, p. 20-21. Voir mon *Johann Fichte, éveil à l'autonomie*, Payot, 2012.

2. Ce que dit expressément Fichte in *Doctrine... Nova Methodo*, § 2 « Le passage du déterminable au déterminé ».

3. François Heidsieck (in *Encyclopaedia universalis*, Paris 2002, « Simone Weil ») parle de « cruauté presque inhumaine » de Simone Weil « car elle nous demande sans attendrissement de détruire en nous tout ce qui n'est pas le désir de Dieu. Nous sacrifier n'est pas suffisant, nous devons nous décréer ». Je ne pense pas qu'il ait saisi la portée de ce propos : se décréer n'est pas un suicide, c'est une extrême attention portée à la vérité de ce qui est en l'humain. Ce renoncement au vouloir être ne peut être compris que comme attente de l'apparition du surnaturel en nous. Aucun « reportage », si savamment phénoménologique qu'il soit, ne peut en rendre compte. Pour me faire comprendre, j'aurai recours à Schopenhauer : « Posant une maxime que tous doivent suivre, je prévois que je serai, à l'occasion, passif, ainsi mon égoïsme se décide-t-il en faveur de la justice et de la charité, non par plaisir de la vertu, mais pour en éprouver les effets. L'avare sortant d'un sermon sur la bienfaisance, s'écrie : Que de profondeur ! Que de beauté ! J'ai bien envie de me faire mendiant ! » Schopenhauer, *Fondement de la morale*. J'ai étudié la « fausse monnaie » de la charité dans *Le Principe de misère*, Paris, Le Félin, 2007. Que puis-je vouloir sinon ce qui m'arrange le mieux ? « Je ne peux vouloir que, de mentir, ce soit une loi universelle : car alors on ne me croirait plus, ou bien on me paierait en même monnaie ». Chacun souhaite qu'on lui vienne en aide, or si sa maxime est de ne pas vouloir aider les autres, ils seront autorisés à ne pas lui porter secours. Le monde moral résulte de la liberté des êtres raisonnables.

4. Maître Eckhart, *Sermon* 40 : « Blibet in mir ! »

dans les choses, soit parce qu'elle consiste en une adhésion[1]. » Et encore, dit Eckhart, l'Un est plus élevé que le bien lui-même. C'est ici que la brèche s'ouvre : comment ferions-nous abstraction du bien, nous qui n'avons pas atteint l'Un ? C'est pourquoi Simone parle de l'imitation de l'image parfaite qu'est le Fils unique de Dieu comme moyen de passage : c'est le miroir de Dieu. Traverser le miroir est atteindre Dieu.

Ce qui mène à la seconde remarque, les créatures ont-elles voulu être créées ? Simone paraît dire deux choses contradictoires : « Dieu nous a demandé : Voulez-vous être créés, et nous avons répondu oui. Il nous le demande encore à tout instant, et à tout instant nous répondons oui. Sauf quelques-uns dont l'âme est divisée en deux ; pendant que presque toute l'âme dit oui, un point de l'âme s'épuise à crier en suppliant : non, non, non ! En criant ce point s'élargit, devient une tache qui un jour envahit toute l'âme[2]. » Ce recoin ignoré qui supplie est notre supériorité sur Dieu. En quoi consiste notre supériorité sur Dieu sinon dans la tentation surmontée ? Dieu en nous est parfait ; le Moi en nous est en grand danger de s'ignorer et de se perdre. « Ce malheureux gît sur la route, à moitié mort de fin. Dieu en a miséricorde, mais ne peut pas lui envoyer du pain. Moi qui suis là, heureusement je ne suis pas Dieu ; je peux lui donner un morceau de pain. C'est mon unique supériorité sur Dieu[3]. » Ce malheureux c'est moi. Encore faut-il que nous puissions éprouver cela, et il n'est pas pensable de se dire pour autrui que Dieu l'aide. « Car la connaissance de cette présence de Dieu ne console pas, n'ôte rien à l'affreuse amertume du malheur, ne guérit pas la mutilation de l'âme. Mais on sait d'une manière certaine que l'amour de Dieu pour nous est la substance même de cette amertume et de cette mutilation. » Malheur à ceux qui ne peuvent s'approcher de ce qui est divin et appelle en eux. Malédiction à ceux qui sont indifférents à cette misère. Car en restant indifférents, nous redoublons la misère éprouvée par ceux à qui nous refusons d'entendre leur propre voix : « Le malheur durcit et désespère parce qu'il imprime jusqu'au fond de l'âme, comme un fer rouge, ce mépris, ce dégoût et même cette répulsion de soi-même, cette sensation de culpabilité et de souillure, que le crime devrait logiquement produire et ne produit pas. Le mal habite dans l'âme du criminel sans y être senti. Il est senti dans l'âme de l'innocent malheureux. Tout se passe comme si l'état de l'âme qui par essence convient au criminel avait été séparé du crime et attaché au malheur ; et même à proportion de l'innocence

1. Idem, *Sermon* 29 : « Convescens praecepit eis... ».
2. Simone Weil, *Cahiers d'Amérique*, *op. cit.*, p. 168.
3. André Neher, *Prophètes et prophéties* (première édition PUF, 1955), Petite Bibliothèque Payot, 1995, p. 281.

des malheureux. [...] Tout le mépris, toute la répulsion, toute la haine que notre raison attache au crime, notre sensibilité l'attache au malheur. [...] Ce mépris, cette répulsion, cette haine, chez le malheureux se tournent contre lui-même, pénètrent au centre de l'âme, et de là colorent de leur coloration empoisonnée l'univers tout entier[1]. » Ne pas se sentir soi-même comme ce malheureux constitue sans nul doute un agrément de l'existence; aussi craignons-nous fort la contagion et cherchons-nous la proximité dédaigneuse des heureux du monde.

« Si je dis : Dieu est bon, ce n'est pas vrai. Dieu n'est pas bon. Je dirai davantage : je suis meilleur que Dieu. Car ce qui est bon peut devenir meilleur, ce qui peut devenir meilleur peut devenir le meilleur de tout. Or Dieu n'est pas bon, c'est pourquoi il ne peut pas devenir meilleur et parce qu'il ne peut pas devenir meilleur, il ne peut pas devenir le meilleur de tout[2]. » Aussi retrouvons-nous ce que Simone Weil nomme notre supériorité sur Dieu. Le bien n'est pas désir de bien mais possession du bien; le mal n'est que privation. Ce que Dieu ne peut faire, je le peux : donner du pain à un malheureux. « C'est parce qu'on croit que le malheur est un mal qu'on tue en soi la compassion naturelle. La compassion est naturelle, mais elle est étouffée par l'instinct de conservation. Seule la possession de toute l'âme par l'amour surnaturel restitue à la compassion naturelle son libre jeu[3]. » L'être humain parfait, écrit-elle, n'agit pas pour Dieu mais par Dieu, de la part de Dieu et n'aime les humains que de la part de Dieu et à travers Dieu. Que veut dire ce « à travers » ?

Cette supériorité, Eckhart la présente comme l'effet de l'éloignement de Dieu, qui sait qu'en notre esprit, la vision continue du bien serait trop forte, pour ce que vaut l'existence. « C'est ce qui arriva à Paul. Serait-il resté cent ans là où il connut le Bien, pas un instant il ne serait revenu à son corps. Il l'aurait complètement oublié. Comme ce bien ne convient ni n'appartient à cette vie, le Dieu fidèle, selon son bon vouloir nous le voile ou le montre, selon ce qu'il sait le plus profitable, et pourvoit, en fidèle médecin, à ce qui nous est le meilleur[4]. » Je ressens le divin, je suis moi-même pitoyable et méchant; je voudrais et ne puis. J'aurais beau vouloir et faire, je suis une créature à quoi je ne puis échapper, sinon par la mort. Mais c'est enfermé dans l'existence que je peux seulement connaître qu'il est un Être et que cet Être n'est que par et pour moi, tant que je serai. Pour autant que j'appréhende

1. Simone Weil, *Attente de Dieu*, *op. cit.*, p. 128-129. Ce qu'éprouve Raskolnikov.
2. Maître Eckhart, *Sermon* 83 : «Renovamini».
3. Simone Weil, *Cahiers d'Amérique*, *op. cit.*, p. 287.
4. Maître Eckhart, *Sermon* 104 : «In his, quae patris mei sunt».

l'Un, je sais bien comme je fais obstacle au divin en moi, réduit que je suis aux limites étroites de ma force et de ma volonté. Je n'existe que comme une « chute hors de l'Un ». Imaginez un figuier, seul de son espèce, dont les fruits se rappelleraient leur origine ; leur saveur, leur texture, leur couleur sont issues de l'arbre, non pas des branches ni de tel ou tel arbre mais du figuier selon son être. Et ce figuier ne serait que pour produire ses fruits ; il serait apparu en tant que producteur de fruits ; le figuier ne reçoit l'être que d'une graine, qui n'est à proprement dire rien, mais qui contient en idée l'arbre et ses fruits. Et les fruits tombent, ou sont cueillis, se dégradent et disparaissent ; chacun contient l'idée du figuier d'où il est issu et pourtant tous tombent de l'arbre ou bien en sont arrachés, ce que nous pouvons dénommer chute ou faute. La graine est l'Un, elle ne distingue pas l'arbre de ses fruits ; elle est indifférenciée et première. Elle est sans cause.

L'être absent est sans amour. Il n'y a rien à lui consentir. L'aimer ne met pas à l'abri de la tentation de la force. L'existence ne peut perdurer sans violence ; il nous faut l'endurer par une « obligation stricte de transmettre la violence du mécanisme dont nous sommes un rouage [1] ». Au delà, nous ne devons user d'aucune contrainte envers autrui ou envers nous-même, ne souhaiter aucune espèce de puissance ou de prestige, même en vue du bien.

Justice, tempérence, courage, sagesse ne sont pas des vertus « naturelles », Simone s'en réfère à Platon. L'Amour surnaturel en est l'inspiration et la source immédiate. « Nous sommes enivrés par les plaisirs qui comblent, et au delà, jusqu'à déborder, les désirs qui nous poussent vers eux [2]. » Rien ne diffère plus de celui qui veut à tout prix l'existence et les satisfactions auxquelles il croit – il y croit d'autant plus qu'elles lui échappent ; il les imagine plus grandes encore qu'il le croyait avant qu'elles lui ai échappé -, que celui qui se retire au désert et prie que l'idée de Dieu en lui – supplication que la créature adresse pour persister dans l'existence – laisse la place à l'amour pur sans objet. L'appel en moi, le moi identifié, le moi critique, à un Dieu extérieur, trouve sa source dans la certitude négative qu'il n'est pas possible que rien soit. Il faut qu'il y ait quelque chose pour rendre compte de l'incréé, que je trouve en moi. Je ne peux faire connaissance de cette part, qui me dit que l'existence est passagère. Mon moi conscient sait bien que cela est vrai ; mais il a en lui la nostalgie de l'Un : est-ce réminiscence, une trace que le Créateur a, par amour, laissé en moi, et que je reconnais par la notion de l'infini ?

1. Simone Weil, *Intuitions...*, *op. cit.*, p. 59.
2. *Idem.*

Simone Weil rechercha dans la sagesse de la Grèce antique les preuves de l'attente de Dieu. Les concordances qu'elle trouve, des mythes antiques aux Évangiles – dont elle pense le caractère historique indiscutable, tout comme les écrits de Sophocle ou de Platon – sont « une confirmation bouleversante » de la foi. « Ce qui a produit cette prodigieuse civilisation antique, avec son art que nous admirons de si bas, avec cette science qu'elle a entièrement créée et que nous tenons d'elle, sa conception de la cité qui forme le cadre de toutes nos opinions, et tout le reste, ce qui l'a produite, c'est la soif prolongée pendant des siècles de cette source qui finalement a jailli et vers laquelle aujourd'hui vous ne tournez même pas vos yeux[1]. »

PENSER À DIEU N'EST PAS ÊTRE EN DIEU

Dieu est plus près de mon âme qu'elle ne l'est elle-même : cette parole de saint Augustin est reprise par Eckhart; « mon corps et mon âme sont plus en Dieu qu'ils ne sont en eux-mêmes, et c'est en cela que consiste la justice : c'est la cause de toutes choses en vérité[2] ». Étienne Gilson, dans son étude impeccable, *Introduction à l'étude de saint Augustin*, écrit : « Si l'on considère l'âme comme une sorte de réceptacle où Dieu serait contenu avec mainte autre présence latente, il va de soi que Dieu ne saurait s'y trouver enfermé; Dieu n'est pas dans notre pensée une chose qu'elle enclôt, ni même comme un souvenir profond que tantôt elle perd et tantôt retrouve; d'un mot, ce n'est pas en nous, c'est en Dieu seulement que nous trouvons Dieu. Pourtant, en un autre sens, puisque nous ne le trouvons en lui qu'à la condition de passer par ce qu'il y a en nous de plus profond, il faut bien admettre une sorte d'arrière-plan métaphysique de l'âme, et comme un retrait plus secret encore que les autres, qui serait en quelque sorte l'habitacle même de Dieu[3]. » C'est bien le « petit château de l'âme » dont parle Eckhart. L'homme peut, s'il le veut, être avec Dieu et Augustin parle de « se souvenir de Dieu », *Quando autem bene recordatur Domini sui, Spiritu ejus accepto sentit omnino quia hoc discit magisterio*[4]. Mais ces « autres présences latentes » ? Comment font-elles obstacle ? Le vouloir et le désespoir sont de ces présences. Se souvenir de Dieu est prêter attention à sa présence perpétuelle : les termes mêmes de

1. Simone Weil, *Intuitions…*, *op. cit.*, p. 57. Elle exclut Rome et sa fausse grandeur, sa barbarie et sa soif de domnation.
2. Maître Eckhart, *Sermon* 10 : «In diebus suis placuit deo et inventus est justus».
3. Étienne Gilson, *Introduction à l'étude de saint Augustin*, Paris, Vrin, 1943, p. 139.
4. Saint Augustin, *De Trinitate*, XIV. Je cite d'après Étienne Gilson.

Simone Weil. Et à quels moments prête-t-on attention, dans la vie de tous les jours ? Et si j'étais submergé par l'idée de Dieu, qu'adviendrait-il de moi ?

L'âme est si simple, dit Eckhart, qu'elle ne peut percevoir qu'une chose à la fois ; ce pourquoi « l'homme doit s'unifier en lui-même. [...] Mais l'homme qui n'est pas habitué aux choses intérieures, celui-là ne sait pas ce qu'est Dieu. Un homme qui a du vin à la cave, mais qui ne l'a pas encore bu ni même goûté, ne sait pas qu'il est bon. Il en va de même des gens qui vivent dans l'ignorance. Ils ne savent pas ce qu'est Dieu, mais ils pensent et se figurent qu'ils vivent. Leur savoir ne vient pas de Dieu[1] ». Il y a tant d'obstacles : l'homme doit traverser et dépasser toutes choses et les causes de toutes choses, nous dit Eckhart ; aussi en reste-t-il à sa petitesse. C'est comme si l'âme avait deux visages ; l'un tourné vers l'intérieur d'elle, l'autre vers l'extérieur. Celui-ci est absorbé par une telle vigilance qu'il aveugle l'autre. Il faut pourtant, dit encore Eckhart, que l'homme vive comme le Fils unique ; « entre le Fils unique et l'âme, il n'y a pas de distinction[2] ». Se figurer que l'on vit ne veut pas dire abolir l'existence. Si l'âme n'avait qu'un visage tourné vers l'intérieur, si nous faisions abstraction des puissances de l'âme, comment apprendrions-nous le détachement ? Si nous détournions notre regard, comme saurions-nous ce qu'est le malheur ? C'est tout autre que d'accepter de n'être que marchandise qui cherche preneur.

« Est juste ce qui reste égal dans la joie et dans la peine, dans l'amertume et dans la douceur, à qui aucune chose ne s'oppose, en sorte qu'il se trouve un dans la justice[3]. » Mais nous agissons en marchands ; nous nous gardons des péchés grossiers – admettons-le – et aimerions être gens de bien. À cette fin les hommes accomplissent des œuvres, mais c'est pour obtenir quelque chose en échange. Or s'ils donnaient tout ce qu'ils ont et tout ce qu'ils sont capables de faire, ils feraient un marché de dupes : Dieu ne leur serait redevable en rien, c'est de lui – ce qui est parfaitement pur en eux, et non d'eux-mêmes les existants, qu'ils tiennent tout le bien qu'ils peuvent faire. Aussi, quels insensés, qui voudraient marchander avec Dieu ! « Une fois la vérité connue, il n'y a plus de place pour les marchands ; car la vérité n'a pas besoin de marchandage[4]. » La vérité est incompatible avec la propriété – au sens où Locke la conçoit, car ceux qui pensent faire le bien mais pensent à la propriété, au temps et au nombre, à l'avant et à l'après restent des marchands. Le débat en soi-même, avec soi-même – et qu'est-ce que débattre avec soi-même, sinon

1. Maître Eckhart, *Sermon* 10.
2. *Ibid.*
3. *Ibid.*
4. Maître Eckhart, *Sermon* 1 : «Intravit Iesus in templum».

rechercher celle, parmi les puissances de l'âme, qui nous dira le bon chemin ? « Les puissances de l'âme, qui sont si nombreuses et si amplement divisées, il doit les dépasser, même quand elles se situent dans les pensées, bien que la pensée opère des merveilles quand elle opère en elle-même[1]. »

Il y a ici une exigence ; ce débat est encore une mise en avant et plus, une mise en valeur du Moi. Le Moi se conçoit comme la pomme, qui a couleur et goût ; couleur et goût sont un dans la pomme, mais loin de l'unité, car l'œil voudrait goûter et la bouche voir[2]. Si bien que je pense, si sage que je sois je me trompe nécessairement : Moi me trompe, car l'intellect n'est pas issu de la vérité. C'est au contraire de lui que flue l'entendement, un écoulement ou un torrent. Encore s'en faut-il de beaucoup que l'entendement dise la nature de l'intellect[3]. Si je gravis la montagne, je perds de vue les images et les similitudes. J'accède à la plus haute connaissance selon Augustin – que cite Eckhart : l'âme ne se connaît pas sans similitudes, sauf lorsqu'elle exprime en elle le Fils, qui est au-dessus de l'image de Dieu, en ce qu'il est fait homme, image de la déité cachée. Et c'est en moi qu'elle est cachée et que je la retrouve ! Et quand le prophète, Ézéchiel, parle de Dieu qui veut conduire ses brebis là où est leur pays, nous ne devons pas comprendre : Dieu veut, mais : le divin en nous appelle. On voit alors ce que signifie celui qui est aimé de Dieu : nul n'est élu par un Dieu arbitraire ; l'expression ne peut désigner qu'une rencontre en un lieu hors du temps et de l'espace, que maître Eckhart nomme le château fort ou château de l'âme. C'est le point de rencontre où Dieu et l'homme « aspirent à se perdre en se libérant d'eux-mêmes et l'un par l'autre[4] ». Aussi Eckhart insiste-t-il : « Prenons dans un autre sens le mot que dit le Sage : "aimé de Dieu et des hommes". Il passe sous silence le mot "est" et ne dit pas : "il est aimé de Dieu et des hommes" et il le supprime en raison de la mutabilité et des fluctuations dues à la temporalité, car l'être inclus dans ce mot est tellement élevé au-dessus d'elles[5]. » Ce que je lis ainsi : il n'y a pas de sujet et d'objet dans la formule, l'être est en Dieu et il est en l'homme. Eckhart me confirme, il me semble : « Il est beaucoup question parmi les maîtres de savoir comment il se peut que cet être immuable, intangible, séparé, se communique à l'âme, porte ses regards sur l'âme, et ils se

1. Idem, *Sermon* 72 : « Videns Iesus turbas, ascendit in montem... ». Il se réfère à *Ézéchiel*, XXXIV, 13, 14 : « Je les ferai quitter les peuples où elles sont, je les rassemblerai des pays étrangers et je les ramènerai dans leur pays... »

2. *Ibid.* C'est Eckhart qui donne cette équivalence de la pomme et de l'âme.

3. Maître Eckhart, *Sermon 73* : « Dilecto Deo et hominibus... »

4. J'emprunte cette belle formule à Hervé Pasqua, *Maître Eckhart, le procès de l'Un, op. cit.*, p. 62.

5. Maître Eckhart, *Sermon 73*. Il se réfère à Denys l'Aréopagite.

préoccupent beaucoup de savoir comment l'âme peut lui être réceptive. Et je dis que sa Déité dépend de ce qu'il peut se communiquer à tout ce qui lui est réceptif et s'il ne se communiquait pas, il ne serait pas Dieu[1]. »

Eckhart dit que Dieu n'aime en nous que la bonté qu'il opère en nous. C'est que Dieu n'aime que lui-même et consume son amour en lui-même. Il ne faut pas être déconcerté par cette parole; Dieu cherche à nous aimer en lui et lui en nous avec lui même; aussi n'avons-nous pas à remercier Dieu de nous aimer, seulement nous pouvons le remercier que nous soyons ainsi faits, qu'il nous est donné d'aller vers le divin. Mais si la démarche mystique est la quête d'une double liberté – comme l'écrit Alain de Libéra[2] – satisfaire le désir de Dieu qui est que l'homme se libère de Dieu, afin de libérer Dieu de lui-même, alors l'amour de l'homme envers Dieu s'oppose à cette libération. L'humain, s'apercevant comme tel énonce en lui Dieu comme ce qui surgit. Nous pouvons tendre à dépasser le désir du divin, qui n'est que désir de s'enrichir – noblement certes.

Est-ce à dire : l'homme invente Dieu ? Lorsque les hommes font vivre Dieu en eux, Dieu se fait captif des Créatures et l'Un se répand dans le multiple. L'Un ne produit pas l'amour; il apparaît avec la Trinité et les créatures. « On passe alors du désert de l'amour à l'amour prisonnier de la créature. Car l'homme; co-créateur de lui-même, devient co-engendreur de Dieu dans la mesure où Dieu est Dieu dès que la créature apparaît et que le multiple surgit avec l'Intellect qui le pense[3]. » Est-ce dire que l'Un désire sa captivité ? Ceci est difficile à comprendre. Je m'interroge sur le sens de ce qu'écrit Hervé Pasqua : « La nature de l'Un pur et nu est en réalité une faiblesse, sa tentation constante en effet est de céder au désir d'être. Ce désir entraîne sa donation[4]. » Pasqua, qui va jusqu'à parler de « soif mortifère qui est à la source de tout le créé » ! attribue cette idée à Eckhart, mais il n'est question chez Eckhart que du don propre à Dieu, et du besoin que quelque chose soit réceptif à ce don. La mystérieuse faiblesse de l'Un n'a plus cours ici; il n'est question que de nous, seuls à même de faire venir Dieu en nous. Cela est dit clairement au *Sermon* 14 : l'âme a trois puissances, mémoire, intelligence et volonté. Ces trois puissances sont semblables à la Trinité : La première puissance est en quête de la hauteur suprême; mémoire ou savoir caché est le Père. La mémoire selon saint Augustin, disons-le, n'est pas suscitée

1. *Ibid.,* Je ne suis pas sûr de comprendre le commentaire de Jeanne Ancelet-Hustache, *Sermons,* tome III, Paris, Seuil, 1979, p. 88.

2. Alain de Libéra, « l'Un ou la Trinité ? » in *Revue des sciences religieuses* 70/1, 1996 p. 31-47. Hervé Pasqua conteste la lecture d'A. de Libéra.

3. Hervé Pasqua, *Maître Eckhart, le procès de l'Un, op. cit.,* p. 67.

4. *Ibid.,* p. 68. La citation qui suit est p. 69.

par le désir de la vie heureuse, mais par le désir de savoir qui m'a créé[1]. La deuxième, intelligence du meilleur de tout, est le Fils. La troisième est le flux de l'Esprit-Saint, la volonté dans le bien. Je ne vois aucune faiblesse ni misère selon Maître Eckhart, qui écrit : « Voyez, c'est ainsi que Dieu nous choie, c'est ainsi qu'il nous supplie, et Dieu ne peut pas attendre que l'âme se détourne et se dépouille de la créature. Et c'est une vérité sûre et une vérité nécessaire que Dieu a un tel besoin de nous chercher, comme si vraiment toute sa déité en dépendait, ainsi qu'il en est réellement. Et Dieu peut aussi peu se passer de nous que nous de lui, car même si nous pouvions nous détourner de Dieu, Dieu ne pourrait pas se détourner de nous[2]. » C'est donc en nous que s'unifie l'Un.

C'est pourquoi la question Quel est le rapport de l'homme à Dieu ? n'a aucun sens. Le rapport diffère d'un homme à un autre autant qu'il y a de nombres dans le multiple. L'homme que Maître Eckhart nomme droit et humble n'a rien à demander à Dieu ; il a pouvoir sur Dieu car il est un avec lui. En lui Dieu exprime : « Apprenez de moi que je suis doux et humble de cœur[3] ». En lui, intérieurement, l'homme droit et humble abaisse Dieu ; Eckhart en arrive à dire : « Ce qui était haut est devenu intérieur. Tu dois être intériorisé par toi-même, en toi-même, afin qu'il soit en toi. Non pas que nous prenions quelque chose de ce qui est au-dessus de nous, nous devons bien plutôt prendre en nous et le prendre de nous-mêmes en nous-mêmes[4]. » Encore ne suffit-il pas à l'homme droit et humble de devenir Fils de Dieu – selon la parole de Jean : « À ceux qui l'ont reçu, il a donné pouvoir de devenir fils de Dieu » –, l'homme bon veut faire entrer en lui le Père – l'éternel : « Sois le bien propre de Dieu, Dieu sera ton bien propre comme il est son bien propre[5] ».

Mais l'homme peut aussi se détourner de Dieu ; « si loin de Dieu qu'aille l'homme, Dieu est là, l'attend et lui barre le chemin avant qu'il s'en rende compte[6] ». La lumière brille dans les ténèbres, mais les ténèbres n'ont pas saisi la lumière : nous pouvons bien vouloir chasser l'idée du divin de notre

---

1. Augustin, *Confessions*, X, 17 : « Que ferai-je, ô vous, ma véritable vie, ô mon Dieu ? Je dépasserai aussi cette force qu'on nomme mémoire, je la dépasserai pour aller vers vous, douce lumière. [...] Je dépasla serai aussi la mémoire, mais pour vous trouver où ? ô Dieu vraiment bon, suavité sans trouble, pour vous trouver où ? Si je vous trouve hors de ma mémoire, c'est que je ne me souviens plus de vous. Mais comment vous trouverai-je si je ne me souviens plus de vous ? »
2. Maître Eckhart, *Sermon* 26 : « Mulier, venit hora et nunc est... »
3. Maître Eckhart, *Sermon* 14 : « Surge illuminare iherusalem etc. »
4. *Ibid.*
5. *Ibid.* La citation de *Jean* est donnée par Eckhart.
6. *Ibid.*

mémoire, y appliquer notre intelligence, nous ne pouvons éteindre cette lumière.

Ce que dit Maître Eckhart : Dieu en tant qu'il est Dieu n'est pas la fin suprême de la créature « car pour autant qu'elle est en Dieu, la moindre créature a la même richesse que lui[1] ». De ce recoin nous apparaît cette étrange vérité que nous sommes dépris de tout savoir; que nous ne ressentons pas même que Dieu vit en nous : ce recoin ouvre à la béatitude. Mais l'activité propre des hommes est d'aimer et de connaître, non d'être élevé au-dessus de la création. L'homme parfait pourrait « être quitte et dépris de Dieu » ; il posséderait alors la pauvreté, ignorerait les œuvres que Dieu opère en lui. Il atteint ce point extrême où il est tant libéré de Dieu et de ses œuvres « que Dieu, s'il veut opérer dans l'âme, soit lui-même le lieu où il veut opérer, et cela il le fait volontiers. Car lorsqu'il trouve l'homme aussi pauvre, Dieu opère sa propre œuvre et l'homme subit ainsi Dieu en lui et Dieu est le lieu propre de ses opérations, du fait que Dieu opère en lui-même. Ici, dans cette pauvreté, l'homme retrouve l'être éternel qu'il a été, qu'il est maintenant et qu'il demeurera à jamais[2] ».

Tant que l'homme réserve une place en lui pour Dieu, il garde une distinction, dit Eckhart : il se garde de fusionner avec le divin : il lui laisse l'étage du dessus, en quelque sorte. « C'est pourquoi je prie Dieu qu'il me libère de "Dieu", car mon être essentiel est au-dessus de "Dieu" en tant que nous saisissons Dieu comme principe des créatures. Dans ce même être de Dieu où Dieu est au-dessus de l'être et au-dessus de la distinction, j'étais moi-même, je me voulais moi-même, je me connaissais moi-même pour faire cet homme [que je suis]. C'est pourquoi je suis cause de moi-même selon mon être qui est éternel, et non pas selon mon devenir qui est temporel. C'est pourquoi je suis un non-né (*ungeboren*) et selon mon mode non-né, je ne puis jamais mourir[3]. »

Il faut nous assurer d'avoir bien compris. Si je l'avais voulu, dit Eckhart, je ne serais pas et « Dieu », si je n'étais pas, ne serait pas non plus : c'est que par ma naissance éternelle (elle est, de toute éternité), toutes choses naquirent et je fus cause de moi-même et de toutes choses. Si je n'étais pas, Dieu ne serait pas « Dieu ». En me reconnaissant créature, je suscite cette idée qui est en moi. Elle me tient en tant que je suis étant; ce qu'Eckhart désigne par « fluant de Dieu ». Dans la percée où je suis libéré de ma volonté et de ce que je nomme

1. Maître Eckhart, *Sermon* 52 : «Beati pauperes spiritu». Ce qui suit est développé par Eckhart dans ce sermon.
2. *Ibid.*
3. *Ibid.* Ce qui suit est expliqué par Eckhart dans ce sermon.

la volonté de Dieu en moi – qui me commande d'enrichir mon âme – je reçois une richesse « telle que Dieu ne peut pas me suffire selon tout ce qu'il est « Dieu » et selon toutes ses œuvres divines. » Je suis alors un avec Dieu, « moteur immobile qui meut toutes choses ». Que celui qui ne comprend pas ce discours ne s'afflige pas, conclut Eckhart, car « tout le temps de l'homme n'est pas semblable à cette vérité. » Je ne prétends pas comprendre ; je peux seulement rendre compte : si seulement je pouvais, au lieu de faire place à Dieu dans mon âme, écouter ce que dit ce recoin de l'âme qui parle de Dieu, accéder à la liberté de l'être, je serais dans l'unité. Qu'on nomme cela grâce ou perfection importe peu. Il me suffit que vienne à ma pensée que j'ai voulu être créature, que cela me tient et m'oppose une barrière infranchissable : je sais qu'il y a cette barrière, qu'en deçà, je ne puis connaître que « Dieu », ce que je peux nommer parce que j'en ai le sentiment, mais qui n'est pas union parfaite en moi de l'incréé. Cela, Simone Weil le trouve en elle-même, lorsqu'elle écrit : « Le dogme de la Trinité est nécessaire pour qu'il n'y ait pas de dialogue de nous avec Dieu, mais de Dieu avec lui-même en nous. Pour que nous soyons absents [1]. » Absents à nous en tant que créés, présents à l'éternel en nous. Ce qu'elle confirme un peu plus loin : « Dieu m'a créée comme du non-être qui a l'air d'exister, afin qu'en renonçant par amour à cette existence apparente, la plénitude de l'être m'anéantisse. » Et enfin : « Dieu m'a créée comme du non-être qui a l'air d'être, afin qu'en renonçant par amour à ce que je crois mon être, je sorte du néant. Alors il n'y a plus de je. Le je est du néant. Mais je n'ai pas le droit de savoir cela. Si je le savais, où serait le renoncement ? Je ne le saurai jamais. » Ainsi donne-t-elle la clef du mystère de la foi : j'ai beau faire apparaître à mon penser l'anéantissement du je, la sortie hors de la créature, je ne peux savoir ce que c'est ; je ne peux qu'espérer le renoncement. Car, s'il y a un moi de la créature, son corps n'est pas divisé comme l'est son âme : « Une partie de l'âme veut rendre un dépôt ; une autre ne le veut pas. Le corps est la balance. Le corps est l'unique balance capable de faire de l'âme le contrepoids de l'âme. [...] Une partie de l'âme désire recevoir la lumière qui régénère, une partie ne le désire pas. La régénération spirituelle n'est pas une action, ce n'est pas un enchaînement de mouvements, ce n'est rien sur quoi la volonté ait prise. Et pourtant le corps est l'unique balance entre l'âme et l'âme [2]. » C'est pourquoi l'âme doit avoir été divisée en deux, afin que la partie éternelle soit obéie du corps. La foi, écrit Simone Weil, est l'intermédiaire pour faire du corps cette balance. C'est pourquoi elle parle de sacrement : ce qu'on reçoit d'autrui, sans condition,

1. Simone Weil, *Cahiers d'Amérique*, *op. cit.*, p. 41. La citation qui suit, p. 42.
2. *Ibid.*, p. 256.

après l'avoir demandé, mû par un vrai désir; car il est trois mystères incompréhensibles : beauté, justice, charité. Là où la morale individuelle est au premier plan, plutôt que le sacrement, c'est la société qui est érigée en idole.

Est-il de notre puissance d'échapper à la créature par laquelle nous existons, et qui, par cela même qu'elle ne connaît pas Dieu en union, a besoin d'en appeler à lui ? La question de l'Un, l'apophatisme sont des vues de l'esprit. En quoi cela nous concerne-t-il; que nous vaut de savoir que, si nous avions la puissance d'abolir en nous le créé, alors Dieu serait libéré du don qu'il nous a fait par son « désir d'être » ? Nous voyons bien que cela, mis en débat, soulève la question de l'intention de Dieu; du désir d'être; du besoin où il est de ses créatures et jusqu'à la « soif mortifère ». Sauf dans un cas : celui où nous viendrions à reconnaître l'idée de Dieu comme purement nôtre. Non pas que nous ayons inventé Dieu; d'où aurions-nous tiré cette notion extravagante; mais que l'idée de Dieu est propre aux créatures dotées d'intellect et sujettes à la mort. Tout Heidegger est empli de contournements, de circonvallations et de tranchées, de machines dressées autour de cette notion. Ce qui vient à la pensée, le gardien de l'être, souci et temporalisation, acceptation de l'être-pour-la-mort, différence, vérité de l'être, tout parle de l'être sans dire Dieu. On remarque l'accusation que porte Heidegger contre la philosophie occidentale : avoir négligé de mettre en question l'être, s'être constituée en théologie métaphysicienne – témoigne d'un refus de Dieu représenté, Dieu objet de représentation, Dieu conceptuel[1]. L'intention eschatologique disparaît, sans l'idée de rédemption et sans la perspective d'un au-delà. Le thème de l'être absent prend la place du dieu caché.

L'ÊTRE NU DE L'ÂME ET LA SOUFFRANCE

Selon Augustin, Dieu a créé, en même temps que l'âme, une puissance dans sa partie supérieure. Quand, au moyen de cette puissance, l'âme contemple Dieu en tant qu'il est Dieu, c'est en elle une insuffisance, dit Maître Eckhart. Mais lorsqu'elle « contemple seulement l'unique Un, l'être nu de l'âme rencontre l'être nu sans forme de l'unité divine qui est l'être superessentiel reposant impassible en lui-même. Ah ! merveille des merveilles, quelle noble

1. Son contemporain chrétien Rudolf Bultmann s'élève contre la mythologisation du divin : il n'est pas de langage (logos) pour exprimer Dieu. Le mythe « objective l'Au-delà en un en deçà ». Nulle discipline érigée en « science » ne peut rendre compte de l'amour. Ce n'est pas de Heidegger que Bultmann tient la philosophie de l'ek-sistence mais il l'a pensée de concert avec lui.

souffrance c'est là que l'être de l'âme ne puisse souffrir rien d'autre que la seule et pure unité de Dieu[1] ! » Comme le dit un maître païen, dit encore Eckhart, « ce que nous comprenons ou disons de la cause première est plus nous-mêmes que la Cause première, car elle est au-dessus de toute parole et de toute compréhension. »

On ne discutera pas ici la question : Dieu a-t-il chu de l'Un en l'Être ? qui relève de la seule théologie. Tout autre est de savoir si, comme le dit Plotin, l'avènement de l'intellect – le *Noûs* – est le fondement de tout ce qui est en tant que pensé. Car le *Noûs*, s'il est une hypostase, le Logos de l'Un, n'est pas le Verbe selon Augustin[2], il est une image par quoi l'Être garde la mémoire de l'Un, ce qui précède l'intellect, là où fusionne toute séparation, et d'abord la dualité qu'est le penser. Les humains cependant ont oublié qu'image selon Augustin signifie ressemblance d'un être engendré à celui qui l'engendre; Dieu seul peut produire l'image de Dieu : le Père envoie le Fils.

L'existence ne comble pas les humains; ils cherchent à se rendre l'existence plus satisfaisante et cela ne leur réussit guère. Le plus surprenant est que l'idée d'autre que l'existence ne parvient pas même à ceux d'aujourd'hui; on objectera la vogue du bouddhisme en terre marchande, je ne suis pas sûr que cela soit sérieux. Nous savons pourtant ressentir l'interdit; ainsi l'attrait immense que nous éprouvons à l'endroit de la folie meurtrière, rejetée avec horreur dans nos belles paroles, assumée en toute quiétude sous les traits de la force au service du bien – les missions militaires sont les plus humanitaires de toutes puisqu'elle éradiquent le mal en tuant ceux qui en sont contaminés et appellent la mort sur eux. De récents exemples viennent à l'esprit, me semble-t-il. Savoir l'empire de la force réduit à la prière comme le prisonnier qui reste collé à la fenêtre de sa cellule, s'il le peut[3].

La folie de Maître Eckhart nous est incompréhensible parce qu'elle se tient dans l'idée de transcendance. Encore faut-il entendre ce que veut dire cela : les Modernes vivent dans l'illusion transcendantale du donné du monde. Schelling et ses descendants cultivent l'illusion transcendantale selon laquelle

---

1. Maître Eckhart, *Sermon* 83 : « Renovamini... spiritu mentis vestrae ». De même la citation qui suit.

2. Augustin se réfère aux *Ennéades* de Plotin dans *De Civ. Dei*, X, 23. Il dit y avoir trouvé le début de l'*Évangile de Jean*. Ce qui, relève Étienne Gilson, *Op. cit.*, p. 276n., témoigne d'une lecture chrétienne par Augustin de ce texte, car le *Noûs* n'est pas comparable au Père, contrairement au Fils, élément de la Trinité.

3. Simone Weil, *Intuitions...*, *op. cit.*, p. 53. C'est ici entre autres passage qu'elle définit l'*Iliade* comme le poème de la force et du refus de la force dégradante. George Steiner juge cette lecture erronée; je la trouve parfaitement juste. Je ne crois pas que les critiques adressées par Steiner à Simone Weil soient inspirées par l'amour ni le respect ni la simple justice.

le Moi serait l'absolu du monde, le contiendrait totalement ; une substantialité du Moi, qui se représenterait le Non-Moi n'existant que dans cette représentation. Un Moi, faut-il le dire ? qui atteindrait à la claire conscience du transcendant, c'est-à-dire qui posséderait en lui ce que Jung nomme le Soi (Selbst) ou, pour le dire autrement, l'accès à Dieu par « l'unification virtuelle de tous les opposés[1] ». C'est tout autre dont il s'agit ici, et cela est clairement dit dans le *Sermon* 83 : « Soyez renouvelés dans votre esprit ». Quand l'âme, par la puissance dont elle est pourvue, contemple et retrouve dans sa mémoire sa propre image, « c'est en elle une insuffisance ». Qu'est l'âme ? « Elle se nomme âme parce qu'elle donne la vie au corps et est la forme du corps. Le renouvellement la touche aussi en tant qu'elle se nomme esprit. Elle se nomme esprit parce qu'elle est séparée d'ici et de maintenant et de tout élément naturel. Mais là où elle est une image de Dieu et sans nom, comme Dieu, aucun renouvellement ne la touche : elle est seulement éternité comme étant en Dieu. » Éternelle n'est pas immortelle mais hors du temps. En nous le hors du temps voit la créature se débattre dans les vicissitudes de l'existence et la plaint. N'éprouvons-nous pas ce soulagement ?

Kirillov veut mourir pour être Dieu, c'est-à-dire occuper cette place nécessaire, qui oblige à se transformer physiquement : « Si Dieu existe, tout est sa Volonté et, en dehors de sa Volonté, je ne peux rien. S'il n'existe pas, tout est ma volonté et je suis tenu de manifester ma propre volonté. [...] Pour moi, il n'y a rien de plus élevé que l'idée de l'inexistence de Dieu. » Mais Jésus, dit-il, a vécu au milieu du mensonge, il est mort pour le mensonge, alors que sa vie était le miracle que nul n'a vu. Aussi « les lois de la planète ne sont qu'un mensonge ». Aussi Kirillov veut-il se tuer pour être le premier, pour commencer et pour prouver ceci : tous sont malheureux, car tous redoutent d'affirmer leur volonté. La crainte est la malédiction de l'homme. Kirillov en se tuant ouvrira la porte, prouvant son insubordination, sa nouvelle et terrible liberté, il sauvera les autres[2]. Lire ceci est saisir le sens de l'illusoire bonne action. L'âme après la mort, écrit Simone Weil, voit que les actions, et même Dieu étaient illusions. Peu m'importe si j'ignore tout de cet événement conjectural, l'idée est que le Moi existant a besoin de « Dieu », comme idée de Dieu, idée qu'il y a Dieu, qu'il pourrait secourir les malheureux et que c'est à moi de le faire de sa part.

Il n'y a rien d'illusoire à secourir un malheureux, il est pourtant propre à l'humain de concevoir la différence absolue invoquée par Kierkegaard, voire

1. C. G. Jung, *Le divin dans l'homme*, Paris, Albin Michel, 1999, Lettre à Armin Kesser, 18 juin 1949, p. 194.
2. Dostoïevski, *Les Possédés*, Paris, Gallimard, 1948, p. 565.

l'irrationalité telle que la présente Schelling : il est irrationnel de ramener au rationnel ce qui ne se présente pas comme rationnel ; la raison fait effort pour donner sens à ce qui n'est pas révélé en raison, et ce sens est marqué d'historicité [1]. Ce que dit Simone me paraît de plus de portée que toute considération sur la nature de Dieu. Le mal fait à un homme est absorbé par cet homme ; il le rejette sur un autre jusqu'à ce qu'un humain soit assez pur pour subir ce mal et le détruire. Le mal fait à Dieu n'atteint pas Dieu le Père qui est dans les cieux ; aussi ce mal retombe-t-il sur son auteur en malédiction, et le maudit cherche à se délivrer du mal en faisant du mal aux créatures. Seul Dieu ici-bas peut subir le mal et le détruire [2]. Cela signifie que Dieu « n'a pas de dehors où jeter le mal » ; le mal ne peut être aboli qu'en touchant Dieu, ce qui ne se peut que par le Fils. Et il n'est permis à l'homme que d'imiter le Fils : souffrir.

Voilà ce que veut dire Simone Weil : « Quand Dieu serait une illusion du point de vue de l'existence, il est l'unique réalité du point de vue du bien. Cela, j'en ai la certitude, car c'est une définition. Dieu est le bien est aussi certain que je suis. Je suis dans la vérité si j'arrache mon désir de toutes les choses qui ne sont pas des biens pour le diriger uniquement vers le bien, sans savoir s'il existe ou non. C'est que le désir est puissant, Eckhart le dit : « le désir va plus loin que tout ce que l'on peut saisir par la connaissance. [...] Cependant, tout ce que peut saisir la connaissance et que peut désirer le désir n'est pas Dieu. Là où prennent fin la connaissance et le désir, ce sont les ténèbres, et là brille Dieu [3] ». Appeler les ténèbres sur soi ? « Quand une fois tout mon désir est dirigé vers le bien, quel autre bien aurai-je à attendre ? Je possède alors tout le bien. C'est cela, posséder tout le bien. Quelle absurdité d'imaginer une autre félicité ? Pour le privilège de me trouver avant de mourir dans un état parfaitement semblable à celui du Christ quand, étant sur la croix, il disait : Mon Dieu, pourquoi m'as-tu abandonné ? – pour ce privilège, je renoncerais volontiers à tout ce qu'on nomme le paradis [4]. » C'est le même enthousiasme que connaît Eckhart : « Si toutes les peines de l'enfer, toutes les peines du purgatoire et toutes les peines du monde entier s'y trouvaient liées, la volonté de l'homme voudrait, en union avec la volonté de Dieu, subir indéfiniment de telles peines parmi les incessantes tortures de l'enfer ; elle voudrait les subir indéfiniment comme sa béatitude éternelle ; elle voudrait, dans la volonté de Dieu, renoncer à toute béatitude et à toute perfection de Notre-Dame et de tous les saints [5]. »

---

1. Voir de Schelling le *Cours de Berlin* 1850-1852 : Philosophie de la Révélation.
2. Simone Weil, *Cahiers d'Amérique, op. cit.,* p. 106.
3. Maître Eckhart, *Sermon* 42 : « Adolescens, tibi dico: surge ».
4. Simone Weil, *Cahiers d'Amérique, op. cit.,* p. 109.
5. Maître Eckhart, *Sermon* 25. J'ai interrompu la phrase sans en altérer le sens.

C'est que son désir – celui de Jésus crucifié – était entièrement tourné vers Dieu et, écrit-elle, dès lors il possédait parfaitement Dieu. Que dit-elle dans ce moment – celui où elle écrit ces mots ? Que la vie vraie est atteinte en un instant hors de la dimension temporelle ; que la vie n'est pas dans un au-delà imaginaire ; que la souffrance acceptée, absolument inconditionnée, sans esprit de vengeance ni de restitution, mène à la découverte du divin dans le moi, à l'instant où le moi s'efface et s'offre à l'être qui l'accueille. Ici se trouve la possession qui éteint l'insatiable en moi en le comblant de bien, car le bien est ce qui comble le désir. Croyez-vous que ce sont des mots ? Le bien est ce qui me fait échapper à la pesanteur.

Mais cette pensée – dit-elle – ne fournit aucune énergie ; comment trouver l'énergie ? En n'allant pas au-delà de ce à quoi on se sent attiré par l'obéissance. Car ce qui épuise un mobile, ce sont les actions faites au-delà de ce à quoi il pousse. Aussi avons-nous à demander la force d'accomplir ce que nous pensons être commandé, de l'au-delà du moi, par la volonté de Dieu, et à désirer le succès de cette action comme l'avare désire l'or ou l'affamé du pain. « Comment est-il possible que surgisse dans une âme humaine le sentiment que Dieu veut telle chose particulière ? C'est un prodige aussi miraculeux que l'Incarnation. Ou plutôt c'est le prodige même de l'Incarnation. Une âme perpétuellement gouvernée par ce sentiment, de la naissance à la mort, c'est Dieu devenu homme[1]. » Ce prodige est celui de l'apparition de l'inconditionné dans le conditionné : nos actes répondent à des mobiles et pourtant il se peut que nous voulions ce qui est ordonné en nous par l'idée de Dieu. Sans ce prodige, nous serions des êtres purement terrestres, dit Simone. Nous serions réduits au perpétuel retour sur nous-mêmes, au ressassement de l'idée de nous-mêmes ; au lieu que « Dieu n'est pas ce qui est manifesté par la parole, mais ce par quoi la parole est manifestée ». Que d'épreuves doit souffrir le moi avant de comprendre qu'il comporte la vie, et seul peut lui donner le jour[2] ?

Effrayant ! Atroce ! Inhumain ! J'imagine assez les récriminations contre cette soif de dénuement et de souffrance. N'est-ce pas du fanatisme ? Il est vrai qu'il est plus difficile à un homme tiède et confortable, ancré dans son pouvoir et baignant dans l'admiration publique des sots, de concevoir Dieu

---

1. Simone Weil, *Cahiers d'Amérique*, *op. cit.*, p. 102. De même la citation qui suit.

2. Ce que Heidegger ne peut saisir, ainsi dans son *Principe de raison*, puisque le *Dasein* est séparé. L'être s'est confié à l'homme ; celui-ci l'a accueilli. De cette donation résulte une obligation pour l'homme qui a prêté son « cœur sensible ». L'événement toutefois n'a pas été accompli une fois pour toutes, il est perpétuellement à reproduire et l'être peut se retirer, l'homme peut oublier. Je renvoie au chapitre « Être, étant, conscience, temps », *supra*.

souffrant en lui qu'à un riche d'entrer au Royaume des cieux. C'est, dit encore Simone, pour les faux biens que désir et possession sont différents; pour le vrai bien, il n'y a aucune différence. « Dès lors Dieu est, puisque je Le désire; cela est aussi certain que mon existence[1]. » Mais, évoquant Tantale, qui ne peut s'empêcher de vouloir saisir les fruits qui touchent ses lèvres, elle ajoute : « Je suis très souvent ainsi[2]. » Pareil en fanatisme est ce « certain Eckhart » qui écrit que sagesse et bonté sont un en Dieu; qu'en Dieu il n'y a pas de distinction; ce qu'est la sagesse, la bonté l'est aussi, et ce qui est miséricorde est aussi justice. L'âme, si sagesse et bonté étaient séparées, ne pourrait se satisfaire en Dieu. « L'âme doit demeurer aussi au-dessus d'elle-même si elle veut saisir Dieu, car toutes choses se produisent elles-mêmes, chacune engendre sa [propre] nature. [...] Si on déversait sur une âme tout le tourment de l'enfer, elle ne voudrait cependant pas ne pas être, tant la créature aime son être propre qu'elle a reçu de Dieu. L'âme doit demeurer aussi au-dessus d'elle-même si elle veut saisir Dieu, car bien qu'elle puisse beaucoup avec la puissance par laquelle elle saisit tout le créé – si Dieu avait créé mille cieux et mille terres, elle les saisirait avec cette seule puissance – elle ne peut cependant pas saisir Dieu. Le Dieu incommensurable qui est dans l'âme saisit le Dieu qui est incommensurable. Dieu saisit alors Dieu et s'engendre lui-même dans l'âme et la forme d'après lui[3]. » Eckhart dit encore : « Si un homme possédait tout un royaume ou tous les biens de la terre et les abandonnait absolument pour Dieu, devenant l'un des hommes les plus pauvres qui vivent sur la terre, si Dieu lui donnait ensuite autant à souffrir qu'il ait jamais donné à un homme, s'il souffrait tout cela jusqu'à sa mort et que Dieu lui laisse jeter une seule fois un regard sur ce qui est dans cette puissance – sa joie serait si grande que toute cette souffrance et cette pauvreté auraient été encore trop peu. Oui, même si Dieu ne lui donnait ensuite jamais le ciel, il aurait pourtant reçu une récompense par trop grande pour tout ce qu'il aurait jamais souffert[4]. »

Et que dit Simone? « Je désire exclusivement le bien (je veux dire que je devrais être ainsi), mais de cette chose que je désire exclusivement je sais que je ne connais absolument rien sinon le nom. Et pourtant mon désir est parfaitement comblé, et il ne me faut absolument rien d'autre. Le secret du salut est tellement simple qu'il échappe à l'intelligence par sa simplicité. » Mais ce n'est pas facile, parce que le désir colle aux choses qui ne sont pas des biens.

---

1. Simone Weil, *Cahiers d'Amérique, op. cit.*, p. 110.
2. *Ibid.*, p. 275.
3. Maître Eckhart, *Sermon* 84 : « Puella, surge ».
4. Idem, *Sermon* 2 : « Intravit Iesus... »

Alors : « Comment, pourquoi les désire-t-on sans pouvoir s'en défendre ? De quelle manière supprimer ces désirs ? Il s'agit, non de se rendre insensible aux douleurs et aux joies – ce serait plus facile – mais en laissant intacte toute la susceptibilité de l'âme aux douleurs et aux joies, ne pas désirer éviter les unes et obtenir les autres. Simone revient à cette idée en écrivant « Pour nous la suprême justice est l'acceptation de la coexistence avec nous de tous les êtres et de toutes les choses qui en fait existent. Il est permis d'avoir des ennemis, mais non pas de désirer qu'ils n'existent pas[1]. » C'est pourquoi nous devons nous garder de l'avidité de domination et de richesse, car elles « n'ont d'autre usage que de jeter sur cette coexistence un voile, de diminuer la part de tout ce qui est autre que soi ».

Quand le sentiment de la nécessité s'empare très fortement de l'âme, souvent il tue le désir, même les désirs les plus naturels[2]. J'ai bien le temps de devenir parfait, se dit-on, et l'on songe à l'ouvrier de la onzième heure. On garde ce dessein soigneusement rangé, puis on l'oublie et lorsqu'il est trop tard on se dit : j'ai été stupide ! Mais l'imagination travaille sans cesse à boucher les moindres fissures par où passerait la grâce, écrit Simone : le Christ « a eu tout ce qui rend l'homme capable de péché. Ce qui rend l'homme capable de péché, c'est le vide; tous les péchés sont des tentatives pour combler des vides. Ainsi ma pitoyable vie pleine de souillures est toute proche de sa vie parfaitement pure, et de même pour les vies les plus basses. Quoi que je fasse, si bas que je tombe, je ne m'éloignerai jamais beaucoup de lui. Mais cette vérité, si je tombais trop bas, je ne pourrais plus la connaître. La grâce quotidienne permet seule de la connaître tous les jours[3] ».

Le vide est la plénitude suprême, mais l'homme n'a pas le droit de le savoir, et la preuve, c'est que le Christ lui-même, un moment, l'a complètement ignoré. Que faut-il d'autre que cette complète ignorance ? Le Christ est présent en tout homme, la plupart du temps complètement ignoré. Celui qui fut le Christ fut homme, et en lui l'homme ignora complètement, pour un moment, ce qu'est la plénitude. Inversement Pierre, qui avait dit qu'il ne renierait pas le Christ, le renia; c'est qu'il croyait détenir en lui la source de la fidélité, dans son Moi propre. « Chez d'autres, de telles vantardises se vérifient, s'accomplissent en apparence, et ils ne comprennent jamais[4]. » Ce qui est personnel, la source de toutes les erreurs sur soi : « L'humilité n'est pas une mauvaise opinion sur sa propre personne par comparaison avec

1. Simone Weil, *Intuitions…, op. cit.*, p. 156. De même pour la citation qui suit.
2. Idem, *Cahiers d'Amérique, op. cit.*, p. 111.
3. *Ibid.*, p. 113. De même la citation qui suit.
4. *Ibid.*, p. 114.

d'autres. C'est une opinion radicalement mauvaise sur sa propre personne par rapport à ce qui en soi-même est impersonnel. » L'impersonnel quand il s'est mis dans l'âme, attire tout le bien ; la personne – écrit Simone – ne garde comme propriété propre que le mal.

« Nous avons ici-bas à choisir entre le temps et l'éternité. En un sens ce choix correspond au choix entre joie et douleur. Et pourtant non visiblement. Comment cela ? [...] La joie nous cloue à l'éternité et la douleur au temps. Mais désir et crainte nous enchaînent au temps et le détachement brise les chaînes. La poursuite de la joie nous attache au temps. La joie est notre évasion hors du temps. La douleur nous cloue au temps, mais l'acceptation de la douleur nous transporte au bout du temps, dans l'éternité[1]. » La joie, écrit encore Simone, porte sur un objet. « J'ai de la joie qu'il y ait du soleil : il n'y a pas de je dans la plénitude de la joie. Au contraire je souffre. La joie est la conscience de ce qui n'est pas moi en tant qu'être. La souffrance est la conscience de moi-même en tant que néant... Je puis bien m'oublier, mais non pas me penser comme néant. Mais plus je m'y efforce, plus je suis apte à la joie pure. Jésus, écrit-elle, a connu la perfection de la joie humaine avant d'être précipité tout au fond de la détresse humaine. Le consentement ne serait pas accessible aux hommes s'ils n'avaient pas eu l'expérience de la joie[2]. Quand je souffre, je ne puis pas oublier que je suis, ni ne pas connaître que je ne suis rien. » On use le je par la souffrance mais aussi par la joie « accompagnée d'une attention intense. La compassion pure doit rendre plus apte, et non pas moins apte, à la joie pure.[3] » À mesure que je deviens rien, Dieu s'aime à travers moi. La joie est le sentiment de réel. Le beau en est la présence manifeste[4]. C'est que la souffrance a deux visages ; ce que dit Eckhart : « Si tu veux vraiment savoir si ta souffrance est de toi ou de Dieu, tu le reconnaitras ainsi : si la souffrance vient de toi, quel que soit son mode, cette souffrance te fait mal et est pénible à supporter. Mais si tu souffres pour Dieu, et pour Dieu seul, cette souffrance ne te fait pas mal et ne t'est pas pesante, car Dieu porte le fardeau[5]. » Il faut bien comprendre : Dieu porte le fardeau ne veut pas dire : je demande à Dieu – hors de moi – de prendre la charge ; tout au contraire, je prends cette charge en m'unissant à l'éternel en moi, sans penser qu'il y a préjudice pour moi à supporter la souffrance.

1. *Ibid.*, p. 154.
2. Simone Weil, *Intuitions...*, *op. cit.*, p. 157.
3. Ces passages sont tirés (j'ai opéré quelques coupures qui ne dénaturent pas le texte) des *Cahiers II* de Simone Weil, *op. cit.*, p. 232.
4. Simone Weil, *Cahiers II*, *op. cit.*, p. 329.
5. Maître Eckhart, *Sermon* 2 : « Intravit Jesus in quoddam castellum... »

Nous pouvons faire l'expérience, dans une faible mesure, de cette souffrance qui ne fait pas mal; Simone le dit ainsi : « Quand nous revoyons, après une longue absence, un être humain ardemment aimé et qu'il nous parle, chaque mot est infiniment précieux, non pas à cause de sa signification, mais parce que la présence de celui que nous aimons se fait entendre dans chaque syllabe. Même si, par hasard, nous souffrons à ce moment de maux de tête si violents que chaque son fasse mal, cette voix qui fait mal n'en est pas moins infiniment chère et précieuse comme enfermant cette présence[1]. »

« Quand l'homme se déprend de lui-même, il accueille intérieurement le Christ, Dieu, la béatitude et la sainteté. [...] C'est étrange : si l'homme doit se déprendre de lui-même, du fait qu'il se déprend de lui-même, il reçoit intérieurement le Christ, la sainteté et la béatitude, et il est très grand. Le prophète s'étonne de deux choses. Voici l'une : que fait Dieu avec les étoiles, la lune et le soleil ? L'autre étonnement concerne l'âme : Dieu a fait et fait de si grandes avec elle et à cause d'elle, car il fait pour elle ce qui est en son pouvoir[2]. » Si Dieu a fait toutes choses non à son image mais d'après l'image de toutes choses qu'il a en lui, exception faite de l'âme, il a créé l'âme selon le fond où il demeure en lui-même. « Les maîtres disent que l'âme reçoit ainsi qu'une lumière reçoit de la lumière, car il n'y a rien d'étranger ni de lointain. Il est dans l'âme une chose où Dieu est dans sa nudité. Les maîtres disent que c'est innommé et n'a pas de nom particulier. » N'est-ce pas clair ? Cette chose ne peut se détourner de Dieu qui lui est constamment présent et intérieur, et point n'est besoin de grâce ici, précise Eckhart, car la grâce est créée.

« Les maîtres – qu'invoque Eckhart, un certain Eckhart – disent que la nature humaine n'a rien à voir avec le temps, qu'elle est absolument intangible et qu'elle est beaucoup plus intime à l'homme et proche de lui qu'il ne l'est de lui-même[3]. » Que veut dire cet homme éloigné de lui-même et dont la nature lui est proche ? Lorsque Eckhart dit que la nature humaine est Dieu, il n'affirme pas que les hommes sont divins, que l'humanité est divine ou que Dieu est l'hypostase du genre humain. L'intellect en tant que faculté humaine tourne l'âme vers le créé; lorsque l'âme se situe dans le temps, elle va vers le dissemblable, le multiple et le personnel, le déterminé et le fini. Pour que l'âme joigne Dieu, elle doit se détourner de ce qui est personnel et agir dans le non-étant; elle doit se décréer. Alors elle fait un avec sa cause. C'est en essence que la nature humaine est Dieu; aussi, si tu es tel que tu dois être,

1. Simone Weil, *Intuitions...*, *op. cit.*, p. 40. On trouve cette remarque dans les *Cahiers* à l'état d'ébauche.
2. Maître Eckhart, *Sermon* 24 : « Sant Paulus sprichet ». De même la citation qui suit.
3. *Ibid.*

dit Eckhart, en toi s'accomplit tout ce qui est dit dans l'Alliance Ancienne et Nouvelle. Je relève ce qu'en dit Michel Henry : la « structure de la révélation constitutive de la réalité absolue » est radicalement étrangère à celle du savoir. Aussi maître Eckhart oppose-t-il l'apaisement de l'âme dans la connaissance de l'être au « surgissement du savoir », conscience de l'extériorité et destruction de la plénitude[1]. Le savoir est comme l'image que me renvoie le miroir ; que je m'éloigne et il n'est plus d'image dans le miroir. Cette image, comme la créature, n'est rien, seul est ce qui suscite l'image. Le fond de l'âme, l'Intellect, « retire à Dieu le voile de la bonté, de l'être et de tout nom ». L'Intellect est l'incréé au fond de l'étant créé, il est *puritas essendi.*

L'intellect plus noble que la volonté ? Eckhart l'énonce[2]. C'est s'opposer à saint Augustin : des essences éternelles et des choses temporelles résulte une hiérarchie qui est un ordre. Cet ordre régit la nature et l'homme en tant qu'il est créature subir l'ordre. Mais les actions humaines ont pour objet de réaliser l'ordre divin, aussi la volonté consiste-t-elle à vouloir la loi divine, ce que dit Augustin : « La volonté nouvelle, qui s'était ébauchée en moi, de vous servir sans intérêt, de jouir de vous, mon Dieu, seule joie assurée, n'était pas encore capable de maîtriser la volonté ancienne et invétérée. Ainsi deux volontés, l'une ancienne, l'autre nouvelle, l'une charnelle, l'autre spirituelle menaient leur conflit en moi, et leur discord me ruinait l'âme[3]. » Pourtant, suivant Augustin, c'est de la connaissance rationnelle que la volonté est cause ; aussi, dire que la volonté est l'homme même[4] ne concerne que l'homme dans le monde, la créature qui veut l'habit de bonté sous lequel est caché Dieu. Je reviens à Simone Weil : « l'effort de la volonté vers le bien est un des mensonges sécrétés par la partie médiocre de nous-même dans sa peur d'être détruite[5]. »

1. Michel Henry, « La signification ontologique de la critique de la connaissance chez Maître Eckhart », in *Voici Maître Eckhart, op. cit.*, p. 184.
2. Maître Eckhart, *Sermon* 43 : « Adolescens, tibi dico : surge ».
3. Saint Augustin, *Confessions*, Livre huitième, chap. V, Paris, Garnier, 1960, trad. Joseph Trabucco, p. 331.
4. Voir Étienne Gilson, *Introduction à l'étude de saint Augustin*, Paris, Vrin, 1943, p. 173.
5. Simone Weil, *Attente de Dieu, op. cit.*, p. 193.

NE PAS MANGER SON PAIN DANS L'OISIVETÉ

Si l'Intellect surpasse la volonté, c'est en ce que « l'âme ne peut venir par ses sens ni par ses puissances, là où la porte la foi[1] ». Nous comprenons ce qui peut diviser celui qui tend au bien : il veut soulager le malheur autour de lui; il aspire à l'ascension vers le pur bien sans objet. Gardons-nous de voir là un cas d'école : celui qui tend au bien ne risque-t-il pas d'agir par orgueil en secourant les autres ? Celui qui se rend sourd à la misère et au crime n'élève-t-il pas en vain – par vanité ce qui en lui tend à l'unité ? La tentation est forte; l'esprit est faible. Ce que l'âme obtient dans l'espérance de joindre Dieu n'a-t-il pas plus de prix que ce que l'effort quotidien de justice et de bonté accorde ? Augustin, que cite Eckhart, avoue qu'il a volé jadis ce dont il disposait en abondance, pour la jouissance de voler : « J'ai aimé ma propre perte, j'ai aimé ma chute; non l'objet qui me faisait choir mais ma chute même, je l'ai aimée[2]. »

Eckhart a parlé de Simone sous les traits d'Élisabeth de Hongrie : « Elle n'a pas mangé son pain dans l'oisiveté » et encore : « Elle était en garde contre ce qui pouvait lui nuire. Si quelque chose lui faisait défaut, elle appliquait son zèle à le parfaire[3]. » Élisabeth, dit-il encore, avait tourné vers Dieu ses puissances supérieures : connaissance, *irascibilis* qui est une puissance ascendante, laquelle s'oppose à l'orgueil en empêchant le regard de se détourner, et volonté. Par l'*irascibilis* l'âme « ne peut supporter que quelque chose soit au-dessus d'elle. Je pense qu'elle ne peut supporter non plus que Dieu soit au-dessus d'elle. S'il n'est pas en elle et si elle n'est pas pleinement satisfaite comme il l'est lui-même, elle ne peut jamais trouver le repos ». Cette puissance est l'espérance, c'est-à-dire la confiance en Dieu, et Élisabeth « était vêtue de force pour résister à toute imperfection et elle était ornée de vérité. » Elle était tournée vers la vraie pauvreté et « lorsqu'elle fut privée de consolation extérieure, elle fuit vers Celui vers qui fuient toutes les créatures, elle dédaigna le monde et elle-même. Par là elle se dépassa elle-même et dédaigna d'être dédaignée, si bien qu'elle ne s'en soucia pas et ne renonça pas pour autant à la perfection. Elle souhaita avec un cœur pur de pouvoir laver et soigner les gens malades et souillés. »

Le malheur de soi, déjà, on en est broyé, on ne peut le contempler; le malheur d'autrui n'est du malheur que par la compassion. Simone Weil attire notre attention sur un mystère que, dit-elle, elle n'a pas encore bien compris :

1. Maître Eckhart, *Sermon* 32 : « Consideravit semitas domus suae ».
2. Saint Augustin, *Confessions, op. cit.,* Livre deuxième, chap. IV, p. 63.
3. Maître Eckhart, *Sermon* 32. De même ce qui suit.

« notre sensibilité est naturellement universelle, mais elle est rendue égoïste par notre désir qui s'y attache ». C'est pourquoi le désir du Bien infini exclut seul tout retour sur soi. « C'est parce qu'on croit que le malheur est un mal qu'on tue en soi la compassion naturelle. La compassion est naturelle, mais elle est étouffée par l'instinct de conservation. Seule la possession de toute l'âme par l'amour surnaturel restitue à la compassion naturelle son libre jeu[1]. » Elle écrit encore : « Celui qui a vécu presque innocent, s'il sent en lui la racine de tous les crimes possibles et en demande le pardon à Dieu, bien qu'il ne les ait pas commis, peut avoir ce privilège d'aimer Dieu autant qu'une prostituée[2]. » S'élever à Dieu, n'est-ce pas réaliser l'oubli de soi ? Sans doute, mais l'entière question est : comment s'élève-t-on à Dieu ? Il faut, dit Simone, « sentir jusqu'au fond de ses os la misère humaine et la déchéance à laquelle la chair est soumise ou exposée pour se tourner ainsi sans aucun retour sur soi-même vers le bien. » Il faut que l'amertume de la misère humaine ait mordu jusqu'au fond de l'âme; aussi, qui pourrait prétendre s'unir à Dieu – quel que soit le sens que l'on donne à cette union – en se retirant du malheur commun ? Avoir honte de soi devant le bien est, dit-elle, une offrande pure. Il ne manque pas de beaux esprits, de petits-maîtres et de folliculaires qui, sans comprendre ce que signifie « Celui qui hait son âme en ce monde la garde pour la vie éternelle[3] », parlent de « haine de soi » pour qualifier les symptômes du mal dont était atteinte Simone Weil, qui avoue ignorer ce qu'est le bien, et dit seulement savoir qu'elle voit où sont les faux biens. C'est – dit-elle- qu'il n'est pas d'attribut au bien; le bien ne possède pas une réalité à laquelle l'attribut du bien serait ajouté, tandis que les choses d'ici-bas existent. C'est que le bien est son propre objet; le désir du bien est en la possession, laquelle n'est pas satisfaction : « Qui boira de cette eau aura toujours soif ».

Peut-on être assuré de vouloir le bien ? Il nous faut distinguer entre ce qui tient l'âme captive, « dans sa prison, là où elle porte encore sa vue sur ces choses d'en bas et les attire un peu en elle par ses sens » ; là où elle se sent aussitôt à l'étroit[4], et d'autre part la nécessité, pour celui dont l'âme

1. Simone Weil, *Cahiers d'Amérique, op. cit.*, p. 287.
2. *Ibid.*, p. 283. De même pour la citation qui suit.
3. Parole du Christ que rappelle Eckhart, *Sermon* 17 : « Qui odit animam suam ». « Celui qui écrit sur des choses mouvantes n'atteint pas la nature ni le fond de l'âme. Celui qui doit nommer l'âme selon la simplicité, la pureté et la nudité, telle qu'elle est en elle-même, ne peut pas trouver de nom pour elle. Ils la nomment âme; c'est comme lorsqu'on désigne quelqu'un par « charpentier » ; on ne le désigne pas par là en tant qu'homme, ou en tant qu'Henri, ni réellement selon son être, on le nomme d'après son travail. » On prendra « vie éternelle » au sens que l'on voudra; il suffit que par là on désigne ce qui surpasse l'existence et permet d'atteindre l'essence de l'âme.
4. Maître Eckhart, *Sermon* 17.

s'est détachée d'elle-même, de porter son attention aux choses selon qu'elles appellent Dieu, car l'âme ne doit pas « avoir le goût de Dieu en elle-même », comme si elle contenait Dieu, ce que dit Eckhart. « Quoique je sache que les choses d'ici-bas ne méritent pas mon désir, pourtant j'y trouve mon désir attaché, et je n'ai pas d'énergie pour l'en arracher. Les efforts de volonté sont illusoires. Ma propre âme ne me croit pas. Je puis seulement désirer le bien[1]. » Ici intervient ce que Simone nomme mystère : une fois tourné vers Dieu, on ne désire pas manger; pourtant, on fait tout ce qu'on peut pour se procurer de quoi manger. Si on voit un affamé, on ne désire pas qu'il soit nourri, mais on fait ce que l'on peut pour le nourrir, dût-on se priver. C'est que, dit-elle, « la sensibilité charnelle brûlée au contact de l'amour divin, au contact du Saint-Esprit, devient universelle[2] ».

Maître Eckhart nous dit que le corps est en l'âme et non l'inverse : « Ce que l'âme aime en ce monde, elle ne le possède pas dans sa nature. [...] Celui qui dit qu'il est parvenu à sa nature doit trouver toutes choses formées en lui dans la pureté où elles sont en Dieu; non pas telles qu'elles sont dans leur nature propre, mais telles qu'elles sont en Dieu[3]. » Si les choses sont plus nobles en l'âme, c'est à la façon dont la forme du pot l'emporte sur la matière dont le potier l'a fait. La faim et la misère sont en l'âme tout autres qu'estomac vide et logis sans feu. Que dit il de la compassion de l'âme ? L'âme dans laquelle doit se faire la nouvelle naissance accueille la parole divine; où l'âme est-elle réceptive à cette parole ? Il pose l'alternative : vaut-il mieux coopérer à cette naissance afin de mériter qu'elle se produise en lui, à cette fin se « créer dans l'intellect et dans la mémoire une image et s'exercer sur elle en pensant : Dieu est bon, sage et éternel, et tout ce qu'on peut penser de Dieu » ; ou bien vaut-il mieux « se retirer et se dépouiller de toute pensée, parole et action, de toute image et intelligence, demeurer dans une pure passivité devant Dieu, se tenir oisif et le laisser agir[4] » ?

L'âme opère par l'intellect pour comprendre, par la mémoire pour se souvenir, par la volonté pour aimer : elle opère par les puissances et non par l'essence. Dans le fond de l'âme est repos et silence, et non action. Aussi l'âme accessible aux créatures ne peut-elle atteindre Dieu; « son opération extérieure se fixe toujours sur quelque chose d'intermédiaire ». C'est à travers

1. Simone Weil, *Cahiers d'Amérique, op. cit.*, p. 285.
2. *Ibid.*, p. 287.
3. Maître Eckhart, *Sermon* 17 : « Qui odit animam suam... »
4. Idem, *Sermon* 101 : « Dum medium silentium... » Dans sa traduction, Gérard Pfister indique qu'il rend *In einem lûtern gotlîdenne* par « passivité devant Dieu », quoique littéralement il est dit : pâtir au sens de la Passion. Mais Eckhart oppose l'état passif au *wirken* : œuvrer. Le sens est ainsi mieux rendu.

les images présentes que l'âme s'approche des créatures; l'image est une chose que l'âme crée par les puissances – intellect, mémoire, volonté – à partir des choses qu'elle veut connaître. « L'image qu'elle a d'abord intégrée, elle se la présente à elle-même et peut ainsi s'unir à elle. » Cependant, l'homme, sans savoir recherche le repos de l'âme dans ses mouvements et selon ses puissances : « Il n'ouvre ni ne ferme jamais les yeux sans rechercher repos en cela : ou bien il veut rejeter de lui quelque chose qui lui est un obstacle, ou il veut attirer à lui quelque chose sur quoi reposer. C'est à travers ces deux choses que l'homme fait toutes ses œuvres. Je l'ai dit également souvent, l'homme ne pourrait jamais avoir amour ni volupté en aucune créature s'il n'y avait en cela ressemblance de Dieu[1]. » Je remarque que c'est précisément la démarche qu'indique Fichte dans sa *Wissenschaftslehre*[2]. Mais rien n'est qui soit aussi inconnu à l'âme qu'elle-même, puisque les images viennent de l'extérieur. Au contraire, Dieu s'unit sans intermédiaire à l'âme dans son fond, son essence. Mais « Dieu ne saurait faire des créatures où tu puisses trouver le parfait bonheur[3] » ; aussi, aucune créature ne peut être ton bonheur, ni aucune ta perfection. Que revient-il donc à l'homme d'opérer par lui-même pour mériter que la naissance se produise en lui ? Eckhart se réfère au pseudo-Denys l'Aréopagite évoquant l'homme qui pâtit Dieu, c'est-à-dire fait l'épreuve de Dieu : « Mon cher fils Timothée, c'est avec des sens libres de tout souci qu'il te faut t'élancer au-delà de toi-même et de toutes tes puissances, au-delà de la raison et de l'intellect, au delà de l'opération, du mode et de l'essence, dans le silence de l'obscurité cachée, afin d'accéder à la connaissance du Dieu inconnu, du Dieu au-delà de Dieu[4]. » L'ignorance des hommes les pousse à pourchasser Dieu; or, ils perçoivent que l'opération de Dieu est, mais ils en ignorent la nature. Cette connaissance inconnue oblige l'homme à rester auprès d'elle et à la pourchasser, car « dès que l'homme sait la cause des choses, aussitôt il s'en fatigue et cherche à vivre et à connaître quelque chose d'autre. Il (se) lamente et gémit toujours plus vers cette connaissance et n'a pas de demeure[5] ».

Voyons cela : « Saint Paul dit nous que devons Le pourchasser jusqu'à ce que nous trouvions sa trace, et n'avoir jamais de cesse jusqu'à ce que nous le saisissions », déclare Eckhart. Or, puisque nous ne pouvons connaître sans intermédiaire le moyen de saisir Dieu, que pouvons-nous faire d'autre que d'apprendre à le connaître par les créatures ? Puisque ce dont nous

1. Maître Eckhart, *Sermon* 50 : « In omnibus requiem quasivi ».
2. Voir mon essai *Johann Fichte, éveil à l'autonomie,* Payot, 2012.
3. Maître Eckhart, *Sermon* 101.
4. *Ibid.* Il se réfère au pseudo-Denys, *Théologie mystique*, chap. I, 1.
5. *Ibid.*

connaissons les causes nous lasse, la vaine poursuite des richesses, du pouvoir et des honneurs ne saurait nous retenir, si nous sommes animés par le désir du bien; ce que nous percevons sans le comprendre, si nous pouvions le saisir, nous aurions la semence de tout le bien. Voilà qui rejoint Simone Weil; ce qui nous vient à la manière d'un voleur – ce que dit Eckhart de la lumière de Dieu – nous arrive extérieurement par les créatures, qui dérobent à notre âme ses puissances. Ainsi la compassion pour les malheureux, la défense des faibles, le pardon des malfaiteurs. Ce ne sont pas les produits de ces actes qui importent mais ce qui anime l'âme à la poursuite de la lumière. Eckhart cite Augustin : « J'ai conscience d'une chose en moi qui précède et prépare mon âme; si elle était accomplie et affermie en moi, ce ne pourrait être que la vie éternelle. »Si cela était : la parole de Simone est celle d'une âme en peine, qui se sait trop faible pour accomplir et atteindre. Ce que nous devons comprendre est le sens de l'humilité vraie, qui est à l'opposé des faux-semblants et protestations des bons apôtres que nous connaissons, de réputation au moins. Simone parle de son attente; elle ne peut trouver le repos et sait qu'elle ne le trouvera pas. Elle est une âme à mi-chemin. Seule une telle âme qui veut s'oublier et connaît sa faiblesse; qui se refuse à prier Dieu d'être sauvée, est assez digne pour nous appeler, car jamais nous ne saurons ce qu'est l'âme parfaite. Eckhart se réfère à saint Anselme qui dit à l'âme : Retire-toi un peu du non-repos des œuvres extérieures. En second lieu : Fuis et cache-toi de la tourmente des pensées intérieures qui procurent aussi du non-repos dans l'âme[1]. » Peu importent jeûnes et prières, dit Maître Eckhart; je n'ai rien à demander à Dieu, écrit Simone. Que veut-elle dire? Que la miséricorde de Dieu est manifeste dans le malheur comme dans la joie, certes. Aussi le malheur est-il la blessure du contact avec l'amour de Dieu, et ce contact seul importe, non les modalités. Mais « La connaissance de cette présence de Dieu ne console pas, n'ôte rien à l'affreuse amertume du malheur, ne guérit pas la mutilation de l'âme[2] ». Simone fut par dessus tout une âme qui ne voulut pas être guérie parce qu'elle voulut accueillir les souffrances. Dois-je taire les reproches insensés qui lui ont été adressés : d'avoir plaint les malheureux Indochinois le jour de l'entrée de la Wehrmacht dans Paris[3] ? Elle

1. Maître Eckhart, *Sermon* 60 : « In omnibus requiem paesivi ».
2. Simone Weil, *Attente de Dieu, op. cit.*, p. 96.
3. On lit d'étranges choses : tel auteur s'indigne que, le jour où la Wehrmacht entra dans Paris, Simone écrivit à propos des torts faits aux Indochinois. Quelle preuve d'insensibilité aux malheurs de sa patrie ! Quelle sottise de cet auteur ignorant, plutôt, car Paris était ville ouverte, le pays abandonné à la défaite depuis longtemps. C'est lorsqu'il était temps, que Simone se préoccupa de sa défense. D'ailleurs, elle écrit : « Je suis restée à Paris jusqu'au dernier jour, dans la pensée qu'on défendrait la ville; je n'ai pris la

qui écrivit « Un homme dont toute la famille aurait péri dans les tortures ; qui lui-même aurait été longuement torturé dans un camp de concentration. Ou un Indien du XVIe siècle échappé seul à l'extermination complète de tout son peuple. De tels hommes, s'ils ont cru à la miséricorde de Dieu, ou n'y croient plus, ou la conçoivent tout autrement qu'ils ne le faisaient auparavant. Je n'ai pas passé par de telles choses. Mais je sais qu'elles existent : dès lors, quelle différence ? Cela revient, ou doit revenir, ou devrait revenir au même[1]. »

Eckhart cite le prophète : « Je resterai assis et silencieux, et j'écouterai ce que Dieu dit en moi. » Comment pourrait-il être séparé de Dieu, celui qui se dépouille de soi-même, et qui abandonne les choses extérieures ? Celui-là, dit Eckhart, ne peut tomber dans le péché mortel. C'est fort bien, et celui qui reste indifférent à l'injustice et au malheur, est-il indemne du péché mortel ? Plutôt que de commettre le péché mortel, il préférerait subir la mort la plus ignominieuse, c'est Thomas d'Aquin que cite ici maître Eckhart. Alors, « puisque Dieu est intellectuellement en toutes choses – et plus intérieur et plus naturel à celles-ci qu'elles ne le sont à elles-mêmes – et puisqu'il Lui faut, partout où Il est, opérer, Se connaître et prononcer sa Parole, que possède donc l'âme de spécifique, pour cette opération de Dieu, par rapport aux autres créatures raisonnables dans lesquelles Il demeure également[2] ? » Voilà la vraie question : où toucher Dieu, sinon dans ses créatures ?

Car la citation de saint Augustin, que donne Eckhart, « Il en est beaucoup qui ont cherché la lumière et la vérité, mais tout extérieurement, là où elle n'est pas », signifie que la vérité est intérieure et non extérieure. Mais où chercher la vérité intérieure ? « Lorsqu'il se tourne vers Dieu, aussitôt brille et resplendit une lumière qui lui fait reconnaître ce qu'il doit faire et ne pas faire, et d'excellentes instructions sur des choses dont, jusque-là, il ne savait ni ne comprenait rien. » Ce qu'il apprend porte sur ses actes dans le monde, car il est tout à fait inutile, dit Eckhart, de prolonger les prières, les sermons et les études. La passivité dont parle Eckhart est celle de l'âme, qui reçoit les dons de Dieu : « N'imagine pas que ton intellect puisse grandir au point de connaître Dieu ! Tout au contraire, si Dieu doit resplendir en toi de sa divinité, aucune lumière naturelle ne peut t'être du moindre secours. Bien plus : elle doit devenir un pur néant et sortir d'elle entièrement[3]. » Lorsque l'homme

---

résolution de partir que le 13 juin, après avoir vu sur les murs l'affiche proclamant Paris ville ouverte » (Demande pour être admise en Angleterre, début 1941, *Cahiers Simone Weil*, XVII-4, 12.1994, p. 329-336) Voir mon essai *La Pensée libre*, *op. cit.*, 2002. Lors de l'entrée de la Wehrmacht, où étaient les défenseurs des opprimés ?

1. Simone Weil, *Cahiers III*, *op. cit.*, p. 31.
2. Maître Eckhart, *Sermon* 102 : « Ubi est, qui natus est rex Judaeorum ».
3. Idem, *Sermon* 103 : « Et cum factus esset, Jesus annorum duodecim... »

s'est déserté lui-même et exilé de toute multiplicité, comme l'écrit Maître Eckhart, il fuit les créatures ; cela veut-il dire qu'il devient dur au malheur ?

Il me semble que sa réponse se lit clairement : « À présent tu pourrais dire : Comment cela peut-il être ? Je ne Le perçois pas. À présent observe. La perception n'est pas en ton pouvoir, mais dans le Sien, autant qu'il Lui convient. Il peut se montrer, s'il le veut, et se cacher, s'il le veut. C'est ce que voulait dire le Christ lorsqu'il s'adressa à Nicodème en ces termes : L'Esprit souffle où il veut. Tu entends sa voix, et tu ne sais ni d'où il vient ni où il va[1]. » C'est comme s'il voulait dire, ajoute Eckhart, Tu l'accueilles et tu ne le sais pas. Dès lors que l'esprit de Dieu s'empare de toi, écrit-il, « aucune créature ne peut plus alors te faire obstacle. Bien plus, toutes les créatures t'orientent alors vers Dieu et vers cette naissance, comme nous en trouvons une comparaison dans la foudre. » La foudre retourne vers elle celui qu'elle frappe ; c'est dans cet esprit que celui qui est touché est retourné vers les créatures qui appellent à lui. Non pour son propre, ce qui lui est propre mais au contraire afin qu'il leur donne. Car que donnerait-il à Dieu ? « Vois, il en advient de même à tous ceux qui sont touchés et frappés par cette naissance : en chaque chose présente, voici qu'ils sont soudain retournés vers cette naissance[2]. » Aussi grossière qu'elle soit, la chose qui t'était jusqu'alors un obstacle t'est à présent une véritable alliée ; ces choses te deviennent Dieu, car en elles, tu ne vises et n'aimes rien d'autre que Dieu. Le manque est de ne pas chercher Dieu en toutes choses. Prier, jeûner, la vie de pénitence n'est rien comparé à l'amour.

Il nous faut abolir ce qui entrave l'inclination à secourir ; « dès lors secourir n'est pas une action ; c'est un abandon à l'inclination, c'est passivité[3] ». Voici je pense qui établit la commune recherche de Simone Weil et de Maître Eckhart. « Tout ce qui l'atteint et que Dieu lui inflige, il peut le supporter et souffrir avec une égale douceur et il peut pardonner le mal qu'on lui fait[4]. » L'amour est fort comme la mort, inflexible comme l'enfer ; aussi importe-t-il peut que celui qui l'a reçu agisse ou non. « Cependant sa plus petite action ou pratique lui est profitable, elle est plus fructueuse pour tous les hommes et plus méritoire auprès de Dieu que toutes les pratiques de ces hommes qui, certes, n'ont pas commis le péché mortel, mais qui vivent dans un moins grand amour. »

1. *Ibid.* Eckhart se réfère à *Jean*, III, 8.
2. Maître Eckhart, *Sermon* 103 ; de même la citation qui précède.
3. Simone Weil, *Cahiers II, op. cit.*, p. 228.
4. Maître Eckhart, *Sermon* 103.

Que dira le juste des hommes qui pratiquent l'injustice ? Simone le lit pour nous dans *La République* : « Si quelqu'un a une connaissance suffisamment certaine que la justice est le plus grand des biens, il sera plein de pardon pour les hommes injustes, il ne s'irritera pas contre eux, il saura que sauf en qui se trouve innée une aversion surnaturelle contre l'injustice, et ceux qui s'en éloignent après avoir reçu la connaissance [,] parmi les autres personnes [nul] n'est juste de plein gré, c'est la lâcheté, la vieillesse ou quelque autre faiblesse qui leur fait blâmer l'injustice qu'ils sont hors d'état d'accomplir[1]. » Le parfait est plus réel que l'imparfait : Simone partage ce jugement de Platon ; qu'est-ce dire ? Notre « réalité » n'a de sens que rapportée à un modèle ; ce modèle doit avoir l'existence terrestre ou bien il n'est qu'une abstraction. L'idéal de justice n'a aucun sens, a fortiori la justice sociale, mais pour une raison exactement contraire[2] à celle qu'invoquent les champions du « libéralisme », Friedrich Hayek et alii, seul l'homme juste existe.

LE DÉSESPOIR DE L'HOMME SEUL ET L'AMOUR

> *« Un homme en se réveillant, demandait à son domestique : "Quel temps fait-il ? — Monsieur, répond celui-ci après avoir ouvert la fenêtre et regardé dehors, il n'en fait point[3]." »*

À l'époque de la *Quête de l'Absolu* Lamennais, prêtre catholique, voulut montrer dans l'*Essai sur l'indifférence en matière de religion* l'imposture de la raison individuelle prise comme principe de raison. Aussi bien ne trouve-t-il pas ce principe dans l'Autorité, fût-elle celle de l'Église mais dans la raison humaine, ce qui est tout autre. Car cette raison n'est fondée que sur le principe d'amour et intelligence tandis que la raison individuelle ne peut être sagesse : elle est, pour user du terme de saint Augustin, avarice ou cupidité,

1. Simone Weil, *Intuitions…, op. cit.*, p. 81. La citation provient de *La République*, Livre II, 366c. J'ai ajouté les signes entre crochets. Je donne ici la traduction de Robert Baccou (Paris, Garnier, 1966) : « Si quelqu'un est à même de prouver que nous avons dit faux, et se rend suffisamment compte que la justice est le meilleur des biens, il se montre plein d'indulgence et ne s'emporte pas contre les hommes injustes ; il sait qu'à l'exception de ceux qui, parce qu'ils sont d'une nature divine, éprouvent de l'aversion pour l'injustice, et de ceux qui s'en abstiennent parce qu'ils ont reçu des lumières de la science, personne n'est juste volontairement, mais que c'est la lâcheté, l'âge ou quelque autre faiblesse qui fait qu'on blâme l'injustice, quand on est incapable de la commettre. »

2. J'ai tâché d'éclaircir ce point dans *Le Principe de misère, op. cit.*

3. Félicité de Lamennais, Lettre à Mme de Senfft, 25 janvier 1833.

disposition de la pensée qui, constatant son pouvoir sur les choses, conçoit un tel goût de cette domination sans partage qu'elle s'y attache comme à une fin. C'est pourquoi la raison individuelle est si proche de la folie. Kierkegaard fut un homme seul, l'Unique, que l'on prendra garde de ne pas faire ressembler au pitoyable solipsiste de Max Stirner. Il renonça à la vie exemplaire pour se jeter dans l'existence en quête de vérité et d'abord de vérité de soi.

Lorsque Kierkegaard estime que l'Unique n'a pas de rapport avec l'avenir et qu'il est sa propre conclusion, ce serait à tort qu'on y verrait l'apologie de l'individu et de l'individualisme. C'est parce que cette tentation est forte qu'il faut la réfuter. Celui que Kierkegaard nomme unique, c'est-à-dire lui-même pour commencer, n'est tel que devant Dieu. Ici encore il y a matière à explication, car devant Dieu peut aussi bien être pris au sens de conscient de ses fautes et insuffisances. C'est pourquoi si le péché nous isole, la solitude n'en résulte que par effet du désespoir, lequel est précisément la maladie mortelle. Le désespoir se trouve à l'infini dans l'existence, puisqu'il suffit de vouloir encore quelque chose pour n'être jamais consolé. J'existe pris absolument ne signifie-t-il pas que chaque instant doit m'apporter un remède au désespoir ? Lancé dans l'existence, j'ai renoncé à la vie en oubliant de m'identifier : je suis tel autre aussi bien que vous. Se révolter contre Dieu à cause du malheur des hommes – comme Ivan Karamazov, écrit Simone – c'est tenir Dieu comme un souverain[1].

Kierkegaard fut un homme arrêté par la pensée de la faute commise et irréparable, réduit à son rapport avec Dieu par crainte de mentir. Partager sa vie est l'expression même de ce qu'il refusa : je ne partage avec personne, ni mes doutes ni mon orgueil ni ma douleur, car je n'ai pas la vie en moi ni devant moi dont je pourrais disposer, seulement une existence à assumer à rire et à pleurer. Et si je veux m'adresser à mes frères ce sera en secret, sans me livrer à eux et sans leur enjoindre rien : qu'ils apprennent à se connaître comme je l'ai appris pour moi, ils se verront devant Dieu. C'est pourquoi on peut dire

1. Simone Weil, *Cahiers II, op. cit.*, p. 219. Simone écrit p. 227 : « Dire comme Ivan Karamazov : rien ne peut compenser une seule larme d'un seul enfant. Et pourtant accepter toutes les larmes, et les innombrables horreurs qui sont au-delà des larmes... Non pas accepter tel événement parce que c'est la volonté de Dieu. Le chemin inverse est plus pur. (Peut-être) Accepter tel événement parce qu'il est, et par l'acceptation aimer Dieu à travers lui... La joie accroît le sentiment de réalité, la douleur le diminue. Il s'agit seulement de reconnaître la même plénitude de réalité dans les douleurs que dans les joies. La sensibilité dit : ce n'est pas possible. Il faut répondre : cela est. Elle dit : pourquoi cela ? Il faut répondre : Parce que cela est ; si cela est, cela a une cause. Quand on aime Dieu à travers le mal comme tel, c'est vraiment Dieu qu'on aime. » Elle reparle de la larme d'un enfant dans son *Cahier III, op. cit.*, p. 32.

que Jésus de Nazareth entendit porter la parole de la foi en appliquant la Loi dans l'effort, ainsi de celui qui s'en va rechercher sa brebis perdue le jour de Sabbat, tandis que Kierkegaard ne se trouvant pas l'autorité de faire porter sa parole ni l'obligation de suivre la Loi voulut infiniment l'infini[1] en dérision de l'ici-bas. Cet effort pour créer l'infini à partir de soi vaut-il mieux que l'infini imaginé déjà là en dehors de nous, une sorte de royaume instauré sans nous et immuable quelle que soit notre tension vers lui ? Si Kierkegaard a bien vu l'imposture de « naître chrétien » comme si c'était un privilège de naissance – tels privilèges se voient en effet en ce qui concerne l'ici-bas, richesse ou noble parenté : c'est pourquoi ces privilèges ne donnent que des fruits pourris – il n'a pas su que « ce qui est divin est sans effort ». Ce que Simone éclaire : « Il y a des gens qui essaient d'aller vers Dieu comme quelqu'un qui sauterait à pieds joints dans l'espoir qu'à force de sauter toujours un peu plus haut, un jour viendra où il continuera à monter jusqu'au ciel[2]. »

Chaque homme est unique; cette vérité est indéniable, mais que chacun doive faire son salut seul est un mensonge hideux. Nous montrerons que cette sentence funeste a été prononcée à de nombreuses reprises et appliquée décidément dans la société marchande, ce pourquoi nous jugeons au moyen de catégories corrompues : l'accomplissement de soi et autres impostures.

Toute passion violente, écrit Lamennais, est une aliénation momentanée : celui qui prétend échapper au désespoir par l'ironie, le refus de la soumission – fût-ce à la croyance, ne désire-t-il pas devenir son propre maître ? N'est-ce pas pourquoi il ne peut qu'être seul ? L'appétit s'unit au désir, dit-il encore : l'Unique selon Kierkegaard n'est-il pas tout occupé à s'observer, sans prêter attention à celui qui, près de lui, est tombé ou va tomber ? « Ce vers quoi l'être organique se porte avec impétuosité peut être un objet de crainte et d'une grande crainte pour l'être intelligent[3]. » Ce qu'en dit Lamennais renverse le problème de Fichte : l'amour organique prédominant peut ne porter sur aucun objet particulier, il en résulte le vague des passions qui est le simple désir de la sensation en général. Ce désir porte à la solitude parce que la sensation est individuelle dans son principe; la mélancolie en découle.

Dans l'inspiration de Maître Eckhart, nous pouvons comprendre Félicité de Lamennais, anathémisé en son temps. « Descartes en renversant la philosophie depuis longtemps enseignée dans l'école, imprima un grand mouvement

1. Je reprends ici la formule qu'emploie Jean Wahl à propos de Kierkegaard, *La Pensée de l'existence, op.cit.*, p. 30.

2. Simone Weil, « Réflexion sans ordre sur l'amour de Dieu », Fragment in O.C. IV *Écrits de Marseille, op. cit.*, p. 508.

3. Lamennais, *Esquisse d'une philosophie*, Paris, Pagnerre, 1840, tome II, p. 302.

aux esprits. Ils cherchèrent à s'ouvrir de nouvelles routes, et il est à remarquer que pas un seul homme véritablement supérieur n'adopta pleinement les idées que l'auteur des *Méditations* essaya de substituer à celles d'Aristote. Ils sentoient[1] que son système laissoit dans la raison un vide immense ; et ils tentèrent vainement de le combler, parce que, partant toujours du même principe que Descartes, et ne considérant, comme lui, que l'homme isolé, ils ne purent, malgré leurs efforts, trouver un solide fondement de certitude.

« Le plus illustre de ses disciples, Malebranche, aperçut une vérité très féconde et très importante, c'est que l'intelligence humaine n'est et ne peut être qu'une participation de l'intelligence divine ; que Dieu seul est la vraie lumière, et que, dès lors, séparée de Dieu, elle s'évanouit dans les ténèbres éternelles.

« S'il avoit réfléchi sur le moyen par lequel Dieu éclaire notre esprit et se communique à nous, par lequel nous transmettons nous-mêmes la lumière que nous recevons de lui, au lieu de faire un système il seroit rentré dans la véritable philosophie, qui n'est que la religion ; car elle nous apprend que la parole, le Verbe est la vraie lumière qui éclaire tout homme venant en ce monde[2]. Ce seul mot de l'Écriture, pris à la lettre, explique tout ; mais il ne sauroit s'appliquer ainsi, qu'à l'homme que Dieu a fait, l'homme naturel, l'homme en société, et Malebranche ne considéroit, à l'exemple de Descartes, qu'un homme de son invention, un homme contre nature, c'est-à-dire, entièrement isolé : ce qui l'empêcha de comprendre toute l'étendue et la profondeur des paroles de Jean que nous venons de citer. Il ne vit que la moitié de ce qu'il falloit voir : il reconnut que l'homme n'est rien que par ses rapports avec Dieu[3] ; mais il ne fit pas attention que l'homme a aussi des rapports

1. Je précise que je cite d'après l'édition de 1836-37, *Œuvres complètes de F. de La Mennais*, revues et mises en ordre par l'auteur, tome V, Paris, Paul Daubrée et Cailleux éditeurs. J'ai choisi de citer exactement, en gardant l'écriture de Lamennais, orthographe et ponctuation comprises. Enfin, La Mennais était le nom paternel et Lamennais celui que cet auteur choisit.

2. Note de Lamennais « Lux vera quae illuminat omnem hominem venientem in hunc mundum », *Joan.*, I, 9.

3. Ici devrait être proposée l'opposition entre Heidegger et Martin Buber : l'être-pour-la-mort ou l'homme avec ses semblables devant Dieu. Il me semble que Martin Buber répond – indirectement certes – à Lamennais lorsqu'il s'adresse aux Juifs et leur demande pourquoi ils se disent juifs. Il pose la question : est-ce une tradition héritée ? Ce peut être la pire ou la meilleure des choses, selon qu'elle est acceptée par paresse d'esprit ou « la plus noble des libertés pour la génération qui l'assume avec la conscience claire de sa signification ». Martin Buber évoque une force qui porte vers quelque accomplissement et s'interroge sur une religiosité réellement juive en soi. Non un dogme mais une relation particulière à l'Absolu, ce que, simple voyageur, je comprends comme une volonté de lien particulier à Dieu qui témoigne de Dieu, selon l'expression de Buber. Il évoque pour

nécessaires avec ses semblables, que c'est d'eux seuls qu'il reçoit le langage, la parole qui lui révèle Dieu, et sans laquelle il ne le connoîtrait jamais. Il prétendit que la pensée ou la connoissance de la vérité résultoit de l'union immédiate de chaque raison particulière avec la raison divine, et dès-lors il ne put donner, non plus que Descartes, de base ferme à sa certitude. Ses propres aveux vont nous en convaincre :

« Il y a des personnes, dit-il, qui ne font point de difficultés d'assurer que, l'ame étant faite pour penser, elle a dans elle-même, je veux dire, en considérant ses propres perfections, tout ce qu'il faut pour apercevoir les objets. [...] Mais il me semble que c'est être bien hardi que de vouloir soutenir cette pensée. C'est, si je ne me trompe, la vanité naturelle, l'amour de l'indépendance, et le désir de ressembler à celui qui comprend en soi tous les êtres, qui nous brouille l'esprit, et qui nous porte à imaginer que nous possédons ce que nous n'avons point. Ne dites pas que vous soyez à vous-même votre lumière, dit Saint Augustin, car il n'y a que Dieu qui soit à lui-même sa lumière, et qui puisse, en se considérant, voir tout ce qu'il a produit et qu'il veut produire.

« [Dieu seul connaît l'existence des hommes tout comme il connaît l'essence des choses] Mais il n'en est pas de même des esprits créés ; ils ne peuvent voir en eux-mêmes, ni l'essence des choses, ni leur existence. Ils n'en peuvent voir l'essence dans eux-mêmes, puisqu'étant très limités, ils ne contiennent pas tous les êtres, comme Dieu, que l'on peut appeler l'être universel, ou simplement celui qui est, comme il se nomme lui-même. Puis

illustrer cette religiosité juive « l'époque du Christianisme primitif, âge assez audacieux pour élever à la dignité de fils de Dieu l'homme parvenu à sa plénitude. » Martin Buber, *Judaïsme*, Paris, Verdier, 1982, « Le judaïsme et les juifs », p. 9. Cette formulation peut passer pour ambiguë, je ne crois pas qu'elle le soit. Car l'âge audacieux invente, en d'autres termes se porte vers l'avenir : l'homme porté à sa plénitude est un futur annoncé, non un passé miraculeux et révolu. Si le grief porté contre les Juifs est d'avoir refusé de voir en Jésus le Messie, alors cette accusation est légère, si le supposé Jésus se proclama vraiment tel, ce que je n'ai jamais compris ainsi. Si la faute est d'avoir refusé que la loi s'accomplisse, alors cette faute est partagée par toutes les nations au sein desquelles la dualité s'est installée, séparant « l'esprit de sacrifice le plus exalté » de « l'égoïsme le plus avide » *Ibid.*, p. 10. Je trouve ces expressions dans M. Buber, *Op. cit.*, p. 19, pour caractériser celui « qui possède une telle abondance d'aptitudes, une telle abondance d'inhibitions » (p. 20). Il parle du Juif en particulier. M. Buber, *Op. cit.*, p. 22, « Le judaïsme et l'humanité ». Le mythe de la chute qui se trouve dans la *Genèse* – écrit encore Martin Buber, « présente la tâche proposée à l'homme comme un choix, une décision, et le futur dépendant de cette décision. » L'homme de la Bible est séparé, tombé, dissemblable à Dieu. La dualité intérieure, que la volonté est impuissante à surmonter, est inéluctable : la lutte solitaire de l'individu ne peut la vaincre et seule le peut la rédemption, l'expérience de la division l'a prouvé et l'aspiration vers l'unité en résulte, elle a fait apparaître l'idée de Dieu (M. Buber, *Op. cit.*, p. 23).

donc que l'esprit humain peut connoître tous les êtres, et des êtres infinis, et qu'il ne les contient pas, c'est une preuve certaine qu'il ne voit pas leur essence dans lui-même; car [...] il est absolument impossible qu'il voit dans lui-même ce qui n'y est pas. »

On lit ici le simple énoncé que l'homme est lieu de l'être, qu'il est limité en essence et, de cette essence qu'il ignore et qui le fait agir, il saisit l'infini. Découvrant notre être fini, nous dépassons la finitude en nous. L'infini est en nous et nulle part ailleurs sans nous : il m'est donné par essence de réaliser ce qu'il m'appartient d'accomplir et j'y consens. L'intuition première[1] nous oriente, non vers des objets du monde que nous connaîtrions *a priori*, mais vers l'infini qui se présente, au sein duquel nous sommes situés, au sein de quoi nous distinguerons le Moi de ce qui est autre. Je ne peux me limiter moi-même et ma conscience finie n'est que par ce qu'une force indépendante d'elle, un noumène nécessaire existe : expliquer (*erklären*) est un acte fini propre à la conscience finie et le Moi porte en lui l'acte de limitation, le « pont par lequel on passe[2] ». Je ne peux m'affranchir de ce cercle que pourtant je peux agrandir à l'infini : dans l'idéalité tout dépend du moi, et le Moi est dépendant d'une réalité qui n'est que par son idéalité. Le Non-Moi n'a de réalité pour le Moi que dans la mesure où le Moi est affecté : je prends connaissance du Moi objet de mes représentations et ce Moi contient en lui du Non-Moi, qu'il représente comme ce qui le limite.

Ce que retrouvera Heidegger en chemin. L'être de l'étant que je ne maîtrise jamais puisque je ne peux le dominer de nulle part : l'être n'est pas un caractère du non-moi. Le Moi relationnel, le Moi au monde, n'est pas fini, il n'est pas plus infini, il participe de l'un et de l'autre; il est tension de l'un à l'autre, sans que jamais ne s'impose à moi un non-moi absolu. C'est à l'acte, tel que ma position dans l'espace et le temps le permet, que je sens ce qui est entré de liberté en moi. Ce que je sais est seulement que je ne peux penser la liberté au-delà de ce que j'en ai incorporé. Parce que cette question persiste et que je découvre sans cesse la même porte ouverte sur l'infini que je me représente, puis-je poser le Moi et appeler en moi l'autre du monde que je trouve dans le sensible et que j'intuitionne comme intelligible ? Si je parviens à la remarque de Heidegger (*Sein und Zeit*) : il n'y a de l'être que pour autant qu'il est en l'être-là – et pourquoi n'y parviendrais-je pas – j'en viens nécessairement à douter que ce Moi soit quelque chose autre que cette conscience

1. Et non pas intuition intellectuelle, comme le prétend Schelling.

2. Fichte, *La Doctrine de la science, cours professé en 1798-99*, Paris, d'après le Manuscrit Krause, in Fichte, *Doctrine de la science Nova Methodo*, Lausanne, L'Âge d'homme, 1989, trad. Ives Radrizzani III, § 5.

malheureuse issue d'une dispersion. L'homme selon Heidegger a la possibilité de s'interroger sur l'être et dans l'être-pensé (penséité) réside l'effectivité : je sais que je représente quelque chose, je ne suis pas cet étant déterminé – réel, ma pensée inconditionnée trouve son origine dans la négativité, le questionnement qui nie le négatif, le travail par lequel l'esprit s'ouvre à la position de moi déterminé[1]. Là est l'être de l'étant, le souci de ce qui se montre et se cache se traduit dans l'existence, le projet (*Entwurf*) de l'existence.

Quant à l'existence, elle échappe ainsi à la nécessité de l'être : « Il ne voit pas aussi leur existence par lui-même, parce qu'elles (ces choses) ne dépendent point de sa volonté pour exister, et que les idées de ces choses peuvent être présentes à l'esprit, quoique elles n'existent pas. [...] Il est donc indubitable que ce n'est pas en soi-même ni par soi-même que l'esprit voit l'existence des choses, mais qu'il dépend en cela de quelque autre chose[2]. » Lamennais en tire : « Ainsi, premièrement, selon Malebranche, la raison humaine n'est qu'une participation de la raison divine : donc s'il n'y avoit point de raison divine, ou si Dieu n'existoit pas, il n'y auroit point de raison humaine, et la certitude de nos idées dépend de la certitude de l'existence de Dieu. Secondement, l'esprit humain, ni aucun esprit créé, ne peut voir en lui-même ni l'essence des choses ni leur existence : donc l'homme qui s'isole de ses semblables et de Dieu, l'homme qui cherche la vérité en lui-même, détruit son intelligence, et ne peut arriver à rien de certain. Troisièmement, puisqu'il est indubitable que ce n'est pas en soi-même ni par soi-même que l'esprit voit l'existence des choses, quiconque se renferme en soi, et veut parvenir à la vérité par soi-même, ne peut donc s'assurer de l'existence d'aucune chose, ni de sa propre existence; et puisque nous dépendons en cela de quelque autre chose, il faut donc que nous connoissions avec certitude l'être ou la chose dont nous dépendons, pour être certains de la vérité de nos pensées et de nos jugemens; et jusque-là nous ne saurions rien affirmer, pas même que nous existons. »

---

1. C'est le sens donné par Hegel à la négativité. « Ce deuxième moment, celui de la détermination, est tout aussi bien que le premier, négativité, abrogation – il est en effet l'abrogation de la première négativité abstraite. » Le premier moment n'est pas le concept, « l'universalité concrète », mais un terme unilatéral, déterminé. Ce qui en ce premier moment est abstrait et unilatéral constitue sa « déterminité » qui est défectuosité. Hegel, *Principes de la philosophie du droit*, Paris, PUF, 1998, Introduction, p. 102-103. Hegel lui-même voit le moi-illimité ou absolu dans la *Wissenschaftslehre* de Fichte comme le vrai pour soi – l'identité de l'entendement; le négatif s'ajoute comme borne externe, donnée c'est-à-dire imposée au soi-même, et définit le domaine d'activité du moi.

2. Malebranche, *Recherche de la vérité*, t. II, liv. III, part. II, chap. V, p. 90-94. Paris, 1721. J'ai respecté les coupures opérées par Lamennais, indiquées par [...].

Que dit Malebranche[1] ? « « La matière peut recevoir des mouvements ; l'âme peut recevoir plusieurs inclinations. L'Auteur de la nature est la cause universelle des uns et des autres. Sans opposition, les mouvements sont droits, courbés s'ils trouvent « quelques causes étrangères et particulières qui les déterminent » ; « ainsi toutes les inclinations que nous avons de Dieu sont droites, et elles ne pourroient avoir d'autre fin que la possession du bien et de la vérité, s'il n'y avoit une cause étrangère, qui déterminât l'impression de la nature vers de mauvaises fins. Or c'est cette cause étrangère qui est la cause de tous nos maux, et qui corrompt toutes nos inclinations[2] ». La matière est sans action, sans force pour arrêter ou détourner son mouvement. Il n'en est pas de même de la volonté : « On peut dire en un sens qu'elle est agissante, parce que notre âme peut déterminer diversement l'inclination ou l'impression que Dieu lui donne. » Elle ne peut arrêter cette impression, mais peut la détourner du côté qu'il lui plaît et causer les dérèglements et les misères qui sont les suites nécessaires du péché.

« De sorte que par ce mot de VOLONTÉ, ou de capacité qu'a l'âme d'aimer différens biens, je prétens désigner l'impression ou le mouvement naturel, qui nous porte vers le bien indéterminé et en général : et par celui de LIBERTÉ, je n'entens autre chose que la force qu'a l'esprit de détourner cette impression vers les objets qui nous plaisent, et faire ainsi que nos inclinations naturelles soient terminées à quelque objet particulier, lesquelles étoient auparavant vagues et indéterminées vers le bien en général, c'est-à-dire, vers Dieu qui est seul le bien général, parce qu'il est le seul qui renferme en soi tous les biens[3]. »

« D'où il est facile de reconnoître, que quoique les inclinations naturelles soient volontaires, elles ne sont toutefois pas libres de la liberté d'indifférence dont je parle, qui renferme la puissance de vouloir, ou de ne pas vouloir, ou bien de vouloir le contraire de ce à quoi nos inclinations naturelles nous portent. Car quoique ce soit volontairement et librement, ou sans contrainte, que l'on aime le bien en général, puisqu'on ne peut aimer que par sa volonté, et qu'il y a contradiction que la volonté puisse jamais être contrainte ; on ne

---

1. Malebranche, *Recherche de la vérité, Œuvres* t. I, Paris, Boivin et Cie, 1938. Je me réfère ici au livre I, chap. 1 « De la nature et des proprietez de l'entendement. De la nature et des proprietez de la volonté et ce que c'est que la liberté » et 2 « Des Jugements et raisonnements. Qu'ils dépendent de la volonté. De l'usage que l'on doit faire de sa liberté à leur égard. Deux règles générales pour éviter l'erreur et le péché. Réflexions nécessaires sur ces règles », p. 31-46. J'ai choisi pour les citations de conserver l'orthographe de Malebranche, quitte à rectifier les accents qui pourraient prêter à confusion et parfois la ponctuation pour la même raison.

2. Malebranche, *Recherche de la vérité, op. cit.*, p. 36

3. *Ibid.*, p. 37.

l'aime pourtant pas librement, dans le sens que je viens d'expliquer, puisqu'il n'est pas au pouvoir de nôtre volonté de ne pas souhaiter d'être heureux. »

Simone Weil au moment de quitter l'existence avait suspendu son jugement. Elle ne parvenait pas à arrêter sa volonté. Elle écrivit à une amie : « Le degré de probité intellectuelle qui est obligatoire pour moi, en raison de ma vocation propre, exige que ma pensée soit indifférente à toutes les idées sans exception, y compris par exemple le matérialisme et l'athéisme; également accueillante et également réservée à l'égard de toutes. Ainsi l'eau est indifférentes aux objets qui y tombent; elle ne les pèse pas; ce sont eux qui s'y pèsent eux-mêmes après un certain temps d'oscillation[1]. » Je sais que je ne suis pas ainsi, ajoute-t-elle; mais j'en ai l'obligation. Ce n'est pas là du mysticisme, car les mystiques accèdent à la présence de l'éternel en eux, qui comble leur désir d'amour. Simone ne fut jamais ainsi comblée; elle écrit que « le désir d'aimer dans un être humain la beauté du monde est essentiellement le désir de l'Incarnation ». Son péché fut, selon elle, de ne pas pouvoir se détourner de l'amour charnel – désir de l'Incarnation – alors même que son âme est en tain de chercher Dieu. Elle l'écrit dans un texte intitulé « Formes de l'amour implicite de Dieu ». Tous les péchés se ramènent à un seul qui est vouloir se passer du consentement. « Vouloir s'en passer tout à fait est parmi tous les crimes humains de beaucoup le plus affreux. Quoi de plus horrible que de ne pas respecter le consentement d'un être en qui on cherche bien que sans le savoir, un équivalent de Dieu ? », cette sentence est rendue contre elle-même, n'en doutons pas. Le pire désespoir est celui qui sépare de l'éternel, non pas des commandements divins mais de l'éternelle présence en nous, que nous tuons par une volonté rebelle au consentement. Cette rébellion est le refus de la pure beauté, qui est l'éternité ici-bas; et elle prend la forme de la tentation de l'absolu. L'esclave dont parle Job, qui dans la mort cessera d'entendre la voix de son maître, croit que cette voix lui fait mal; elle ne lui fait mal que parce qu'il est esclave[2]. L'homme idolâtre est ainsi, qui a voulu attirer à lui la beauté et l'a arrachée à l'éternité en lui. Cet homme est rejeté dans l'existence sombre et sans espoir. La part de médiocre en lui a fui la umière, prise de panique en face de la révélation du Beau qui est Vrai.

Et comment une âme passionnée peut-elle trouver l'immobilité qui lui ouvrirait les yeux à la pure beauté ? Tout homme qui désire infatigablement sa patrie, tel Ulysse qui rêve d'Ithaque et s'aperçoit qu'il est en Ithaque, s'aperçoit soudain un jour qu'il est dans sa patrie. Mais elle n'avait pas de

1. Simone Weil, Lettre à Simone Pétrement, de Casblanca, in *Attente de Dieu, op. cit.*, p. 93.
2. Je ne fais ici que lire Simone dans ce texte « Formes de l'amour implicite de Dieu ».

patrie. Eckhart avait-il trouvé en lui cette fusion de l'aimant et de l'aimé ? Était-il arrivé à l'amour vrai de soi, ce qui est éternel et n'advient comme sujet de l'amour que s'il est trouvé comme tel ? « Or notez-le et soyez attentif ! Si l'être humain était toujours vierge, il ne produirait aucun fruit. Pour qu'il soit fécond, il est nécessaire qu'il soit femme. « Femme » est le mot le plus noble qu'on puisse attribuer à l'âme, bien plus noble que vierge. Que l'être humain accueille Dieu en soi, c'est bien et dans cet accueil il est vierge. Mais que Dieu devienne en lui fécond, c'est mieux, car la fécondité du don est la seule reconnaissance pour le don et alors l'esprit est femme, dans la reconnaissance qui, à son tour, engendre Jésus en retour dans le cœur paternel de Dieu[1]. »

LA VIE DANS L'EXISTENCE

Où pouvons-nous trouver la voie de l'unité, qui nous fait échapper au désespoir et trouver l'amour ? Où, sinon au sein du monde créé, en relation avec les humains ? Que dire alors de ce qui concerne les relations humaines ? « Relations humaines. Toutes celles qui contiennent de l'infini sont injustes. Or, quoique tout se qui se rapporte à l'homme soit fini et mesurable, néanmoins, à partir d'un certain degré, l'infini entre en jeu. [...] Le désir est illimité par nature, et cela est contre nature, parce que l'infini n'est pas à sa place au niveau du désir. Dans le monde des objets du désir, qui est le monde manifesté, il n'y a pas d'infini[2]. » Au contraire, toutes les fois où il y a justice sans qu'une égalité dans le rapport des forces l'ait imposé, il y a présence réelle de Dieu. Ailleurs, et plus tard, lorsque ses recherches ont abouti autant qu'elle le put les mener d'exil en abandon d'elle-même, Simone cite Philolaos, présocratique, pythagoricien : « L'unité est le principe de toute chose » ; « L'essence du nombre et de l'harmonie ne reçoivent absolument pas le faux, car il ne leur appartient pas. Le mensonge et l'envie appartiennent à l'essence de ce qui est illimité, impensable et sans proportion. Le faux n'envoie jamais son esprit dans le nombre car il lui est essentiellement ennemi et hostile. La vérité appartient à la production du nombre, elle est de même racine. L'essence du nombre est productrice de connaissance, un guide et un maître pour quiconque est dans l'embarras ou l'ignorance à n'importe quel égard. Car il n'y aurait rien de clair dans les choses, ni en elles-mêmes, ni

1. Maître Eckhart, *Sermon* 2 : « Intravit Iesus in quoddam castellum... »
2. Simone Weil, *Cahiers, I, op. cit.*, p. 59. Un peu plus loin, p. 61, elle note : « On peut toujours imaginer (lire) une situation par rapport à laquelle (si seulement elle existait), tel acte serait juste. Plus tard, on lit autrement, mais l'acte est accompli. »

dans leurs relations mutuelles, s'il n'y avait le nombre et son essence. Mais voilà que lui, ajustant à travers toute l'âme toutes choses à la sensation, les rend connaisables et mutuellement accordées et leur donne un corps et sépare avec force chaque rapport des choses illimitées et limitantes[1]. » La divinité seule connaît l'essence des choses, celles qui sont limitantes et celles qui sont illimitées, car elles sont de racines différentes ; il n'y aurait pas d'ordre du monde si l'harmonie ne les enfermait sous clef. Ce que Platon dans le *Gorgias* recommande : ne pas mener une existence de voleur, car celui qui vit ainsi ne peut être en étroite amitié ni avec un autre homme ni avec Dieu, en ce qu'il n'est pas capable d'association et donc d'amitié[2].

Pouvons-nous trouver en Maître Eckhart une pensée du même ordre, ou bien n'est-il que contempteur de la création ? Il me semble que poser la question est y répondre : du moment que la création fut voulue par Dieu, même si la fin de l'humain est de se détacher du créé, l'homme noble ou homme pauvre vit dans le monde créé. Il a renoncé à ce qui détermine et ce qui différencie les hommes. Son âme accède à la vie en l'unité. Il est cet « homme noble qui partit dans un pays étranger, loin de lui-même, et il revint plus riche chez lui.[3] » Dans un passage malheureusement perdu, Eckhart nous dit : « la bonté en soi n'apaise pas l'âme » et il précise bien : « Oui, mais la volonté de Dieu n'a de saveur pour moi que dans l'Unité où la bonté de toutes les créatures a son repos en Dieu, là où cette même bonté repose comme en sa fin suprême, ainsi que tout ce qui a jamais reçu être et vie ; c'est là que tu dois aimer l'Esprit saint tel qu'il est là dans l'unité, non pas en lui-même, mais là où il est goûté en même temps que la bonté de Dieu. » Ma pensée n'est pas engendrée comme un objet que j'ai conçu ; je suis néant comme l'œil qui perçoit toutes les couleurs, parce qu'il est dénué de couleurs. « L'œil possède la couleur au vrai sens du mot, car il la perçoit avec plaisir, délectation et joie[4]. »

1. Simone Weil, *Intuitions…, op. cit.*, « À propos de la doctrine pythagoricienne », p. 112. C'est merveille que la mathématique, d'abord appliquée à la théologie, s'applique aussi aux choses humaines, écrit-elle. La racine de tout nombre est un réel, ainsi $\sqrt{2}$, nombre irrationnel, désigne la créature dont le carré est un nombre parfait, l'Un. La notion de nombre réel, écrit-elle, est fournie par la médiation entre un nombre quelconque et l'unité. Que MM. les mathématiciens gardent leurs foudres, je n'empiète pas sur leur territoire.

2. Je précise que Simone Weil choisit ce passage de Platon dans *Intuitions…, op. cit.*, p. 113 pour illustrer la doctrine pythagoricienne. Ne confondons pas l'esprit de géométrie selon Pascal et la vie selon la géométrie de Platon.

3. Maître Eckhart, *Sermon* 15 : « Homo quidam nobilis abijt in regionem longinquam accipere regnum et reverti ».

4. Maître Eckhart, « Le Livre de la consolation divine », in *Traités et sermons, op. cit.*, p. 144.

Celui que fuit l'objet de son amour de l'unité sent bien l'abandon où il tombe; Platon le dit dans le *Philèbe* : « Il n'existe pas de plus belle voie et il ne peut pas en exister. J'en suis perpétuellement amoureux mais souvent elle me fut et me laisse abandonné et ne sachant que faire[1]... » N'est-ce pas d'elle-même que veut parler Simone en citant ce passage ? Quand l'harmonie est dénouée chez nous, la nature se dénoue en même temps et la douleur apparaît, écrit encore Platon dans *Philèbe.* Car il lui fallait en tout domaine trouver l'unité, et de là seulement comprendre la dualité, la triade ou tout autre nombre, comme le dit Platon. Revenir à soi comme un évanouissement hors de la vie, ce fut je crois ce qui affligea Simone. Car celui qui est parti de lui-même, délaissant toutes choses dans la multiplicité, les retrouve dans l'unité; elles lui sont absolument rendues dans la simplicité « car il se retrouve lui-même et toutes choses dans l'instant présent de l'unité. » Il vit dans la géométrie, dirai-je, au sens que Platon donne à « l'attention portée à la géométrie » : trouver, dans la multiplicité de l'occurrent, l'unité de la forme qui signale le divin.

Un tel homme « vit alors dans une liberté affranchie », dit Eckhart, inlassable pécheurs d'hommes. Qu'aurait-il besoin de s'écarter des autres ? Ce n'est que parmi les humains que vit l'homme noble et l'enfer serait pour lui un royaume céleste. « Ici a lieu le baiser de l'unité de Dieu et de l'homme humble, car la vertu qui a nom humilité a sa racine dans le fond de la Déité où elle est implantée, afin qu'elle ait son être uniquement dans l'Un éternel et nulle part ailleurs[2]. » Qui peut dire si la vertu d'humilité manqua à Simone Weil ? Oh, nous avons contre elle son témoignage, puisqu'elle refuse d'abdiquer son intelligence; mais sérieusement, exceptés les menteurs, qui croira à ce témoignage qui est une confession ? Elle qui toute son existence durant voulut partager les peines et les souffrances; qui renonça à la carrière universitaire, qui reversait de son salaire d'agrégée tout ce qui dépassait le salaire d'une institutrice; qui partit combattre en Espagne; qui voulut être envoyée en première ligne en France occupée. C'est trop, disent les tièdes, ceux qui se promènent dans les ruines et les massacres pour en tirer de la littérature; c'est suspect disent les extrémistes, ceux qui dénient le droit d'exister à d'autres jugés indignes.

---

1. Simone Weil, *Intuitions...*, *op. cit.*, cite un passage du *Philèbe*, p. 113-114. Dans *Philèbe* elle relève ce que dit Platon de toute étude qui est recherche de l'unité, du nombre et de l'illimité; « l'intelligence est une image de la foi », conclut-elle. On mesure ici l'extrême péril qu'il y a à prétendre appliquer en général ce que peut éprouver quelqu'un comme elle. Toute intelligence n'est pas une image de la foi.

2. Maître Eckhart, *Sermon* 15.

Voilà pour ceux qui s'imaginent l'existence soucieuse de l'étant, à jamais séparé de l'être[1]. Ce qui nous mène à un bref détour dans la « philosophie de l'existence ». Qu'est-ce que la conscience ? « L'existence me fait sentir elle-même qu'elle n'est pas l'absolu ; car, à cette question de savoir si elle est l'absolu, elle répond ou par l'angoisse, dans la conscience de son caractère incomplet et non fermé, de même que dans son rapport avec le fond sombre que nous appelons l'autre, ou bien par une attitude de défi en tant qu'elle nie ce qui n'est pas elle[2]. » Nous en sommes réduits à penser à l'autre absolu en nous, à le voir comme Dieu caché – ce que disent Kierkegaard et Jaspers – à nous trouver incapables de le penser tout autant que de vivre sans le penser. Si l'existence n'est pas fermée sur soi, elle est intentionnalité. Le moi est essentiellement en relation avec l'hétérogène. Ce que Jaspers formule : « [Dans le moi] quelque chose d'étranger dans sa signification est pris dans un système spirituel ». L'existence, conclut jean Wahl, n'existe qu'en se rapportant à la transcendance, et dès que je fais de l'être un objet de savoir, il cesse d'être l'être. Mon seul avenir, commente Bloch, qui se réfère à Adorno : Heidegger a fait entrer le temps dans l'idéologie et fait naître « l'ontologie fondamentale de la précarité ». L'éternel des essences est réduit à une temporalité où règnent peur, souci, précarité, déréliction et mort[3]. Et, puisque je ne peux renoncer à penser ce que je ne peux concevoir, je reporte mon attention sur ce qui ne me met pas en échec. Cette « retraite qui fait passer du moi expansif, heureux d'être au monde, au moi introverti, à l'âme solitaire dans l'auberge du Diable, pour reprendre le nom que Luther donna au monde[4] », dont parle Bloch à propos de Heidegger, et qu'il retrouve affairé : l'homme

1. L'homme naturel selon Schopenhauer saisit spontanément le principe de causalité par l'entendement ; par sa raison il est l'être des possibles, réfléchi et soucieux dans ses actes ; l'avenir est sa perspective, mais aussi le passé et plus encore l'absence ou manque. Il est dégagé – dit Schopenhauer – des impressions du présent et peut agir en opposition à ce qui convient à sa « nature animale » : se battre en duel, se suicider. Il s'étonne de sa propre existence ; il peut encore emporter un secret dans la tombe : comment parvient-il à sortir de son unicité pour penser les choses et apercevoir l'universalité ? Comment pourrait-il se représenter plusieurs sujets lui qui ne peut penser la pluralité dans le sujet connaissant ? Et Claude Tresmontant, *La métaphysique du christianisme et la naissance de la philosophie chrétienne,* Paris, Seuil, 1961, écrivait : « Nous avons donc oublié notre essence divine. Nous nous sommes donc aliénés dans l'illusion, l'inconnaissable, l'oubli. C'est donc l'Un lui-même, l'Absolu lui-même qui est, en nous et par nous, aliéné dans le multiple, dans la matière, dans l'illusion de l'existence divisée, dans l'individuation et la corporalité, dans la douleur et le souci. »

2. Jean Wahl, *La Pensée de l'existence,* Paris, Flammarion 1951, p. 212 cite ici Jaspers qu'il rapproche de Kierkegaard.

3. Ernst Bloch, *Héritage de ce temps*, *op. cit.,* « "Ontologies" de la plénitude et de la précarité » p. 285.

4. *Ibid,* « Provision de la phénoménologie », p. 276.

borné a bientôt jeté sur la table les cartes du Bien commun, qui ont cessé de l'intéresser, et il déclare la partie finie. Son opposé est celui qui ne peut être amputé de son âme et réifié, mais qui ne comprend que les affaires, le business : celui-là brasse du courant d'air car, en dépit des théoriciens des jeux et de leur découverte suprême, le jeu à somme positive.

Le mal nous apparaît dans l'existence, et nous croyons qu'il en provient : « Tout le monde sent le mal, en a horreur et voudrait s'en délivrer. Le mal n'est ni la souffrance ni le péché, c'est l'un et l'autre à la fois, quelque chose de commun à l'un et à l'autre ; car ils sont liés, le péché fait souffrir et la souffrance rend mauvais, et ce mélange indissoluble de souffrance et de péché est le mal où nous sommes malgré nous et où nous avons horreur de nous trouver[1]. » Le mal qui est en nous, écrit Simone, nous le transportons sur les objets de notre attention et de notre désir ; et ils nous le renvoient comme si le mal venait d'eux. Voir l'existence comme totalité conduit, de nécessité, à se confondre avec le temps, le lieu qui nous enclosent. Où trouver une trouée ? Dans la partie de nous qui est pure et ne peut être souillée ; lui apporter le mal qui est en nous, celui qu'on nous a fait, celui que nous avons fait à nous-mêmes et à d'autres, et demander à la partie pure en nous de prendre ce mal, voilà qui seul délivre. Mais cela requiert que cette pureté soit une présence, non une chose abstraite. Bien sûr, cela confine au délire : le sang de saint Janvier, la Vierge miraculeuse. Mais ce n'est ni plus ni moins délirant que les abominables superstitions qui nous affligent : l'opinion et ses leaders, on dirait mieux ses dealers. La différence est dans l'auteur du mensonge ; croire aux miracles est un moindre mal en ce que c'est croire que tous peuvent être sauvés. Croire en l'opinion et ses dealers revient à se penser élu et les autres en enfer. Mais la pureté ? Elle est dans l'attention portée à ce qui descend à nous : l'énergie du soleil va aux graines ensevelies dans les ténèbres ; elle fait jaillir le blé ou l'arbre. Eckhart parle également de cette humiliation : « Lorsque tu t'humilies, Dieu descend d'en haut et vient à toi. La terre est ce qui est le plus éloigné du ciel, elle s'est contractée dans un coin, elle a honte, elle voudrait bien échapper au beau ciel, d'un coin à l'autre. Où s'arrêterait-elle donc ? Si elle fuit vers le bas, elle arrive au ciel ; si elle fuit vers le haut, elle ne peut pourtant pas lui échapper. Il la chasse dans un coin. Il lui imprime sa force et la rend féconde[2]. » Le travail de l'agriculteur, écrit Simone, n'est pas de produire ni de capter l'énergie, mais de se tenir prêt à la recevoir[3].

1. Simone Weil, « Pensées sans ordre sur l'amour de Dieu », fin avril 1942, in *O.C. IV Écrits de Marseille*, *op. cit.*, p. 281.
2. Maître Eckhart, *Sermon* 14 : « Surge illuminare Iherusalem ».
3. Simone Weil, *Ibid.*, p. 283.

Le soleil brille pour tous. Dans ce même sermon, Eckhart dit encore : « Dieu ne manque pas de s'épancher totalement dans l'homme, il y est contraint, il lui faut absolument le faire. » Et aussi : « L'homme vraiment humble n'a pas besoin de demander à Dieu, il peut commander à Dieu, car la hauteur de la Déité n'a rien d'autre en vue que la profondeur de l'humilité. » C'est une pensée qui m'est venue hier soir, dit Eckhart à ceux qui l'écoutent; la grandeur de Dieu dépend de ma bassesse. Cette idée d'un Dieu abaissé me plut tant, que je l'écrivis dans mon livre : « Non pas que nous prenions quelque chose au-dessus de nous, nous devons plutôt le prendre en nous et le prendre de nous-même en nous-mêmes [1]. »

PRÉFÉRÉS DE DIEU ?

Il est des hommes qui se vouent au spirituel et se font obstacle « parce que les désirs de leur esprit restent attachés à l'image de l'humanité de Notre-Seigneur Jésus-Christ. Et par là beaucoup de gens de bien se barrent eux-mêmes la route en s'abandonnant à trop de visions. Ils ne voient plus dans leur esprit que des images des choses – qu'il s'agisse d'hommes ou d'anges ou de l'Humanité de Notre-Seigneur Jésus-Christ. Et ils ajoutent foi aux paroles qu'ils entendent dans leur esprit – ils croient qu'on leur dit, par exemple, qu'ils sont les préférés de Dieu, que d'autres ont telles infirmités ou telles vertus, que Dieu opérera quelque miracle privé à leur intention [2]. » Aussi, tous ceux qui parlent pour eux-mêmes et font leur propre éloge sont plus éloignés que quiconque : « Celui qui aime son âme (c'est-à-dire qui l'aime d'une façon charnelle, qui l'aime trop) la perdra; mais celui qui hait son âme (c'est-à-dire ceux qui ne cèdent pas à leurs envies et à leurs désirs désordonnés) la sauvera [3]. » Prier Dieu est sortir de soi-même, dit Eckhart; est-ce compatible avec la gloire de l'Église ou avec la certitude de faire partie des élus ? Eckhart se dit d'accord avec Thomas d'Aquin : la vie active est meilleure que la vie contemplative, car dans l'activité on répand par amour ce qu'on a reçu dans la contemplation. Cette activité est contemplation de Dieu; « car, dans l'unité de la contemplation, Dieu a en vue la fécondité

1. Maître Eckhart, *Sermon* 14.

2. Idem, *Sermon* 79 : « Expedit vobis, ut ego vadam... ». Dans Eckhart, *Traités et sermons*, *op. cit.*, trad. Alain de Libéra, sous le titre « Pourquoi l'âme doit rejeter hors d'elle tous les saints », p. 390 *sq*.

3. *Ibid*. Eckhart se réfère à *Jean*, XII, 25.

de l'action. Car, dans la contemplation tu ne seras que toi-même, dans les œuvres vertueuses tu seras la multitude[1].

Que veut dire prêcher au dehors ? C'est révéler la Parole aux puissances de sorte qu'elle devienne leur nourriture et que « l'homme se dépense dans la vie extérieure, partout où son besoin en a besoin, afin qu'on La trouve, autant qu'il est en ton pouvoir, toute entière s'accomplissant en toi ». Le Christ, rappelle Eckhart, eut pour ceux qui prétendent être parvenus au-delà cette parole : « L'arbre qui ne porte pas de fruit, il faut l'abattre[2] ». S'il faut agir, enseigner, consoler, chaque opération se produit nécessairement selon sa propre image ; « Quelle tranquillité pourrai-je avoir alors ? » demande Eckhart.

Il a fourni la réponse : la tranquillité résulte de l'obéissance. On s'interroge sur cette notion : que signifie obéir, sinon se référer au principe hiérarchique et plus encore au principe d'autorité ? On ne peut manquer de dire : voilà une conception révolue[3]. C'est se tromper sur le sens d'obéissance, qui veut dire beaucoup plus qu'obéissance aux principes et beaucoup moins qu'obéissance aux autorités, mais obéissance à la vérité de l'amour, c'est-à-dire à une direction qui provient de l'âme. Je veux le montrer avec, ici encore, un parallèle entre Simone Weil et Maître Eckhart. L'obéissance nous ennoblit, elle ne nous trompe jamais, aucun bien ne lui manque, aussi l'obéissance n'a-t-elle jamais à s'inquiéter, écrit Maître Eckhart. C'est que, lorsque l'homme sort de lui-même, Dieu entre en lui ; pour celui qui ne veut rien pour lui-même, Dieu doit vouloir de la même manière que pour lui-même. Lorsque je me délaisse, alors Dieu veut pour moi comme pour lui, puisqu'il est Vérité. Aussi n'avons-nous pas à dire : « Donnez-moi de la vertu » ou « donnez-moi la vie éternelle », mais « Ne me donnez que ce que vous voulez ; faites, Seigneur, ce que vous voulez et selon le mode qui vous plaît[4] ! » Eckhart rappelle la parole d'Augustin : je ne dois pas désirer que l'on me dise ce que je souhaiterais entendre. Ce que dit également Simone : les humains sont médiocres et ne

1. Maître Eckhart, *Sermon* 104 : « In his, quae patris mei sunt, opportet me esse ». Il se réfère à la *Somme de théologie* III, q. 40 al. 1-2.

2. *Ibid.* La parole du Christ est rapportée par *Luc* VIII, 8 et *Matthieu* III, 10.

3. Prenons seulement pour référence l'opposition mise en avant par Louis Dumont : *Homo hierarchicus* et *homo aequalis*. Le texte de Maître Eckhart ici mis à contribution est le premier des *Entretiens spirituels* « Sur la véritable obéissance », in *Eckhart, traités et sermons, op. cit.*, trad. Alain de Libéra, p. 77 *sq*. En ce qui concerne Simone Weil, *L'Enracinement* est un texte qui s'impose à nous, mais qui porte sur l'obéissance dans le social : si l'obéissance est un « besoin vital de l'âme », elle est remplacé en société par la soumission.

4. Maître Eckhart, « Premier entretien spirituel », *op. cit.*, p. 78.

peuvent s'élever que par l'amour inconcevable de Dieu. La Création est une Passion, « mon existence elle-même est comme un déchirement de Dieu[1] ». Les actes d'obéissance à Dieu ne sont pas des efforts ; on y est passif. L'obéissance est une immobilité spirituelle, non une abstention d'action. Seulement, il faut faire d'abord ce à quoi on est tenu par une obligation stricte ; puis ce qu'on pense honnêtement être commandé par Dieu ; enfin, ce à quoi une inclination naturelle nous pousse. La pure obéissance exige, non un effort actif, mais patience, capacité de supporter et de souffrir. Le plus difficile est de contenir la part de nous-mêmes qui se sent mourir dans l'attention portée à Dieu, et qui ment pour se sauver : « Un des ces mensonges, ce sont les faux dieux qu'on nomme Dieu. On peut croire qu'on pense à Dieu alors qu'en réalité on aime certains êtres humains qui nous ont parlé de lui, ou un certain milieu social, ou certaines habitudes de vie, ou une certaine paix de l'âme, une certaine source de joie sensible, d'espérance, de réconfort, de consolation. En pareil cas la partie médiocre de l'âme est en complète sécurité ; la prière même ne la menace pas[2]. »

La prière la plus efficace est celle qui sort d'un esprit libre. Et qu'est un esprit libre ? Celui « qui n'est troublé par rien et n'est attaché à rien, qui n'a lié le meilleur de lui-même à aucun mode et ne songe en rien à ce qui est sien[3] ». Tout autre est celui qui dit : « Je ne suis jamais content, où que je sois et quoi que je fasse, je voudrais être en exil loin de chez moi » : cette inquiétude qui s'élève en toi à ton insu ou non, dit Eckhart, provient de l'exercice de la volonté. Ainsi en va-t-il de celui qui fuit ceci, recherche cela, ce n'est pas l'objet qu'il fuit ou recherche qui cause son inquiétude, mais son mauvais comportement à l'égard de ces objets. Chercher l'apaisement dans les choses extérieures, c'est se tromper de chemin ; plus on fuit, plus on s'éloigne. Celui qui laisserait un royaume mais se conserverait lui-même, celui-là n'aurait rien laissé. Simone Weil faisait grand cas de la *Tragédie du roi Lear*, ce roi qui abandonne son royaume pour se réfugier en lui-même, et qui, se retrouvant sur la lande désolée, ne trouve nul apaisement. « L'orgueil fait obstacle. Nous tenons à notre caractère, ne voulons pas croire qu'il puisse changer », écrit-elle, notamment à propose de Lear[4].

1. Simone Weil, « Réflexions sans ordre sur l'amour de Dieu », in *O. C. IV, Écrits de Marseille, op. cit.*, p. 273.
2. *Ibid.*, p. 274 et 275.
3. Maître Eckhart, *Ibid.*, p. 79. Qu'on me permette de dire que c'est précisément le sens que je donnais à l'intitulé de mon essai sur Simone Weil : *La Pensée libre, op. cit.*
4. Simone Weil, « Notes sur le caractères » in *O. C. IV, Écrits de Marseille, op. cit.*, p. 84.

« Voyez, le plus fruste et le moindre de vous tous peut le recevoir avant qu'il sorte de cette église et même avant que j'aie aujourd'hui fini de prêcher, en bonne vérité, aussi vrai que Dieu vit et que je suis un être humain. C'est pourquoi je vous dis : ne vous effrayez pas, cette joie n'est pas loin de vous si vous voulez la chercher sagement[1]. » Cette joie que refusa pour elle Simone, elle s'en explique : il y a une grande ivresse à faire partie du Corps mystique du Christ. Mais « aujourd'hui beaucoup d'autres corps mystiques qui n'ont pas pour tête le Christ procurent à leurs membres des ivresses à mon avis de même nature ». C'est pourquoi son renoncement est autant un refus de « l'héroïsme » que la méfiance qu'elle éprouve à l'égard de son âme terrestre ; ainsi parle-t-elle du poids de ses péchés, de sa perpétuelle tentation – d'orgueil par exemple, quoi qu'elle ne l'écrive pas ainsi parce que, me semble-t-il, évoquer son orgueil serait déjà lui donner l'espace pour s'épanouir. La privation de la connaissance de Dieu qu'elle s'inflige la contraint à l'attente : je n'ai pas besoin d'espérance, écrit-elle. Je vois là, non de l'orgueil, puisqu'elle dit ne pas pouvoir s'empêcher de réfléchir ; tout à l'opposé, l'obligation qu'elle éprouve de ne pas songer à sa personne bienheureuse. J'espère que je ne suis jamais tombée, que je ne tomberai jamais à ce degré de lâcheté et d'ingratitude, écrit-elle dans sa dernière lettre au Père Perrin[2].

D'ailleurs nous trouvons son pareil en Eckhart qui écrit : « À coup sûr, on reçoit Dieu plus véritablement en s'en privant qu'en le recevant. En effet, quand l'homme reçoit, c'est le don qui contient en lui ce qui réjouit l'homme et le console. Mais quand on ne reçoit pas, on n'a rien, on ne trouve rien et on ne connaît rien dont on se puisse réjouir, si ce n'est Dieu même et la seule volonté divine[3]. » Ce qu'exprime Simone lorsqu'elle écrit que s'il était concevable qu'on se damne en obéissant à Dieu et qu'on se sauve en lui désobéissant, elle choisirait quand même l'obéissance[4]. Ce qu'elle dit encore

1. Maître Eckhart, *Sermon* 66 : « Euge, serve bone et fidelis ». J'ai suivi la traduction de Jeanne Ancelet-Hustache, comme pour les autres sauf indication contraire. Je donne ici la version que donne Émilie Zum Brunn dans « Un homme qui pâtit Dieu » in *Voici Maître Eckhart, op. cit.*, p. 270. « Ne vous effrayez pas, car cette joie est proche de vous ; il n'est aucun de vous, si fruste, de compréhension si faible et si éloigné d'elle qu'il ne puisse trouver cette joie en lui, en vérité, telle qu'elle est, avec joie et compréhension, avant que vous ne sortiez aujourd'hui de cette église et même que j'aie fini de prêcher ; il peut la trouver en lui et la vivre et la posséder aussi véritablement que Dieu est Dieu, et que je suis un être humain. »

2. On lira sa lettre du 15 mai 1942 au Père Perrin, *Attente de Dieu, op. cit.*, p. 70 *sq* ; sa lettre à Simon Pétrement p. 92-94 ; enfin sa lettre du 26 mai au Père Perrin.

3. Maître Eckhart, « Le Livre de la consolation divine », in *Traités et sermons, op. cit.*, p. 140.

4. Simone Weil, *Attente de Dieu, op. cit.*, p. 52.

lorsqu'elle écrit : « Les choses indifférentes restent toujours indifférentes ; ce sont les choses divines qui, par le refus de l'amour, prennent une efficacité diabolique[1]. »

Il est un sermon dans lequel Eckhart donne idée de ce que Simone, de son côté, nomme fausse grandeur. Son œil et du bois : quand son œil est ouvert, il voit le bois ; quand il est fermé, rien n'est changé pour le bois. Lorsque l'œil, un et simple en lui-même, porte sa vue sur le bois, dans l'accomplissement de la vision œil et bois deviennent un. Si le bois était sans matière, il ne ferait, dans l'accomplissement de la vision, qu'un seul être avec l'œil. Aussi l'œil de l'homme a plus de ressemblance avec l'œil d'une brebis qu'avec l'oreille du même homme, qui n'accomplissent pas la même opération. De même la lumière divine qui est dans l'âme a plus d'unité avec Dieu qu'elle n'a d'unité avec quelque faculté humaine[2]. On peut comprendre cela de plusieurs façons. Eckhart fournit une précieuse indication, en concluant ce sermon : la lumière dans l'âme ne se contente pas de l'unicité de la nature divine en tant que féconde ; encore lui faut-il savoir d'où vient cet être ; « elle veut pénétrer dans le fond simple, dans le désert silencieux où jamais distinction n'a jeté un regard, ni Père ni Fils ni Esprit saint, le plus intime où nul n'est chez soi ».

C'est pourquoi celui qui cherche la grandeur, la récompense, la fierté, la distinction ou quoi que ce soit de lui-même ou d'autrui, de ce qu'il nomme « Dieu » ou de ce qu'il considère sa religion, celui-là ne trouvera pas la paix mais seulement le chemin de la vaine gloire, qui ne mène à rien. On ne s'étonnera pas de lire dans les *Cahiers d'Amérique* : « En abdiquant notre petite puissance nous devenons, en vide, égaux à Dieu[3]. » Les mouvements ascendants sont imaginaires, écrit-elle.

« Celui qui fait à Dieu le complet abandon de sa volonté et lui obéit à fond, Dieu lui donne en échange sa propre volonté de façon si totale et si complète que la volonté de Dieu devient le bien propre de l'homme ; Dieu ne s'est-il pas en effet juré à lui-même qu'il ne peut que ce que l'homme veut ? Car Dieu ne devient jamais le bien propre d'un homme, que cet homme au préalable ne soit devenu le bien propre de Dieu[4]. » Eckhart dit ici la parole de saint Augustin. Mais son propos va bien plus loin : « humanité » et « homme » sont

1. Idem, *Intuitions...*, *op. cit.*, p. 133. « De même que le diable est entré en Judas quand il eut reçu du pain de la main du Christ. » Ce qu'on doit rapprocher de ce qu'elle dit de ceux qui, par effort démesuré et témérité, outrepassent ce qui est en leur capacité.

2. Maître Eckhart, *Sermon* 48 : « Ein Meister sprichet ».

3. Simone Weil, *Cahiers d'Amérique, op. cit.*, p. 264.

4. Maître Eckhart, *Sermon* 25. Alain de Libéra observe cette auto-limitation de Dieu : l'homme qui se donne à Dieu lie Dieu. Je trouve une lecture différente, puisque « Dieu tout-puissant » est dénué de sens pour moi.

deux choses différentes. Comment cela ? « Si je te frappe, je frappe d'abord un Burkhardt ou un Henri ; ce n'est qu'ensuite que je frappe l'homme. » Nous retrouvons ici exactement le propos de Simone lorsqu'elle écrit que l'humanité n'est qu'abstraction. Seul compte l'être humain en l'homme : celui qui possède Dieu et le monde entier ne possède pas plus que celui qui possède Dieu. Dieu est en l'homme le plus pauvre, le plus méprisé, le plus maudit même ; ce que dit Eckhart : « Si je tuais le pape de ma main et que ce ne fût point arrivé par ma volonté, je voudrais quand même monter à l'autel et je n'en voudrais pas moins dire la messe ! Et je soutiens ceci : dans l'homme le plus pauvre, le plus méprisé, l'humanité est tout aussi parfaite que dans le pape ou l'empereur, car l'humanité en soi m'est plus chère que l'homme que je porte en moi[1]. » Faisons bien attention au sens : humanité ne désigne pas ici la collectivité des hommes, moins encore l'homme collectif mais ce qu'il y a d'humain en chacun. Quant à tuer le pape et à dire que c'est la volonté de Dieu, nous sommes accoutumés à dire : fanatisme. C'est que nous faisons erreur sur le sens ; il ne s'agit pas de tuer au nom de Dieu mais le cas échéant de détruire un tyran.

Je trouve une extrême difficulté à saisir le sens de Dieu a envoyé son Fils. Ce n'est pas la temporalité de l'événement qui est troublante mais bien l'idée de Dieu extérieur, puissance capable d'acte. Aussi trouvé-je dans Eckhart une lecture que je peux comprendre : il se réjouit avec saint Jean de ce que « le Très-Haut est venu et a assumé la nature humaine ». Pour trouver les hommes au-dessus du Christ, voici son propos – il se réfère à un maître qu'il ne nomme pas : « Je me réjouis du plus profond de mon cœur que Jésus-Christ, mon cher Seigneur, m'ait donné en propre tout ce qu'il possède en lui-même. Ce maître dit aussi que le Père, en tout ce qu'il a donné à son Fils Jésus-Christ dans la nature humaine, m'a eu davantage en vue, m'a aimé plus que lui et me l'a donné plutôt qu'à lui. Comment cela ? Il le lui a donné à cause de moi et parce que cela m'était nécessaire. C'est pourquoi tout ce qui lui a été donné était à mon intention et il me l'a donné tout comme à lui ; je n'en excepte rien, ni l'union, ni la sainteté de la Déité, ni quoi que ce soit. Tout ce qu'il lui a jamais donné dans la nature humaine ne m'est pas plus étranger ni plus lointain qu'à lui, car Dieu ne peut pas donner peu de chose ; ou bien il doit tout donner, ou bien ne pas donner du tout. Son don est absolument simple et parfait, sans partage et hors du temps, sans cesse dans l'éternité[2]. »

Comprenons le bien : dans l'éternité toutes choses sont présentes ; Dieu a envoyé son Fils pour l'éternité ; relativement aux humains, il l'a envoyé en

1. *Ibid.*
2. Maître Eckhart, *Sermon* 5a : « In hoc apparuit charitas Dei... »

tout temps et en tout lieu, dès lors qu'il y a eu des humains. Que veut dire que Dieu nous a eu en vue et non son Fils ? Et qu'Il nous a donné l'union et la sainteté ? Pour moi, cela n'a qu'un sens et ce sens est nécessaire : Eckhart voulait dire que le moindre d'entre nous (qui est-il, celui que nous jugeons tel ?) a reçu en lui ce qu'il nomme le Fils, non pas un jour ni en un lieu ; non pas pour l'instruire et le racheter en vue de l'au-delà ; ce don est ce qui en l'âme cherche l'unité, ou pour dire autrement, l'absolu. Ce qui en nous cherche le divin, qui lui est donné absolument et simplement, nous pouvons le rendre aveugle : Dieu ne nous voit pas dans le péché, dit Eckhart. Ce qui cherche le divin risque à tout instant d'être approprié à la part intellectuelle du Moi, qui ressent le besoin de se saisir cette étincelle d'éternité et d'en faire usage.

Que signifie alors l'amitié humaine, amitié entre les humains ? Simone Weil cite Philolaos pour qui les choses de même espèce, de même racine et de même rang n'ont pas besoin d'harmonie. Oui mais, objecte-t-elle, les hommes ne sont pas tels dans leur pensée ; pour chaque homme, lui-même est je, les autres sont les autres. Un homme peut, par crainte qui engendre la soumission, mettre en un autre, ou une autre, le centre du monde, hors de soi ; mais les autres sont des parcelles de l'univers pratiquement nulles. D'autant plus négligeables dirai-je, que lui-même s'est abaissé devant un autre. Le renoncement à la personne est encore plus grave quand on la remplace par la première personne du pluriel. Les termes de la relation sont alors non plus moi et l'autre mais des fragments homogènes de nous. Il n'y a pas de distance entre, de place vide « où puisse se glisser Dieu. » Or nous n'avons en nous le pouvoir de dire je que pour surmonter l'illusion de la première personne. Cela ne consiste pas, écrit Simone, à projeter en Dieu sa propre position de centre du monde. Quand même ils mourraient martyrs, dit-elle, ceux qui adorent Dieu ainsi n'éprouvent pas le vrai amour[1]. C'est ainsi que je comprends ce qu'elle entend par Dieu médiateur, et une fois encore j'y retrouve l'intuition de Fichte ; il est en nous un tiers entre Moi et non-Moi[2].

---

1. Simone Weil, *Intuitions...*, *op. cit.*, p. 137.
2. Ceci est dit très simplement par Fichte, *La destination de l'homme*, Paris, Flammarion, 1995, trad. Goddard, p. 113. dans ce dialogue qui porte sur l'unité du subjectif et de l'objectif, identité qui ne peut pas être pensée comme telle mais constitue un devoir pour la pensée. L'égoïté désignant la place vide de cette identité. L'un impensable est cette identité du moi entier : « L'Esprit : Le savoir particulier dont il est ici question, à savoir que tes affections doivent avoir un fondement, est donc complètement indépendant de la connaissance des choses ? — Moi : En effet, celle-ci n'est elle-même obtenue que par la médiation de celui-là. — L'Esprit : Et ce savoir, tu l'as absolument en toi-même ? — Moi : Absolument ; car c'est seulement par la médiation de ce savoir que je sors de moi-même. – L'Esprit : C'est donc de toi-même, par toi-même et par ton savoir immédiat, que tu prescris

NE PAS CHERCHER DIEU : CE QUE C'EST QU'ÊTRE HUMAIN

Que vaut l'inquiétude de l'âme en quête de sens intelligible ? Cette question est incompréhensible pour celui qui croit trouver Dieu par ses facultés – les puissances de son âme, dit Eckhart – et se repose sur la conviction qu'il a conclu avec la puissance suprême un traité par lequel il se déclare soumis et de ce fait candidat à la survie de l'âme. Tout autre est le choix de Simone, qui, écrit-elle, résulte d'une contrainte à laquelle elle s'abandonne totalement. « J'ai le besoin essentiel, et je crois pouvoir dire la vocation, de passer parmi les hommes et les différents milieux humains en me confondant avec eux, en prenant la même couleur, dans toute la mesure du moins où la conscience ne s'y oppose pas, en disparaissant parmi eux, cela afin qu'ils se montrent tels qu'ils sont et sans se déguiser pour moi. C'est que je désire les connaître afin de les aimer tels qu'ils sont. Car si je ne les aime pas tels qu'ils sont, ce n'est pas eux que j'aime, et mon amour n'est pas vrai[1]. »

Que veut dire ce besoin d'aimer les autres « tels qu'ils sont » et de disparaître parmi eux ? En quoi l'amour divin requiert-il cela ? Simone, pressée d'entrer dans l'Église, écrit au Père Perrin : « Je ne puis m'empêcher de continuer à me demander si, en ces temps où une si grande partie de l'humanité est submergée de matérialisme, Dieu ne veut pas qu'il y ait des hommes et des femmes qui se soient donnés à lui et au Christ et qui pourtant demeurent hors de l'Église[2]. »

Après tout, qu'est-ce qui empêche de penser que chacun a en lui l'idée de Dieu, de sorte que chacun des humains tient en lui du divin, individuellement en somme ? Ce serait une bien agréable doctrine ; chacun également doté d'une âme immortelle, qu'on peut nommer principe vital si on préfère, n'a rien à attendre ni à demander de quiconque en ce monde ou hors de ce

des lois à l'être et à sa propre cohésion ? — Moi : Tout bien réfléchi, c'est seulement à mes représentations relatives à l'être et à sa cohésion que je prescris des lois et il serait plus prudent d'opter pour cette expression. L'Esprit : Soit. Prends-tu conscience de cette loi par un autre moyen qu'en agissant auprès d'elle ? — Moi : Ma conscience commence avec la sensation de mon état ; j'y rattache immédiatement la représentation d'un objet d'après la loi de raison ; les deux, la conscience de mon état et la représentation d'un objet, sont indissociablement unies ; il ne se trouve pas de conscience entre elles ; il n'y a pas d'autre conscience avant cette conscience une et indivisible. Non, il est impossible que je prenne conscience de cette loi plus tôt et autrement qu'en agissant auprès d'elle. »

1. Simone Weil, *Attente de Dieu, op. cit.*, p. 52.
2. *Ibid.*, p. 52.

monde (se confesser est absurde !). Ce serait une doctrine en accord avec les meilleurs principes humanitaires : tous égaux en divinité comme en droits. Ce qui rend cette doctrine insoutenable parce que mensongère est que n'importe qui, se tournant en lui-même et cherchant à se persuader que le divin est en lui au même titre que le cœur ou l'estomac, ne peut sans se rendre compte qu'il ment. Nul ne se suffit à soi-même. Ce n'est pas tant que cette doctrine – qu'on nommera panthéiste en redisant que Spinoza n'est pas, d'aucune façon, panthéiste[1] – fait de « Dieu » le compagnon de l'existence au lieu que par ce mot on entend l'essence de la vie ; de façon immédiate je ressens le faux grossier de cette imposture.

D'où me vient d'être là, dans une immanence à travers laquelle surgissent à l'infini tant de questions transcendantales ? Ainsi en va-t-il si je veux être bon : comment échapper à cette duplicité par laquelle je me persuade que j'ai été bon ? Il me faut bien admettre l'impuissance de l'intellect. Le remords que je ne m'avoue pas me poursuit. Je vois bien que le Moi personnel me rattache, non à Dieu – qui est une idée venue à mon esprit – mais à une présence qui m'appelle, à quoi ce Moi fait obstacle et à qui j'ai la plus grande peine à me dérober. Je suis un symbole au sens de l'homme séparé en deux, selon le discours d'Aristophane dans *Le Banquet* ; « Platon dit que chacun de nous

1. Loin de croire au panthéisme de Spinoza, je vois en lui le continuateur des Prophètes. Le passage de *Jean* placé en épigraphe du *Traité théologico-politique* annonce le projet : « Par là nous connaissons que nous demeurons en Dieu, et que Dieu demeure en nous, parce qu'il nous a donné de son Esprit. » Spinoza donne la traduction latine du texte araméen. Je me réfère à l'édition du *Traité...*, t. III des *Œuvres*, Paris, PUF, Épiméthée, 1999. Plus de demeure hors de nous, écrit Shmuel Trigano, *La demeure oubliée*, Paris, Éditions de l'éclat, p. 202. ; plus de tension, entre soi et le divin, objecte-t-il pour contredire Spinoza : je n'en crois rien. « De son Esprit » veut dire notre participation à l'être et non l'être incorporé en chacun. Voici ce qu'écrit Spinoza : « Je crois que Dieu est, de toutes choses, cause immanente comme on dit, et non cause transitive. J'affirme, dis-je, avec *Paul*, et peut-être avec tous les philosophes anciens, bien que d'une autre façon, que toutes choses sont et se meuvent en Dieu, j'ose même ajouter que telle fut la pensée de tous les anciens Hébreux autant qu'il est permis de conjecturer d'après quelques traditions, malgré les altérations qu'elles ont subies. Toutefois croire, comme le font quelques-uns, que le *Traité théologico-politique* se fonde sur ce principe que Dieu et la nature (par où l'on entend une certaine masse ou matière corporelle) sont une seule et même chose, c'est se tromper complètement. Quant aux miracles, je suis convaincu que l'on peut fonder la certitude de la révélation divine sur la seule sagesse de ses enseignements et non sur des miracles, c'est-à-dire l'ignorance [...] Je ne crois pas du tout nécessaire pour le salut de connaître le Christ selon la chair. Mais il en est tout autrement du fils éternel de Dieu, c'est-à-dire de la sagesse éternelle qui s'est manifestée en toutes choses, principalement dans l'âme humaine et, plus que nulle part ailleurs, dans Jésus-Christ. » Spinoza, Lettre n° LXXIII adressée à Henri Oldenburg, in *Lettres*, Paris, Garnier-Flammarion, 1966, p. 335-336 (extrait).

est non pas un homme mais le symbole d'un homme, et cherche le symbole correspondant, l'autre moitié. Cette recherche, c'est l'Amour[1]. » Notre vocation est l'unité. Notre malheur est l'état de dualité dont Simone voit l'origine dans l'orgueil et l'injustice. Cette dualité est entre celui qui aime et celui qui est aimé, qui sont autres : « Celui qui connaît est autre que ce qui est connu, la matière de l'action autre que celui qui agit, c'est la séparation du sujet et de l'objet. L'unité est l'état où le sujet et l'objet sont une seule et même chose, l'état de celui qui se connaît soi-même et s'aime soi-même[2]. »

Puis-je de là concevoir que je suis lié à mes semblables par autre chose que la similitude ? Que veut dire « mon prochain » s'il s'agit de gens dont je ne sais rien et envers qui je n'éprouve nulle obligation particulière ? J'aide les plus démunis est une tournure et une activité qui vaut dispense. Autrefois on disait faire la charité, c'est pareil. La question que pose Simone Weil est celle-ci : dois-je me séparer de ceux dont je ne sais rien et entrer dans une communauté accueillante ? « J'ai le besoin le plus essentiel, et je crois pouvoir dire la vocation, de passer parmi les hommes et les différents milieux humains en me confondant avec eux, en prenant la même couleur, dans toute la mesure du moins où la conscience ne s'y oppose pas. » Dans « Programme pour un temps de guerre », qu'elle rédige à la fin 1939, elle esquisse une ligne de conduite pour les démocraties. Moins brutaux, moins violents, moins inhumains que ceux d'en face, nous n'avons rien à espérer, car « la brutalité, la violence, l'inhumanité ont un prestige immense ». Les Français ont bonne conscience, à la façon des bourgeois ignorant des réalités de la vie. Un homme juste, écrit-elle, a moins bonne conscience, mais il possède une puissance de rayonnement, une force d'attraction que les premiers n'ont pas. Associer la France à l'idée de liberté n'est qu'un lieu commun, un article de propagande à usage interne. Une forme de pharisaïsme d'autant moins supportable, que cette nation est présentée, par ses dirigeants, ses intellectuels, comme une héritière, celle des droits de l'homme. Cet héritage, elle n'en est plus digne. La propagande de la France ne peut se contenter de mots : « Il faudrait qu'elle fût constituée par des réalités éclatantes. » Rappelons ici le texte « Les membres palpitants de la patrie », du 10 mars 1938, où elle fustige ceux qui, en France, s'émeuvent des atrocités japonaises en Chine : les Chinois sont pour nous de « bons pauvres » qui savent rester à leur place. « Quant aux

1. Simone Weil, *Intuitions…, op. cit.*, p. 44. Elle rappelle le sens primitif de symbole : l'objet coupé en deux dont une moitié est remise à un ami comme signe de reconnaissance pour l'avenir.

2. *Ibid.*, p. 46. On lira de Ernst Bloch, *Sujet-objet, éclaircissements sur Hegel*, Paris, Gallimard, 1977. Voir supra l'*Unheimlichkeit* selon Heidegger.

Nord-Africains, quelques-uns d'entre eux – de simples « meneurs » heureusement – sont peut-être encore pires (que les Japonais qui veulent civiliser en massacrant : comme les blancs !) : ils ne veulent pas être massacrés, ni même brimé et humiliés[1] ».

On comprend l'importance qu'elle accorde à Sophocle, « plus chrétien que n'importe quel poète tragique des vingt derniers siècles à ma connaissance ». À Antigone qui dit : « Ce n'est pas pour partager la haine mais l'amour, que je suis née », Créon répond : « Descends donc en bas, puis, si tu as besoin d'aimer, aime ceux d'en bas. » Antigone, écrit Simone, est insensée par amour. Elle aurait voulu prendre sur elle toute la malédiction de son temps pour l'arrêter et la détruire en s'en chargeant; mais il lui aurait fallu une pureté parfaite. Là est son infortune, elle qui se croit accablée de péchés et en proie aux tentations. Dans le sommeil de l'intelligence seulement peut-elle recevoir « la peine qui est mémoire douloureuse, et même à qui n'en veut pas, vient la sagesse »[2]. Cette peine est dans le vocabulaire orphique, nous dit-elle, le pressentiment de la félicité éternelle. Il ne reste qu'à consentir : elle ne le put. Une remarque qu'elle fait jette le trouble : « Par exemple les révolutionnaires, s'ils ne se mentaient pas, sauraient que l'accomplissement de la révolution les rendrait malheureux, parce qu'ils y perdraient leur raison de vivre[3]. » De quel malheur s'est-elle gardée en jugeant ainsi ?

Aimer ceux d'en bas, ceux qui trébuchent et tombent : elle, Simone, a évoqué ceux qui ont subi la pire des tortures, ceux qui ont été jetés au camp de concentration. Gabriel Marcel cite[4] une déportée d'Auschwitz : « Et ici j'ai compris ! J'ai compris qu'il ne s'agissait pas de désordre ni de manque d'organisation, mais que c'était au contraire une idée bien mûrie, consciente, qui avait présidé à l'installation du camp. On nous avait condamnés à périr dans notre propre saleté, à nous noyer dans la boue, dans nos excréments; on avait voulu abaisser, humilier en nous la dignité humaine, effacer en nous toute trace d'humanité, nous ramener au niveau d'une bête fauve, nous inspirer l'horreur et le mépris de nous-mêmes et de notre entourage. Tel était le but, telle était l'idée. Les Allemands s'en rendaient parfaitement compte;

---

1. Simone Weil, in « Programme pour un temps de guerre », in *O.C. II*, 3, *op. cit.*, p. 117-118.
2. Idem, *Intuitions…*, *op. cit.*, p. 19 et 21. La seconde citation est tirée par elle de l'*Agamemnon* d'Eschyle.
3. Idem, « Pensées sans ordre concernant l'amour de Dieu » in *O.C. IV, Écrits de Marseille*, *op. cit.*, p. 281
4. Madame Lewinska, *Vingt mois à Auschwitz*, cité par Gabriel marcel dans *Les Hommes contre l'humain*, Paris, La Colombe, 1951, p. 37.

ils savaient que nous étions incapables de nous regarder mutuellement sans dégoût. On n'a pas besoin de tuer un être humain au camp pour le faire souffrir ; il suffit de lui donner un coup de pied pour qu'il tombe dans la boue. Tomber équivalait à périr. » Ce qu'il faut surtout relever est l'ambigu du sentiment de néant en soi : car une chose est de trouver ce néant par effort et amour, son contraire absolu est d'y être mené comme une bête en dépit de la conscience – toute illusoire qu'elle soit, qu'un humain à de lui-même. Ce mode de néantisation, on nous l'inflige en nous le faisant sentir, littéralement, comme une odeur de décomposition. L'homme décomposé, en deçà de l'humain, porteur des stigmates de l'ignoble, tenu à endurer le châtiment de fautes qu'il n'a pas commises.

C'est précisément le propos de Simone. « La force qui tue est une forme sommaire, grossière de la force. Combien plus variée en ses procédés, combien plus surprenante en ses effets, est l'autre force, celle qui ne tue pas ; c'est-à-dire celle qui ne tue pas encore. Elle va tuer sûrement, ou elle va tuer peut-être, ou bien elle est seulement suspendue sur l'être qu'à tout moment elle peut tuer ; de toute façon elle change l'homme en pierre. Du pouvoir de transformer un homme en chose en le faisant mourir procède un autre pouvoir, et bien autrement prodigieux, celui de faire une chose d'un homme qui reste vivant[1]. » C'est dans l'*Iliade* qu'elle va chercher l'image de cette force en Achille, prêt à tuer Hector suppliant et le tuant malgré ses supplications, ou à cause d'elles. Puis Achille, devant Priam pleurant son fils et ne pouvant lui-même songer qu'à son propre père ; Achille oubliant la présence de ce père déchiré de douleur, car il ne le voit pas devant lui comme un homme, mais comme un meuble, c'est le terme même qu'emploie Simone. Nous connaissons bien ce rapport d'homme à chose, ou de sujet à objet. Aussi ne comprenons-nous plus la parole d'Eckhart : « Que font donc les pauvres gens qui supportent la même chose [la maladie] voire des maladies ou des ennuis plus graves encore, et n'ont personne, ne fût-ce que pour leur donner de l'eau fraîche ? Il leur faut quêter leur pain sec sous la pluie et la neige et par le grand froid, de porte en porte. Si tu veux donc être consolé, oublie ceux pour qui tout va bien et pense uniquement à ceux pour qui tout va plus mal[2]. » Ici encore, Eckhart trouve son inspiration chez saint Augustin : « Seigneur, je ne voulais pas te perdre, mais en même temps que je te possédais, je voulais aussi posséder les créatures ; c'était à cause de mon avarice, et c'est pourquoi je t'ai perdu ; car tu ne tolères pas qu'en

1. *O.C.II*, 3 ; *Réflexions sur la barbarie*, 1939, p. 228.
2. Maître Eckhart, « Le Livre de la consolation divine » in *Traités et sermons*, *op. cit.*, p. 135.

même temps qu'on te possède, Toi qui es la Vérité, on possède la fausseté et le mensonge des créatures[1]. »

TESTAMENT DE LA PENSÉE LIBRE

La souffrance du juste parfait, celle dont parle Platon dans *La République* et celle de Jésus des Évangiles, est endurée par lui comme celle du criminel condamné. « Si nous étions innocents, l'apparence serait la couleur du réel et non pas un voile à déchirer[2]. » La couleur du réel, c'est l'humain dans le monde. Eckhart et Simone Weil ont tous deux laissé ce témoignage que trouver Dieu se fait au sein du monde, par le corps et dans la liberté de la pensée. Nous sommes au monde, non pour le fuir, moins encore pour le détruire, mais pour y apprendre la vie. Apprendre cela, c'est apprendre que Dieu n'est qu'en nous car nous seulement pouvons faire advenir l'Un. Cela demande beaucoup d'attention à la beauté du monde. Qu'est-ce que la beauté du monde ?

Eckhart lui-même écrit[3] : « Maître Eckhart dit : il vaudrait mieux un maître de vie que mille maîtres de lecture, mais lire et vivre en Dieu, à cela personne ne peut parvenir. S'il me fallait chercher un maître ès Écritures, je le chercherais à Paris dans les Hautes Écoles, pour sa haute science. Mais si je voulais l'interroger sur la vie parfaite, il ne saurait pas quoi me dire. Où faut-il donc que j'aille ? Absolument nulle part ailleurs que dans une nature nue et libre : c'est elle qui pourrait m'enseigner si je lui posais cette question. Bonnes gens, que cherchez-vous dans des ossements morts ? Pourquoi ne cherchez-vous pas le sanctuaire vivant qui peut vous donner la vie éternelle ? Et si l'ange devait chercher Dieu en Dieu, il ne le chercherait pas ailleurs que dans cette créature libre, nue et séparée. Toute perfection réside en cela : qu'on accepte de souffrir pauvreté, misère, opprobre et tout ce qui peut vous arriver sous la pression des circonstances, volontiers, gaiement, librement, avec désir et paisiblement et sans en être ébranlé et demeurer ainsi jusqu'à la mort sans aucun pourquoi. » Simone Weil revient à cette idée : « En fait, le monde est beau. Quand nous sommes seuls, en pleine nature et disposés à l'attention, quelque chose nous porte à aimer ce qui nous entoure, et qui n'est fait pourtant que de matière brutale, inerte, sourde et muette. Et la beauté nous

1. *Ibid.*, p. 136.
2. Simone Weil, *Intuitions…*, *op. cit.*, p. 85.
3. in « Voici Maître Eckhart à qui Dieu jamais rien ne cela », dit n° 8, dans la traduction d'Émilie Zum Brunn.

touche d'autant plus vivement que la nécessité apparaît d'une manière plus manifeste, par exemple dans les plis que la pesanteur imprime aux montagnes ou aux flots de la mer, dans le cours des astres. Dans la mathématique pure aussi, la nécessité resplendit de beauté. Sans doute l'essence même du sentiment de la beauté est-elle le sentiment que cette nécessité dont une des faces est contrainte brutale a pour autre face l'obéissance à Dieu. Par l'effet d'une miséricorde providentielle, cette vérité est rendue sensible à la partie charnelle de notre âme et même en quelque sorte à notre corps[1]. »

---

1. Simone Weil, *Intuitions...*, *op. cit.*, p. 158.

TABLE

Du même auteur chez le même éditeur :

La Conjuration. Essai sur la conjuration pour l'égalité, dite de Babeuf, « Philosophie en commun », 1994.

Fourier et la civilisation marchande. Égarement du libéralisme, « Utopies », 1996, préface de René Schérer.

COLLECTION « OUVERTURE PHILOSOPHIQUE »

Tocqueville ou l'Intranquillité, 1997.
La Pensée libre. Essai sur les écrits politiques de Simone Weil, 1998. Nouvelle édition revue et augmentée, 2004.
Passion d'argent, raison spéculative, 2000.
L'Énigme du dix-neuvième siècle, 2002.
Proudhon. La justice, contre le souverain, 2003.
L'Homme vivant et le matérialiste imaginaire, 2008.
La Parole des prophètes, de la Tora à Simone Weil et Gracchus Babeuf, 2009.
Heidegger, l'être en son impropriété, 2010.

COLLECTION « QUESTIONS CONTEMPORAINES »

Cerises de sang. Essai sur la Commune, 2003.

COLLECTION « À LA RECHERCHE DES SCIENCES SOCIALES »

L'Économie sociale de Charles Dupont-White (présentation critique), 2003.
Mythe et violence, autour de Georges Sorel, 2003.
Des socialistes révolutionnaires contre le parti, 2004.
Un revers de la démocratie, 1848, 2005.
L'État réformateur, État conservateur. Autorités sociales, altérité sociale, 2005.
Le Gouvernement de la France, 1830-1840, 2006.
Les Infortunes de la valeur : l'économiste et la marchandise, 2007.
Lamennais, de la différence en matière de religion, 2006.
Gracchus Babeuf, Robespierre et les tyrans, 2011.

Chez d'autres éditeurs :

La Ballade du temps passé. Guerre et insurrection de Babeuf à la Commune, Anthropos, 1978.
L'Impatience du bonheur, apologie de Gracchus Babeuf, Payot, « Critique de la politique », 2001.
« La Révolution sociale »
in *Le XIXe siècle, Science, politique et tradition* (Berger-Levrault, 1995).
« Babeuf », in *Dictionnaire critique des utopies* (CNRS)
sous la direction de Michèle Riot-Sarcey (Larousse, 2002 & 2006).
Le Principe de misère, Éditions du Félin, 2007.
Johann Fichte, éveil à l'autonomie ; le moi et le monde, Payot, « Critique de la politique », 2012.

Philosophie
aux éditions L'Harmattan

Dernières parutions

UNE DETTE À L'ÉGARD DE LA CULTURE GRECQUE
La juste mesure d'Aristote
Kletz-Drapeau Françoise
Aristote est à la mode : en éthique médicale ou en économie, nombreux sont ceux qui s'en réclament. Une telle vogue a de quoi étonner : qu'apprend-elle, sur Aristote d'une part, sur notre époque d'autre part ? En analysant quelques œuvres où s'illustre cette étonnante juste mesure, on comprend mieux pourquoi notre siècle est obnubilé par le désir de tout mesurer, de tout évaluer. Ce bref essai repart des œuvres et donne quelques éléments pour « mesurer » l'intérêt d'Aristote aujourd'hui.
(Coll. Ouverture Philosophique, 13.50 euros, 122 p.)
ISBN : 978-2-336-00240-8, ISBN EBOOK : 978-2-296-51194-1

ÉPOQUE (L') PRÉHISTORIQUE N'EST PAS SI LOIN ! – Sortir de sa grotte
Boby De La Chapelle Philippe
Sommes-nous vraiment sortis de l'âge des cavernes dans nos comportements coutumiers et nos données traditionnelles ? Le mythe de la caverne nous concerne-t-il toujours jusque dans nos habitudes ? L'auteur nous présente ici une réflexion sur nos réflexes conditionnés par nos traditions, tant religieuses que philosophiques, qui influencent notre mentalité et servent de règles à nos comportements.
(21.00 euros, 208 p.) *ISBN : 978-2-296-99732-5, ISBN EBOOK : 978-2-296-51087-6*

POLITIQUE POSTMODERNE – Généalogie du contemporain
Seguin Thomas
L'auteur réalise une relecture du corpus théorique postmoderne afin d'en dégager une grammaire politique nouvelle. C'est le parti pris de cet ouvrage que de lier la pensée politique de la postmodernité à l'analyse de la société actuelle et à sa transformation. L'objet théorique qu'il nous propose permet d'envisager et d'éclairer une série de faits sociaux et d'idées nouvelles dans notre contemporanéité mouvante.
(Coll. Logiques sociales, 28.00 euros, 278 p.)
ISBN : 978-2-296-99287-0, ISBN EBOOK : 978-2-296-51180-4

POSTMODERNISME – Une utopie moderne
Seguin Thomas
Voici décrits les principaux motifs de la théorie sociale et culturelle postmoderne en simplifiant l'abord de la pensée post-68 (Baudrillard, Deleuze, Derrida, Lyotard, Foucault, Guattari). Ce livre a pour ambition de clarifier les incompréhensions et les erreurs qui ont alimenté les débats parfois polémiques concernant ce courant de pensée. Le postmodernisme n'est pas une constellation théorique, il déploie aussi ses valeurs propres au sein d'une utopie assumée.
(Coll. Pour Comprendre, 19.00 euros, 188 p.)
ISBN : 978-2-336-00638-3, ISBN EBOOK : 978-2-296-51176-7

DÉMOCRATIE ET LE VIVANT – Un système à l'épreuve des hommes
Gres Jean-Pierre
La démocratie contemporaine souffre d'une crise de crédibilité. Comprendre cette crise, c'est d'abord comprendre les fondements des principes et des valeurs qui font de la thèse démocratique une thèse défendable, sur le registre de la raison critique, mais aussi de l'expérience. D'où la question centrale : la démocratie peut-elle être fondée universellement, à tous les niveaux de l'organisation sociale ?
(Coll. Ouverture Philosophique, 28.00 euros, 284 p.)
ISBN : 978-2-296-99795-0, ISBN EBOOK : 978-2-296-51124-8

PROJETS FONDATIONNELS DE HUSSERL ET DE FREGE À LA PERSPECTIVE DE WITTGENSTEIN
Djibo Mamoudou
Ici le principe de contexte cher à Frege dans la préface aux *Fondements de l'Arithmétique* se nomme nécessité de doter les objets mathématiques d'un fondement théorique fiable. Husserl avança une réponse de type psychologiste dans l'exacte mesure où le sujet connaissant reste le socle irréfutable et constitutif de tous les ordres de savoirs. La thèse de Frege, quant à elle, consiste à accréditer l'idée que toute l'arithmétique pouvait être réduite aux lois de logique générale.
(Coll. Ouverture Philosophique, 24.00 euros, 236 p.)
ISBN : 978-2-336-00450-1, ISBN EBOOK : 978-2-296-51145-3

PROBLÈME DE L'ALIÉNATION
Critique des expériences dépossessives de Marx à Lukacs
Sarr Ousmane - Préface de Stéphane Haber
«En reprenant l'histoire de la thématique de l'aliénation, le livre d'Ousmane Sarr éclaire d'une lumière vive des pans entiers de la théorie sociale moderne. Cet ouvrage montre à quel point des analyses philosophiques rigoureuses, soutenues par la connaissance de l'histoire de la pensée, conservent tout leur intérêt. Elles peuvent continuer décisivement à enrichir, autant qu'à préciser, les discussions passionnées et difficiles que nous menons sur la nature de notre présent historique.» (Stéphane Haber)
(Coll. La philosophie en commun, 24.50 euros, 234 p.)
ISBN : 978-2-336-00687-1, ISBN EBOOK : 978-2-296-51118-7

DIEU DANS LA MODERNITÉ – Supprimer la religion, n'est-ce pas supprimer l'homme ?
Ramazani Bishwende Augustin
Le Dieu de la modernité se retire de l'histoire et du monde en laissant l'homme vaquer à ses affaires temporelles. Plutôt que de s'ouvrir au transcendant, il se conçoit d'abord et avant tout comme *transcendance dans l'immanence*, appelé à construire le monde et l'histoire sans nécessairement l'intervention de Dieu. La rupture épistémologique que l'auteur préconise consiste à fixer le débat philosophique sur l'homme comme un existé fondamentalement religieux.
(Coll. Pensée Africaine, 30.00 euros, 298 p.)
ISBN : 978-2-336-00128-9, ISBN EBOOK : 978-2-296-51205-4

DIEU, MATRICE DE LA MÉTAPHYSIQUE – Metaphysica theoria - (Tome 5)
Stradda Paul-Emmanuel
Ce volume est la première étape dans la question philosophique de l'existence de Dieu. Qu'est-ce qu'être intelligent sinon la capacité de rechercher et de recevoir la vérité ? Il y a plus : la raison peut conduire à la foi, à Dieu. Et même, l'acte de foi est essentiellement un acte d'intelligence. La connaissance de Dieu vivifie la raison et la couronne. L'intelligence a été donnée par Dieu à l'homme et, avec elle, les idées dont l'être est l'âme et Dieu l'intelligence suprême.
(Coll. Ouverture Philosophique, 29.00 euros, 282 p.)
ISBN : 978-2-336-00583-6, ISBN EBOOK : 978-2-296-51188-0

ESSAI SUR L'EXISTENCE DE DIEU – Metaphysica theoria - (Tome 6)
Stradda Paul-Emmanuel
Est-il possible de démontrer l'existence de Dieu ? Est-ce nécessaire ? L'homme est capable de connaître Dieu indépendamment de la Révélation, au moyen de l'intelligence. La question est donc plutôt : y a-t-il assez de raisons de concevoir l'existence de Dieu ? Le problème de l'existence de Dieu est philosophique : il s'agit d'une démonstration rationnelle et métaphysique, à partir des données expérimentales. Sept arguments ouverts et réfléchis en faveur de l'existence de Dieu sont ici exposés.
(Coll. Ouverture Philosophique, 30.00 euros, 288 p.)
ISBN : 978-2-336-00582-9, ISBN EBOOK : 978-2-296-51189-7

LETTRE AUX CITOYENS DU MONDE
Vernhes Marc
Pour l'auteur, les violations des droits de l'homme, la misère, la violence, l'omnipotence de «l'empire de l'argent», les atteintes répétées à l'environnement, ne sont pas des fatalités.

Pour combattre ces fléaux, les «citoyens du monde» doivent s'approprier un socle de valeurs communes et inventer ensemble une nouvelle forme d'humanisme. Sur ces thèmes essentiels, l'auteur nous invite à engager collectivement «un grand débat citoyen».
(11.50 euros, 78 p.) *ISBN : 978-2-336-00104-3, ISBN EBOOK : 978-2-296-50926-9*

FRANCS-MAÇONS (LES) – Des inconditionnels de l'espoir
Deschatres François
Après cinquante ans de présence en franc-maçonnerie, l'auteur livre le fruit de sa réflexion personnelle, car la finalité de cette idéologie est rarement exposée publiquement. En écrivant ce livre, son intention est de «faire pénétrer» le lecteur dans l'idéal maçonnique, sans réserve et sans prosélytisme, dans un souci de vérité.
(19.00 euros, 190 p.) *ISBN : 978-2-336-00111-1, ISBN EBOOK : 978-2-296-50899-6*

HÉGÉLIANISME (L') ET SON DESTIN FRANÇAIS
Puisais Eric
Au travers de parcours à la fois méthodologiques et historiques, cet ouvrage cherche à témoigner du destin de la pensée hégélienne en France, de la fin du XIXe siècle jusqu'à l'après-guerre. Ce livre tente de former une « phénoménologie de la réception » en décrivant l'itinéraire d'une oeuvre, le parcours d'une pensée, les modes de circulations des idées hégéliennes et de leur perception, souvent contradictoires.
(Coll. Rationalismes, 14.50 euros, 140 p.)
ISBN : 978-2-296-96378-8, ISBN EBOOK : 978-2-296-50946-7

SPINOZA, LA MATRICE
Nouveaux éclairages sur le bonheur, la liberté, la hérarchie, l'éternité, la mort, la morale, Dieu, le chaos, l'inconscient, le sexe, l'humanisme, l'école
Collegia Jean-Pascal
Cet ouvrage est un essai sur le système d'explication du monde tel qu'il est selon Spinoza. L'exposé se veut conforme à la volonté de Spinoza d'être au plus près de la vie quotidienne. L'usage d'analogies, parfois inattendues, le parti pris de simplicité dans l'exposé visent à conduire par un chemin court au « prince des philosophes », selon l'expression de Deleuze. Toutes nos préoccupations, et nos oublis, semblent trouver dans Spinoza leur écho préalable.
(Coll. Ouverture Philosophique, 13.50 euros, 122 p.)
ISBN : 978-2-296-99793-6, ISBN EBOOK : 978-2-296-50958-0

POINCARÉ, LE HASARD ET L'ÉTUDE DES SYSTÈMES COMPLEXES
Gargani Julien
Pour Poincaré, dont nous venons de célébrer le centenaire de la disparition, chaque partie de l'univers est liée avec toutes les autres et ces liens de causalité sont amples. Des questions liées aux problèmes environnementaux surgissent de la lecture de ses travaux. Sans le savoir Poincaré est le précurseur d'une métaphysique de l'écologie. On retrouve aujourd'hui des idées nées il y a plus d'un siècle dans tous les problèmes en lien avec les systèmes complexes (climat, biodiversité, santé, géosciences...).
(Coll. Ouverture Philosophique, 13.50 euros, 124 p.)
ISBN : 978-2-336-00505-8, ISBN EBOOK : 978-2-296-51038-8

THÉORIE DE L'ESPRIT ET PÉDAGOGIE CHEZ KARL POPPER
Le «seau» et le «projecteur»
Firode Alain
Ce livre se propose d'interroger l'oeuvre popérienne dans son ensemble, les écrits de jeunesse comme les textes de la maturité, sous l'angle d'une théorie du sujet humain et de sa formation. Il s'agit, d'une part, de jeter un éclairage sur le lien qui unit de l'intérieur la pensée de Popper aux préoccupations d'ordre psychologique et pédagogique ; d'autre part, de montrer en quoi la prise en compte des thèses popériennes peut contribuer à renouveler la réflexion contemporaine sur l'apprentissage et l'éducation.
(Coll. Pédagogie: crises, mémoires, repères, 16.50 euros, 154 p.)
ISBN : 978-2-336-00106-7, ISBN EBOOK : 978-2-296-50836-1

FIGURES DE L'ARTISTE
Sous la direction de Michel Egana
Le point de départ de cet ouvrage est une interrogation autour de la *Figure de l'artiste.* Issue d'une construction figurale largement tributaire des fictions romantiques, l'identité de l'artiste moderne est inséparable de son *double imaginaire* et des récits dans lesquels il est appelé à s'inclure. Ce sont les aspects devenus multiples de cette *Figure de l'artiste* et le défi que pose sa tentative de réappropriation symbolique dans le champ du présent, qui font l'objet des études réunies ici.
(Coll. Ouverture Philosophique, 17.00 euros, 172 p.)
ISBN : 978-2-336-00323-8, ISBN EBOOK : 978-2-296-50998-6

GILLES DELEUZE, FÉLIX GUATTARI ET GILLES CHÂTELET
De l'expérience diagrammatique
Dupuis Joachim Daniel
Gilles Deleuze, Félix Guattari, Gilles Châtelet : trois penseurs déployant des concepts proches comme le geste et le diagramme. Cependant, ils se divisent sur la notion de métaphore produisant ainsi trois «systèmes» de pensée que les auteurs ont surnommé *Expériences diagrammatiques.* Il s'agit donc d'*habiter autrement* la pensée machinée par le capitalisme, le pouvoir, les médias grâce aux pensées militantes et exigeantes des trois philosophes.
(Coll. Ouverture Philosophique, 26.00 euros, 258 p.)
ISBN : 978-2-296-99362-4, ISBN EBOOK : 978-2-296-50599-5

PENSER L'ÉPISTÉMOLOGIE DE KARL POPPER
Nguimbi Marcel
Cet ouvrage interroge le penser épistémologique de K. R. Popper, à la fois dans ses fondements et dans son déploiement, en posant deux questions épistémologiques : celle du « paradoxe méthodologique » et celle de « l'exigence d'élargissement de la formule de la croissance du savoir scientifique ».
(Coll. Ouverture Philosophique, 19.00 euros, 196 p.)
ISBN : 978-2-296-99239-9, ISBN EBOOK : 978-2-296-50643-5

GEORGES BATAILLE
Chemins
Bruzzo François
Récits érotiques, essais philologiques, ethnologiques, critiques littéraires, philosophie, l'oeuvre de Bataille est passée au crible d'une pluralité de parcours, qui sont autant de perspectives et de techniques de discours : chemins interprétatifs où l'essai se mêle de fiction et où l'exégète se mêle à l'auteur glosé non content de seulement se mêler de son oeuvre.
(Coll. L'oeuvre et la psyché, 16.50 euros, 160 p.)
ISBN : 978-2-296-96302-3, ISBN EBOOK : 978-2-296-50680-0

EXPLORATIONS MÉTAPHYSIQUES
Veto Miklos
Les dix-neuf études de ce recueil ont préparé et accompagné la rédaction de *L'élargissement de la métaphysique.* Elles sont présentées selon six grands thèmes : Liberté et Amour, l'Image, Singularité et Unicité, Eidétique, l'Espace et le Temps, la Volonté. Elles illustrent et ébauchent une philosophie systématique, nourrie par les grands penseurs de l'Occident, notamment Kant, et consciente de sa dette envers la théologie chrétienne.
(Coll. Ouverture Philosophique, 47.00 euros, 478 p.)
ISBN : 978-2-296-99306-8, ISBN EBOOK : 978-2-296-50785-2

L'HARMATTAN, ITALIA
Via Degli Artisti 15; 10124 Torino

L'HARMATTAN HONGRIE
Könyvesbolt ; Kossuth L. u. 14-16
1053 Budapest

ESPACE L'HARMATTAN KINSHASA
Faculté des Sciences sociales,
politiques et administratives
BP243, KIN XI
Université de Kinshasa

L'HARMATTAN CONGO
67, av. E. P. Lumumba
Bât. – Congo Pharmacie (Bib. Nat.)
BP2874 Brazzaville
harmattan.congo@yahoo.fr

L'HARMATTAN GUINÉE
Almamya Rue KA 028, en face du restaurant Le Cèdre
OKB agency BP 3470 Conakry
(00224) 60 20 85 08
harmattanguinee@yahoo.fr

L'HARMATTAN CAMEROUN
BP 11486
Face à la SNI, immeuble Don Bosco
Yaoundé
(00237) 99 76 61 66
harmattancam@yahoo.fr

L'HARMATTAN CÔTE D'IVOIRE
Résidence Karl / cité des arts
Abidjan-Cocody 03 BP 1588 Abidjan 03
(00225) 05 77 87 31
etien_nda@yahoo.fr

L'HARMATTAN MAURITANIE
Espace El Kettab du livre francophone
N° 472 avenue du Palais des Congrès
BP 316 Nouakchott
(00222) 63 25 980

L'HARMATTAN SÉNÉGAL
« Villa Rose », rue de Diourbel X G, Point E
BP 45034 Dakar FANN
(00221) 33 825 98 58 / 77 242 25 08
senharmattan@gmail.com

L'HARMATTAN TOGO
1771, Bd du 13 janvier
BP 414 Lomé
Tél : 00 228 2201792
gerry@taama.net

607675 - Mai 2015
Achevé d'imprimer par